财政部规划教材
全国高等院校财经类专业规划教材
公共经济研究会青年研究基金资助

金融市场与机构

赵 伟 编 著

中国财经出版传媒集团
中国财政经济出版社
北京

图书在版编目（CIP）数据

金融市场与机构／赵伟编著．-- 北京：中国财政经济出版社，2023.11（2025.8重印）

ISBN 978-7-5223-2482-1

Ⅰ.①金…　Ⅱ.①赵…　Ⅲ.①金融市场－高等学校－教材②金融机构－高等学校－教材　Ⅳ.①F830

中国国家版本馆 CIP 数据核字（2023）第 173216 号

责任编辑：孙　琛　　　　责任印制：党　辉

封面设计：兰卡绘世　　　　责任校对：徐艳丽

金融市场与机构

JINRONG SHICHANG YU JIGOU

中国财政经济出版社 出版

URL：http://www.cfeph.cn

E-mail：cfeph@cfeph.cn

社址：北京市海淀区阜成路甲 28 号　邮政编码：100142

营销中心电话：010-88191522

天猫网店：中国财政经济出版社旗舰店

网址：https://zgczjjcbs.tmall.com

涿州汇美亿浓印刷有限公司印刷　各地新华书店经销

成品尺寸：185mm×260mm　16 开　27 印张　525 000 字

2023 年 11 月第 1 版　2025 年 8 月河北第 3 次印刷

定价：98.00 元

ISBN 978-7-5223-2482-1

（图书出现印装问题，本社负责调换，电话：010-88190548）

本社质量投诉电话：010-88190744

打击盗版举报热线：010-88191661　QQ：2242791300

序一 Preface I

随着经济全球化的不断发展和中国经济金融开放水平的不断提高，中国不可避免地踏上了全球经济同频共振的大道，为了最大程度规避世界经济波动对中国金融业造成的风险，社会对金融专业人才的需求日益增多，层次化越来越多，规格越来越高。从目前情况看，如何培养金融专业人才，提升金融专业的品牌价值和社会影响力，培养具有扎实专业知识和技能，又有广阔国际视野和卓越实践能力的金融专业人才，是我国金融学届和学术界面临的重要任务。

无论从国际还是国内经济发展角度看，培养金融专业人才都是具有战略意义的。国际经济金融之间的关系越来越复杂，越来越紧密又不可分割，金融对经济的作用日益增强。金融，是现代经济的核心，现在无论是石油、煤炭还是贵金属，其交易与风险管理实际上是通过金融市场完成的。在国际经济舞台上，一国经济实力是国家竞争力的核心之一，现代金融已成为大国经济博弈的重要方式，金融是经济的血液，是经济机器健康运转不可或缺的部分。

“纸上得来终觉浅，绝知此事要躬行。”要成为卓越的金融人才，首先要具有扎实的、系统的、体系化的现代经济金融知识。同时，要有卓越的实践能力，实践出真知，最忌纸上谈兵。系统的专业知识和卓越的实践能力的结合就是“知行合一”，金融专业人才的发展理念就是要培养知行合一的专业人才。

其次，学会“开眼看世界”，不能局限于身边环境，不做“井底之蛙”，要具有全球化视野，熟知中国经济金融的改革方向和基本特征。所以，中西贯通、知行合一是我国金融专业人才的发展理念。

赵伟博士多年从事金融理论和实践的前沿工作。在深圳的时候，曾在全国著名的前南方证券负责投资与发展工作，主持工作并担任支部书记。在南昌产业投资集团也是负责其核心业务，包括担任南昌金控公司副总经理和资管公司总经理的具体经营管理工作……现在赵伟博士能够将前沿的金融实践和理论结合大学教学的内容写成专著，难能可贵，是为序。

陆　军①

① 陆军，中山大学岭南学院教授，广东省人民政府参事。曾任中山大学岭南学院院长和金融系首任系主任，担任广东省人大财经咨询专家、广东省人民政府金融工作办公室广东金融顾问、广州市人民政府决策咨询顾问、中国国际金融学会理事和副秘书长、中国金融学年会理事等职。陆军教授是教育部金融类专业教学指导委员会委员、广东省金融学本科专业教学指导委员会主任委员。在金融发展与金融改革、货币理论与政策、银行业与金融机构管理等领域取得了丰富的研究成果，主持、参与并完成多项国家自然科学基金、国家社科基金等重大、重点、应急以及面上项目，在《经济研究》等一流学术杂志上发表五十余篇论文。

序二 Preface Ⅱ

本书通过通俗易懂的知识讲解，为使用该教材的学生说明金融市场与机构的价值存在。全书以“概论—机制—市场—机构—监管”为主框架，从金融市场与机构的理论基础、现实结构到发展趋势都做了全面梳理，共十三章，主要结构大致如下：

第一章金融市场与机构概述，是研究金融机构与市场的前提。在熟悉和掌握了金融市场与机构的基础知识后，则可以引入其运行机制及效率，即第二章金融市场的交易机制，第三章是金融市场的效率。第四章、第五章、第六章、第七章、第八章是对金融市场中重要组成部分—货币市场、债券市场、股票市场、期货市场、期权市场及其衍生品市场这五大市场进行介绍。第九章、第十章、第十一章、第十二章分别介绍金融市场中的商业银行、证券类金融机构、保险公司、其他金融机构四大金融机构。第十三章为金融市场监管。当前中国已经建立了相对完整的金融监管（法律）体系。

《金融市场与机构》是高等院校经济类属专业培养计划中的主要课程，该课程大体分为相互联系、相互依存的两部分：金融市场，以及依托于市场进行业务操作的金融机构。本教材在金融创新和全球化的背景下介绍金融市场和机构的最新进展，帮助学生形成对现代复杂金融体系的全面认识，掌握金融市场所需要的理论和技能。

我国金融专业人才发展的深厚根基来自中国金融体制改革、开放和深入发展的国情需要，中国金融改革和发展迫切需要一批高质量、具有卓越能力的金融专业人才。中国的金融专业人才应该具有国际视野，既要了解国际经济金融的基本规则，也要深入了解中国的国情，立足本国金融环境。因此，从国际经济金融背景看，加快培养现代金融人才也具有战略意义。

培养的金融专业人才应该具有四种意识。要有国际意识，金融业的很多发展规律都是全球通用的，具有普遍性。同时，又要有较强的创新意识，因为根据各国国情的差异而具有特殊性，需要特殊条件特殊分析，不能对所有情况一概而论。要有强烈的市场意识，市场意识意味着我们培养的人才必须要时刻了解市场需求，根据市场潮流而动，不做无效益的投资。要始终保持虚心求学的态度，善于学习、善于借鉴，取长补短才能相得益彰。

赵伟博士长期在金融央企、地方金控和世界500强企业从事总裁、副总裁等高层经营管理实践工作。在我担任其主管金融公司的独立董事时，见证了赵博士处理复杂金融问题的智慧、耐心和冷静，他能够在很短的时间内实现企业的快速发展和利润大幅增长且做到不良率为零，的确是非常不容易。他能够回到大学里结合理论知识编写相关书籍，对实践总结和理论升华都具有积极的意义，特为序。

李汉国①

① 李汉国，男，1956年7月出生，教授，研究生导师。历任江西财经学院财务会计系副主任、江西财经学院证券期货研究所所长、江西瑞奇期货经纪有限公司总裁、福建闽发证券有限公司副总裁、中国四方控股有限公司执行总裁、南昌市人民政府参事。现任江西财经大学证券期货研究中心主任。荣获江西省新长征突击手、江西省中青年学科带头人称号。

前言
Preface

你可能会从晚间新闻里听到有关股票市场正在蓬勃发展、一片形势大好的消息，这是否就意味着将来经济会持续增长，使得现在有极大可能成为建造新房或是为你现在已有的房屋增加投资的最好时机呢？又或者只是虚假的泡沫，终有幻灭的时刻呢？

你可能会听说美联储持续加息的消息，如果你从国外进口建筑用品，你是否应该考虑到它们会因为汇率因素变得更昂贵？

本书通过分析金融市场和金融机构的运作机制，进而为以上的问题提供答案。金融市场和金融机构不但影响人们的日常生活，而且涉及大量的资金流动，涉及企业的利润、产品和服务的生产，甚至会影响其他国家的经济财富。金融市场和金融机构发生的一切事情都是政治家们不可忽视的重大问题。研究金融市场和金融机构会使你明白许多有趣的事情。本书将通过通俗易懂的知识，为学生说明研究金融市场与机构的价值存在。

《金融市场与机构》是高等院校经济类属专业培养计划中的主要课程，该课程大体分为相互联系、相互依存的两部分：金融市场以及依托于市场进行业务操作的金融机构。本书在金融创新和全球化的背景下介绍金融市场和机构的最新进展，帮助学生形成对现代复杂金融体系的全面认识和掌握金融市场所需要的理论和技能。

通过本门课程的学习，学生将掌握金融市场与金融机构的基本理论、基本知识和基本技能，掌握金融市场与金融机构各种运行机制，及各金融市场主体的行为，并能够运用所学理论、知识和方法分析解决金融市场与金融机构的相关问题，达到专业培养目标的要求，为日后进一步学习、研究和毕业后实际工作奠定扎实的基础。

全书以“概论—机制—市场—机构—监管”为主要框架，对金融市场与机构的理论基础、现实结构到发展趋势都做了全面梳理，共十三章，主要结构大致如下：

第一章金融市场与机构概述，是研究金融机构与市场的前提。在熟悉和掌握了金融市场与机构的基础知识后，则可以引入其运行机制及效率，即第二章金融市场的交易机制、第三章金融市场的效率。第四章、第五章、第六章、第七章、第八章对金融市场中重要组成部分——货币市场、债券市场、股票市场、期货市场、期权市场及其衍生品市场这五大市场进行介绍。第九章、第十章、第十一章、第十二章分别介绍了金融市场中的商业银行、证券类金融机构、保险公司、其他金融机构这四大金融机构。第十三章说的是金融市场监管。当前，中国已经建立了相对完整的金融监管（法律）体系。

本书强调学习金融市场和金融机构通用的知识体系。这个体系使用一些通俗易懂的概念来帮助你建立独属于你的整体思维。这些基本概念包括分析金融市场的行为的基本供求理论、利润追求理论，以及基于交易成本和不对称信息研究金融结构的方法。

本书所应用的知识体系不但能够保证你所学的知识不过时、你所学习的内容有意思，同时也为你提供理解金融市场和像利率和汇率这样的金融变量的变化趋势的工具。本书还提供了其他各种各样的应用材料，以演示如何利用书中所做的分析来解释很多现实情况。通过这些应用，学习起来会更贴近实际。

除了这些应用，书中在各章结尾还设置了许多习题，让你把你所学到的概念分析、运用到其他现实例子中。你会发现书中几个章节后有案例分析，这给你提供了复习和运用书中所提到的重要的金融概念和工具的机会。

总之，金融市场和金融机构是一个让人兴奋的领域。你不仅将学习到直接影响你生活的东西，获得在你的职业生涯中有实际意义的技能，你还会对在报纸媒体上看到的金融市场和金融机构的事件有更深入的认知和分析。我们也会向你介绍很多现在金融界争论的热点话题。

金融市场的行为对个人的财富、企业的行为和经济的有效性有着直接的影响。银行和其他金融机构通过把一部分人手中没有生产性用途的资金转移到另一部分有生产需求的人手中，从而在提高经济的效率方面起到了重要的作用。

了解如何管理金融机构非常重要，因为在你的一生中，作为个人劳动者、受雇员工或者其他企业的管理层和所有者，你会有很多机会和它们打交道。

这本教材强调通过一些基本的原理讲述研究金融市场和金融机构的理论体系的分析方法，同时，强调理论分析和经验数据的结合。

本书通过对金融市场与机构前沿的理论体系的梳理，分析理论在实务中的运用，再进行案例讨论，通过理论和实务融合，提高专业学位的教学与培养质量。

本书历时多年修改完成，是努力的成果，尽管如此，难免有一些疏漏和错误之处，恳请读者批评指正。

赵伟　井冈山大学

目录
Contents

第十三章　金融市场监管

第一章　金融市场与机构概述

【教学目的与要求】

掌握金融市场各子市场的定义及金融市场各要素，了解中国金融市场的发展、演变过程；熟悉中国金融机构的主要类型、发展过程；熟悉银行主导型金融体系、市场主导型金融体系的特征，了解中国金融体系格局以及金融监管的变化趋势。

随着各国经济的发展和全球化趋势，金融市场日益成为现代市场经济的核心。中国金融市场正是在为国民经济发展提供有效资源配置的背景下孕育而生，经过漫长的发展与演变，逐渐在提高我国社会资金的使用效率、管理与配置风险等方面发挥了无可替代的作用。

第一节

中国金融市场的发展和演变

一、金融市场的定义

在经济体系中，存在两种市场：要素市场和产品市场。在要素市场上，经济主体将自己的劳动和其他生产资料出让给其他经济主体，从而决定了生产要素（土地、劳动力和资本等）的价格，即要素所有者的收入（租金、工资和股息红利等）。产品市场包含产品和服务的交换关系（其中的产品包含了中间产品和最终产品）。本质上，要素所有者通过产品和服务的价格得以实现其要素收入，所以要素市场和产品市场是为资源配置服务的一体化的市场。

金融市场既是要素市场，也是产品市场。简单来讲，金融市场是资金供求双方通过各种契约、运用各种金融工具实现货币借贷和资金融通的交易场所。

生产要素市场有金融市场（资金市场）、劳动力市场、房地产市场、技术市场、信息市场、产权市场等。生产要素市场的培育和发展，是发挥市场在资源配置中的决定性作用的必要条件，是发展社会主义市场经济的必然要求。

产品市场是商品经济运行的载体或现实表现。相互联系的有四层含义：一是商品交换场所和领域；二是商品生产者和商品消费者之间各种经济关系的汇合和总和；三是有购买力的需求；四是现实顾客和潜在顾客。市场是社会分工和商品经济发展的必然产物。劳动分工使人们各自的产品互相成为商品，互相成为等价物，使人们互相成为市场；社会分工越细，商品经济越发达，市场的范围和容量就越扩大，这一点就像生物圈一样，物种种类越多，生物圈的自我调节能力就越大。同时，市场在其发育和壮大过程中，也推动着社会分工和商品经济的进一步发展。市场通过信息反馈，直接影响着人们生产什么、生产多少以及上市时间、产品销售状况等；联结商品经济发展过程中产、供、销各方，为产、供销各方提供交换场所、交换时间和其他交换条件，以此实现商品生产者、经营者和消费者各自的经济利益。

二、金融市场的功能

金融市场的功能是资源配置，金融市场的交易机制是保证资源配置功能实现的所有交易规则。在这个意义上，金融市场是为资源配置服务的交易机制的集成。

在功能层面，金融市场同时履行着价格发现功能、风险管理功能、流动性提供功能、信息生产功能和交易成本节约功能，并最终实现资源配置的功能。

在交易机制层面，特定的交易机制决定着特定的金融市场质量，即市场的有效性、流动性、稳定性、波动性、透明度和安全性，进而影响着特定的金融市场的功能的实现程度。换言之，金融市场涵盖了给定的交易机制约束下跨时空的资源配置过程。

三、金融市场的要素

金融市场和其他商品市场一样，也有交易者，即买者与卖者；有交易的对象，有交易的中介机构和交易的具体形式。我们把金融市场上的各种交易者称为金融市场主体；把金融市场上的交易对象称为金融市场客体或工具；把金融市场交易中介机构称为金融市场的媒体；把做成交易的具体形式称为金融市场组织方式。金融市场主体、金融市场客体、金融市场媒体和金融市场组织方式，便构成了金融市场四大要素。

四、金融市场的主体

（一）政府部门

政府是金融资产的重要发行者。在美国，联邦中央政府采取发行债券的方式筹集资金，而地方政府也发行大量的市政证券，筹集市政建设的资金。在中国，传统上只有中央政府发行国债，地方政府不允许发行债券。近年来，为了促进各地的城市化建设和大基建的推进，各地方政府开始由中央政府代发债券，中国的地方政府通过融资平台获得了大量的银行贷款。

（二）国际机构

国际金融组织，为各国家提供金融服务、发放债券、贷款、提供人道主义援助等。它们也是国际金融市场上重要的证券发行者，如世界银行、亚洲开发银行等。

（三）居民家庭

家庭部门是金融市场的重要参与者。有两方面的考虑因素：一方面，家庭部门会持有银行存款、股票、债券、基金等金融市场提供的产品；另一方面，家庭部门通过住房抵押贷款、消费信贷等方式获得资金融通，参与金融市场的运作。

（四）非金融企业

指主要从事市场货物生产和提供非金融市场服务的常住企业，它主要包括各类法人企业。所有非金融企业归并在一起，就形成非金融企业部门。它们是股票市场与债券市场的重要发行者。非金融企业可以进一步划分为公司、农场和其他三类。

（五）金融机构

金融机构是指从事金融服务业有关的金融中介机构，为金融体系的一部分。金融服务业包括银行、证券、保险、信托、基金等行业，与此相应，金融中介机构也包括银行、证券公司、保险公司、信托投资公司和基金管理公司等。

在金融市场上，金融机构主要提供以下服务：一是将最终借款者的债务转换成更容易为投资者所接受的资产，形成自己的负债。二是代理业务，代客户买卖金融资产。三是自营业务，为自己的账户买卖金融资产。四是发行业务，协助发行人创造金融资产，并将这些金融资产销售出去。五是为客户提供投资咨询。六是管理其他市场参与者的投资组合。

五、金融市场的工具

金融市场的工具，简称金融工具。它是资金短缺部门单位或借入资金的部门单位，或筹资者向资金盈余部门单位，或借出资金部门单位，或投资者，融入资金所出具的契约或凭证。表面看，金融工具是金融市场交易的对象，实则金融市场交易的是资金本身（就是资金短缺的一方向资金富余的一方筹措资金，形成的契约或凭证。如债券，借条等）。

金融市场上的金融工具种类繁多，主要有：票据、债券、股票、外汇等。此外，在金融市场上还存在着直接的融资关系，但并不一定要具有一定形式的工具，如同业拆借资金。

（1）票据。票据是出票人自己承诺或委托付款人，在指定时期或见票时无条件支付一定金额，并可流通转让的有价证券。按照不同的分类标准，票据可以分为不同种类。按照信用关系的不同，可以分为汇票、本票和支票；按照到期时间的不同，可分为即期票据和定期票据。

（2）债券。债券是债务人在筹集资金时，依照法律手续发行，向债权人承诺按特定利率和日期支付利息，并在特定日期偿还本金，从而明确债权债务关系的有价证券。债券的种类繁多，形式各异，往往有多种分类方法。债券按发行主体，分为政府债券、公司债券和金融债券；按利息支付方式，分为定息债券和无息票定息债券；按有无担保，可分为信用债券和担保债券；按本金偿还方式，可分为设偿债基金债券、分期偿还债券、通知偿还债券、延期偿还债券、永久债券和可转换债券；按投资人的收益，可分为固定利率债券、分红公司债券、参与公司债券、免税债券、收益债券和附新股认购权债券。

（3）股票。股票是股份公司发给股东的投资入股和分红的凭证。股票有多种类型，一般分为普通股和优先股、记名股票和无记名股票、有面额股票和无面额股票等。

（4）外汇。外汇是指外国货币及用外币表示的用于国际结算的支付手段。它包括外国货币，如美元、日元等，外国有价证券、外币支付凭证和其他外汇资金。

（5）同业拆借资金。同业拆借资金既指在同业拆借市场上交易的资金，也指同业拆借市场的交易工具。有人称同业拆借市场的金融工具就是“头寸”，即款项或资金额度。也有人认为，同业拆借市场是金融机构间借贷资金的市场，进入资金市场的人必须符合要求的条件，并按事先确定好的协议直接借贷，因此同业拆借市场的金融工具就是同业拆借资金本身。这与外汇市场金融工具就是外汇一样。实际上交易“头寸”或“同业拆借资金”在本质上并无多大差别。不论怎样认识同业拆借市场的金融工具，但实际上同业拆借市场直接借贷的就是货币资金本身。

六、金融市场的媒体

在比较发达的金融市场上，资金的融通或金融工具的交易，大多数是通过金融市场媒体进行的。金融市场媒体作为融资双方的代理人，可以提高金融市场的运作效率，是金融市场不可缺少的部分。

金融市场上的媒体是多种多样的。为介绍方便，我们将这些媒体分为两类：金融市场的商人或经纪人和金融市场中介机构。前者主要完成市场媒体的职能，如货币经纪人、证券经纪人、证券承销商、外汇经纪人等。后者着重市场媒体的存在形态和活动方式，如证券交易所、投资银行等。但在金融市场的实际运作中，这两种媒体并非泾渭分明，而是相互交叉完成媒介的职能的。

（一）经纪人

经纪人是指在金融市场上为交易双方成交撮合并从中收取佣金的商人或商号。经纪人一般都对其经手中介的交易业务具有专业知识，谙熟市场行情和交易程序，对交易双方的资信有深刻了解，因此，许多交易主体都喜欢通过经纪人进行交易。可以说什么地方有市场，什么地方就有经纪人。经纪人是金融市场运行中不可缺少的中介体。

金融市场作为一个市场体系，包括许多具体的子市场，金融市场的经纪人种类也很多。我们主要研究最重要的几类。

（1）货币经纪人，又称市场经纪人，是指在货币市场上充当交易双方中介收取佣金的中间商人。它根据经纪业务的不同分为同业拆借经纪人、票据经纪人、短期证券经纪人。货币经纪人获利的途径为收取佣金和赚取利差。

（2）证券经纪人，是指在证券交易所中接受客户指令买卖证券，充当交易双方中介并收取佣金的证券商。证券经纪人可以是个人经纪人，也可以是法人经纪人。证券经纪人又分为佣金经纪人、两元经纪人、专家经纪人、证券自营商、零股经纪人。佣金经纪人是指接受客户委托，在证券交易所内代理客户买卖有价证券，并按固定比例收取佣金的经纪人。他们通常在交易大厅里专为顾客买卖证券，证券交易所中的大多数证券交易，都是通过他们完成的。两元经纪人是专门接受佣金经纪人委托，代理买卖有价证券的经纪人，因而又称交易厅经纪人或居间经纪人。当佣金经纪人同时接受许多委托买卖证券业务时，便将其中的某些业务，尤其是尚未完成或不易完成的委托请两元经纪人代为买卖。这类经纪人在美国最为流行。专家经纪人指佣金经纪人的经纪人。专家经纪人接受佣金经纪人的委托而进行业务活动，并不直接与客户打交道。证券自营商这类经纪人既为顾客买卖证券，也为自己买卖证券。零股经纪人是指专门经营不满一个交易单位（通常 100 股为一个交易单位）的零股交易的经纪人。

（3）证券承销人，又称证券承销商，是指以包销或代销方式帮助发行人发行证券的发行商与或机构。具有顾问、购买、分销、保护等功能，可协助企业与发行市场筹集资金，扮演资金供给者与需求者之间的桥梁。

（4）外汇经纪人，又称外汇市场经纪人，是指在外汇市场上为促成外汇买卖双方的外汇交易成交的中介人。外汇经纪人既可以是个人，也可以是中介组织，如外汇中介行或外汇经纪人公司等。

（二）金融机构

在证券市场上，充当交易中介的金融机构很多，主要有：证券公司、证券交易所、投资银行、商业银行等。

（1）证券公司，是专门从事有价证券买卖的法人企业。证券公司是金融市场上最大最主要的中介机构。从证券经营公司的功能分，可分为：证券经纪商、证券自营商和证券承销商，从事承购包销证券业务、自营业务和投资咨询业务等。

（2）证券交易所。证券交易所是专门的有组织的证券买卖交易场所，是买卖股票、公司债、公债等有价证券的市场。集合有价证券的买卖者，经过证券经纪人的居间完成交易。

最早的证券交易所是 1613 年设立的荷兰阿姆斯特丹证券交易所。在中国大陆，最早的证券交易所是 1905 年外商组织的上海众业公所，以及 1918 年设立的北京证券交易所。现代交易所中规模较大的，如纳斯达克证券交易所、纽约证券交易所和伦敦证券交易所，都经营各个国家的证券交易。证券交易所的出现，为证券买卖创造了一个常设市场，成为货币资本借以实现长期投资的机构，因此通常称它为“长期金融市场”。

证券交易所是依据国家有关法律，经政府证券主管机关批准设立的集中进行证券交易的有形场所。在我国有三个：上海证券交易所、深圳证券交易所和北京证券交易所。

从组织形式上看，国际上的证券交易所可分为会员制证券交易所和公司制证券交易所。会员制证券交易所是以会员协会形式成立的不以营利为目的的组织，主要由证券交易商组成。只有会员及享有特许权的经纪人，才有资格在交易所中进行交易。目前世界上大多数国家的证券交易所均实行会员制，我国的上海、深圳证券交易所也都实行会员制。公司制证券交易所以营利为目的，它是由各类出资人共同投资入股建立起来的公司法人。公司制证券交易所对在本所内进行的证券交易负有担保责任，必须设有赔偿基金。瑞士的日内瓦证券交易所和美国的纽约证券交易所都采用公司制。

（3）投资银行。投资银行是最典型的投资性金融机构，一般认为，投资银行是在资本市场上为企业发行债券、股票，筹集长期资金提供中介服务的金融机构，主要从事证券承销、公司并购与资产重组、公司理财、基金管理等业务。其基本特征是综合经营资本市场业务。

投资银行是指专门对工商企业办理投资和长期信贷业务的银行。投资银行最初只专门从事政府债券的买卖业务，后来发展为经营股票业务。如从职能及业务上考察，投资银行同证券公司以及商业银行相比都大同小异，它们分别在不同国家和地区成为证券业务的主体。

（4）商业银行，它是指专门经营代理金融业务的金融机构，也是金融市场上重要的中介机构。商业银行最传统的业务是承兑票据，但也从事一些商业银行业务，如接受存款和提供贷款，其基本的职能是承兑票据，充当票据市场的支付中介人：代企业发行证券，为企业发行证券承包，充当资本市场的发行代理人；经营外币债券，充当外汇市场的中介。

尽管在名称上都冠有“银行”字样，但实质上投资银行与商业银行之间存在着明显差异：从市场定位上看，商业银行是货币市场的核心，而投资银行是资本市场的核心；从服务功能上看，商业银行服务于间接融资，而投资银行服务于直接融资；从业务内容上看，商业银行的业务重心是吸收存款和发放贷款，而投资银行既不吸收各种存款，也不向企业发放贷款，业务重心是证券承销、公司并购与资产重组；从收益来源上看，商业银行的收益主要来源于存贷利差，而投资银行的收益主要来源于证券承销、公司并购与资产重组业务中的手续费或佣金。

此外，金融公司、财务公司、票据公司、信托公司、信用合作社以及国外金融机构，也在金融市场上起着重要的中介作用。

（三）金融市场组织方式

前面我们介绍了金融市场交易的双方、交易对象及交易的媒介，这已具有了形成市场的可能性。但要使双方相互联系，共同确定交易价格，最终实现转让交易对象的目的，还需要有一种形式把交易双方和交易对象通过金融机构媒介结合起来，这种形式便是市场的组织方式。金融市场的组织方式主要有两种：拍卖方式和柜台方式。

1. 拍卖方式

在以拍卖方式组织的金融市场上，所有的金融交易都采取拍卖的方式成交；金融交易中的拍卖和其他商品拍卖一样，是买卖双方通过公开竞价来确定买卖成交价款。目前公开竞价有两种方式：第一种是由出售人高声呼喊加手势报出金融市场工具的要价，通过购买人之间的激烈竞争，报出买价，最后将金融工具出售给出价最高的购买人；第二种方式是，买卖双方不直接见面，通过计算机配对，在时间优先、价格优先的原则下，实现成交。所谓时间优先是指在价格相同的情况下，先提出的优先成交；所谓价格优先是指对购买者而言，在同一时间，价格高的优先，对出售者而言，价格低的优先。

金融市场工具的拍卖是在交易所内进行的。进入交易所内的人并不全是实际上要买进卖出金融工具的市场参与者，而是受人委托代理买卖的经纪人和股票交易商。这些经纪人和股票交易商都是由作为交易所会员的经纪人公司和证券公司派出的。这些金融市场的专业机构受实际投资人、筹资人、保值人或投资人的委托，按委托人规定的条件，以尽可能有利的价格进行交易。这是拍卖方式的一个显著特点。

2. 柜台方式

柜台方式与拍卖方式不同，它不是通过交易所把众多交易集中起来，以竞价方式确定交易价格，而是通过作为交易中介的证券公司来买卖金融工具。金融工具的买卖双方都分别同证券公司进行交易，或将出售的金融工具卖给金融公司，或从金融公司那里买进想要购买的金融工具。

在以柜台方式组织的金融交易中，买卖价格不是通过交易双方的直接竞争来确定，而是由证券公司根据市场行情和供求关系自行确定。对证券公司同意交易的工具，推出买入价格和卖出价格，宣布愿以该买入价格购买该种工具，同时愿以该卖出价格出售该种工具。这种挂牌方式称为双价制。证券公司一旦报出双价，在报出新双价之前，不得拒绝以报出的买入价格买入该种工具，也不得拒绝以报出的卖出价格出售该种工具。证券公司报出的双价中，买入价格略低于卖出价格。其价差便是证券公司的利润。

七、中国金融市场的结构

金融市场是由许多具体子市场组成的庞大的市场体系。许多不同的具体的子市场组成的金融市场体系，便构成了金融市场的结构。研究一国金融市场的结构，对判断其金融市场的发展程度、确定金融市场的发展特点及完善对金融市场的管理，都具有重要意义。

根据不同的标准对金融市场进行划分，可以分出存在差异的许多具体的子市场。根据交易标的物的不同，可将金融市场划分为资金市场、外汇市场和衍生市场；根据融资期限的长短，可以将资金市场分为融资期限一年以内的货币市场与融资期限一年以上的资本市场；根据交易工具的不同，金融市场分为同业拆借市场、票据市场、回购市场、股票市场、债券市场、外汇市场、衍生市场；根据交易层次的不同，金融市场分为初级市场（一级市场）和次级市场（二级市场）；根据交割方式的不同，金融市场分为现货市场、期货市场和期权市场；根据成交与定价方式不同，金融市场分为公开市场、议价市场、店头市场和第四市场；根据交易双方在地理上的距离，金融市场分为地方性、全国性、区域性金融市场。

出于不同的研究目的，金融市场有多种分类方法。而现实表明，每个市场又可同时兼具几种市场属性，如股票市场是公开市场、初级市场、次级市场、资本市场等。正是这些按不同标准划分的子市场互相联系、互相依存，因而使用任何一种分类方法都不可能进行全面的、详细的分析。

（一）货币市场和资本市场

货币市场又称短期金融市场，是指专门融通短期资金的市场。所谓短期，是指资金融通期限在一年以内。短期资金多在流通领域起货币作用，主要解决市场主体的短期性、临时性资金需求。在经济生活中，政府、企业、居民和金融机构等都需要短期资金用于周转，因而成为货币市场的主体。货币市场使用的金融工具主要有同业拆借协议、存单、票据和短期公债（即国库券），它们因偿还期限短、风险小以及流动性强而往往被作为货币的代用品。主要是政府、银行及工商企业发行的短期信用工具，具有期限短、流动性强和风险小的特点，在货币供应量层次划分上被置于现金货币和存款货币之后，被称为“准货币”，所以将该市场称为“货币市场”。一个有效率的货币市场应该是一个具有广度、深度和弹性的市场，其市场容量大，信息流动迅速，交易成本低，交易活跃且持续，能吸引众多的投资者和投机者参与。货币市场由同业拆借市场、票据贴现市场、可转让大额定期存单市场和短期证券市场四个子市场构成。据此，货币市场又可分为同业拆借市场、票据市场和短期债券市场。

资本市场又称长期金融市场，是指专门融通期限在一年以上的中长期资金的市场。在资本市场上，交易期限短则数年，长的可达数十年。长期资金大都参加社会再生产过程，利用资本的作用，满足政府和企业部门对长期资本的需求。资本市场上交易的金融工具主要是各种有价证券，如股票和债券等。这些有价证券具有偿还期限长、流动性小、风险较大的特点。资本市场又可分为股票市场和长期债券市场。

（二）初级市场和次级市场

初级市场和次级市场是按证券交易次数对证券市场划分的。初级市场是新证券发行市场，又称一级市场。没有证券的发行，自然不会有证券的买卖和流通，初级市场是次级市场的前提和基础。证券发行者和证券投资者资金融通的多少，是决定初级市场规模的直接因素。在发行过程中，证券发行市场作为一个抽象的市场，其买卖成交活动并不局限于一个固定的场所；它是一个无形的市场，为资金使用者提供了获得资金的渠道和手段。次级市场是已发行的证券流通市场，又称二级市场。投资者在初级市场购买证券后，因种种原因需要出售时，便可在次级市场出售变现。需要进入证券投资而未在初级市场的，也可在次级市场得以实现。在次级市场上，因买卖双方的经常转换，使证券更具流动性，从而在社会范围内使资源得到充分利用。

初级市场和次级市场是密不可分的，每一种证券都必须进入初级市场，比较重要的证券，还要借助次级市场来流通。因此，初级市场的证券交易是次级市场证券交易的前提，次级市场证券交易是初级市场证券交易的延伸。次级市场的证券是初级市场买卖后转让的证券。若没有初级市场证券的买卖，便不会有次级市场证券的买卖。

但二者还是有区别的：一是流通性不同。初级市场仅指证券发行市场，这些证券有的可以在次级市场交易，有的则不能。例如，部分企业债券只允许发行，但不允许在次级市场买卖。相比较而言，次级市场上的证券要比初级市场证券流通性大。二是对经济的影响不同。初级市场发行证券筹措资金，直接用于筹资者，对购买者而言，主要是资金的投资。因此，初级市场证券发行的数量和价格直接决定筹资者筹资的规模。次级市场证券的买卖是与最初发行者筹资无直接关系的交易，这里只是不同投资者之间交易证券。三是对证券的要求不同。可上市发行并转让的次级市场上的证券，通常要求发行者公布财务状况等，并进行信用评估，而初级市场上的证券一般没有这个要求。

（三）公开市场、议价市场、店头市场和第四市场

按成交与定价的方式，金融市场分为公开市场、议价市场、店头市场和第四市场。

公开市场即由众多市场主体以拍卖方式定价的市场，由社会创造的个人或机构都能够参与的发放贷款、交易证券，其交易量和价格都必须公开显示的市场。例如，一些公司债券在公开市场上销售给出价最高者，并可在债券到期和偿还前多次买入卖出。这类市场一般是有组织的和有固定场所的有形市场，如股票交易所。

议价市场是指没有固定场所、相对分散的市场，双方的买卖活动要通过直接谈判而自行议价成交。由于这类活动一般在公开市场外面进行，故又称为场外交易。

店头市场又称柜台市场，是指未上市的证券或不足一个成交批量的证券进行交易的市场。有人称之为第三市场。店头市场历史悠久，早在 1792 年，美国纽约金融市场繁荣，许多商人看到经营证券有利可图，便纷纷买进证券留在手中，待别人要买时，以高出买进

的价格在柜上出售，从中获取利润。美国的柜台市场已成为仅次于纽约股票市场交易所的大市场。

店头市场作为证券市场的一个独特形式，同证券交易所那样高度制度化、组织化的市场形成鲜明对照。尽管有人称其为场外交易，但与以场外交易的议价市场也略有区别，店头市场以“柜台”和店内交易为特征，而不像议价市场那样不择场所。不过“议价”成交的特点是共同具备的。

第四市场是指作为机构投资者的买卖双方直接联系成交的市场。一般通过电脑终端机等把会员联系起来，并在办公室利用网络报价，寻找买方和卖方，最后直接成交。

第四市场的运行，需要发达的科技和通信手段作基础，而且也只有在商品经济高度发达的地方才能完成。机构投资者的交易，一般数额巨大，利用第四市场交易，可以大大节省手续费等中间费用，筹资成本的降低足可以弥补联网的花费，而且不为第三者所知，使交易保密，也不会因交易量大而影响市价。第四市场的发展蕴含着极大的潜力。

（四）现货市场、期货市场和期权市场

这是按交割方式不同而对金融市场的分类。

现货市场是随交易协议的达成而立即交割的市场。现货市场是对与期货、期权和互换等衍生工具市场相对的市场的一个统称。现货市场交易的货币、债券或股票是衍生工具的标的资产。在外汇和债券市场，现货市场指期限为 12 个月左右的债务工具（如票据、债券、银行承兑汇票）的交易。实际上是在 3 天之内进行交割。

期货市场是指交易协议虽然已经达成，交割却还要在某一特定时间进行的市场。广义上的期货市场包括期货交易所、结算所或结算公司、经纪公司和期货交易员；狭义上的期货市场仅指期货交易所。期货交易所是买卖期货合约的场所，是期货市场的核心。比较成熟的期货市场在一定程度上相当于一种完全竞争的市场，是经济学中最理想的市场形式。所以期货市场被认为是一种较高级的市场组织形式，是市场经济发展到一定阶段的必然产物。在期货市场上，成交和交割是分离的。在期货交易中，由于交割是要按成交时的协议价格进行，而成交与交割期间证券价格的或升或降，就可能使交易者或获得利润或蒙受损失。因此买者和卖者只能赌自己对市场的判断。

期权市场即多种期权交易的市场，是期货交易市场的发展和延伸。期权交易是指买卖双方按成交协议签订合同，允许买卖在交付一定的期权费用后，即取得在特定时间内，按协议价格买进或卖出一定数量的证券的权利。但在合同生效前购买期权的一方如不行使该权利，期权合同则自动失效。期权交易虽然不一定都要付诸实行，但放弃的一方已付出一定的代价。

（五）同业拆借市场、票据市场、回购市场、股票市场、债券市场、外汇市场和衍生市场

1. 同业拆借市场

同业拆借市场是金融机构之间以货币借贷方式进行短期资金融通活动的市场。早期的同业拆借主要是银行之间为调剂存款准备金头寸而进行的交易。现在，拆借的目的除了满足准备金要求外，还包括轧平票据交换差额，解决临时性、季节性资金需求等，市场参与者也从商业银行扩大到券商、储贷协会等许多其他金融机构。美国的联邦基金市场是最典型的同业拆借市场。一般同业拆借的期限以隔夜、1 日或 7 日居多，因而拆借利率能灵敏地反映短期资金供求状况。最具代表性的伦敦银行同业拆放利率（LIBOR）是国际金融市场的关键利率，许多浮动利率金融工具均以其作为定价参照。

中国同业拆借市场始于 1984 年。伴随当时针对中国人民银行和商业银行职能分离的新金融组织格局，我国对信贷资金管理体制也实行了重大改革，将传统的“统存统贷”信贷制度改为“实贷实存、相互融通”，为银行间相互拆借资金确立了可行的制度保证。1996 年 1 月，全国统一的银行间同业拆借市场正式建立。2002 年 6 月，中国外币交易中心开始为金融机构办理外币拆借业务，统一的国内外币同业拆借市场正式启动。2007 年，《同业拆借管理办法》颁布，标志着同业拆借市场确立了更加开放、透明、市场化的管理框架，逐步实现管理手段的市场化转型。随着我国同业拆借市场的不断完善，它已经成为我国金融机构之间调节短期头寸的主要场所，市场交易量逐年扩大，2017 年全年累计成交 95.9 万亿元，是建立之初的约 440 倍；截至 2017 年年末，同业拆借市场成员达 1 382 家，是建立之初的 28 倍（数据来源：Wind 金融数据库）。从货币市场交易的期限结构看，7 天以内（包括隔夜）拆借交易量比重占 95% 以上，而基于同业拆借市场形成的上海银行间同业拆借利率（SHIBOR）已成为我国金融市场重要的基准利率。

2. 票据市场

票据市场是交易各种商业票据和银行承兑票据的场所。票据期限以短期居多，一般不超过 270 天。商业票据市场在美国十分发达，银行是商业票据的主要购买者。银行承兑汇票市场不但为调剂资金余缺提供了有效的途径，而且对促进国际贸易发展也有着十分重要的意义。中国票据市场的发展始自 20 世纪 80 年代初期恢复办理商业汇票业务。20 世纪 80 年代末至 90 年代初期，为了解决企业间的“三角债”问题，政府开始鼓励企业之间使用票据进行结算，由此票据概念向全国推广。随着 1995 年《中华人民共和国票据法》的通过以及一系列与票据业务有关的法规和制度相继出台，1999 年以后，票据市场急剧扩张，进入快速发展通道。2017 年，票据市场已形成存量十万亿级、交易量百万亿级的重要

市场，成为货币市场乃至金融市场的重要组成部分。

3. 回购市场

回购市场是指通过回购协议进行短期资金融通交易的市场。回购协议一般约定，卖方将证券出售给买方，且在未来某一特定日期，卖方以约定价格从买方购回相同证券。在回购交易中，卖出证券并融入资金的一方被称为正回购方，即融资方；而买进证券并融出资金的一方则称为逆回购方，即融券方。回购交易的实质是以证券作为抵押担保进行资金融通的一种交易行为。

在国际市场上，回购交易的类型主要包括经典回购和购/售回交易两种，除此以外，三方回购近年来也在美国和欧洲市场上迅速发展。经典回购和购/售回交易的主要差别在于两者的报价方式不同。经典回购以首次交易的价格和回购利率进行报价，回购利息通过回购利率体现；而购/售回交易则以两次交易的价格进行交易，回购利息包含在两次交易的价格中，因此，从形式上看，经典回购表现为一次融资行为，购/售回交易表现为两次现券交易。三方回购则是指在回购交易中，证券和资金由交易对手方交付至一个独立的托管银行、清算所或证券托管机构等第三方托管机构，由其负责在交易存续期间确保有足额价值的担保品。美国回购市场是全球流动性最好、交易技术最发达的市场。相比之下，欧洲回购市场起步较晚，直到 1996 年才作为一种融资工具被普遍使用。

中国的债券回购市场从 1991 年起步，历经 30 余年的发展，深度和广度均不断扩大，交易主体和交易类型也不断丰富。目前，中国的债券回购市场包括银行间市场和交易所市场，其中，银行间债券回购市场是中国回购市场的主体，交易量占整体回购交易量的 95% 左右。从交易主体看，银行间回购市场的投资主体涵盖银行、证券公司、基金公司、保险公司、信用社和企业等各类机构。在交易所市场，可以参加债券回购的投资者除了不包括商业银行以外，几乎涵盖了各种类型的投资者。从交易类型看，最初中国债券回购市场仅有质押式回购一种交易形式。在质押式回购下，如果回购交易到期后资金融入方无法按期还本付息，则资金融出方可以通过出售质押债券得到补偿，但在回购交易到期之前，资金融出方仅拥有该债券的质押权，无权随意处置被质押的债权，被质押债券不能流通和再次融资。2004 年，买断式回购在中国债券回购市场上出现。在买断式回购下，债券持有人（正回购方或融资方）将债券卖给债券购买方（逆回购方或融券方）的同时，交易双方约定在未来某一日期，正回购方再以约定价格从逆回购方买回相等数量同种债券的交易行为。买断式回购可以释放债券流动性，并为市场参与者提供融券功能和做空机制。

4. 股票市场

股票是股份公司发给股东作为投资入股的证书和索取股息红利的凭证。股份公司通过发行股票向公众筹集巨额资金，建立起规模庞大的企业。股票市场又称权益市场，是极为重要的资金融通渠道。

完整的股票市场包括股份发行市场和现有股份流通转让市场。股票发行包括初始发行和增加发行两种情形。发行的方式包括公募发行和私募发行。前者是指向市场上大量的非特定的投资者公开发行股票；而后者只向少数特定的投资者发行，例如内部职工、大型金融机构等。股票可以直接出售给投资者，也可以由投资银行等金融中介通过包销或代销等方式进行承销。目前，世界主要的股票交易市场包括纽约股票交易所（NYSE）、美国全国证券商自动报价系统（NASDAQ）、伦敦股票交易所（LSE）和东京股票交易所（TSE）等，其中，NASDAQ 市场是二板市场的典型。所谓二板市场是指与针对大型成熟企业的主板市场相对应的、面向新兴中小企业和高科技企业的股票市场，又称为创业板市场。二板市场往往具有前瞻性，其上市标准较低，旨在为中小型创新企业提供融资便利、为风险投资提供退出的渠道。

中国的股票市场是在中国经济体制改革和转轨的内在要求下催生而出的产物。20 世纪 80 年代早期，由于国家信贷计划无法满足一些企业的融资需求，促使企业不得不寻找新的融资渠道。1984 年，中国第一家股份有限公司北京天桥股份有限公司成立并发行股票，标志着中国股票市场开始萌芽。此后，国有企业股份制改造试点逐渐增多，股票发行量持续增长。截至 1991 年年底，全国历年累计发行股票达到 75.42 亿元，企业对融资的迫切需求直接导致了中国股票市场的诞生。1990 年 12 月和 1991 年 7 月，上海证券交易所和深圳证券交易所分别成立，同一时期还有 17 个区域性证券交易中心和 2 个电子交易市场（即全国证券交易自动报价系统［STAQS］和中国证券交易系统［NETS］）成立。

中国股票市场发展之初，中央政府曾期望利用其为有资金需求的国有企业筹措资金，以改善相对有前途的国企的经营表现。但是，由于中国独特的经济环境，股票市场的建立面临一系列难题：很多人认为股份制就是私有化，股票交易会导致国家对上市公司控股权丧失和国有资产流失；此外，我国国有产权的清晰化问题尚未解决，面临股权流动后收益归属难以确定等技术性问题。因而，中国股票市场一开始采取了“国有存量股份不动，增量募集股份流通”的股权分置模式。然而，这种分置状态特别是流通权的分置状态，违背了同股同权、同股同利的基本原则，资本市场的基本功能受到了一定程度的扭曲，留下了严重的制度缺陷。

为了克服股权分置问题带来的种种弊端，决策层“摸着石头过河”，采取了许多解决措施。在法人股流通（1992—1999 年）、国有股减持（1999—2002 年）相继宣告失败后，2005 年 4 月 29 日，中国启动股权分置改革以完善市场基础制度和运行机制。股权分置改革的意义不仅在于解决历史遗留问题，更在于为股票市场其他各项改革和制度创新创造条件。截至 2006 年年底，有 97% 的公司完成或者进入股权分置改革程序，对应市值占比达

97%，股权分置改革基本完成，为建立全面市场化奠定了基础。实现股权分置改革的制度性跨越后，中国股票市场开始进入高速发展时期，政府也加快了股票市场的市场化和国际化改革步伐。2007 年 6 月，证监会颁布《合格境内机构投资者境外证券投资管理试行办法》，QDII 制度开始实施，为缓解内地流动性过剩和内地资本海外投资开辟了新渠道。2009 年 10 月创业板正式开启，2013 年 12 月新三板扩容至全国，标志着由主板、中小板、创业板和新三板构成的多层次资本市场体系进一步完善，中小企业特别是创新型中小企业的融资渠道更加丰富。2010 年 3 月，融资融券正式试点，证券交易机制得到完善；同年 4 月股指期货开市，改变了长期以来中国股票市场只能做多、不能做空的单边市场机制。2014 年 11 月和 2016 年 12 月，沪港通和深港通先后启动，内地股票市场进一步向海外投资者开放。

经历多年的洗礼，如今中国股票市场已经得到长足发展。截至 2017 年 12 月末，中国境内上市公司数（A 股、B 股）达到 3 567 家，市值合计 567 086 亿元，其中流通市值 449 105. 31 亿元，总股本 60 919. 15 亿股（数据来源：Wind 金融数据库），总体看为改善上市企业的财务状况、促进技术创造、扩大利润作出了极大贡献。随着中国股票市场在国际股票市场中地位的显著提升，2017 年 6 月 20 日，摩根士丹利资本国际公司宣布自 2018 年 6 月起，将 A 股中的 222 只大盘股纳入摩根士丹利国际资本指数（MSCI）新兴市场指数，这不仅能带动更多海外主动配置资金进入境内股票市场，也能促使境内股票市场的投资者结构、投资理念以及市场机制更加国际化，有助于加快我国资本市场与全球资本市场接轨的步伐。

5. 债券市场

债券是由债务人签发给债权人的一种表明债权债务关系的凭证；债券持有人有权按照约定条件向债券发行人取得利息，并于到期日收回本金。债券市场是债券发行和流通的场所。发行市场涉及发行合同书的签订、债券信用等级的评定等环节。发行合同书载明了双方的责任义务，为保护债权人的利益还设有否定性条款和肯定性条款来规范借款人的行为。债券的发行人包括中央政府、地方政府、金融机构和各类工商企业，其中尤以政府发行的债券居多。不同的发行主体到期违约的可能性不同，穆迪和标准普尔等专业的信用评级机构对发行人和其所发行的债券给出一个信用等级。

中国债券市场起步于 1981 年财政部恢复国库券发行，其后上海、深圳、北京等地开始有企业以发行债券的形式筹资。20 世纪 80 年代中期，随着债券发行量的不断增加，债券交易市场开始出现。为了满足市场的交易流通需求，20 世纪 80 年代末到 90 年代初，中国人民银行在全国各地建立债券流通转让市场。但由于缺乏全国集中统一的国债托管结算系统，绝大多数债券仍在柜台进行实物交易，交易双方对彼此国债库存一无所知，各类金融机构以代保管单的形式超发和卖空国库券的现象相当普遍，各地债券市场秩序较为混乱。为规范债券交易行为，1993 年上海证券交易所首次尝试国债期货和国债回购业务试点，可以同时在场内交易所进行债券的现货、期货和回购业务，场内市场债券交易量急剧放大。1994 年深圳证券交易所也正式开启债券业务，当年第一只企业债“深盐田”于深交所上市。在场外债券交易仍不断出现违规卖空和金融欺骗等现象的情况下，1995 年国家规定债券交易全部集中到证券交易所进行。

然而，尽管交易所成为唯一合法的债券交易市场，但交易所国债交易的风险控制机制并未真正建立起来。1995 年起，交易所国债交易也相继频频出现违规事件，并最终爆发了“3·27”国债期货风波。其后，政府决定暂时关闭国债期货市场，同时，发展更统一、透明度更高的债券市场也迫在眉睫。1997 年，在国务院的批准下，全国银行间债券市场正式建立，16 家商业银行成为银行间市场的最初成员。此后，在中国人民银行的大力支持与推动下，银行间债券市场无论在托管量、发行量还是在交易量上都实现对交易所市场的超越，于 2004 年达到整个债券市场份额的 97% 以上。

经过十几年的发展，如今中国债券市场已经正式形成以银行间市场为主、交易所市场为辅的市场体系。相比债券市场建立之初，债券种类不断丰富，债券市场工具和参与主体日益多元化，无论在发行量、托管量还是成交量方面均表现得更为活跃。1997 年我国债券市场发行量仅为 0.4 万亿元，2017 年债券市场的发行量高达 39 万亿元；债券市场现券，借贷和回购交易结算量从 1997 年的 1.7 万亿元增加到 2017 年的 799 万亿元；债券托管量从 1997 年年末的 0.5 万亿元增加到 2017 年年末的 72.5 万亿元（数据来源：Wind 金融数据库）。

此外，我国债券市场对外开放的进程也在稳步推进。2010 年，中国人民银行正式进行境外机构投资我国银行间债券市场的试点。2013 年，RQFII 投资者正式获得了进入交易所债券市场和银行间债券市场的资格。2015 年起，债券市场开放提速，境外投资范围和额度限制不断放开。2017 年 6 月，中国人民银行发布《内地与香港债券市场互联互通合作管理暂行办法》，宣布首先开放“北上”模式，即境外投资者购买境内债券的通道。2017 年 7 月 3 日，“债券通”北向通正式启动，标志着我国资本市场开放又迈出了重要一步。

6. 外汇市场

外汇市场是兑换和交易各国货币的场所。在外汇市场上，人们用一种货币标价的资金去买卖另外一种货币标价的资金，购买力便实现了在国家间的转移。外汇市场的存在一方面为国际贸易和国际投资提供了资金融通；另一方面为外汇保值和投机提供了场所。

外汇市场交易通常分成三个层次：银行与顾客间的外汇交易、银行同业间的外汇交易以及银行与中央银行间的外汇交易。其中，第一个交易层次被称为外汇零售市场，后两个交易层次则共同构成外汇批发市场。外汇批发市场集中了绝大部分的外汇交易，它决定了各币种之间汇率的高低；外汇零售市场则主要满足外汇最终使用者的需求，银行也可从中赚取买卖差价。目前，世界主要外汇市场包括欧洲的伦敦、苏黎世外汇市场，美洲的纽约外汇市场，亚洲的东京、新加坡、中国香港地区外汇市场等。各市场之间通过跨国的通信和计算机网络紧密联系在一起，交易时间相互衔接，构成了一个统一的、实时的全球外汇交易体系。

1978 年以前，我国对外汇收支实行高度集中的指令性计划管理，并不存在外汇市场的概念。1979 年起实行的外汇留成制度产生了调剂外汇的需要，外汇调剂市场成为我国外汇市场的雏形。1994 年外汇管理体制改革，人民币官方汇率与外汇调剂价格正式并轨，我国开始实行以市场供求为基础、单一的、有管理的浮动汇率制度。之前的外汇留成制度取消，转而建立以银行结售汇制度为基础的银行柜台外汇市场和全国统一的银行间外汇市场。此后，在企业层面，外商投资企业的外汇买卖逐步纳入银行结售汇体系。在银行层面，统一的银行间外汇市场正式建立，为各外汇指定银行提供相互调剂余缺和清算服务，在定价方面，银行以中国人民银行每日公布的人民币对美元中间价作为依据，在规定的浮动幅度内自行挂牌汇率。1997 年亚洲金融危机后，我国事实上采取了单一盯住美元的汇率安排，人民币汇率一度处于稳定状态。

2005 年 7 月，中国人民银行宣布人民币汇率制度改革，实行以市场供求为基础、参考一篮子货币进行调节、有管理的浮动汇率制度，此后人民币不再盯住单一美元。这一改革不仅使得人民币汇率更富弹性，也为中国外汇市场的快速发展拉开了序幕。银行间外汇市场逐步具备了即期、远期、掉期、货币掉期和期权等多种外汇衍生产品，外汇交易工具日趋丰富。人民币汇率浮动区间也从 2005 年的中间价上下 0.3% 逐步扩大到 2014 年的中间价上下 2%；2014 年 7 月起，取消美元兑人民币的挂牌汇率浮动区间限制，标志着银行结售汇市场（即外汇零售市场）取消汇率浮动区间管理。2015 年的“811 汇改”进一步完善了人民币兑美元汇率中间价的形成机制，做市商参考前日银行间外汇市场收盘汇率，向中国外汇交易中心提供中间价报价。这一调整使得人民币汇率可以更真实地反映当期外汇市场的供求关系。

7. 衍生市场

衍生市场是交易衍生工具的场所。衍生工具又称或有证券，是由基础性资产衍生出来的各种金融合约。20 世纪后半叶，随着固定利率体系瓦解、金融自由化深入以及各国金融管制放松，全球范围内利率、汇率以及股市价格波动加剧，投资者规避风险的客观需求不断增加，作为新兴风险管理手段的金融衍生工具应运而生。衍生证券交易本质上是“零和游戏”，目的是进行风险的再分配。由于其特有的套期保值、防范风险功能，自诞生以来衍生市场的发展十分迅速，市场规模不断扩大，交易手段也日趋多样化与复杂化。按照交易特征，现有的衍生工具可分为四大类：远期、期货、期权和互换。

一般而言，衍生工具的价值是由其所依附的基础资产价值决定的，基础资产可以包括商品、货币、利率工具、股票和股票指数等。因此，衍生市场是现货市场的派生，但是两者的交易机制仍存在很大区别。一方面，衍生工具的性质相当复杂，通过将期货、期权和互换等基本衍生工具与其他基础资产、金融工具进行组合，可以创造出各种各样的合成衍生工具。投资者可以根据需要构成任意特定的资产组合，但同时也需要对金融工具有比较高的驾驭能力。另一方面，衍生市场的交易具有很高的杠杆效应。许多衍生品的交易成本很低，保证金率仅占实际交易额的百分之几，使得针对衍生品的投机活动十分盛行。但以小博大的交易方式在带来数十倍于本金收益的同时，也可能带来巨额亏损，投资者投机失败导致破产清算的例子早已屡见不鲜，因此对衍生市场加强监管始终是十分必要的。

1990 年 10 月，郑州粮食批发市场开业，标志着中国正式引入期货交易机制。之后中国期货业尽管迅速发展，但经历了一段相对混乱的野蛮生长时期。1993 年起，政府开始清理和整顿期货业，期货交易量大幅萎缩，大部分交易品种沉寂，部分交易所和经纪公司难以为继。1998 年，国务院确立证监会统一负责对全国证券、期货业的监管，并将原本 14 家交易所撤并为上海、郑州和大连 3 家交易所，仅保留 12 个商品期货交易品种。2000 年 12 月，中国期货业协会正式成立，标志着期货业监管和自律体系完全确立。

在商品期货市场建立后不久，我国也出现了早期的金融衍生品。1992—1993 年短短两年时间，外汇期货、国债期货、股票指数期货和认股权证等金融衍生品曾经相继出现，但由于投机气氛浓厚，引发了许多严重违规操作，造成价格异常波动，使得这些金融衍生品一度极为混乱，纷纷被迫关闭。随着 1996 年 6 月认股权证摘牌，我国金融衍生品市场发展陷入全面停滞。此后至 2004 年，除中国银行获准试点开展人民币远期结售汇业务外，几乎没有具有金融衍生品性质的市场交易存在。

2005 年 5 月，在中国人民银行的推动下，中国工商银行和兴业银行成交首笔银行间市场债券远期交易，标志着我国金融衍生品市场恢复发展。同年 8 月，银行间人民币远期市场建立，并正式引入人民币远期询价机制，初步形成了国内人民币远期汇率。此后，人民币结构性理财产品、人民币利率互换、人民币外汇掉期等陆续推出。而在交易所场内衍生市场方面，2006 年中国金融期货交易所在上海挂牌成立，2010 年股指期货正式上市，拉开了我国金融衍生品跨越式发展的序幕。此后，国债期货、上证 50ETF 期权相继于 2013 年和 2014 年推出，表示我国金融衍生品市场正在稳步发展中。

第二节

中国金融机构的发展演变

金融机构是金融市场的重要参与者。改革开放以来，中国金融机构伴随着中国金融市场的成长获得了长足的发展，已经成为国民经济的重要支柱和财政来源。

一、金融机构的功能和作用

为什么市场中会有金融机构呢？因为金融机构有下列积极作用：

（1）提供期限中介。金融是资金盈余者与资金赤字者之间的融通。然而，资金融通双方可能在期限上无法达成一致。比如，储蓄者可能有短期的闲置资金，而企业却需要相对较长时期的资金投入。如果没有金融中介机构（如银行），可能融资行为不会发生。但如果银行介入，就可以吸收短期存款，发放长期贷款。相应地，银行也可以借此降低企业长期贷款的成本。

（2）分散和降低风险。普通投资者可以通过资产多元化来分散和化解风险。但是，在盈余资金有限的情况下，分散投资必须支付较高的交易成本。而如果购买金融中介机构发行的金融资产，就可以低成本地分散风险。

（3）降低订立合同和处理信息的成本。由于信息不对称，如果投资者要融出资金，就必须要充分地搜集、整理信息，有效地选择借款人，防止出现逆向选择。在选择了借款人后，又必须签订完备的贷款合约，防止出现道德风险。这种成本是高昂的。投资者甚至会因此而对投资望而却步。金融中介机构由于规模经济的原因，可以有效地降低这类成本。

（4）提供支付机制。人类的支付制度由于银行的出现与发展而发生着巨大的变化。银行创造了支票存款。银行发行的信用卡极大地改变了我们的生活。

二、我国主要的金融机构类型

（一）商业银行

商业银行是金融体系中最主要的金融机构，其核心业务是吸收存款、发放贷款，并以存贷利差作为重要的盈利来源，因而商业银行在经济社会中起到了至关重要的信用中介与信用创造功能。除此以外，商业银行也可以向公众提供诸如投资建议、证券承销和财务计划等其他服务，并承担支付中介功能和一定的政策调节功能。作为经济中最为重要的一类金融机构，商业银行的经营过程需要实现安全性、流动性和营利性三大目标和原则的统一与平衡，对于商业银行的监管也紧紧围绕安全性和流动性展开。

1978 年以前，我国的经济管理实行以产品分配为主的计划体制，国家财政实行统收统支，银行也是实行大一统的管理体制。这就使得银行往往处于被动的资金提供者的地位，对国民经济的调节能力十分有限。银行体系呈现高度集中的特征，由中国人民银行作为国家唯一的银行，既行使国家宏观调控的中央银行职能，也行使商业银行的信贷、交易结算等功能。在银行的运营方面，也是由总行下达指令，各分行严格按照指令进行操作。

1978 年以后，为了适应经济发展和经济体制改革的需要，我国银行业发生了重大变化。自 1983 年中国人民银行分拆至 1993 年，我国逐步恢复并建立了中国农业银行、中国建设银行、中国银行和中国工商银行四大国有商业银行。同时，交通银行、中信实业银行、深圳发展银行等一大批全国性股份制商业银行也先后成立。此时，中国的商业银行具有了一定程度的自主经营管理权限，但在银行内部依然是行政性质的管理方法，并未实现真正的市场化经营，主要职责仍是为大型国有企业和国家扶持企业提供资金支持。

1993 年相继颁布的《中国人民银行法》和《商业银行法》，明确规定了中国人民银行和商业银行的性质、地位与职责，并为商业银行的市场化经营提供了法律依据。1994 年，先后成立三家政策性银行，对国有银行的政策性职能进行剥离，完成了从国家专业银行向国家商业银行的转变，为商业银行的市场化经营创造了良好环境。1997 年，为了解决四大国有商业银行的不良贷款问题，我国相继成立四大金融资产管理公司，用以剥离、收购、管理和处置四大国有商业银行的不良资产，加速了四大国有商业银行的市场化改革。

2003—2013 年，中国商业银行进入同质化发展的十年繁荣期，整体表现为规模总量快速增长、行业利润增幅巨大、收入结构大幅改善、风险抵御能力显著增强、世界影响力大幅提升。但随着由经济发展带来的红利逐渐式微、利率市场化改革不断推进，2013 年以来，中国银行业的利润增长中枢日渐下移，商业银行依靠传统存贷利差业务“躺着赚钱”的时代恐难再现，盈利模式面临全新挑战。在利率市场化背景下，我国商业银行一方面需要加大对中间业务的培育和拓展，推进中间业务由低层次（如支付结算类、代理类和银行卡类）向高附加值业务（如担保、承诺类和交易类等）发展；另一方面需要深化金融产品创新，以更多金融产品和方便快捷的效率拓展业务空间，从而缓解利差缩小对盈利能力造成的冲击。

（二）证券类金融机构

证券类金融机构是资本市场上重要的金融机构，是从事证券发行、承销与交易，企业重组、兼并与收购，投资分析，风险投资和项目融资等多种业务的非银行类金融机构。不同国家对证券类金融机构有着不同的称谓。在美国，它被称作投资银行或证券经纪商；在英国，它被称作商人银行；在以德国为代表的欧洲大陆，由于一直采取混业经营，投资银行仅是全能银行的一个部门；而以日本为代表的东亚，则通常称之为证券公司。英美与德日证券类金融机构在内部与外部治理结构方面存在诸多不同。在英美模式下，证券类金融机构股权高度分散，个人持股比例较高，流动性较强，加之外部控制权市场较为完善，因而对证券类金融机构形成了很强的外部制约。相反，德日模式下法人持股比例相对集中，在外部控制权市场不活跃的情况下，证券类金融机构自身的债权方（往往是银行）容易发挥较大的作用。

自 1987 年深圳经济特区证券公司成立以来，证券业已成为推动我国资本市场快速发展的重要力量。中国最早的证券公司主要成立于 1987—1995 年，当时全国性证券公司以华夏、南方、国泰、海通等几家大券商为代表，地方性证券经营机构则多为中国人民银行分支机构和各地财政部门设立的专营证券机构。1996 年，中国实行“银证分离”，奠定分业经营模式，证券业格局发生大规模调整，各商业银行分行下属信托投资公司均被撤销，仅保留四大国有银行总行的信托投资公司证券营业部，这一过程催生了申银万国和国泰君安等大型券商，全行业注册资本由 1997 年的 192.3 亿元大幅增加到 1999 年的 313.49 亿元。然而，中国证券业在建立之初并未形成严格的行业规范，致使经营风险大、投资收益率低，在国民经济和股市行情的波动中产生了大量不良资产。1999 年年底，中国 87 家证券公司不良资产总额近 400 亿元，占证券公司净资产的 60% 以上。

1999 年，《证券法》正式颁布实施，从法律上规定了中国金融业分业经营模式，加速了证券业同银行业、信托业、保险业的分业管理与经营的步伐，又诞生了一批由信托公司重组而成的大型券商。此外，非证券类资产的剥离、对保证金的严格监管与禁止“透支”等措施的落实，使证券机构资产状况出现一定程度的好转。但是，随着 2001 年以后证券市场的持续低迷，证券公司长期积累的问题充分暴露，风险集中爆发，证券业生存与发展遭遇严峻挑战。为了处理和化解风险，2004 年，国务院出台“国九条”实施证券公司综合治理。经过两年多的努力，基本化解了历史遗留风险，初步形成了防范风险、促进证券公司规范发展的有效机制。2006 年年底，92% 的券商实现风险监控指标全部达标，扭转了全行业连续四年亏损的局面。

经过几十年的发展，中国证券公司的数量、规模均在不断提升，盈利水平不断增加。截至2019年年底，中国共有133家注册证券公司，行业总资产、净资产及净资本分别达6.14万亿元、1.85万亿元和1.58万亿元。2013—2017年，营业总收入和总净利润的年均复合增长率分别达到18.2%和26.6%，证券类金融机构正处于蓬勃发展阶段。

（三）保险类金融机构

保险类金融机构是以经营保险业为主的金融机构，按照其业务险种划分，通常可以分为人寿保险公司和财产与灾害保险公司。前者的保险对象主要是有生命的个体，例如，保险公司承诺在保单持有人死亡时向保单受益人提供赔付；而后者则主要对事件或财产投保。

通常，保险类金融机构利用数理统计工具设计保险产品来实现风险的转移和管理，尤其是精算技术、分保和证券化的发展，使得保险公司承保范围日益扩大，减少了经济主体自身承担的不确定性，提高了经济运行的效率。通过积累保费收入，保险类金融机构往往聚集大量资金并投资于金融市场或其他实体项目，因而成为金融市场上不可或缺的一大投资主体。如今，保险业已经成为与银行业和证券业并列的中国第三大支柱金融行业。

1949年，中国第一家全国性大型综合国有保险公司中国人民保险公司成立，标志着中国保险业正式起步。1952年，外国保险公司完全退出中国保险市场。1958年，全国财政会议正式决定全面停办国内保险业务，只保留涉外保险业务继续经营。此后，中国保险业的发展在相当长的一段时间内陷入停滞，直至1979年中国人民银行决定恢复国内保险业务。

20世纪80年代，中国保险业几乎处于完全封闭的环境。先后仅有英国、美国和日本的16家保险公司在中国设立代表处和联络机构；而国内保险公司仅为4家，几乎不存在外部竞争。截至1991年，中国人民保险公司的保费收入占当年全国保费收入的98%，保险市场近乎完全垄断。随着1995年《中华人民共和国保险法》的颁布和1998年中国保监会的成立，保险监管逐步法治化、正规化，保险市场也开始实质性地对外开放。此后，中国保险业迅速成长，保险机构的数量快速增加，如今我国保险行业的发展已经取得了令人瞩目的成就。1980年国内保险业务恢复时，全国保费收入仅为4.6亿元；2014年全国保费收入已突破2万亿元，保险业总资产规模突破10万亿元，保险机构上升至180家。中国保险业正稳步向去垄断化、盈利多元化的方向发展。

（四）其他非银行类金融机构

除了证券和保险两大主要非银行类金融机构外，中国具有一定规模的其他非银行类金融机构主要包括信托、投资基金、期货、融资租赁以及财务公司等。这里着重介绍信托和投资基金的概念及其发展过程。

1. 信托投资公司

信托，源于罗马法中的“信托遗赠”，现代信托制度源于英国信托法及其演变而成的美国信托法。中国作为大陆法系国家，没有权利主体与利益主体相分离、责任有限性和信托管理连续性等基本法理和观念，因此在引入信托制度的时候对信托也给出了自己的定义。根据《信托法》，信托“是指委托人基于对受托人的信任，将其财产权委托给受托人，由受托人按委托人的意愿以自己的名义，为受益人的利益或者特定目的，进行管理或者处分的行为”。现代信托有以下四大特征：(1) 委托人对受托人的信任是信托关系成立的基础；(2) 信托作为一种法律关系，应有三方当事人参与，即必须委托人、受托人和受益人共同参与；(3) 信托财产具有独立性；(4) 受托人以自己的名义对信托财产进行管理或处分。

广义上讲，所有以收取报酬为目的的使用信托法律关系开展营业的公司都应该归入信托公司的范畴。按照这个定义，中国现有的信托投资公司，例如证券投资基金管理公司和产业投资管理公司都属于信托公司。然而，信托还有各种狭义概念。在中国，信托公司是指依照《公司法》和银监会2007年发布的《信托公司管理办法》设立的主要经营信托业务的金融机构。而信托业务，是指信托公司以营业和收取报酬为目的，以受托人身份承诺信托和处理信托事务的经营行为。

从1979年中国国际信托投资公司成立至今，中国信托业前后多次经历行业整顿，放松—混乱—从严—萎缩的恶性循环使得我国信托业在不断“纠错”中艰难成长。

信托业务设立之初的目的，主要是充分利用各种渠道的多余闲置资金，以弥补银行信贷不足。1980年6月，中国人民银行正式开办信托业务，此后各家银行、各部委和各地政府纷纷设立信托投资公司。到1982年年底，全国各类信托投资机构已有620多家，绝大部分由地方政府和专业银行开办，少数几家由中央部委开办。改革开放极大地调动了地方政府和各部门的积极性，中国人民银行相关政策使信托业迅速发展，彼时基本处于自由发展阶段，出现了一定的盲目性。信托业的金融功能（主要是信用中介、支付功能和信用创造功能）在一定程度上扩大了基本建设规模，但也冲击了信贷收支平衡。此外，当时的信托业务内容和方式并未体现现代信托业的特征，基本仍在行使银行功能，是对银行存贷款业务的重复。因此，20世纪80年代我国信托业一直处于低潮发展阶段，管理层先后于1982年、1984年、1986年和1989年对信托业进行了四次清理整顿。

20世纪90年代，由于种种原因，我国信托业的本业——“受人之托，代人理财”的民事信托几乎没有发展，信托公司逐渐发展成兼营银行、证券、投资经营等多种业务的“金融百货公司”，已名不副实。此外，由于信托投资公司多由各级政府出资建立，一些信托公司逐步成为政府的“小财政”和举债窗口。而在缺少信托业相关法律法规制约的情况下，信托经营因企业产权不清、管理不善形成巨大市场风险，导致大量信托企业被迫关闭。

2001 年，《中华人民共和国信托法》颁布实施，我国信托业终于从制度上规范了信托关系和信托行为，确立了信托当事人的法律地位，为促进我国信托事业奠定了制度基础。2002 年相继颁布的《信托投资公司管理办法》《信托投资公司资金信托管理暂行办法》，使信托公司业务向本源回归，即围绕“受人之托，代人理财”的信托内涵开展业务，标志着信托业开始走上健康发展之路。2002 年 7 月，上海爱建信托投资公司发售首只信托产品，被业内人士视为信托公司回归主业的开端。此后，财产信托、信贷资产证券化产品纷纷出现，机构投资者逐步加入，使得信托业逐渐做大信托业务规模。尤其是 2011 年以后，中国信托业迎来了爆发式增长，行业规模从 2011 年的 3 000 多亿元飞速突破至 2017 年的 26.2 万亿元。但由于政府对信托牌照的管制，国内信托公司的数量目前稳定在 68 家。

2. 证券投资基金

证券投资基金是一种利益共享、风险共担的集合证券投资方式，即通过发行基金证券，集中投资者的资金交由基金托管人托管，由基金管理人集中管理，主要投资于股票、债券等金融工具的投资以获得投资收益和资本增值。

证券投资基金有多种分类方式。根据基金单位是否可自由增加或赎回，可分为开放式基金和封闭式基金。开放式基金的份额一般不直接在市场上交易，但可以直接通过基金公司申购和赎回，因而基金规模并不固定。封闭式基金有固定的存续期，未到期前不能自由申购和赎回，但部分封闭式基金在证券交易场所上市交易，投资者可以通过二级市场买卖基金单位。根据基金组织形态的不同，可分为公司型和契约型基金。公司型基金指基金通过发行基金股份、成立投资基金公司的形式设立，契约型基金则是由基金管理人、基金托管人和投资人三方通过基金契约设立。我国的证券投资基金均为契约型基金。此外，按投资目标和投资对象的不同，还可以大致分为股票基金、债券基金、混合基金和货币市场基金等类别。

中国基金行业起步于 20 世纪 90 年代。1992 年，淄博乡镇企业投资基金设立，揭开了投资基金业在内地发展的序幕，也引发了 1993 年我国投资基金发展的热潮。1994 年后，基金发展过程中的不规范和积累的其他问题逐步暴露出来，基金业因此陷入发展停滞状态。1997 年《证券投资基金管理暂行办法》的颁布，为我国的证券投资基金奠定了法律基础，基金业的发展进入一个全新阶段。1998 年，南方基金管公司和国泰基金管理公司分别发起设立“基金开元”和“基金金泰”。1999 年下半年以后，“老基金”（即 1997 年以前设立的基金）逐步被清理、合并为新的证券投资基金。

随着金融创新的不断深入，近年来基金产品也开始走向多元化，债券基金、保本基金货币市场基金、交易型开放式指数基金（ETF）、上市型开放式基金（LOF）等一系列基金创新产品相继面世，开放式基金逐渐取代封闭式基金成为市场的主流品种。

第三节

金融体系与金融监管

根据资源配置方式的不同，金融体系可分为以德国、日本为代表的银行主导型金融体系和以英国、美国为代表的市场主导型金融体系。近年来，随着金融创新的深入，从全球范围看，两种金融体系存在相互融合的趋势，其各自的边界愈发模糊，给金融监管带来全新的挑战。

中国的金融体系相对发达国家发育滞后，金融体系主要由银行主导，整体上呈现分业经营、分业监管的格局。以“一行三会”统筹监管、各种行业协会自律监管的监管体系，在中国金融体系的发展与演变过程中起到了举足轻重的作用。

本节通过对两种金融体系的比较，阐述两者相互融合的趋势，然后简要介绍当前中国金融体系格局和国际金融体系格局、金融监管的发展，以及金融市场监管。

从狭义的角度看，金融体系是一个包含各种类型的金融机构和金融市场，以及用于交易的各类金融产品和监管金融市场与金融机构按规则运行的监管机构的系统。

而广义的金融体系是包含货币、资金交易的所有参与者、交易的市场、交易产品（工具）以及交易规则在内的复杂系统。

由于各国经济、政治、文化的差异，不同国家的金融体系千差万别。从直观上看，各个国家金融制度之间一个较为显著的区别体现在直接融资和间接融资在金融体系中的地位的不同，本书据此将金融体系分为银行主导型金融体系（bank - basedsystem）（以间接融资为主的金融体系）和市场主导型金融体系（market - basedsystem）（以直接融资为主的金融体系）。银行主导型金融体系主要是利用银行贷款融资，银行在将储蓄转化为投资、分配资源、控制企业经营、提供风险管理工具等方面起着领导作用。市场主导型金融体系则主要是利用金融市场（主要是证券市场）融资，证券市场在市场主导型金融体系中承担了相当一部分银行所承担的融资、公司治理、减少风险的作用，资金通过金融市场实现有效配置，使有限的资金投入最优秀的企业，金融市场自发、有效率地配置资源，从而促进经济发展。

根据 LaPorta 等学者 1998 年关于法律与金融关系的开创性研究，世界各国之所以形成不同的金融体系和处于不同的金融发展阶段，与其历史上采取的法律模式有关。一般认为，普通法模式更注重保护私人财产权利的完整性，这使得私人财产所有者对财产权利非常明确，对于金融体系的发展有积极影响，因而更易形成以英、美为代表的市场主导型金融体系；而大陆法系则注重维护国家利益，强调政府的权力，较少关注个体投资者的权力，导致德、日等大陆法系国家容易出现银行主导型金融体系。市场主导型金融体系是指以直接融资市场为主导的金融体系，其特点是资本市场较为发达，企业长期融资以资本市场为主，银行更专注于提供短期融资和结算服务。银行主导型金融体系则主要以银行的间接融资方式来配置金融资源，其特点是企业外部资金来源于银行等金融中介，银行在吸纳储蓄、配置资金以及监督企业管理者的投资决策中发挥关键作用。支持银行主导的学派认为，银行等金融中介容易获得企业相关信息，进而能有效降低信息搜集和管理成本，有利于资源配置效率的提升并对企业实施控制。而支持市场主导的学派则强调，势力强大的金融中介对企业的影响力较大且具有天生的谨慎倾向，不利于公司创新和增长；相反，由于竞争性资本市场具有信息归集和向投资者有效传递信息的功能，可以将企业融资与其业绩相联系，能降低与银行体系有关的内在低效问题，也有利于改善公司治理结构。

尽管各国金融制度存在巨大差异，背后成因也错综复杂，进入 2000 年以后却呈现着趋同趋势，市场主导型和银行主导型金融体系之间的界限愈发模糊，混业经营成为大势所趋。在美国，投资银行与商业银行分离的传统监管壁垒早已被打破，大型商业银行通过兼并投资银行向证券业扩张，全能银行特征逐渐显现；在德国，推动股票与债券市场发展的改革持续多年，企业直接融资比重稳步提高，同时德国全能银行本身也正积极向投资银行领域扩张；日本为了从长期经济衰退中走出，通过税制改革活跃证券市场，随着改革的推进，金融结构中银行占比大幅减少，证券市场在企业融资和风险管理中的作用不断加强。伴随着世界各国金融体系日新月异的变化，多数国家一直坚守的金融分业经营制度逐渐被放松，横跨金融业各个领域的混业经营已成为国际金融市场发展的大趋势。

一、中国金融体系格局与国际金融体系格局

经过多年的发展，我国在经济建设和体制改革上所取得的成就举世瞩目。总体而言，运行稳健、健康发展的金融体系已经初步建立，金融产品、金融市场和金融机构等均得到了迅速发展。金融体系为实体经济提供了日益增强的资金支持和金融服务支持。改革开放以来，按照我国金融体制改革推进的步骤，我国金融市场体系建设大致经历了三个阶段，由计划经济时期的财政主导型金融计划体系逐渐发展到银行主导型金融体系。随着资本市

场的不断发展与完善，股票与债券等市场正成为金融市场发展的重要力量。

当前，我国金融体系的总体格局依然呈现间接融资比重较高、直接融资比重相对较低的特征。尽管致力于改善融资结构的改革正在稳步推进，但企业融资依赖银行信贷的局面依然存在，截至 2017 年 12 月底，社会融资规模存量中人民币贷款存量占比仍高达 65%，而股票和债券融资存量占比仅为 14%；金融体系仍主要由银行主导，银行业资产占全部金融资产的 80% 以上（数据来源：中国人民银行统计数据）。这一格局与我国金融业发展初期便确立的分业经营、分业监管模式有关。

从历史的发展过程来看，现代国际金融体系大致经历了三个发展阶段，每个阶段均有具有一定特点的主体金融体系。

（一）第一阶段（1816 年至第一次世界大战爆发）：国际金本位时期

（1）金币本位制：在该制度下，各国政府以法律形式规定货币的含金量，两国货币含金量的对比即为决定汇率基础的铸币平价。黄金可以自由输出或输入国境，并在输出、输入过程中形成铸币—物价流动机制，对汇率起到自动调节作用。这种制度下的汇率，因铸币平价的作用和受黄金输送点的限制，波动幅度不大。

（2）金块本位制：这是一种以金块办理国际结算的变相金本位制，亦称金条本位制。在该制度下，由国家储存金块，作为储备。流通中各种货币与黄金的兑换关系受到限制，不再实行自由兑换，但在需要时，可按规定的限制数量以纸币向本国中央银行无限制兑换金块。

（3）金汇兑本位制：这是一种在本国不直接实行金块本位制或金币本位制的国家，准许本国货币无限制地兑换外汇（实行金块或金本位制国家的货币）的金本位制。在该制度下，国内只流通银行券，银行券不能兑换黄金，只能兑换实行金块本位制或金币本位制国家的货币，国际储备除黄金外，还有一定比重的外汇，外汇在国外才可兑换黄金，黄金是最后的支付手段。

（二）第二阶段（1945—1973 年）：布雷顿森林体系

（1）国际金融机构。根据《布雷顿森林协定》，设立国际货币基金组织和国际复兴开发银行。前者的宗旨在于稳定汇率，协助成员国改善国际收支；后者的宗旨在于以低利率的长期贷款协助推动成员国的经济发展。

（2）国际储备体系。布雷顿森林体系确定了以黄金为基础，以美元为国际主要储备货币，即所谓的美元与黄金挂钩、其他国家货币与美元挂钩的原则。“双挂钩”通常被视作布雷顿森林体系的两大支柱。

(3) 固定汇率制。在汇率机制上，布雷顿森林体系采取了固定汇率制。IMF 规定成员国的货币含金量一经确定，就不得随意变动。

(4) 国际收支调节的安排。当成员国国际收支发生困难时，IMF 通过三种方式帮助成员国渡过难关：一是敦促成员国广泛协商，促进国际货币合作。二是为成员国提供融通资金的便利。

(三) 第三阶段 (1976 年至今)：牙买加货币体系

1. 牙买加协议的主要内容

(1) 实行浮动汇率制度的改革。牙买加协议正式确认了浮动汇率制的合法化，承认固定汇率制与浮动汇率制并存的局面，成员国可自由选择汇率制度。同时 IMF 继续对各国货币汇率政策实行严格监督，并协调成员国的经济政策，促进金融稳定，缩小汇率波动范围。

(2) 推行黄金非货币化。协议作出了逐步使黄金退出国际货币舞台的决定。并规定：废除黄金条款，取消黄金官价，成员国中央银行可按市价自由进行黄金交易；取消成员国相互之间以及成员国与 IMF 之间须用黄金清算债权债务的规定，IMF 逐步处理其持有的黄金。

(3) 增强特别提款权的作用。主要是提高特别提款权的国际储备地位，扩大其在 IMF 一般业务中的使用范围，并适时修订特别提款权的有关条款。

(4) 增加成员国基金份额。成员国的基金份额从原来的 292 亿特别提款权增加至 390 亿特别提款权，增幅达 33.6%。

(5) 扩大信贷额度，以增加对发展中国家的融资。

2. 牙买加体系的运行

(1) 储备货币多元化：与布雷顿森林体系下国际储备结构单一、美元地位十分突出的情形相比，在牙买加体系下，国际储备呈现多元化局面，美元虽然仍是主导的国际货币，但美元地位被明显削弱了，由美元垄断外汇储备的情形不复存在。

(2) 汇率安排多样化：在牙买加体系下，浮动汇率制与固定汇率制并存。一般而言，发达工业国家多数采取单独浮动或联合浮动，但有的也采取钉住自选的货币篮子。对发展中国家而言，多数是钉住某种国际货币或货币篮子，单独浮动的很少。

(3) 多种渠道调节国际收支。主要包括：①运用国内经济政策；②运用汇率政策；③国际融资；④加强国际协调。

金融体系的基本任务是将稀缺的可贷资金从资金盈余者手里转移给资金需求者购买商品或服务，即其最基本的功能是实现储蓄向投资的转化，包括如何促进储蓄、如何选择最有效的投资项目、如何实施监督、如何处理信息与风险，以及如何解决委托—代理问题等。金融体系主要提供以下六种功能：(1) 清算结算服务；(2) 资源积聚和企业所有权分散机制；

(3) 为资源在不同时期、不同地域和不同主体之间的转移提供便利；(4) 为经济体系中分权决策的主体提供价格信息；(5) 风险管理；(6) 解决激励问题或委托—代理问题。

二、金融监管格局

自2003年以来，中国人民银行、中国银行业监督管理委员会（以下简称“银监会”）、中国保险监督管理委员会（以下简称“保监会”）、中国证券监督管理委员会（以下简称“一行三会”），构成了中国金融业分业监管的格局。中国人民银行是宏观系统性风险监管者与银行监管者，是在国务院领导下制定和执行货币政策，防范和化解金融风险，维护金融稳定的政府机构。历史上，中国人民银行曾是整个金融体系的唯一监管者。自证监会、保监会、银监会相继成立后，中国人民银行原有监管职能很大程度上被“三会”所取代，但仍对金融机构具有一定的实质监管职责，主要体现在三个方面：(1) 中国人民银行依职权对金融机构流动性和资本充足性进行监测，从宏观上把握金融系统性风险；(2) 中国人民银行作为金融机构的最后贷款人，对问题金融机构经营状况、适用援助资金的使用情况等进行监管；(3) 对违反金融政策或从事较高风险的金融机构，中国人民银行可以通过市场手段而不是行政命令的方式进行限制。银监会是银行业和某些非银行金融机构的监管者。前者包括商业银行、政策性银行等从事吸收公众存款的金融机构；后者包括金融资产管理公司、信托投资公司、财务公司、金融租赁公司，以及银监会批准设立的其他金融机构。2003年银监会成立，并取代过去中国人民银行的银行监管职责，对监管范围内金融机构的市场行为和审慎经营两方面同时进行监管。保监会于1998年成立，并接手原中国人民银行的保险业监管职能。与银监会一样，保监会同时承担保险公司的市场行为监管和审慎监管。由于保险机构同样面临系统性风险，如巨灾风险、社会风险和政治经济风险等，保监会通过编制和更新“寿险业经验生命表”、监管保险基金投资风险、争取对保险业发展有利的税收政策等手段，监督和管理保险机构的系统性风险。中国证券监督管理委员会（以下简称“证监会”）是资本市场监管者，是“三会”中最早成立的一个。依据《中华人民共和国证券法》，证监会的监管对象包括股票、企业债券、国债、证券投资基金、证券衍生品种如期货合约、期权和认股权证衍生金融产品，以及证券公司、证券投资基金管理公司的审慎监管。

从近十几年的具体实践看，“一行三会”的金融模式与现阶段社会经济发展水平以及金融发展程度相适应，在我国向市场经济转变的过程中，对于快速、平稳地建立起完善的、多元化的金融市场体系产生了积极作用。然而，尽管我国目前仍实行严格的分业监管，银行、保险与证券等业务之间已出现相互渗透、逐渐交融的迹象，一些混业经营的金融控股集团应运而生，对分业监管提出了新的挑战，中国的金融监管协调问题愈发引起关注与重视。2017 年 7 月，全国金融工作会议宣布成立国务院金融稳定发展委员会，旨在加强“一行三会”的金融监管协调、补齐监管短板，这成为我国探索金融监管有效性、避免重复监管和监管真空的有益尝试。2018 年 3 月，银监会和保监会正式合并为中国银行保险监督管理委员会，以避免机构改革进程缓慢影响风险防控效率，为监管机构更加统一、协调地调整防范系统性金融风险迈出重要一步。

三、金融市场监管

各个国家的政府都会对金融市场进行监管。政府进行监管的原因是防范市场失灵。当市场不能保证充分有效的竞争时，政府就必须介入市场。

金融监管形式主要有以下几种。

（一）信息披露监管

在金融市场上存在着信息不对称的问题。发行证券的公司的管理者比投资者拥有更多的公司财务信息。公司的管理者和投资者形成一种委托代理关系。作为代理人的管理者可能会损害委托人的利益。由私人部门生产信息，是解决信息不对称的重要方法。但是，仅仅采用这种方法是不够的。因此，法律要求证券发行者充分地披露信息。各国都设立了专门的监管机构负责法律的执行。

（二）金融活动监管

非对称信息可能会形成内幕人士交易的问题。公司的管理者由于拥有更多的信息，可能利用这些信息在交易中牟利。证券交易所和投资银行的从业人员、政府官员也都可能拥有更多的信息。因此，对与这些人有关的交易活动必须加以限制。金融活动可以分为场内市场的活动与场外市场的活动。2008 年的金融危机，就是因为场外市场信用违约互换迅速发展，监管部门疏于监管导致的。

（三）金融机构监管

金融机构在现代经济中影响巨大。所以，各个国家都对金融机构的资产、负债业务以及资本金进行限制，以防止金融机构从事过度风险的活动。

（四）对外国参与者的管理

这是对外资在本国金融市场上的活动进行的监管。中国股票市场的 A 股与 B 股划分、

QFL 制度等，都是这种管理的具体表现。

四、金融市场的功能

从前述介绍中不难发现，金融市场的核心功能在于实现资金在供给者和需求者之间的高效转移。缺乏资金却拥有投资机会的经济主体可以利用金融市场获取资金，进而投资于回报率超过市场利率的投资机会，而拥有资金却缺乏投资机会的经济主体也可利用金融市场获得稳定的市场回报率。在这一过程中，市场中的闲散资金实现了从资金供给者到资金需求者的有效流转，使得参与金融市场运转的经济主体都可以从中获益。可见，在时间和空间上进行资源的有效配置是金融市场的核心功能和基础性功能。围绕这一基础功能，现代金融市场还发挥着其他功能，本部分将逐一讨论。

（一）价格发现功能

现代经济中，市场犹如一台复杂而精密的机器，它通过价格对所有市场参与主体从事的各种交易进行协调。在金融市场上，买方（投资者）和卖方（融资者）的相互作用决定了金融资产的价格，或者说决定了金融资产要求的收益率。资产价格（或收益率）协调着市场参与各方的投融资决策。较高的资产价格（即较低的收益率）趋于抑制投资者的购买，刺激他们出售资产，同时也刺激融资者扩大融资规模；相反较低的价格（即较高的收益率）鼓励投资者扩大投资，同时也可能进一步抑制融资者的融资行为。金融市场通过价格起落指示资金应如何在金融资产间进行分配，这一过程被称为价格发现过程。

由于金融资产的价格对于在时间和空间上的资源配置具有直接的影响，因此价格发现是金融市场的核心功能。

一个合理的价格体系能够使得金融市场取得动态平衡，但市场究竟是如何发现合理的价格体系呢？在经济学原理中，我们知道对于普通商品而言，当供给曲线和需求曲线相交时，价格和数量就被唯一确定下来，但是金融交易显然比商品交易复杂许多。在漫长的探索中金融学家们逐渐发现，金融资产的价格发现是通过两种价格形成机制产生的：其一是一般均衡机制，类似于传统经济学中的分析框架，它是个体投资者在自身既定约束条件下优化行为（资产选择）的结果，个体之间竞争与追逐福利导致了整个金融市场的均管价格体系的形成；其二是套利机制，即普遍存在的、直观的逐利行为导致了金融资产价形成的“一价规律”。相对而言，第二种价格机制似乎更能体现金融资产的本质，因为投金融资产的主要目的是创造更多的未来现金流，而不像商品需求那样更多关注它的使用价值，所以金融资产套利通常比商品套利普遍得多。

（二）风险管理功能

由于金融市场对资源的配置是跨期的，使得投资和获得回报之间需要一段时间，因此回报的多少及其可获得性会存在一定的不确定性。例如，当通用汽车公司建设汽车厂时，公司管理层并不能确切知道汽车厂未来所能产生的现金流。而当通用汽车公司通过向公众出售股票与债券的方式来筹集建设工厂的资金时，金融市场就成为分配这种风险的关键角色。因此，提供风险管理的手段是金融市场的第二个重要功能。

在金融市场上，较为乐观或偏好风险的投资者会购买股票，而较为保守的投资者可能更愿意购买债券，因为债券提供固定收益，其风险较小，而股票持有者承担较大风险，因而可以获得潜在的较高的回报。由于投资者需要承担与收益相关的风险，风险往往与投资行为相伴而生。这种风险配置对于需要通过融资以增加资本进行投资的公司是有利的。当投资者能自行选择与他们偏好最适合的风险—收益特征的证券时，证券就能以合理的价格售出。

金融市场在实现资源配置的同时，也要实现风险的最优配置。金融体系既可以提供管理和配置风险的方法，又是管理和配置风险的核心。风险的管理和配置会增加企业与家庭的福利，当利率、汇率和商品价格的波幅较大时，会相应提高风险管理和配置的潜在收益；而计算机和金融技术方面的进步则降低了交易成本，这又使更大范围的风险管理和配置成为可能。因此，风险管理和配置能力的发展使得金融交易的融资功能和风险承担功能得以分离，使金融市场参与者选择其愿意承担的风险，回避其不愿承担的风险。

金融市场为企业、消费者和政府提供了各种防范风险的手段。例如，保险单可以分散个体风险，尤其是人寿险、健康险、财产险等保险工具，能使其持有人在被保对象受到特定损失时获得相应补偿，从而达到间接避险的效果。此外，企业和个人也可以利用金融市场的财富储藏功能进行“自我保险”，即持有一定的金融资产以应对未来损失的风险。

由于风险是投资的基本属性，也是金融体系的基本属性，因而风险配置成为金融体系的基本功能之一。正如金融体系的资金配置功能表现为，该体系可通过直接融资或间融资方式，将资金从盈余者配置到短缺者手中，从低效益的投资项目配置到高效益的投资项目那样，金融体系的风险配置功能表现为，伴随着资金的转移，投资活动中的风险从风险承担过度或承担能力较差的投资者，配置到有承担能力且愿意承担风险的投资者身上。

（三）流动性提供功能

作为财富储藏手段的金融工具，可以在金融市场上以较低损失迅速换取现金。因此，金融市场可以在必要时为金融资产的持有者提供流动性。现代社会，货币的流动性量能随时随地用于购买其他资产，然而持有货币的回报率是所有资产中最低的，并且货币的购买力也会受到通货膨胀的影响而削减。正是由于金融市场具有流动性功能，人们才得以在不急需资金时持有最少量的货币，转而持有其他收益率相对较高的金融资产。

关于流动性，有多种不同角度的理解与解释。博迪和默顿在其《金融学》教科书中，将流动性定义为迅速转化为现金的能力，认为衡量资产流动性的一个较好指标是在金融市场上购买这项资产并立即出售兑现时所产生的成本。布莱克则认为，流动性好的市场应是连续市场，即任何数量的买卖都可成交，且小额交易成交价格与市价相同，大额交易则拉长交易时间，平均价格也与市价相近。若证券缺乏流动性，债权所有者将被迫持有债务工具至到期，股权所有者将被迫持有权益工具至公司自愿清算或破产清算。

如果把金融市场比作一个充满活力的年轻人，那么价格发现功能可以看作支撑他的心脏，流动性完全可以视作保证生命新陈代谢的血液。如果没有流动性，即没有血液流畅地循环运行，就不可能保证心脏正常跳动，即无法维持金融体系的正常运转。例如在消费者投资行为中，常遇到金融资产之间、资产与现金之间的转换需要，如果金融体系不能满足这种需要，投资者就不得不放弃通过金融体系来投资，转而为未来可能的流动性需求进行“流动性保险”（把钱全部放在家里以备后用就是一种极端的表现形式）。于是，金融体系应有的资源配置功能将大打折扣。可见，流动性是金融市场的生命力所在。

（四）信息生产功能

在市场经济运行中，信息是企业和个人投资决策的基本依据，必要的信息是协调各个经济部门分散决策的重要条件。金融市场除了提供虚拟金融资产交易外，也是一部传递信息的机器，能将成千上万个个体的知识和活动汇集在一起。同时，它也有信息生产的功能。

企业与家庭根据金融市场观察到的利率和资产价格进行资产配置和消费储蓄决策，利率和资产价格也是企业选择投资项目和融资的重要信号。资产收益的波动率是现代金融理论中量化风险的基本指标，也是风险管理和战略性融投资决策中的关键性信息。一般而言，金融市场上交易的金融工具越丰富多样，可以从它们的价格中获取的信息就越多；而信息越丰富，就越有利于资源配置决策。

同时，信息非均衡也是金融市场的基本特征。现实经济世界的信息往往存在非均衡，委托人与代理人之间由于信息不完全或合约不对称，会产生逆向选择、道德风险和“搭便车”等问题，进而导致社会经济资源分配的低效率。某种程度上，证券市场可看作一个信息市场，因为证券市场的核心问题是证券价格能否及时、准确地反映公司经营的基本面，也就是说，市场效率的核心是如何提高信息的充分性和准确性，并建立使得信息充分、准确的激励机制。从信息角度看，整个证券市场运行过程是一个信息处理过程，证券信息的充分公开揭示，对维护市场公平与效率、促进价格发现与资金有效分配、防止市场机能扭曲以及遏止内幕交易行为具有重要意义。

（五）交易成本节约功能

在制度经济学中，人类社会的经济关系是一系列交换关系的集合，而交换关系的完成必然产生一定的成本，这种成本就是交易成本。有两种形式的交易成本：狭义的交易成本（即直接交易成本，包括佣金、手续费等）和广义的交易成本（包括搜寻成本与信息成本等）。在市场经济条件下，交易成本是使用市场的成本。

交易者利用金融市场完成交换目的，必然存在交易成本。金融市场的交易成本可分为直接交易成本和间接交易成本两种。直接交易成本又称为显性交易成本，是指交易者向经纪商、交易所或税务机关缴纳的费用，属于投资者可见的费用，包括佣金、手续费户费和印花税等。间接交易成本是指与金融交易相关的，但并非直接由投资者缴纳的相关成本，如搜寻与信息成本、延迟成本和市场影响成本。金融市场的交易成本与金融市场的发育度、交易机制、税收政策等因素密切相关，同时它也影响着金融市场的运行及其效率等。

应当看到，金融体系的这五种功能并不彼此独立。金融市场是解决资源在不确定环境下进行跨期最优配置的一种重要方式。它通过交易金融产品，使购买力在不同时间、不同地点下重新进行了分配与优化。合理的金融产品价格是保障资源得到最好利用的关键，因此价格发现是金融市场的核心功能。同时，金融产品价格既包含时间价值也包括风险价值，因此对风险的优化配置功能也是价格发现功能的必然产物。此外，如果市场具有完全信息和完美交易过程（即无摩擦），将有助于价格发现和资源合理配置，因而信息生产既是金融市场存在的基础，也是其重要功能。通过信息生产，金融市场获得了自我实现的前提条件。另外，足够的流动性将润滑金融市场交易，交易成本减少则会便利交易的进行，因此提供流动性和减少交易成本既是金融市场的功能，也是金融市场自我发展和完善应有的内容。

本章小结

金融市场既是要素市场，也是产品市场。金融市场涵盖了给定的交易机制约束下跨时空的资源配置的过程，其核心功能在于在时间和空间上进行资源的有效配置。围绕这一基础功能，现代金融市场还发挥着价格发现、风险管理、流动性提供、信息生产以及交易成本节约等多重功能。

金融市场主体、金融市场客体（工具）、金融市场媒体和金融市场组织方式一起构成了金融市场四大要素。金融市场是由许多具体子市场组成的庞大的市场体系。许多不同的具体的子市场组成的金融市场体系，便构成了金融市场的结构。根据交易标的物不同，可将金融市场划分为资金市场、外汇市场和衍生市场。资本市场是指进行中长期（通常为一年以上）资金借贷或金融证券买卖的市场，其基本功能是实现并优化投资与消费的跨期选择。货币市场是以期限在一年以下的短期金融工具为交易标的物的市场。外汇市场和衍生市场则分别为交易各国货币、交易衍生工具的场所。

金融机构是金融市场的重要参与者。金融机构有下列积极作用：一是提供期限中介。二是分散和降低风险。三是降低订立合同和处理信息的成本。四是提供支付机制。商业银行是金融体系中最主要的金融机构，其核心业务是吸收存款并发放贷款，并以存贷利差作为重要的盈利来源，其在经济社会中起到了至关重要的信用中介与信用创造功能。证券类金融机构则是从事证券发行、承销与交易，企业重组、兼并与收购、投资分析、风险投资和项目融资等多种业务的非银行类金融机构。保险类金融机构是以经营保险业务为主的金融机构，通常可分为人寿保险公司和财产与灾害保险公司。在中国，除证券和保险两大主要非银行类金融机构以外，具有一定规模的其他非银行类金融机构还包括信托、投资基金、期货、融资租赁以及财务公司等。

根据资源配置方式的不同，金融体系可分为以德、日为代表的银行主导型金融体系和以英、美为代表的市场主导型金融体系。近年来，随着金融创新的深入，从全球范围看，两种金融体系存在相互融合的趋势，其各自的边界愈发模糊，给金融监管带来全新的挑战。长期以来，中国的金融体系主要由银行主导，整体上呈现分业经营、分业监管的格局。国际的金融体系大致经历了三个发展阶段，每个阶段均有具有一定特点的主体金融体系。以“一行三会”统筹监管、各种行业协会自律监管的监管体系，在中国金融体系的发展与演变过程中起到了举足轻重的作用。各个国家的政府都会对金融市场进行监管。随着2017年7月国务院金融稳定发展委员会的成立以及2018年3月银监会和保监会的正式合并，我国逐渐朝着加强金融监管协调、补齐监管短板、避免重复监管和监管真空的方向迈进。

课后习题

一、重要概念

金融市场、金融机构、金融体系、金融监管

二、习题与思考

1. 金融市场按照交易标的物可以如何分类？

2. 金融市场的四大要素是什么，它们各自包括什么？

3. 简述货币市场与资本市场的联系与区别。
4. 简述债券的特点及分类。
5. 简述股票的特点及分类。
6. 基本的衍生工具有哪些，它们各自的特点是什么？
7. 银行主导型金融体系和市场主导型金融体系各有什么特点？
8. 中国的金融体系主要由哪些金融机构构成，商业银行在其中扮演什么样的角色？
9. 金融市场的功能是什么？除此以外，还有哪些其他功能？试简单论述。

第二章　金融市场的交易机制

【教学目的与要求】

通过本章学习，我们需要熟悉金融市场交易机制的内涵，掌握金融市场交易机制的主要类型与特征，了解国内金融市场中各交易所的交易机制，掌握市场微观结构中的存货理论和信息理论，掌握如何从多个维度对交易机制进行评价。

第一节　交易机制概述

一、广义的交易机制

一般来说，金融市场微观结构是指证券交易价格形成与发现的过程和运作机制。在经济活动中，各方为了实现自身利益而进行的交易，这些交易可以是物品、服务、劳动力、资本等的交换，也可以是金融、证券等的交易。交易机制可以是市场交易、拍卖交易、协商交易等形式，其目的是促进资源的有效配置和经济的发展。在市场经济中，交易机制是市场经济的基础，它通过价格机制来调节市场供求关系，实现资源的优化配置和效率提高。市场微观结构的核心是价格发现功能。从这个意义上说，金融市场微观结构也可称为金融市场的交易机制或市场模式，即交易得以实现的市场架构、规则和制度，涉及与交易价格形成过程有关的微观因素，如市场的参与者、交易场所的形式和市场的交易规则等等。从交易机制角度看，市场微观结构不同于广义上的市场结构，而是研究交易机制如何影响价格的形成过程，并分析在一定的交易机制下资产交易的过程和结果。

二、狭义的交易机制

狭义的交易机制特指市场的交易规则和保证规则实施的技术，以及规则和技术对定价机制的影响。因为不同的交易机制不仅在价格发现过程中所起的作用不同，而且对市场参考者的行为策略影响也不同，所以在对交易机制的研究中，也应当包括对市场质量和投资者行为策略影响的分析。在市场经济中，买卖双方通过价格机制进行商品或服务的交换。市场经济中的交易机制是通过供求关系来决定价格的，供需关系的变化会影响价格的上涨或下跌，从而调节市场的供求关系。在狭义的交易机制中，买卖双方是自愿参与交易的，交易价格是由市场供求关系决定的，不是由政府或其他机构来制定。

在狭义的交易机制中，交易双方可以是个人、企业、政府等，交易的商品或服务可以是任何可以买卖的物品或服务，比如食品、衣物、房屋、汽车、旅游服务、金融服务等。交易的过程通常包括价格的协商、交易的确认、支付方式的确定、物品或服务的交付等环节。在市场经济中，狭义的交易机制是市场经济的基础，它通过价格机制来调节市场供求关系，实现资源的优化配置和效率提高。在现代社会中，随着科技的发展和互联网的普及，狭义的交易机制也发生了很大的变化。电子商务、在线支付等新型的交易方式已经成为市场经济中不可或缺的一部分。通过电子商务平台，消费者可以在线购买商品或服务，而卖家可以通过电子商务平台销售商品或服务，这种交易方式的优势在于可以节省时间和成本，提高交易效率。同时，随着区块链技术的发展，加密货币交易也成为一种新的狭义交易机制，它具有去中心化、安全性高等特点，为交易的自由和隐私提供了更好的保障。①

而在证券市场中，交易机制是为履行其基本职能而存在的，它的重要功能就是使投资者获取实际利益，将需求转化为实际交易。根据不同的目的与标准，交易机制可以分为以下六个方面内容：（1）交易委托方式；（2）价格形成机制；（3）委托匹配原则；（4）信

① 张婷．L农商银行金融市场业务风险管理研究［D］．河南科技大学，2022．DOI：10．27115/d．cnki．glygc．2022．000845．

息披露方式；（5）市场稳定措施；（6）其他选择性手段等。前三项内容是证券交易制度所必须具备的基本要素，其中价格形成机制是证券交易制度的核心。价格形成机制包含做市商制和竞价制两种基本方式。竞价制又包括连续竞价和集合竞价两种方式。按照价格形成机制的不同，可以把证券交易市场划分为报价驱动的做市商市场、指令驱动的集合竞价或连续竞价市场，以及两者兼而有之的混合市场。

三、交易机制的分类

从时间角度（即证券交易在时间上是否连续），可分为集合交易模式和连续交易模式。在集合交易市场中，买卖具有分时段性，即为投资者在作出买卖委托后，不能及时地按规则成交，而是在某一集中时段由有关机构将订单集中匹配；在连续交易市场中，证券交易是不断进行的，根据订单匹配原则，只要有订单委托产生，就会匹配到相匹配的订单，从而使交易产生。

从价格角度来看，可以分为竞价交易机制和做市商交易机制。在一个典型的做市商市场中，证券交易的双方并不直接交易，而是从做市商手中做交易，通过做市商提供的价格，以做市商提供的价位来判断是否接受投资者的买卖要求；而在竞价交易市场中，买卖双方直接进行交易或将委托交给各自的代理人，代理人将委托提交给交易市场，代理人在交易中心以买卖双向价格为基准进行匹配完成交易（见表2－1）。

表2－1　交易机制分类

	连续交易市场	集合交易市场
做市商市场（报价驱动）	做市商市场	不存在
竞价交易市场（指令驱动）	连续竞价市场	集合竞价市场

报价驱动制度（做市商市场）与指令驱动制度（竞价市场）的区别在于四个方面：（1）价格形成方式不同。在采用做市商制度的市场上，证券的开盘价格和随后的交易价格是由做市商报出的，而指令驱动制度的开盘价与随后的交易价格都是竞价形成的。前者从交易系统外部输入价格，后者成交价格是在交易系统内部生成的。（2）信息传递的范围与速度不同。采用做市商制度，投资者买卖指令首先报给做市商，做市商是唯一全面及时知晓买卖信息的交易商，成交量与成交价随后才会传递给整个市场。在指令驱动制度中，买卖指令、成交量与成交价几乎同步传递给整个市场。（3）交易量与价格维护机制不同。在报价驱动制度中，做市商有义务维护交易量与交易价格。而指令驱动制度则不存在交易量与交易价格的维护机制。（4）处理大额买卖指令的能力不同。做市商报价驱动制度能够有

效处理大额买卖指令。而在指令驱动制度中，大额买卖指令要等待交易对手的买卖盘，完成交易常常要等待较长时间。

（一）做市商市场

指在金融市场上提供流动性的交易商。做市商的主要职责是在市场上买入和卖出资产，以便为投资者提供一个可以买卖的市场。在做市商市场中，做市商会提供一系列的买入和卖出报价，以便为投资者提供一个可以进行交易的市场。

做市商市场通常是由一些大型金融机构和交易所组成的。这些机构通过提供流动性和买卖报价来吸引投资者进行交易。在做市商市场中，做市商通常会承担一定的风险，因为他们需要在市场上买入和卖出资产，以便为投资者提供流动性。如果市场价格发生剧烈波动，做市商可能会面临亏损的风险。

做市商市场通常适用于高流动性的资产，如股票、期货、外汇等。这些市场通常具有高度竞争性，因为许多做市商都会参与其中。竞争会促使做市商提供更好的报价和流动性，从而吸引更多的投资者进行交易。

对于投资者来说，做市商市场提供了一个可以进行交易的市场。①

做市商是通过提供买卖报价为金融产品制造市场的证券商。做市商市场也称庄家市场，它是以做市商报价形成交易价格、驱动市场发展的证券交易形式。一般来说，做市商会具有以下条件：雄厚的资金、管理金融产品的能力和精确的报价能力。

做市商制度的优点有以下四项。第一，成交及时。投资者的买进订单和卖出订单不直接匹配，相反，所有投资者均与做市商进行交易，做市商充当类似于银行的中介角色。第二，价格稳定。在做市商制度中，当证券价格因为过多的交易指令而剧烈波动时，做市商可以平抑这种波动，稳定证券价格。第三，矫正买卖指令不均衡现象。在做市商制度中，当买卖双方指令相差较大时，做市商可以及时插手其中，调整买卖双方的指令平衡。第四，抑制股价操纵。做市商可以对某只特定证券做市，就该证券给出买进和卖出报价，且随时准备在该价位上买进或卖出，使股价操纵者有所忌惮，抑制股票价格。

做市商制度的缺点有以下四点。第一，缺乏透明度。在报价驱动制度中，买卖双方的信息集中在做市商手里，交易市场获得信息的时间相对滞后。第二，增加投资者负担。做市商对买卖双方提供服务，聘请专业人员等行为会增加运营成本，而运营成本将被投资者承担。第三，可能增加监管成本。因做市商制度的特殊性，需要制定详细的监管与运行制度，而这些制度运行的成本也需要投资者承担。第四，可能滥用特权。因为做市商制度的

---

① 伍星星，熊源．我国碳金融市场与电力市场协同发展机制研究［J］．华北金融，2022（11）：35 – 41 + 76.

特殊性，做市商可能会利用其特权进行牟利，做市商之间也很可能互相勾结，操控市场。

（二）竞价市场（指令驱动市场）

竞价市场是指商品或资产的价格是由买家和卖家通过竞价来确定的市场。在竞价市场中，买家和卖家可以提交价格报价，然后市场根据这些报价来确定商品或资产的价格。

竞价市场通常用于交易一些大宗商品或金融产品，例如原油、黄金、股票、债券等。在竞价市场中，买家和卖家可以根据市场供需关系和自己的预期来确定价格。如果买家的报价高于卖家的报价，交易就会发生，而价格就是两者报价的平均值。

竞价市场通常具有高度透明度和公正性，因为买家和卖家都可以看到其他参与者的报价。这种透明度和公正性有助于确保市场价格是公正和合理的。

竞价市场还有一个重要的特点是，价格是根据市场供需关系来决定的。如果市场供应过剩，价格就会下降，而如果市场需求增加，价格就会上涨。这种供需关系的变化可以反映出市场的整体健康状况和经济趋势，因此竞价市场也被认为是一个重要的经济指标。①

指令驱动制度分为集合竞价和连续竞价两种。

集合竞价也称为单一成交价格竞价，是一种特殊的竞价市场，它通常用于证券交易。在集合竞价中，买家和卖家可以在一定的时间段内提交订单，然后市场根据这些订单来确定证券的开盘价。②

集合竞价通常分为两个阶段：预开盘和开盘。在预开盘阶段，交易所会公布所有提交的订单，并根据这些订单来确定证券的平衡价格。在开盘阶段，交易所会公布证券的开盘价，并开始正式交易。

集合竞价的优点是它可以提高市场的透明度和公正性。由于所有的订单都是公开的，投资者可以更好地了解市场供需关系和价格趋势，从而作出更明智的投资决策。此外，由于集合竞价只在开盘前进行，交易量通常较小，因此交易成本也较低。

集合竞价还可以帮助市场更好地管理价格波动。如果市场供需关系不平衡，集合竞价可以提供一个机制来平衡市场，并确保证券价格在合理的范围内波动。这也有助于避免市场中出现过度波动的情况，从而保护投资者的利益。③

在集合竞价市场，所有的交易订单并不是在收到之后立刻予以竞价撮合，而是由交易

---

① 卢鹏宇．我国碳金融市场发展及国际经验借鉴［J］．青海金融，2022（11）：26－31.

② 陈蓉蓉．中小银行金融市场业务之数字化转型路径探索［J］．中国货币市场，2022（11）：6－11.

③ 陈良敏，张伟伟．农村金融市场发展与县域产业结构升级关系研究［J］．价格理论与实践，2022（12）：91－95. DOI：10.19851/j.cnki.CN11－1010/F.2022.12.294.

中心将在不同时点收到的订单积累起来，到一定的时刻再进行计算并进行供需汇总处理。指令驱动交易机制分为集合竞价和连续竞价两种。当供给大于需求时，降低价格以调节供求量，反之则调高价格刺激供给，最终在某一价格水平上实现供需的平衡，并形成均衡价格。

连续竞价也叫复数成交价格竞价，其竞价和交易过程可以在交易日的各个时点连续不断地进行。连续竞价是另一种证券交易方式，与集合竞价不同，它允许证券在交易日的大部分时间内进行交易。在连续竞价中，买家和卖家可以随时提交订单，并根据市场供需关系来确定证券的价格。

连续竞价通常适用于那些交易量较大的证券，例如股票和期货。在连续竞价中，市场价格会根据买卖双方的报价不断变化，从而反映出市场供需关系和价格趋势。如果买家和卖家的报价相同，交易就会发生。

连续竞价的优点是它提供了更多的交易机会和更高的流动性。由于交易时间更长，投资者可以更灵活地进行交易，从而更好地把握市场机会。此外，由于连续竞价的交易量通常较大，市场流动性也更高，因此买卖双方可以更容易地找到对手方，进行交易。

然而，连续竞价也存在一些缺点。由于交易时间更长，市场价格可能会更加波动和不稳定。此外，由于交易量较大，交易成本也可能会更高。因此，投资者需要更加谨慎地进行交易，以避免损失。①

在连续竞价的过程中，投资者的交易指令由经纪商输入交易系统，当出价最低的卖出订单价格等于或小于买进价格时，就可以达成交易。每笔交易构成一组买卖，交易依照买卖组以不同的价格连续进行。

相比于做市商市场，指令驱动市场有以下优点。(1) 透明度高。成交量、成交价格等信息几乎实时对市场发布，投资者几乎可以同步了解交易信息，有利于投资者观察市场。(2) 信息传递速度快、范围广。指令驱动制度几乎可以实现交易信息同步传递，整个市场可同时分享交易信息，很难发生交易信息垄断。(3) 运行费用较低。投资者买卖指令竞价成交，交易价格在系统内生成，运行成本较低。

而指令驱动市场有以下缺点。一是处理大盘的能力较差。因为大额买卖必须要等到交易对手下单，为了减少损失，投资者会将大额买卖拆解为数笔小额交易。二是部分股票会持续萎缩。一些吸引力差的股票，因为信息的透明性，导致购买者更少，从而使股票持续萎缩。三是价格波动性大。买卖指令的不均衡、大额的买卖指令和部分人操纵股票的行为

① 陆晓明．金融市场与美联储紧缩政策的互动及其含义——基于金融条件指数的分析［J］．国际金融，2022（11）：12－19．DOI：10．16474/j．cnki．1673－8489．2022．11．002．

都会使价格变化。

（三）混合交易机制

混合交易机制同时具有报价驱动和指令驱动的特点。混合交易机制是一种交易方式，它结合了多种不同类型的交易方式，以达到更好的效果。这种交易机制通常用于金融市场，尤其是股票市场。

混合交易机制可以包括多种不同的交易方式，如限价单、市价单、止损单、止盈单等。通过这种方式，交易者可以更好地控制自己的交易风险，并根据市场情况进行灵活的交易。

例如，一个交易者可能选择同时使用限价单和止损单来进行交易。限价单可以帮助他们限制成交价格，而止损单可以帮助他们控制损失。如果市场价格达到预期的限价单价格，交易将自动执行。如果市场价格下跌到止损单价格，交易也将自动执行，以避免进一步的损失。

另一个例子是，一个交易者可能选择同时使用市价单和止盈单来进行交易。市价单可以帮助他们在市场价格达到特定水平时立即执行交易，而止盈单可以帮助他们在达到预期收益时自动退出交易。

混合交易机制的优点是可以根据市场情况进行灵活的调整，并且可以更好地控制交易风险。然而，它也需要交易者具有更高的交易技能和经验，以便能够正确地选择和使用不同的交易方式，并在市场波动时作出及时的调整。

此外，混合交易机制还需要交易者具有强大的交易平台和工具，以便能够进行多种不同类型的交易。因此，它通常被用于专业交易者和机构投资者，而不是普通的零售投资者。[①]

大多是证券市场根据不同的市场采取不同程度的混合模式。通常开盘时先由集合竞价方式决定开盘价，然后采取连续竞价方式。有些市场采取集合竞价方式产生收盘价，另一些市场则采取连续竞价方式产生收盘价。

（四）特殊会员机制

除了以上三种较为常规的交易机制外，还有一些证券市场会采用一些特殊的交易制度，如纽约证券交易所的专家制度、东京证券交易所的采取会员制度、巴黎证券交易所的

① 丁鑫．金融市场风险预测及应对措施［J］．商展经济，2022（18）：70－72. DOI：10.19995/j.cnki.CN10－1617/F7.2022.18.070.

兼职特种会员制度。

特殊会员制是指在某些组织或机构中，为了满足特定需求或目标，而设立的一种会员制度。这种制度通常要求会员具有特定的资格或条件，并享有特殊的权利和福利。

特殊会员制可以用于各种组织或机构，如商业组织、非营利组织、政府机构等。例如，在某些商业组织中，可能会设立高级会员或 VIP 会员制度，为那些消费额较高或消费频率较高的会员提供特殊的服务和优惠。

在非营利组织中，特殊会员制可以用于吸引那些对该组织的使命和目标非常热情的人。这些会员可能会享有更多的参与权利、决策权利和资源分配权利，以便更好地支持组织的工作和发展。

在政府机构中，特殊会员制可以用于那些对政府工作非常关心和热情的人。这些会员可能会享有更多的政策制定权利、决策权利和资源分配权利，以便更好地支持政府的工作和发展。

特殊会员制的优点是可以更好地满足不同人群的需求和要求，并提供更加个性化的服务和支持。这可以帮助组织或机构更好地吸引和保留会员，并提高会员的忠诚度和满意度。此外，特殊会员制还可以为组织或机构提供更多的收入来源，以便更好地支持组织的工作和发展。

但是，特殊会员制也存在一些缺点。首先，特殊会员制可能会导致会员之间的不公平和分化，因为不同会员享有不同的权利和福利。其次，它可能会增加组织或机构的管理成本和复杂性，因为需要为不同类型的会员提供不同的服务和支持。①

四、订单与订单匹配原则

（一）订单

订单（指令）形式。订单是投资者向经纪商下达的买进和卖出证券的指令，也叫委托或指令。

订单有四个基本要素：价格，投资愿意接受并向经纪商下达的买进或卖出价格；数量，投资者希望买进或卖出的证券数量；时间，该订单的有效时间；交易方向，投资者下达的是买进还是卖出指令。

而在金融市场上，通常使用的交易指令有四种：市价指令、限价指令、止损指令和止

---

① 乔芳娥．金融市场案例测试机制：内容特征、运作程序与价值功能——兼论金融司法审判创新试验［J］．南方金融，2022（08）：90－100.

损限价指令。其中市价指令和限价指令多用于现货市场，止损指令和止损限价指令多用于期货和期权市场。

市价指令，指投资者在提交指令时只规定数量，而不规定价格。特点是能够确保成交，但是投资者最后接受的价格与其期望的价格存在差异。

限价指令，指投资者在提交指令时，不仅规定数量，而且还规定价格。特点是保证成交价格，但不能保证成交。

止损指令，一种特殊的限制性市价委托，指投资者在指令中约定一个触发价格，当市场价格上升或下降到该触发价格时，止损指令被激活，转化成一个市价指令。

止损限价指令，是止损指令与限价指令的结合。投资者所下达的指令中有两个指定价格——触发价格和限制价格。当市场价格上升或下降到该触发价格时，止损指令被激活，转化为一个限价指令，成交价格必须优先于限价。

（二）订单匹配原则

因为订单会有价格、数量等影响因素，所以订单匹配拥有一些匹配规则，一般来说订单匹配原则主要有以下优先性依次减弱的七种：

（1）价格优先原则：这是各证券交易所普遍使用的第一优先原则，指经纪商在接受委托进行交易时，必须优先满足较高价格买进订单和较低价格卖出订单；

（2）时间优先原则：也称先进先出原则，指当存在若干相同价格的订单时，优先满足最早进入交易系统的订单；

（3）按比例分配原则：指所有订单在价格相同的情况下，成交数量以订单数量按比例进行分配；

（4）数量优先原则：在价格相同，或者价格相同并且无法区分时间先后的情况下，有些交易所规定应该遵循数量优先匹配原则；

（5）客户优先原则：指在同一价格条件下，公共订单优先满足于经纪商自营账户的订单，以减轻公共客户与经纪商自营之间的利益冲突；

（6）做市商优先原则：与客户优先原则相反，指做市商提交的在自己的市场报价基础上的订单，可以优先于客户的与该报价相当的限价订单，与新进入市场的订单成交；

（7）经纪商优先原则：指当订单的价格相等时，发出这个订单的经纪商可以优先用自己提交的订单与该订单匹配。

从实践来看，价格优先原则是各国证券市场普遍采用的订单匹配优先原则，即第一优先原则（见表 2－2）。

表 2-2　　主要证券市场的订单匹配原则

市场		优先原则		
		第一原则	第二原则	第三原则
纽约证券交易所	SuperDot 系统	价格优先	时间优先	客户优先
	大厅交易订单	价格优先	按比例分配	
多伦多证券交易所	CATS 交易系统	价格优先	时间优先	
	大厅交易订单	价格优先	按比例分配	
巴黎证券交易所		价格优先	时间优先	
芝加哥期权交易所		价格优先		
纳斯达克市场		经纪商优先	按比例分配	
东京证券交易所		价格优先	时间优先	

第二节

中国金融市场的交易制度

一、上海证券交易所

上海证券交易所（简称“上交所”）成立于1990年11月26日，受中国证监会监督和管理，是为证券集中交易提供场所和设施、组织和监督证券交易、实行自律管理的会员制法人。截至2020年年末，上交所全年股票累计成交金额84.0万亿元，日均成交3 456亿元，股票市场筹资总额9 152亿元；债券市场挂牌20 378只，托管量13.2万亿元，现货成交11.5万亿元；基金市场上市只数达373只，累计成交10.8万亿元；衍生品市场全年累计成交7 167亿元。截至目前，上海证券交易所已发展成为拥有股票、债券、基金、衍生品四大类证券交易品种的综合性证券交易所。

（一）竞价交易系统

又称委托驱动制度，其特征是：开市价格由集合竞价形成，随后交易系统对不断进入的投资者交易指令，按价格优先与时间优先的原则排序，将买卖指令配对竞价成交。竞价交易制度按成交规则又可分为连续竞价交易制度和集合竞价交易制度。

竞价交易系统是一种电子交易系统，它允许买方和卖方在一个中央市场上进行交易。

在竞价交易系统中，买方和卖方可以提交价格和数量的报价单，然后系统会自动匹配买方和卖方的报价单，并在价格和数量上达成一致。这种交易方式通常用于证券交易、商品交易和外汇交易等市场。

竞价交易系统的优点包括如下几点。

价格透明：竞价交易系统公开了所有报价单的价格和数量，使市场更加透明。

高效性：竞价交易系统可以快速匹配买方和卖方的报价单，并在短时间内完成交易，提高了交易的效率。

公平性：竞价交易系统的交易是基于价格和数量的匹配，不会因为交易者的身份或其他因素而偏袒某一方，保证了交易的公平性。

方便性：竞价交易系统可以通过网络进行交易，使得交易者不必亲自到交易所进行交易，提高了交易的方便性。

然而，竞价交易系统也存在如下一些缺点。

价格波动：竞价交易系统中的价格是根据市场供求关系形成的，因此价格波动较大，可能会导致交易风险增加。

信息不对称：在竞价交易系统中，交易者可能会拥有不同的信息，导致信息不对称，从而影响交易的公平性。

交易成本：竞价交易系统可能会收取交易费用，这会增加交易成本。

技术风险：竞价交易系统是基于电子技术的，如果系统出现故障或被攻击，可能会导致交易中断或数据泄露等问题。①

1. 交易与交收时间

交易日为每周一至周五。每个交易日的 9：15 至 9：25 为开盘集合竞价时间，9：30 至 11：30、13：00 至 14：57 为连续竞价时间，14：57 至 15：00 为收盘集合竞价时间，集合竞价阶段不可撤单，其余交易时段内的未成交订单均可撤销。投资者买入的证券，交收前不得卖出，但实行“回转交易”（成交后，交收前即可卖出）的除外。根据上交所指定结算机构的现行规定，A 股股票的交收日为 T+1 日。

2. 竞价成交规定

上交所采用集合竞价和连续竞价。集合竞价的所有交易均以同一价格成交，成交价格应同时满足三个条件：（1）成交价格应是可实现最大成交量的价格；（2）高于该价格的买入申报与低于该价格的卖出申报可以全部成交；（3）与该价格相同的买方或卖方至少有

① 陶冉. 新冠疫情对全球金融市场的冲击及中国应对策略［J］. 全国流通经济，2022（25）：140-143. DOI：10.16834/j.cnki.issn1009-5292.2022.25.035.

一方可以全部成交。连续竞价按价格优先、时间优先的原则进行撮合成交。连续竞价的即时成交价格符合以下条件：（1）最高买入申报价格与最低卖出申报价格相同；（2）买入申报价格高于即时揭示的最低卖出申报价格的，以即时揭示的最低卖出申报价格为成交价格；（3）卖出申报价格低于即时揭示的最高买入申报价格的，以即时揭示的最高买入申报价格为成交价格。

3. 订单申报价格和涨跌幅度限制

对股票、基金交易实行价格涨跌幅限制，涨跌幅比例为10%。上交所规定新股发行首日的连续竞价阶段，有效申报价格不得高于发行价格的144%且不得低于发行价格的64%，盘中成交价格较当日开盘价首次上涨或下跌超过10%的，交易所将实施临时停牌新股发行首日的集合竞价阶段，有效申报价格不得高于发行价格的120%，且不得低于发行价格的80%，即股票上市首日开盘集合竞价阶段有效竞价范围为发行价的上下20%。

4. 开盘价与收盘价

证券的开盘价为当日该证券的第一笔成交价格。开盘价通过集合竞价产生，集合竞价不能产生的，通过连续竞价产生。证券的收盘价为当日该证券最后一笔交易前一分钟所有交易的成交量加权平均价（含最后一笔交易）。当日无成交的，以前收盘价为当日收盘价。而从国际市场看，以下五种方式可以确定收盘价格：（1）集合竞价确定收盘价；（2）最后一笔逐笔交易价格；（3）以收盘前一段时间每笔成交价的加权平均作为收盘价；（4）以收盘前一段时间的随机单笔价格竞价的方式确定收盘价格；（5）以收盘前一段时间交易价格的中位数作为收盘价。

5. 集合竞价如何确认成交价

（1）系统对所有买入有效委托按照委托限价由高到低的顺序排列，限价相同者按照进入系统的时间先后排列；所有卖出有效委托按照委托限价由低到高的顺序排列，限价相同者按照进入系统的先后排列。

（2）系统根据竞价规则自动确定集合竞价的成交价，所有成交均以此价格成交；集合竞价的成交价确定原则是，以此价格成交，能够得到最大成交量。

（3）系统依序逐步将排在前面的买入委托与卖出委托配对成交，即按照“价格优先，同等价格下时间优先”的成交顺序依次成交，直到不能成交为止，即所有买委托的限价均低于卖委托的限价，未成交的委托排队等待成交。集合竞价后的新委托逐笔进入系统，与排队的委托进行连续竞价撮合。

（二）大宗交易市场

在上交所进行证券交易达到一定金额的时候，可采用大宗交易方式。

1. 入场条件

单笔买卖申报数量，A股不低于30万股，或交易金额不低于200万元人民币，B股不低于30万股，或交易金额不低于20万美元，基金不低于200万份，或交易金额不低于200万元债券及债券回购不低于1 000手，或交易金额不低于100万元。

2. 交易申报时间

大宗交易的申报接受意向申报、成交申报以及固定价格申报等。每个交易日9：30至11：30、13：00至15：30接受大宗交易意向申报和成交申报，16：00至17：00仍可接受成交申报，15：00至15：30可接受固定价格申报，即在竞价交易系统关闭后仍可进行大宗交易。

3. 涨跌幅度限制

有涨跌幅限制证券的大宗交易成交价格，由买卖双方在当日涨跌幅价格限制范围内确定。无涨跌幅限制证券的大宗交易成交价格，由买卖双方在前收盘价的上下30%或当日已成交的最高价、最低价之间自行协商确定。买卖双方达成协议后，须提出成交申报，成交申报一经确认，不得变更或撤销。

4. 清算收益

每个交易日9：30至15：30时段确认的成交，于当日进行清算交收；每个交易日16：00至17：00时段确认的成交，于次交易日进行清算交收。

5. 大宗交易的信息披露

交易所需在每个交易日结束后通过本交易所网站公布以下交易信息：

（1）股票和基金的成交申报大宗交易，内容包括：证券代码、证券简称、成交量、成交价格以及买卖双方所在会员证券营业部的名称；

（2）债券和债券回购的成交申报大宗交易，内容包括：证券名称、成交价和成交量；

（3）单只证券的固定价格申报的成交量、成交金额，及该证券当日买入、卖出金额最大五家会员证券营业部的名称和各自的买入、卖出金额。

另外，大宗交易涉及法定信息披露要求的，买卖双方应依照有关法律法规履行信息披露义务。

6. 大宗交易制度的意义

（1）降低了大宗交易对市场价格的冲击；

（2）降低了机构投资者的交易成本；

（3）提高了市场的流动性并且增加了市场的稳定性。

（三）固定收益证券电子平台

固定收益证券综合电子平台是上海证券交易所设置的、与集中竞价交易系统平行的、独立的固定收益市场体系。固定收益证券综合电子平台是做市商报价系统，而个人投资者主要参与的是场内竞价撮合交易系统；报价系统是针对机构投资者而言的，个人投资者没有资金优势和机构之间进行交易。但有些品种打通了固定交易平台与场内交易，投资者可以在二级市场即交易所内交易已经在固定交易平台的品种；即在场内与机构进行撮合交易，机构再到固定收益平台与其他机构进行报价交易。

上交所的国债都在固定收益证券综合电子平台挂牌，这使得做市商必须对指定的关键期限国债进行做市，并可自主对挂牌交易的其他固定收益证券进行做市。一级交易商在交易期间，应当对选定做市的特定固定收益证券进行连续双边报价，每交易日双边报价中断时间累计不得超过60分钟。其他交易商就特定固定收益证券向为其做市的一级交易商提出询价的，该一级交易商应在接到询价后20分钟内进行报价。此外，一级交易商对做市品种的双边报价，应当是确定报价。国债双边报价价差不得大于10个基点，单笔报价数量不得低于5 000手（1手为1 000元面值）。公司债券、企业债券、分离债双边报价价差不大于20个基点，单笔报价数量不得低于1 000手。

固定收益证券综合电子平台交易时间为9：15至9：25，为竞价系统开盘集合竞价时间，9：30至11：30、13：00至15：00为连续竞价时间；固定收益平台的交易时段为9：30至11：30、13：00至14：00。公司债券当日买入、当日卖出，即实行T+0。价格涨跌幅限制比例为10%，但依据前一交易日参考价格确定当日涨跌区间，而非竞价系统中的收盘价。按照上交所发布的《关于公司债券发行、上市、交易有关事宜的通知》，公司债上市之后可在上证所竞价交易系统和固定收益证券综合电子平台同时进行交易，使用相同的证券代码和证券简称，按账户进行申报，并实行净价交易、全价结算。

固定收益平台设立交易商制度，符合条件的上交所会员和其他合格投资者可以申请交易商资格。交易商为经上交所核准，取得资格的证券公司、基金公司、财务公司、保险资产管理公司及其他交易参与人。符合条件的交易商可以申请一级交易商资格。一级交易商是指经上交所核准，在平台交易中持续提供双边报价及对询价提供成交报价的交易商。一级交易商做市证券账户内当日可用于交收国债出现不足的，可通过平台自动实行隔夜回购，以对不足部分自动补券。

交易商制度采用报价交易和询价交易两种方式。报价交易中，交易商可以匿名或实名方式申报；询价交易中，交易商须以实名方式申报。报价交易可以采用确定报价或待定报价。前者在其他交易商接受报价后即成交，后者则在其他交易商接受报价后，还须原报价的交易商进行确认。询价交易中，询价方每次可以向5家被询价方询价，被询价方接受询价时提出的报价为确定报价。询价方对被询价方提出的报价予以接受的，方能确认成交。

（四）融资融券市场

1. 融资融券账户的设立

从事融资融券交易，应开立融券专用证券账户、客户信用交易担保证券账户、融资专用资金账户及客户信用交易担保资金账户。会员应与客户签订融资融券合同及交易风险揭示书，并为其开立信用证券账户和信用资金账户。

2. 融资标的证券

可供融资买入的证券品种，称为融资标的证券。沪、深交易所《融资融券交易试点实施细则》规定，融资标的证券品种可以是在交易所上市的股票、证券投资基金、债券及其他证券。沪深证券交易所将按照规定确定融资标的证券名单，证券公司可在交易所公布的融资标的证券范围内进一步选择，并随交易所名单变动而相应调整，投资者仅可在此范围内融资买入。

3. 融资债务偿还

投资者可通过直接还款、卖券还款两种方式偿还融资负债。直接还款是指投资者在信用资金账户内存入资金，通过融资融券交易系统中“直接还款”指令偿还融资债务。未了结相关融券交易前，客户融券卖出所得价款除买券还券外不得他用。客户未能按期交足担保物或者到期未偿还融资融券债务的，会员可根据约定处分担保物或采取强制平仓措施。融资融券期限最长不得超过6个月。

4. 融资交易的价格限制

融券卖出的申报价格不得低于该证券的最新成交价，当天没有产生成交的，申报价格不得低于其前收盘价。融券期间，客户通过其所有或控制的证券账户持有与融券卖出标的相同证券的，卖出该证券的价格也应遵守上述规定，但超出融券数量的部分除外。

5. 保证金

会员向客户融资、融券，应当向客户收取一定比例的保证金。保证金可以用标的证券或上交所认可的其他证券充抵可充抵保证金的证券，在计算保证金金额时应当以证券市值或一定的净值折算率进行折算。具体为，上证180指数成份股股票的折算率最高不超过70%，其他A股股票折算率最高不超过65%。交易型开放式指数基金折算率最高不超过90%。证券公司现金管理产品、货币市场基金、国债折算率最高不超过95%。被实施风险警示、暂停上市或进入退市整理期的A股股票、权证折算率为0%。其他上市证券投资基金和债券折算率最高不超过80%。

保证金比例是影响证券融资融券交易信用扩张程度最为重要的参数，包括最低初始保证金比例和维持保证金比例。融资保证金比例是指，投资者融资买入时交付的保证金与融资交易金额的比例，计算公式为：融资保证金比例 = 保证金/(融资买入证券数量 × 买入价格) × 100%。沪深交易所规定，融资保证金比例不得低于50%。

6. 担保物

会员向客户收取的保证金以及客户融资买入的全部证券和融券卖出所得全部资金整体作为客户对会员融资融券所生债务的担保物。维持担保比例（即客户担保物价值其融资融券债务之间的比例）不得低于130%，否则会员应通知客户在2个交易日内追加担保物，追加后的维持担保比例不得低于150%。维持担保比例超过300%时，客户可提取保证金可用余额中的现金或证券，但提取后维持担保比例不得低于300%。

7. 融资交易风险

（1）投资者在从事融资交易期间，如果中国人民银行规定的同期金融机构贷款基准利率调高，证券公司将相应调高融资利率，投资者的融资成本将增加。

（2）投资者在从事融资交易期间，如果发生融资标的证券范围调整、标的证券暂停上市或终止上市等情况，投资者可能被证券公司要求提前了结融资交易并可能因此带来损失。

在融资买入时还应注意：融资交易具有杠杆交易特性，证券价格的合理波动就能放大投资者的盈利和亏损，投资者需要有较强的风险控制能力和承受能力。

二、深圳证券交易所

深圳证券交易所，缩写SZSE，中文简称“深交所”，成立于1990年12月1日，是经国务院批准设立的全国性证券交易场所，是为证券集中交易提供场所和设施、组织和监督证券交易、实行自律管理的法人，由中国证券监督管理委员会监督管理。深交所履行市场组织、市场监管和市场服务等职责。

深圳证券交易所（SZSE）是中华人民共和国深圳市政府设立的证券交易所，成立于1990年12月1日，是中国内地第二家证券交易所。主要股票指数有深证成指、中小板指和创业板指。深圳证券交易所目前已成为全球市值排名第八的证券交易所之一，为中国资本市场的发展作出了重要贡献。

深圳证券交易所的主要业务包括股票交易、债券交易、基金交易、期货交易等。其股票市场分为主板市场、中小板市场和创业板市场，其中创业板市场是中国第一家专门为中小创新型企业服务的板块，为中国资本市场的发展提供了重要的推动力。

深圳证券交易所的交易时间为周一至周五，上午9：15—11：30，下午1：00—3：00。

交易所的交易规则和制度严格，对于违规行为将会进行严肃处理，以保障市场的公平、公正。

深圳证券交易所的监管机构是中国证券监督管理委员会（CSRC），CSRC 负责对深圳证券交易所的监管和管理工作。深圳证券交易所还与香港联交所等其他证券交易所建立了合作关系，促进了中国与国际资本市场的交流和合作。

深圳证券交易所在推动中国资本市场国际化和市场化方面发挥了重要作用。近年来，深圳证券交易所积极推进科技创新板、注册制改革等重大改革，不断提升市场的活力和吸引力。此外，深圳证券交易所还积极推进绿色金融、社会责任等方面的工作，为中国资本市场的可持续发展作出了贡献。[①]

截至 2021 年 8 月 31 日，深交所共有上市公司 2 492 家，总市值约 37 万亿元；挂牌债券 9 067 只，挂牌面值 2.8 万亿元；挂牌基金 502 只，资产规模 2 844 亿元；沪深 300ETF 期权累计成交 1.3 亿张，成交面值 6.3 万亿元。2020 年，深市股票成交金额 122.8 万亿元，股票融资额 5 638 亿元，固收产品融资额 1.9 万亿元。据世界证券交易所联合会（WFE）2020 年 12 月 31 日统计，深市成交金额、融资金额、股票市价总值分别位列世界第三、第四和第七。

（一）委托指令

与上交所相同，深交所接受会员的市价申报（即市价订单）和限价申报（即限价订单），但订单申报单位、每张数量和订单上限有所不同。

（二）交易时间

深交所的开盘价和收盘价都产生自集合竞价。交易时间中，9：15—9：25 为开盘集合竞价时间，9：30—11：30、13：00—14：57 为连续竞价时间，14：57—15：00 为收盘集合竞价时间。开盘和收盘集合竞价交易时段不可撤单，其他交易时段内未成交订单均可撤销。

（三）订单申报价格和涨跌幅度限制

股票、基金交易的涨跌幅限制比例为 10%，ST 和 *ST 等被实施特别处理的股票价格涨跌幅限制比例为 5%。上市首日开盘集合竞价的有效竞价范围为发行价的上下 20%。连

① 燕翔，冯兴元．农村金融市场竞争对农村普惠金融发展的影响［J］．江汉学术，2022，41（05）：17－28. DOI：10.16388/j.cnki.cn42－1843/c.2022.05.002.

续竞价开始后，当盘中成交价较当日开盘价首次上涨或下跌达到或超过10%时，将实施盘中临时停牌1小时。当盘中成交价较当日开盘价首次上涨或下跌达到或超过20%时，将实施盘中临时停牌至14：57。

（四）开盘价与收盘价

证券的开盘价产生方式与上交所相同。收盘价通过集合竞价的方式产生。收盘集合竞价不能产生收盘价或未进行收盘集合竞价的，以当日该证券最后一笔交易前一分钟所有交易的成交量加权平均价（含最后一笔交易）为收盘价。当日无成交的，以前收盘价为当日收盘价。

除此之外，深交所与上交所在大宗交易的入场条件、ST和*ST股票收盘价的异常波动、申报价格的最小变化单位等方面均存在不同。需要注意的是，上交所债券现券交易仅采用净价交易，而深交所债券交易可以采取净价交易或全价交易的方式。净价交易指买卖债券时以不含应计利息的价格申报并成交。全价交易指买卖债券时以含应计利息的价格申报并成交。

三、北京证券交易所

北京证券交易所（简称“北交所”），于2021年9月3日注册成立，是经国务院批准设立的中国第一家公司制证券交易所，受中国证监会监督管理。经营范围为依法为证券集中交易提供场所和设施、组织和监督证券交易以及证券市场管理服务等业务。

北京证券交易所的交易时间为周一至周五，上午9：15—11：30，下午1：00—3：00。交易所的交易规则和制度严格，对于违规行为将会进行严肃处理，以保障市场的公平、公正。

北京证券交易所的监管机构是中国证券监督管理委员会（CSRC），CSRC负责对北京证券交易所的监管和管理工作。北京证券交易所还与境外证券交易所建立了合作关系，促进了中国与国际资本市场的交流和合作。

北京证券交易所在推动中国资本市场国际化和市场化方面发挥了重要作用。近年来，北京证券交易所积极推进新三板市场改革，不断提升市场的活力和吸引力。此外，北京证券交易所还积极推进绿色金融、社会责任等方面的工作，为中国资本市场的可持续发展作出了贡献。[①]

（一）交易方式

竞价交易（可引入做市商机制）、大宗交易、盘后固定价格交易、中国证监会批准的其他交易方式。投资者可以采用限价委托和市价委托方式委托会员买卖证券，证券竞价交易采用集合竞价和连续竞价两种方式。

（二）交易时间

采取竞价交易方式的，每个交易日的9：15—9：25为开盘集合竞价时间，9：30—11：30、13：00—14：57为连续竞价时间，14：57—15：00为收盘集合竞价时间。经中国证监会批准，该所可以调整交易时间。交易时间内因故停市，交易时间不作顺延。

（三）订单申报价格和涨跌幅度限制

竞价交易申报的时间为每个交易日9：15—9：25、9：30—11：30、13：00—15：00。

竞价交易单笔申报数量应当不低于100股、不超过100万股；卖出时余额不足100股的部分应当一次性申报卖出。股票交易的申报价格最小变动单位为0.01元人民币，涨跌幅限制比例为30%。股票交易无价格涨跌幅限制的情形主要有：（1）向不特定合格投资者公开发行的股票上市交易首日（不包括增发）；（2）退市整理期首日。连续竞价阶段限价申报的要求主要有：（1）不高于买入基准价格的105%或以上10个最小价格变动单位（以孰高为准）；（2）不低于卖出基准价格的95%或以下10个最小价格变动单位（以孰低为准）。

（四）开盘价与收盘价

开盘价通过开盘集合竞价方式产生。不能通过开盘集合竞价产生的，以当日第一笔成交价为开盘价。收盘价通过收盘集合竞价方式产生。收盘集合竞价不能产生收盘价或未进行收盘集合竞价的，以该交易日最后一笔成交价为收盘价。

---

① 张天顶，施展．美联储紧缩性货币政策冲击对中国金融市场的影响及应对——资产价格视角的零利率下限时期与常态化时期比较［J］．西部论坛，2022，32（04）：55－72．

（五）与科创板、创业板的对比（见表2－3）

表2－3　北交所与科创板、创业板的对比

项目	北交所	科创板	创业板
1. 涨跌幅	连续竞价交易，新股上市首日不设涨跌幅限制，自次日起涨跌幅限制为30%，增加市场弹性	首次公开发行上市的股票，上市后的前5个交易日不设价格涨跌幅限制；科创板股票竞价交易实行价格涨跌幅限制，涨跌幅比例为20%	
2. 价格申报范围限制	连续竞价期间，对限价申报设置基准价格上下5%的申报有效价格范围	连续竞价期间，对限价申报设置基准价格上下2%的申报有效价格范围	
3. 单笔最高申报数量上限	投资者买卖股票的单笔申报数量应当不低于100股；股票交易单笔申报最大数量不得超过100万股，每笔申报可以1股为单位递增	单笔申报数量应当不小于200股，且不超过10万股；通过市价申报买卖的，单笔申报数量应当不小于200股，且不超过5万股。卖出时，余额不足200股的部分，应当一次性申报卖出	设置限价申报单笔数量不超过10万股，市价申报单笔数量不超过5万股。保留现行创业板每笔最低申报数量为100股的制度安排
4. 盘后固定价格交易	有待观察	盘后固定价格交易，指在收盘集合竞价结束后，交易所交易系统按照时间优先顺序对收盘定价申报进行撮合，并以当日收盘价成交的交易方式	
5. 大宗交易	单笔申报数量不低于10万股或成交金额不低于100万元的，可以进行大宗交易	上市公司股东通过大宗交易方式减持股票在交易量上需要满足单笔买卖申报数量应当不低于30万股，或者交易金额不低于200万元。交易所可以根据市场情况调整大宗交易的最低限额	
6. 调整交易公开信息，披露指标	当日收盘价涨跌幅达到20%的前5只股票；当日竞价交易价格振幅达到30%的前5只股票；当日竞价交易换手率达到20%的前5只股票	当日收盘价格涨跌幅达到±15%的各前5只股票；当日价格振幅达到30%的前5只股票；当日换手率达到30%的前5只股票	
7. 做市商	明确将引入做市机制，为实行混合交易预留了制度空间	有待观察	

四、银行间证券交易市场

银行间债券市场依托于中国外汇交易中心暨全国银行间同业拆借中心和中央国债登记结算公司，是商业银行、保险公司、证券公司等金融机构进行债券买卖和回购的市场。目前，银行间债券市场已成为我国债券市场的主体部分。其交易主体涵盖商业银行及其授权分支机构、非银行金融机构和非金融机构（如基金公司、证券公司、信托投资公司、财务公司、城市信用社）以及经央行批准经营人民币业务的外国银行分行。其交易券种包括但不限于国债、央行票据、政策性金融债、公司债、企业债、中期票据和短期融资券。

银行间证券交易市场（简称“银行间市场”）是中国境内国债、央行票据、政策性金融债、企业债券等债券的交易市场，是中国债券市场的主要交易场所之一。银行间市场由中国人民银行和中国证券监督管理委员会共同监管。

银行间市场的交易模式是场外交易，交易对象主要是金融机构和企业，交易方式包括竞价交易和协议交易。银行间市场的交易时间为周一至周五，上午 9：30—11：30，下午 1：30—3：30。交易所的交易规则和制度严格，对于违规行为将会进行严肃处理，以保障市场的公平、公正。

银行间市场的主要业务包括债券发行、债券交易、债券信息服务等。在债券发行方面，银行间市场是中国债券市场的主要发行平台之一，为政府债券、金融债券、企业债券等债券提供发行服务。在债券交易方面，银行间市场是中国债券市场的主要交易平台之一，为各类债券提供交易服务并提供交易信息、定价和清算服务。银行间市场还提供债券信息服务，包括债券评级、债券违约等信息，为市场参与者提供决策依据。

银行间市场在中国资本市场的地位和影响力不断提升，为中国经济的发展和国际化进程作出了重要贡献。近年来，银行间市场积极推进市场化改革，不断提升市场的活力和吸引力。此外，银行间市场还积极推进绿色债券、社会责任等方面的工作，为中国资本市场的可持续发展作出了贡献。①

（一）交易方式

银行间债券市场的交易方式分为询价和点击成交两种。

1. 询价交易模式

询价交易方式指交易双方自行协商确定交易价格以及其他交易要素的交易方式，包括报价、格式化询价和确认成交三个步骤。

如表 2 - 4 所示，根据报价方式的不同，银行间债券市场的询价和做市商制度的交易方式可以分为四种：(1) 公开报价。公开报价是交易成员为表明交易意向而面向整个市场作出的报价。(2) 对话报价。对话报价是询价交易方式下特有的“讨价还价”过程，是指交易的发起方向市场特定成员所做的报价，是一对一的报价。(3) 双边报价。双边报价

① 崔海虹．山东省农村金融市场效率对农村产业发展水平影响研究［D］．山东财经大学，2022. DOI：10.27274/d.cnki.gsdjc.2022.001259.

是做市商制度的一个基本内容，是指做市商面向市场同时报出某种债券的买卖价格，并同时报出买卖数量、清算方式等交易要素。(4) 小额报价。小额报价是规定了交易对手方范围和数量范围的、可点击成交的单边报价，但所占交易比例很小。其中公开报价、对话报价属于询价交易，双边报价属于做市商制，小额报价属于一种单向撮合的交易方式。所有交易过程均通过电子系统在网络上完成。

表 2－4　　银行间债券市场报价方式比较

	公开报价	对话报价	双边报价	小额报价
报价对象	所有市场成员	某个特定成员	所有市场成员	特定范围的成员
报价方向	单边	单边	双边	单边
是否必须报出数量	否	是	是	是
能否点击成交	不能	不能	能	能
能否修改	能	能（对方应答前）	能（一定条件下）	不能
未成交能否撤销	能	能	能	能

2. 点击成交方式

是指报价方发出报价，受价方点击该报价后由交易系统确认成交，或者依据《债券交易规则》相关规定通过交易系统自动匹配成交的交易方式。

报价方报出理想的数量和价格，受价方点击即表明愿意以该价格达成交易，减少了前期的沟通成本。

报价分为做市报价（双边）和点击成交报价（单边）。做市报价指报价方就某一券种同时报出买入和卖出价格及数量的报价。做市商和尝试做市机构可对其设定的做市券种进行双边报价。点击成交报价指报价方就某一券种报出买入或卖出价格及数量的报价。

（二）交易类型

银行间债券市场的交易类型包括现券交易、质押式回购、买断式回购和债券借贷（见表 2－5）。

现券交易是交易双方以约定的品种、数量、价格转让债券所有权的行为。可交易券种包括国债、央行票据、金融债、次级债、企业债、国际开发机构债券、短期融资券、资产支持证券等。

质押式回购是交易双方进行的以债券为权利质押的一种短期资金融通业务，指资金融入方在将债券出质给资金融出方融入资金的同时，双方约定在将来某一日期由正回购方按约定回购利率计算的资金额向逆回购方返还资金，逆回购解除出质债券上质权的融资行为。

表 2 – 5　　各交易类型对比

	现券交易	质押式回购	买断式回购	债券借贷
交易时间	北京时间 9：00—12：00，13：30—16：30，中国法定节假日不开市			
交易方式	询价交易方式和点击成交方式	询价交易方式	询价交易方式	询价交易方式
最长期限		365 天	91 天	365 天
最低交易量	询价 10 万元/点击成交 100 万元	10 万元	10 万元	10 万元
最小报价单位	0.0001 元	0.0001%	0.0001%	0.0001%
特点		1. 不改变债券所有权 2. 正、逆回购方均无权动用质押券 3. 质押债券收益归正回购方所有 4. 期限 1 天至 1 年	1. 债券所有权发生改变 2. 所有权在回购期间内归逆回购方所有 3. 债券收益归正回购方 4. 期限 1 天至 91 天	

买断式回购指债券持有人在将一笔债券卖给债券购买方的同时，交易双方约定在未来某一日期，再由卖方以约定价格从买方购回相等数量同种债券的交易行为。

债券借贷是债券融入方以一定数量的债券为质物，从债券融出方借入标的债券，同时约定在未来某一日期归还所借入标的债券，并由债券融出方返还相应质物的债券融通行为。

五、外汇市场

除承担银行间债券市场的交易平台职能外，中国外汇交易中心还拥有以下职能：为银行间货币市场、债券市场、外汇市场的现货及衍生产品提供交易，交易后处理，信息，基准，培训等服务；承担市场交易的日常监测工作；为中央银行货币政策操作、传导提供服务；根据中国人民银行的授权，发布人民币汇率中间价、上海银行间同业拆放利率、贷款基础利率、人民币参考汇率等；提供业务相关的信息、查询、咨询、培训服务；经中国人民银行批准的其他业务。

外汇市场是指全球货币交易市场，也被称为外汇市场或外汇交易市场。在外汇市场上，各国货币可以被交换和交易，这是由于货币汇率发生变化。外汇市场是全球最大、最流动的金融市场之一，每天交易量高达数万亿美元。

外汇市场的参与者包括商业银行、中央银行、投资公司、基金、个人投资者等。他们通过外汇交易平台进行交易，这些平台提供了实时报价、图表和图形等工具，以帮助交易者作出决策。

外汇市场的主要交易对象是货币对，即两种货币之间的交易。例如，EUR/USD 表示欧元对美元的交易。货币对的价格由供求关系决定，供求关系受到多种因素的影响，包括经济数据、政治事件、自然灾害等。

外汇市场的交易方式包括现货交易、期货交易、期权交易和差价合约交易等。现货交易是最常见的交易方式，交易者在实时报价下进行交易，即立即履行买卖合同。期货交易和期权交易是一种将交易延迟到未来某个时间的交易方式。期货交易是在未来某个时间按照协议价格进行交割，期权交易则是在未来某个时间按照协议价格决定是否进行交割。①

差价合约交易是一种杠杆交易方式，允许交易者使用较小的资金控制更大的交易金额。这种交易方式可以带来高额收益，但同时也存在高风险。

在外汇市场上，交易者需要了解市场动态、经济数据、政治事件等多种因素，以作出正确的交易决策。同时，他们还需要掌握基本的交易技巧和风险管理策略，以最大限度地降低风险。交易者可以通过技术分析和基本分析等方法来预测市场走势，制订交易计划。此外，他们还需要注意市场流动性、交易成本、杠杆比例等因素，以确保交易成功。②

银行间外汇市场交易品种包括外汇即期交易、远期交易、掉期交易、货币掉期交易和外汇期权交易。人民币外汇即期交易的外汇币种包括美元、欧元、日元、英镑、港币、澳大利亚元、加拿大元、新西兰元、马来西亚林吉特和俄罗斯卢布。根据国际清算银行每三年进行的全球主要货币成交量统计，2021 年，人民币日均成交量达 5.51 万亿美元，人民币国际支付份额提高至 2.7%，成为全球第四大支付货币。

（一）外汇市场的交易模式

外汇市场的交易模式共有以下四种。

外汇即期交易，又称为现货交易或现期交易，是指外汇买卖成交后，交易双方于当天或两个交易日内办理交割手续的一种交易行为。

远期交易，跟即期外汇交易相区别的是指市场交易主体在成交后，按照远期合同规定，在未来（一般在成交日后的 3 个营业日之后）按规定的日期交易的外汇交易。

期货交易随着期货交易市场的发展，原来作为商品交易媒体的货币也成为期货交易的对象。外汇期货交易就是指外汇买卖双方于将来时间（未来某日），以在有组织的交易所内公开叫价（类似于拍卖）确定的价格，买入或卖出某一标准数量的特定货币的交易活动。

---

① 杨振，谢洁玉．发达国家金融市场结构新特征及对我国的启示［J］．新金融，2022（08）：53－59.

② 杨立生，杨杰．国际大宗商品价格波动对中国金融市场的风险溢出效应——波动溢出网络视角［J］．金融监管研究，2022（08）：58－77. DOI：10.13490/j.cnki.frr.2022.08.007.

期权交易，外汇期权常被视作一种有效的避险工具，因为它可以消除贬值风险以保留潜在的获利可能。外汇期权是指交易的一方（期权的持有者）拥有和约的权利，并可以决定是否执行（交割）和约。如果愿意的话，合约的买方（持有者）可以听任期权到期而不进行交割。卖方毫无权利决定合同是否交割。

银行间外汇市场提供竞价和询价两种交易方式。竞价交易又称集中撮合交易机制，指会员各自通过电子交易系统提交自己的买入、卖出报价，交易系统按照“价格优先、时间优先”的原则进行逐笔撮合，自动配对成交。询价交易指交易双方协商议定交易的货币、金额、汇率、起息日等要素的交易方式。目前我国银行间外汇即期交易可采用竞价交易和询价交易方式，外汇衍生品交易均采用询价交易方式。

（二）外汇市场的清算模式

清算是指交易的匹配确认、盈亏以及双方支付或交割权利义务的计算、结算指令的发送和到账确认等过程。清算包括集中清算和双边清算两种模式。集中清算外汇交易达成后，第三方作为中央清算对手方分别向交易双方独立进行资金清算。双边清算指外汇交易达成后，由交易双方按交易要素直接进行资金清算。

银行间市场外汇交易清算按对手方不同分为集中和双边清算模式，按照交割方式不同分为全额清算和净额清算模式。集中清算指外汇交易完成后，由交易中心介入，担当中间人的角色，作为中央对手方同交易双方进行资金交割。双边清算是交易双方在交易完成后，按照约定的要素进行资金交割。全额清算是对外汇交易逐笔办理资金交割，净额清算是将清算会员同一清算日的外汇交易按币种进行轧差后办理资金交割。

六、金融期货市场交易机制

中国金融期货交易所（CFFEX），是经国务院同意，中国证监会批准，由上海期货交易所、郑州商品交易所、大连商品交易所、上海证券交易所和深圳证券交易所共同发起设立的交易所。

（一）市场进入标准

自然人投资者在申请开户时保证金账户可用资金余额不低于人民币50万元，且客户至少有10个交易日、20笔以上的股指期货仿真交易成交记录，或者最近三年内具有至少10笔以上的商品期货成交记录。期货公司还将对投资者进行反映其综合情况的评估，合格分数为70分。

（二）交易指令

金融期货市场的交易指令主要分为市价指令和限价指令。市价指令指不限定价格按当时市场上可执行最优报价成交的指令，其未成交部分自动撤销。限价指令指按限终价格或更优价格成交的指令。在买入时，限价指令必须在其限价或者限价以下的价格统交在卖出时，必须在其限价或者限价以上的价格成交。

交易指令的报价只能在合约价格限制范围内，超过价格限制范围的报价为无效报价交易指令。申报经交易所确认后生效。交易指令每次最小下单数量为 1 手（1 张合约），表价指令每次最大下单数量为 50 手，限价指令每次最大下单数量为 100 手。

（三）交易时间

股指期货交易时间为 9：15—11：30，13：00—15：15，后交易日 9：15—11：30，13：00—15：00。也就是说，除了后交易日外，沪深 300 股指期货开盘较股票市场早 15 分钟，收盘较股票市场晚 15 分钟。

（四）跌涨幅度

股指期货合约的涨跌停板幅度为上一交易日结算价的 ±10%。季月合约上市首日涨跌停板幅度为挂盘基准价的 ±20%。上市首日成交的，于下一交易日恢复到合约规定的涨跌停板幅度；上市首日无成交的，下一交易日继续执行前一交易日的涨跌停板幅度。股指期货合约最后交易日涨跌停板幅度为上一交易日结算价的 ±20%。

（五）保证金

中国金融期货市场所实行保证金制度，保证金是交易所向结算会员收取的用于结算和担保合约履行的资金。保证金分为结算准备金和交易保证金。交易保证金标准在期货合约中规定，在期货合约交易过程中，出现下列情况之一的，交易所可以根据市场风险调整交易保证金标准，并向中国证监会报告：（1）出现连续同方向涨跌停板；（2）遇国家法定长假；（3）交易所认为市场风险明显增大；（4）交易所认为必要的其他情况。

调整期货合约交易保证金标准的，交易所应在当日结算时对该合约的所有持仓按新的交易保证金标准进行结算。保证金不足的，应当在下一个交易日开市前追加到位。

（六）价格限制制度

价格限制制度分为熔断制度与涨跌停板制度。每日熔断与涨跌停板幅度由交易所设定，交易所可以根据市场情况调整期货合约的熔断与涨跌停板幅度。股指期货合约的熔断幅度为上一交易日结算价的 ±6%，涨跌停板幅度为上一交易日结算价的 ±10%，最后交易日不设价格限制。每日开盘后，股指期货合约申报价触及熔断价格且持续一分钟，该合约启动熔断机制。

（七）限仓制度

中国金融期货市场实行持仓限额制度。持仓限额是交易所规定的会员或者客户对某一合约单持仓的最大数量。同一客户在不同会员处开仓交易，其在某一合约单边持仓合计不得超出该客户的持仓限额。股指期货合约持仓限额具体规定为：（1）进行投机交易的客户某一合约单边持仓限额为 100 手；（2）某一合约结算后单边总持仓量超过 10 万手的，结算会员下一交易日该合约的单边持仓量不得超过该合约单边总持仓量的 25%；（3）进行续期保值交易和套利交易的客户号的持仓按照交易所有关规定执行，不受某一合约单边持仓限额为 100 手的限制；（4）会员、客户持仓达到或者超过持仓限额的，不得同方向开仓交易。

（八）强行平仓制度

强行平仓制度是指当会员和客户出现下列情况之一时，交易所可以对其持仓实行强行平仓，如：（1）会员结算准备金余额小于零，并未能在规定时限内补足的；（2）持仓超出持仓限额标准，并未能在规定时限内平仓的；（3）因违规受到交易所强行平仓处罚的；（4）根据交易所的紧急措施应予强行平仓的；（5）其他应予强行平仓的。

强行平仓的执行原则为：强行平仓先由会员执行，时限除交易所特别规定外，一律为开市后第一节。规定时限内会员未执行完毕的，由交易所强制执行。强行平仓的价格通过市场交易形成。

第三节

微观结构理论概论

金融市场微观结构理论是现代金融学中一个重要的新兴分支。它产生于 20 世纪 60 年代末，真正发展于 20 世纪八九十年代，依然方兴未艾。并且它与金融学的其他分支，如行为金融学、实验金融学等有互相融合的发展趋势。一般认为，金融市场微观结构理论的核心是要说明在既定的市场微观结构下金融资产的定价过程及其结果，从而揭示市场微观结构在金融资产价格形成过程中的作用。

经济学认为商品价格系由供给和需求决定，在两者均衡时便形成了价格。最早设计市场微观结构的便是 Demsetz 的交易成本，明确指出，当买卖的市场指令在时间上不能同步和在数量上不能匹配时，即时性或流动性就有价格。做市商提供即时性并赚取买卖价差，而这个差额的大小取决于交易商的成本和市场力量。他的实证分析表明资产的交易频率越高，买卖价差越小。买入价和卖出价之间的买卖价差反映了交易的即时性成本。关于交易即时的成本，市场微观结构研究形成了存货理论和信息理论。

一、存货理论

基于存货的研究方法将市场交易过程看作一个匹配问题，做市商需要利用价格来平衡供给与需求的矛盾。破产，做市商必须保持一定的股票和现金头寸，这引致了存货成本。为了弥补这些成本，做市商在假定买卖交易指令流随机分布的基础上，优化其自身的存货头寸，以此来决定资产价格和买卖价差。

存货理论是指在管理会计和财务领域中，关于企业存货（包括原材料、半成品和成品）的理论和方法。其主要目的是帮助企业更好地管理存货，以便实现最大化的效益。①

存货理论主要包括以下几个方面。

存货成本计算：存货成本计算是指计算存货成本的方法和原则。常见的存货成本计算方法包括先进先出法（FIFO）、后进先出法（LIFO）和加权平均法等。

存货管理：存货管理包括存货的采购、入库、出库和库存管理等方面。存货管理的目的是确保企业能够在需要时保持足够的存货水平，同时尽可能地减少存货成本和库存积压。

存货评估：存货评估是指对存货价值的评估和确认。通常使用的方法包括市场价值法、成本法和净实现价值法等。

存货周转率：存货周转率是指企业在一定时间内存货的销售次数。存货周转率越高，说明企业的存货管理和销售能力越强。

存货损失和报废：存货损失和报废是指在存货管理和使用过程中，因各种原因导致存货变得无法使用或者价值下降的情况。存货损失和报废的发生会对企业的利润和财务状况

① 姚爽，王艺晓，黄玮强．中国金融市场风险溢出非对称效应——基于 TVP - VAR - DY 模型的实证研究［J］．管理现代化，2022，42（04）：49 - 56. DOI：10. 19634/j. cnki. 11 - 1403/c. 2022. 04. 008.

产生影响，因此需要采取相应的措施进行管理和控制。[①]

一般来说，存货理论根据不同的侧重点可以分为三类。

（1）研究交易指令流的性质对资产交易价格的影响。在 Garman 的模型中，指令流被假定服从泊松过程，存货状况决定了做市商是否破产，但不直接影响做市商的价格决策。通过分析，Garman 发现在风险可控的情况下做市商唯一的办法就是设立不同的买卖价格，从而实现交易的利润最大化。在此基础上，Mendelson 将做市商的订户号价策略设定为以其头寸为状态变量的半马尔科夫链过程，从而将做市商的买卖报价与其，结头寸相联系，并将做市商的定价策略动态化，得出存货状况影响做市商的价格决策的结论。

（2）研究通过分析做市商的决策最优化来考察交易成本对资产交易价格的影响。Stoll 研究了基于风险规避的存货问题，Stoll 首先采用一个两期模型考察了存货怎样影响交易商的优化决策，研究了单个排做市商的单期最优买卖报价，强调做市商通过买卖报价所赚取的收益是其流动性风险的补偿。

（3）研究多个做市商的决策最优化对资产交易价格的影响。Cohen、Maier 和 Schwartzetal（1981）指出，现实市场中的投资者并非只能递交市价指令，而是既可递交市价指令，又可递交限价指令。递交市价指令的投资者可即时成交，因而递交市价指令的投资者是市场流动性的需求方，递交限价指令的投资者未必能及时成交，因而递交限价指令的投资者是市场流动性的供给方，其作用等同于做市商。由此证明当市场存在交易成本时，限价指令无论如何接近市价指令，都不一定能够执行，即限价指令在临近市价指令价格时，限价指令的执行概率发生了跳跃，从而引致价格发生跳跃，因而买卖价差必然存在。而 Ho 和 Stoll（1983）则延续了 Ho 和 Stoll（1981）的分析框架，在多个做市商、多期、多资产的市场条件下，研究了做市商的定价行为、资产价格的形成和买卖价差的性质。

事实上，基于存货的研究方法逐渐被其他方法所替代。

二、信息理论

尽管存货理论为研究市场价格行为提供了重要的参考角度，然而存货理论的假定是交易成本仍然决定买卖价差，而基于信息的研究方法则将交易过程看作一个非对称信息博弈过程。信息理论的经典文献认为，市场上存在两类交易者：知情交易者根据私人信息来进行知情交易，而非知情交易者则根据公共信息来进行非知情交易，两类交易者的信息差异

① 胡雁冰，吴腾华．国际大宗商品价格波动对中国金融市场风险的影响——基于溢出指数法的实证研究［J］．价格月刊，2022（11）：11－18. DOI：10.14076/j.issn.1006－2025.2022.11.02.

决定了资产价格和买卖价差。

Bagehot是最早使用非对称信息来解释买卖差价的学者，他指出做市商在与知情交易者交易时总是亏损的，因而做市商与非知情交易者交易所获得的买卖差价应该大到可以抹除这种亏损，而做市商通过买卖报价所赚取的收益是其信息不对称的补偿。Copeland和Galai首先引入了“信息成本”这一概念，建立了单期静态模型来分析做市商买卖报价的决定问题。这表明只要市场上存在非对称信息，买卖价差便会存在，不过这种差额会因市场参数的差异而改变。

Glosten和Milgrom首次将动态因素引入信息理论模型，指出交易指令的类型是传递信息的信号，交易者的买入指令促使做市商向上调整其买卖报价，交易者的卖出指令促使做市商向下调整其买卖报价。Easley和O'Hara（1987，1992）分别指出交易规模和交易时间间隔会影响做市商的买卖报价。

与资产价值有关的私人信息的存在意味着知情者可能具有信息优势，并会尽可能地利用其信息优势制定出最优的交易策略，从而最大化其自身的收益。Kyle（1985）首先构建了策略分析模型，他分析了一个最基本的最优策略问题，假定做市商对信息的反应是线性的，在一个理性预期的框架下，知情者的最优指令数量和期望收益取决于不知情者的指令流，在假定不知情者的指令流完全随机的情形下，他的模型表明知情者必须权衡现在和将来的交易时机和收益以谋求收益最大化。

Back（1992）从数学上对知情交易者在连续时间下的最优交易策略问题进行了拓展。在他的基础上，Kyle将单个知情交易者的问题拓展到了多个风险中性的知情交易者，研究了多个知情交易者的最优交易策略问题。而Holden、Subrahrrmnyam和Caballe等进一步拓展了Kyle的模型，研究了存在多个知情者情形下的价格调整问题。Subrahmanyam（1991）将多个风险中性的知情交易者拓展至多个风险厌恶的知情交易者，研究了多个风险厌恶知情交易者的最优交易策略问题。而Holden和Subrahmanyam（1992）将模型中随机变量服从正态分布的假定放松至服从椭圆形分布的假定。Caballe和Krishnan（1994）研究了多个知情交易者多个资产的最优交易策略问题。

总而言之，凯尔模型假定资产市场有三种参与者：知情交易者、噪声交易者和做市商，得出了如果资产的真实价值越高，知情交易者就会购买越多的股票的结论。假设资产的真实价值固定，则噪声交易者越多，知情交易者也会交易得更加激进。

Admati和Pfleiderer（1988）将非知情交易者分为自主交易者和非自主交易者，考察了非知情交易者和知情交易者在短期情形下的相互作用以及相互作用对资产价格的影响。他们指出，相机抉择的非知情交易者往往会选择集中在同一交易时期内进行交易，因而此结论契合了日内股票交易量和波动性U形分布的相关实证检验。在此基础上，Foster和

Viswanathan（1990）研究了自主交易者的日间交易策略。基于这样的交易行为，将单期模型拓展至多期模型，考察了非知情交易者的交易策略问题。他们假设，在一周内信息是波动的，博弈存在多个均衡是可能的，相机抉择的非知情交易者可选择是否推迟交易。他们指出，在此交易机制下，倘若公开信息的信息含量很高，知情交易者的私有信息则不会隐藏很久，非知情交易者的交易将集中在两天之内；反之，倘若公开信息的信息含量不高，知情交易者则会隐藏其私有信息，周一的交易量总是很低，从而引致周五出现集中交易的情形。周一的收益方差与其他几天显著不同。他们的模型部分地解释了证券市场上的“周一效应”。

Admati 和 Pfleiderer（1989）通过对报价交易机制的假定考察了一个交易日内和一周内不同交易日间的证券收益的变化方式，认为证券收益的变化方式是做市商的做市行为、知情交易者的交易策略、相机抉择非知情交易者的交易策略三者共同作用的结果。另有 Spiegel 和 Subrahmanyam（1992）分析了非知情交易者套期保值需求下的交易策略问题。

这里需要指出，现有的信息模型虽然可以较好地分析拥有不同信息的交易者之间的交易策略，但理性预期均衡的存在通常要求市场参与者完全理性等假定，也就是说信息模型是在给定的规则下面进行分析，因而市场微观结构的研究又与资产定价研究紧密相关。

第四节

交易机制的评价

交易机制是金融市场实现各项功能的基础。广义的交易机制就是市场的微观结构，狭义的交易机制特指市场的交易规则和保证规则实施的技术及其影响。对于金融市场，可以从多个维度来评价其交易机制，本节我们将介绍流动性、有效性、透明度和波动性四个方面。

一、流动性

流动性是证券市场的生命力所在。二级市场的流动性为投资者提供了转让和买卖证券的机会，也为筹资者提供了筹资的必要前提；如果市场缺乏流动性而导致交易难以完成，市场也就失去了存在的必要。

流动性拥有多种定义，O’Hara（1995）认为，流动性就是“立即完成交易的价格”。

Amihud 和 Mendelson（1989）则认为，流动性是在一定时间内完成交易所需的成本，或寻找一个理想价格需要的时间。Black（1971）指出，市场具备流动性是指任何数量的证券均可立即买进或卖出，即小额买卖可按接近当前市场价格成交，大额买卖在一定时间内可按平均接近当前市场价格成交。综合上述定义，当一种资产能以较小的交易成本迅速与现金相互转换时，则该资产具有流动性。因此，可以认为流动性实际上就是投资者根据市场的基本供给和需求状况，以合理的价格迅速交易一定数量资产的能力。市场的流动性越高，则进行即时交易的成本就越低。一般来说，流动性指在保持价格波动不大的情况下买卖成交的速度，或者说市场参与者在既定的价格水平上入市或脱手的可能程度，是无成本交易的能力。

于是，流动性实际上有三个内涵：即时性、市场宽度和市场深度。只有同时满足这三个点，才可以称市场有流动性。

从即时性方面来看，当市场上有投资者需要买卖订单时，交易一般可以得到及时解决。

从市场宽度来讲，市场宽度一般有许多指标，而最为常见和重要的便是买卖价差。当买卖价差小时，市场宽度便大；当买卖价差大时，市场宽度便小。

从市场深度来说，常见指标为在特定价格上的订单总数量。当订单总数量多时，则说明市场具有深度。我们将由于一定数量的交易导致价格偏离均衡水平后恢复均衡价格的速度称为弹性，市场深度越深的市场，弹性越好。

二、有效性

市场有效性指的就是市场对信息作出反应的速度。一个假想的有效市场应该包含如下特征：（1）市场对于新信息的出现能够快速反应；（2）当前的价格反映了所有公开信息（含历史数据）；（3）市场只会对预期之外的信息作出反应。在一个高度有效的市场，股价已经反映了所有的公开信息，此时再通过分析手段识别低估股票等获得高额收益的方法几乎失效。因此，主动管理也不能获得超额收益，相应地，被动管理将会成为主流。

对市场有效性的影响，有多种多样的因素，就像经济学中的商品市场一样，有效市场就是一个完全竞争市场。一个市场要想达到有效性，就必须有大量的参与者，保证资产能够被活跃地交易。资产是否能够进行活跃交易，还和市场的交易限制、交易费用有关。另外，准确和及时的信息披露，也能够帮助市场提高有效性。

与证券价格相关的信息有三种：历史信息、公开信息和内部信息。与三种信息相对应也有三种不同效率的证券市场，即弱式有效市场、半强式有效市场和强式有效市场。

在弱式有效市场中，资产的价格包含了过去所有的历史信息。投资者通过对历史数据的挖掘和分析，可以获得一定的超额收益，但是在弱式有效市场中，技术分析手段已经开始失效，但基本分析还可能帮助投资者获得超额利润。

在半强式有效市场中，资产的价格除了反映历史数据以外，还包括市场上已经公开的其他信息，如公司披露的年报等。投资者可以通过对公司的公开信息进行分析，预测市值和内在价值的差距，从而获得收益。在半强式有效市场中，基本面分析已经开始失效，但内幕消息可能获得超额利润。

而强式有效市场是一种理想的市场，现实世界中几乎不存在。在强式有效市场中，资产的价格已经完全反映了历史信息、公开信息和非公开的信息，即相当于包含了所有的信息。在该市场中，任何的技术分析和基本面分析都是徒劳的。

提高证券市场的有效性，根本问题就是要解决证券价格形成过程中的效率问题，主要的效率问题有三种：（1）配置效率，金融市场是否能够最有效地配置资本资源；（2）运行效率，衡量市场的参与者是否能公平竞争，从而降低交易成本、提高交易速度；（3）信息效率，衡量证券的价格是否能够反映相关的基本面信息。只有解决了这些效率问题，市场有效性才可以得到不断的提高。

三、透明度

市场透明性包括市场组织的透明性和市场信息的透明性。前者指有关市场组织的各项法规及运作办法要尽可能严格和明确，避免不同的理解和解释：首先，明确罪与非罪、权利和义务；其次，在管理机构设置、不同机构的关系和职责方面要有明确的规定，便于市场参与者及时、方便地处理与这些机构的关系。

透明度同样拥有三个重要的研究维度：信息披露的广度、信息披露的深度和信息披露的速度。

一般来说，信息应当向全社会平等地公布，如果交易机构有选择地向部分人群揭露信息，那就会使一部分市场参与者拥有额外的优势，从而使市场受到不利影响。所以，当做市商和非知情交易者拥有同样的信息透明度时，非知情交易者的指令行为会更加积极，市场的流动性也会随之提高。

信息披露的深度指的是信息披露的详细程度。通常来说，信息披露得越详细，市场的透明度就越高，投资者越方便监控经纪人交易，市场也越趋近于公平。但同样，过高的透明度也可能使投资者因为信息过多而产生误判，从而以较差价格进行交易，导致投资人利益受损。

信息披露的速度则是指信息的时效性，为了维护做市商利益、降低做市商的风险，延迟披露制度应运而生，这个制度的意义在于给做市商留出充足时间，使其在投资者察觉之前将风险转移出去，增加市场中的噪声，从而保护做市商利益。这种做法不仅保护了做市商利益，并且给予了他们一个剥削其他市场投资者的机会，对投资者并不公平，只有信息及时披露，普通投资者的利益才可以最大化。

虽然市场的透明性很重要，但由于不同的市场结构差异，也会有不同的市场透明度要求，因此不存在一个可以适用于所有市场的透明度标准。并且，因为不同时期可能对市场结构所要实现的目标会有不同的要求，比如说不同时期对于市场的侧重不同，同一市场所需要的市场透明度也会有所不同。

四、波动性

波动性通常是指证券价格波动的程度。波动性也是一个非常重要的市场质量指标，其高低程度决定着交易者持有证券的风险程度：如果市场波动性较高，那么价格将可能出现较大程度的变化，交易者也将面临较大的风险。一般我们可以把金融资产的收益波动率分为以下四类。

（1）历史波动率：历史波动率是指投资回报率（收益率）在过去一段时间内所表现出的波动率，它由标的资产市场价格过去一段时间的历史时间序列数据（{St}）反应，即可以根据{St}的时间序列数据，计算出相应的收益率数据，然后运用统计推断方法估算收益率的标准差，从而得到历史波动率的估计值。

（2）预期波动率：预期波动率一般指运用统计推断方法对实际波动率进行预测得到的结果，并可将其用于资产定价模型（例如期权定价模型），确定出资产的理论价值。

（3）隐含波动率：隐含波动率是期权定价理论中的一个概念，从理论上讲，隐含波动率是将市场上的权证交易价格代入权证理论价格模型，反推出来的波动率数值。

（4）已实现波动率：已实现波动率是针对频率较高的数据计算的一种波动率，又称为日内波动率或高频波动率。

本章小结

本章主要对金融市场交易机制的基础知识进行了全面的介绍，金融市场的交易机制为金融市场的功能实现提供了基础支持。市场微观结构理论的主要研究核心是金融资产交易及其价格形成过程及原因的分析。广义的交易机制是市场微观结构；狭义的交易机制特指市场的交易规则和保证规则实施的技术，以及规则和技术对定价机制的影响。证券市场交易机制主要分为报价驱动和指令驱动两种，它们与交易订单指令、订单匹配原则共同构成了市场交易机制的基础。

中国境内的主要证券交易所有上海、深圳、北京三个，其中上海、深圳证券交易所已经开设许久，它们都是竞价交易制度，只是在细节上略有不同；而北京证券交易所则是成立不久，身为中国第一家公司制证券交易所，它要走的路还很长。中国外汇交易中心暨全国银行间同业拆借中心和中央国债登记结算公司，不但承担银行间债券市场的任务，还同时是银行间外汇市场的组织者。中国金融期货交易所则是我国唯一的金融期货交易所。

市场微观结构理论基于研究角度的不同，形成了存货理论和信息理论。存货理论基于存货的研究方法将市场交易过程看作一个匹配问题，做市商需要利用价格来平衡供给与需求的矛盾。而信息理论的经典文献认为，市场上存在两类交易者，知情交易者根据私人信息来进行知情交易，而非知情交易者则根据公共信息来进行非知情交易，两类交易者的信息差异决定了资产价格和买卖价差。

而金融市场交易机制的质量评价，可从流动性、稳定性、有效性、透明度、交易成本等角度去评述，本章重点介绍了流动性、有效性、透明度和波动性四个方面。

课后习题

一、重要概念

交易机制、市场微观结构理论、交易机制的评价

二、习题与思考

1. 简述交易机制的含义。
2. 报价驱动机制与指令机制有何区别？
3. 请比较做市商市场与竞价市场的优劣性。
4. 请简述金融市场的订单匹配原则。
5. 试分析竞价市场和做市商市场的价格确定过程。
6. 试简述存货理论和信息理论的区别。

第三章　金融市场的效率

【教学目的与要求】

一般而言，市场效率有两类：其一，市场的配置效率，即市场价格是否有助于实现资源的最优配置；其二，市场的信息效率，即市场价格是否反映了市场的所有可得信息。市场信息效率是市场配置效率的必要前提，倘若市场达到了最优配置效率，则市场必然也达到了最优信息效率；市场配置效率是市场信息效率的可能结果，倘若市场达到了最优信息效率，则市场有可能达到最优配置效率。

第一节

效率市场假说的内容

效率市场假说，也称有效市场假说，最早可以追溯到法国数学家巴契利尔（Bachelier）的开创性理论贡献和考利斯（Cowles）的实证研究。现代对效率市场的研究则始于萨缪尔森（Samuelson），最终经法玛（Fama）、马尔基尔（Malkiel）的进一步研究发展，使效率市场假说成为一个系统性、层次性的理论。实际上，现代金融市场理论都是以效率市场假说的成立为前提，因此，这一理论是现代金融市场理论的重要基石。

一、效率市场的内容

关于市场效率的定义，被采用最多的是法玛（Fama）的定义：“价格总是‘充分’反映可获得信息的市场是‘有效’的。”对这个定义的理解是：如果在一个证券市场中，价格完全反映了所有可以获得的信息，那么就称这样的市场为有效市场。衡量证券市场是否具有外在效率有两个标志：一是价格是否能自由地根据有关信息而变动；二是证券的有关信息能否充分地披露和均匀地分布，使每个投资者在同一时间内得到等量等质的信息。根据这一假设，投资者在买卖股票时会迅速有效地利用可能的信息。所有已知的影响一种股票价格的因素都已经反映在股票的价格中，因此根据这一理论，股票的技术分析是无效的。

市场效率亦可以理解为一个有效市场应该是一个拥有良好的监管体系、做市商以及成熟的市场机制的资本市场，市场具有很好的深度与流动性，在此市场中观察到的价格是真实价值的完美指标，市场价格准确地反映了市场上可得到的信息，并随着新信息的披露而作出相应的反应。根据这一假设，股票市场的价格是不可预测的，无论是碰运气还是根据内幕消息，在对股票价格进行预测中付出的时间、金钱和努力都是徒劳的，任何对股票的技术分析都是无效的。

后来，马尔基尔（Makiel）给出了更明确的定义：“如果一个资本市场在确定证券价格时充分、正确地反映了所有的相关信息，这个资本市场就是有效的。正式地说，该市场被称为相对于某个信息集是有效的……如果将该信息披露给所有参与者时证券价格不受影响的话。更进一步说，相对于某个信息集有效……意味着根据（该信息集）进行交易不可能赚取经济利润。”

马尔基尔第一句话的含义与法玛的相同。第二句话意味着市场效率可通过向市场参与者披露信息并衡量证券价格的反应来检验。由于经济学与自然科学的一个重要区别就在于它的不可实验性，因此这种检验在实践中是行不通的。第三句话意味着可通过衡量根据某个信息集进行交易所能赚取的经济利润来判断市场的效率。这句话正是几乎所有有关市场效率的实证分析的基础。

事实上，效率的概念不是一个非此即彼的概念。世界上没有一个绝对有效的市场，也没有一个绝对无效的市场，它们的差别只是度的问题。问题的关键不是某个市场是否有效，而是多有效。这就需要一个相对效率的概念，如期货市场相对于现货市场的效率、美国资本市场相对于中国资本市场的效率等。绝对效率只是为我们衡量相对效率提供一个基准。

二、效率市场假说内容分析之一：市场效率

（一）资本市场的效率应该包括运作效率、信息效率、配置效率

资本市场效率是指资本市场实现金融资源优化配置功能的程度。具体来说，包括两个层面：一是市场以最低交易成本为资金需求者提供金融资源的能力，这是运作效率的体现；二是市场的资金需求者使用金融资源向社会提供有效产出的能力。高效率的资本市场，应是将有限的金融资源配置到效益最好的企业及行业，进而创造最大产出，实现社会福利最大化的市场。有效市场理论中的市场效率主要是指后者，强调市场的信息效率，即市场价格对信息及时、充分、准确的反映。

（二）效率市场假说的有效市场与完善市场的关注点的差异

效率市场说关注的是信息效率，并且实际上是强调信息效率实现时的市场均衡的实现和存在，进而强调市场均衡时的资金配置效率。

（1）不确定性下的预期效用；

（2）确定性下的效用；

（3）仅有私人信息决定的证券收益产生的概率不会等于包含全部信息决定的证券收益的概率。

证券产品的特征要求证券的有关信息能充分披露和均匀分布，使交易者同时得到等量等质的信息。

信息—预期—价格形成变动反应机制说明，证券市场价格是在理性预期条件下在信息占有基础上竞争出来的、形成的市场均衡价格（理性预期均衡）。所以，在证券价格形成中充分准确地反映了全部相关信息，则称其为有效市场。从某种意义上，法玛的有效市场指的是信息效率市场。市场的有效导致价格的有效，即如果在证券市场中，价格完全反映了所有可获得的信息，则在任何时点上，价格都是证券内在价值的最佳评估。可引申的结论是市场有效，从而价格形成有效，可达至最优资源配置即配置有效。

另一引申的结论是市场有效、价格有效，从而市场中不可能存在连续套利机会，不可能获得无风险套利利润。

三、效率市场假说内容分析之二：理性预期均衡

效率市场假说蕴含的资本市场在完全竞争条件下和信息分散条件下的一种均衡状态——

理性预期均衡。预期是对与目前决策有关的不确定的经济变量的未来值的预期理性，预期理论是效率市场假说的微观基础或者效率市场假说是理性预期理论在金融学中的平行发展，从而效率市场假说是理性预期理论在金融学中的平行发展，效率市场假说描述的是资本市场的一种均衡状态及理性预期均衡。

我们在此理解的预期是对与目前决策有关的不确定的经济变量的未来值的预期。简单地说，是指在预期的形成过程中，参与人运用一切可用的信息所做的最佳预测。理性预期理论是效率市场假说的微观基础，或者效率市场假说是理性预期理论在金融学中的平行发展，从而效率市场假说描述的是资本市场的一种均衡状态——理性预期均衡。

理性预期本质上是一个均衡概念，而不仅仅是指个人行为的理性假设。理性预期均衡是传统瓦尔拉斯均衡在信息分散条件下的扩展，它是一种随机均衡。其均衡价格是整体私人信息 φ 的一个函数 $PE(\Psi)$。

如果所有交易者都在价格 P 上选择使其期望效用最大化的需求，且这一需求的形成已经利用了交易者各自的私人信息以及包含在价格 P 为市场结清价格（即 $PE(\varphi)=P$）这一事件中的信息，那么对任给的信息当 $PE(\varphi)=P$ 时，市场处于结清状态。

在理性预期均衡下，交易者没有重新订约的意愿，均衡处于稳定状态。它表示市场结清的均衡价格已不能为交易者提供新的可以利用的私人信息，也表示交易者已从均衡价格中窥探到其他交易者的所有私人信息，在这两种意义上，理性预期均衡完全揭示私人信息，市场将不存在利用新信息获利的可能。

理性预期均衡的实现是交易者遵循贝耶斯理性的结果。

第二节

有效市场的类型和特征

一、有效市场的分类

效率市场说认为，证券价格已经充分反映了所有相关的信息，资本市场相对于这个信息集是有效的，任何人根据这个信息集进行交易都无法获得经济利润。

与证券价格相关的有三种类型的信息集：一是“历史信息”，即基于证券市场交易的有关历史资料，如历史股价、成交量、公司背景等；二是“公开信息”，即一切可公开获得的有关公司财务及发展前景等方面的信息，如公司的生产状况、财务状况、重大事件公告、盈利公告等；三是“内部信息”，即只有公司内部人员才能获得的有关信息。

根据罗伯兹（Roberts）对上述信息集大小的分类，效率市场假说又可以进一步分为以下三种：

（1）弱式效率市场假说。指当前证券价格已经充分反映了全部能从市场交易数据中获得的信息，这些信息包括过去的价格、成交量、未平仓合约等。因为当前市场价格已经反映了过去的交易信息，价格的任何变动都是对新信息的反应，而不是对历史信息的反应，所以弱式效率市场意味着根据历史交易资料进行交易是无法获取经济利润的，今天的价格就是明天价格的最佳预测值。这实际上等同宣判技术分析无法击败市场。

（2）半强式效率市场假说。指所有的公开信息都已经反映在证券价格中。这些公开信息包括证券价格、成交量、会计资料、竞争公司的经营情况、整个国民经济资料以及与公司价值有关的所有公开信息等。半强式效率市场意味着根据所有公开信息进行的分析包括技术分析和基础分析都无法击败市场、取得经济利润。因为每天都有成千上万的证券分析师在根据公开信息进行分析，发现价值被低估和高估的证券，他们一旦发现机会，就会立即进行买卖、从而使证券价格回到合理水平。对于当前已公开的资料，当前价格是合适的，未来的价格变化依赖于新的公开信息，因此，只有利用内部信息才能获得非正常的超额回报。可见，在半强式效率市场中，已公布的基本面信息无助于投资者挑选价格被高估或者被低估的证券，基于公开资料的基本分析失去了作用。

（3）强式效率市场假说。指所有的信息都反映在股票价格中。这些信息不仅包括公开信息，还包括各种私人信息，即内幕消息。强式效率市场意味着所有的分析都无法击败市场。因为只要有人得知了内幕消息，他就会立即行动，使证券价格迅速达到该内幕消息所反映的合理水平。有关证券信息的产生、公开、处理和反馈几乎是同时的，而且有关信息的公开是真实的，处理是正确的，反馈也是准确的。每一位投资者都掌握有关证券的所有信息，而且每一位投资者所占有的信息都是一样的，每一位投资者对该证券产品的价值判断都是一致的，证券的价格反映了所有的即时信息。所以，在这种市场中，任何企图寻找内部信息来打击市场的做法都是不明智的，其他再获得该内幕消息的人就无法从中获利。

上述三种类型的市场所包含的信息量是递增的，因此三种类型的效率市场假说也是由弱到强逐渐严格的。如图 3－1 所示，后一个类型总是以前一个类型为基础，并在此基础上加以强化，即强式效率成立时，半强式效率必须成立；半强式效率成立时，弱式效率也必须成立。

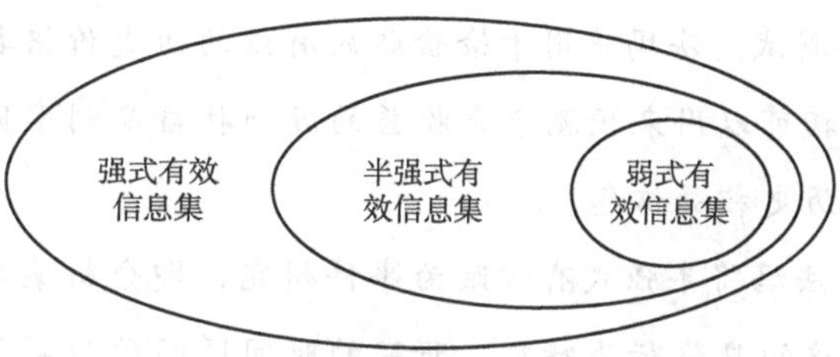

图 3-1 三种类型的效率市场假说随信息量的变化

二、有效市场的特征

(1) 市场的无记忆性。只要当前价格中已经包含了全部过去价格的信息，则过去的记忆对未来的价格预测是毫无帮助的，价格的变动是纯粹的随机游走，因此否定了技术分析。

(2) 市场价格可信赖。证券价格具有很高的供需弹性，微小的价格变动立即引发套利产生供需关系的变化，而且马上形成新的均衡，从而不可能持续地获取超过市场平均水平的收益，收益的大小只取决于所承担的风险的大小。各种财务假象（如因为送配股或改变会计方法使收益看上去发生变化）从长远看都是无效的。市场越有效率，财务包装的作用就越小。

(3) 证券价格应迅速准确地反映收集到的未来关于定价的新资料和信息。

(4) 证券价格从一个阶段到下一阶段的变化应该是随机的，因而今天的价格变化与昨天发生的价格变化或过去的任何一天的价格变化无关。

(5) 区别将来某段时期的有利和无利的投资不可能以现阶段已知的这些投资的任何特征为依据。例如，你不可能创造一种交易规则，使用有效资料在一定时间内预测 t+1 时是最有利的投资。

(6) 如果我们把“投资专家”和“无知的投资者”区分开，我们将发现我们不能找到这两组人投资绩效的重要区别。换句话说，组与组之间及组内的投资者之间绩效的不同仍归因于机会，因不取决于一些系统的和持久的（如收集资料和分析资料的能力等）不同因素。

专栏 3-1

效率市场假说的再分类

1991 年，法玛对传统的效率市场进行了重新划分，将传统的弱式、半强式及强式效率三个类型的市场有效性的分类方法改为收益预测力测试、事件研究及内部信息测试。

(1) 收益预测力测试。法玛将用于检验弱式有效的历史价格数据扩展为不仅包括历史价格数据，还包括可以用来预测未来收益的股利收益及利率因素，即将检验弱式有效的信息集扩展为历史相关信息。

(2) 事件研究。法玛将半强式有效改为事件研究，即分析某事件发生前后一段时间内研究金融资产价格的具体行为特征，研究的时间区间称为事件窗口，通过考察研究对象在事件发生前后的变化，以研究市场运行效率。

(3) 内部信息测试。将强式有效检验改为内部信息测试，是因为利用专业投资者的超额收益来检验强式有效性，同样会陷入联合假设的困境，并且除机构投资者外，内部人如公司内部持股人员也具有内部信息，通过考察他们的投资行为、市场效应，以及投资业绩表现，可以检验内部信息的市场效应。

第三节

效率市场假说的检验

对有效市场假说的检验是指通过经验或者实证数据验证证券市场中基于信息基础的证券价格敏感程度，并以此判断证券市场的有效度。

一、检验方法

一般而言，用于评估市场效率的检验方法可以分为两类：一类是将实际收益率与市场是有效率的假设条件下的应有收益率进行比较；另一类是进行模拟交易战略的测试，观察这些战略能否通过市场获得超额收益。

在第一类方法中，通常运用数学模型得出应有收益率，这些模型包括平赌、鞅和半鞅模型、随机游走模型等。在给定信息集合和一组收益率的时间序列后，用这些模型可验证观察到的收益率是否偏离市场效率。但是这种检验的不足是，这是一种“双重检验”——既是对市场效率的检验，又是对模型本身的检验。倘若由于模型自身的问题导致得出的应有收益率出现差错，则会影响对市场效率的判断。因此在检验中往往还须结合模拟交易策略进行检验，或者称为联合检验。

二、弱式有效市场的检验

弱式有效市场假设认为，当前的股票价格已经充分反映了全部历史价格信息和交易信息，如历史价格走势、成交量等，因此试图通过分析历史价格数据检测未来股价的走势，期望从过去的价格数据中获益将是徒劳的。也就是说，如果市场是弱式有效的，那么投资分析中的技术分析方法将不再有效。弱式有效市场是比较容易检验的，也是人们最早进行实证检验的有效市场形式。弱式有效市场强调的是证券价格的随机游走，不存在任何可以识别和利用的规律。因此，对弱式有效市场的检验主要侧重于对证券价格时间序列相关性的研究上，具体来讲，这种研究又分别从自相关、操作试验、过滤法则和相对强度等不同方面进行。

（一）时间序列的自相关检验

时间序列的自相关是指时间序列的数据前后之间存在相互影响，如果股票价格的升降对后来的价格变化存在某种影响，那么在时间序列上应表现出某种自相关关系。但对股票价格的时间序列自相关性的研究表明，价格变化并不存在这种自相关关系，即使少数交易量和交易次数较少的股票价格的自相关系数稍大，但仍无法用于价格预测。关于股票价格变化的自相关研究肯定了随机游走理论的正确性。

法玛在 1965 年检验了股票价格是否存在“趋势”，即是否存在连续上升或连续下降的自相关现象。法玛将道·琼斯 30 种工业指数股票分为正向变化、负向变化和零变化三组，以检验是否存在可利用的趋势。他的研究表明，并不存在与弱式有效市场相矛盾的现象。尽管股票价格变化存在轻度的自相关，但这种趋势很弱，考虑到证券交易成本，这种趋势不能用来谋取超额利润。

（二）操作检验

操作检验是一种非参数统计检验方法。这一方法将股票价格的变化方向用正负号表示，价格上升为正，下降为负。如果价格变化的自相关性较强，应能看到一个较长的同号序列，表示价格的连续下降或连续上升。但研究者们并未发现这种序列，因此，这一检验也肯定了随机游走模型。

（三）过滤法则检验

过滤法则检验是通过模拟股票买卖过程来检验随机游走理论的可信性。这一方法将股票价格变化作为买入卖出股票的指示器，如果股票价格上升，表明股市看涨，则在次日买入一定比例的股票；如果股票价格下降，表明股市看跌，次日卖出一定比例的股票。如股票价格变化存在某种相关关系，这种买入卖出方法的收益应显示出一定的特性。但经过许多学者的研究，都未能找到价格变化对投资决策有重要影响的证据。

（四）相对强度检验

相对强度检验也是模拟证券投资过程对随机游走理论进行的检验。检验者首先选择一个与股票价格变化有关的指标，然后按照这一指标数值的指示决定买入卖出某种股票的数额。研究结果并未找到价格变化对投资决策有重要影响的证据。

三、对半强式效率市场的检验：事件研究

对半强式效率市场的检验主要围绕一些公布的信息对证券价格及投资收益的影响展开。其主要对象有以下几种：

（1）股票分割的作用。华尔街曾流传一种说法，即投资者应当选择即将宣布股票分割的公司的股票，理由是股票分割表明公司的利好，因此股价将随之上涨。但是实证研究得到的数据与结论并不一致。在美国证券市场上，股票分割前几个月股价上涨，而在股票分割消息公布以后。一般来说无超额收益率。股票分割前几个月产生超额收益率的原因是投资者预期公司的股利政策要发生变化。事实上，这些公司在股票分割的同时总伴随着股息的增加。而这种信息本身就向市场传递着这样的信息：经理对公司前景抱有信心。结果在消息公布前，投资者可能获得大量利润，而消息一经公布，便不再会有超额利润。类似地，并购消息在公布后，投资者也难有超额利润。研究结果与半强式结果一致。

（2）盈利公布的作用。盈利公布对股价的影响，像股票分割公布后对股价的影响一样。在利好消息公布之前股价已发生了变化，而在公布之后，除非与投资者预计的情况有较大差距（特别利好或出人意料的差）。一般情况下，投资者难以获得超额利润。投资者对于公布信息的判断是将公司公布的实际盈利状况与其预期的情况做比较，而不是简单地与上一年度的公司盈利状况进行比较。

（3）投资咨询机构建议的作用。研究表明，如果市场是半强式有效，则投资咨询机构的建议在被客户采用时将对股价产生影响，但并不是说，投资者采纳专家的建议就能获取超额收益，因为股价已经反映了这些信息。这与半强式有效率相一致。美国的一项研究发现，被股评家推荐的股票在被推荐前6个月中每个月都有超额收益率，但在被推荐前一个月，其最大超额收益率比正常收益率高出1.8个百分点，而在被推荐之后，股票就没有这

样好的表现，超额收益率围绕着零收益率随机波动。这项研究结果说明，在前几个月有利好消息传入市场致使股票表现良好，从而引起分析人员的注意，经过渲染，传给公司经纪人，进而传给客户，但是这样的信息实际上并不能影响收益率。

公平评判金融分析家作用的一个方法，是把有效市场假说看作均衡价格行为的一个概述。由于期望随着新信息的到来而变化，市场将不断地从一个均衡到达另一个均衡。但是，信息传播到每个人所需的时间不同，并且由于每个人的期望和看法不同，所以市场不能立即到达下一个均衡。因此，市场上经常出现短暂的间隔期。金融分析家和经纪人因为意识到这点而能及时地利用这个时间差作出一种具有说服力的，能够使投资者相信的，似乎是合乎情理的分析判断。但因为金融家分析的这些信息已经反映在股价中了，所以，投资者即使相信他们的分析、作出投资决策，也很难获得超额投资收益。所以，即使在有效市场中，宣传媒介对价格的影响同样不可忽视。

四、对强式效率市场的检验：非公开信息检验

在法玛的定义中，强式有效市场中证券的价格不仅反映了公开信息，也反映了内部信息。从某种意义上说，如果证券价格已经反映了所有的信息，就可以说市场价格应该是完全信息加总的价格，否则，市场就达不到完全有效的标准。法玛的强式效率市场是信息加总的市场，在这种市场中，即使拥有内部信息的内幕人也不能从中获取超额利润。因此在对强式效率市场进行检验时，我们可以把焦点主要集中在职业投资管理者、证券交易所的专家经纪人和公司内幕人员的业绩上。

（1）职业投资管理者。人们常常认为，投资于共同基金的优点之一，就是有职业投资管理者代为运作，由于职业投资管理者有丰富的经验和相关的专业知识，因此可以获得超额收益。但事实果真如此吗？实证研究表明，平均而言，大多数共同基金的业绩不如标准普尔 500；而且基金管理者的业绩每年是不一样的。这说明，基金管理者业绩的好坏完全由运气而不是由专业知识或内幕消息决定，代表机构的职业投资者不能通过内幕消息使委托人获取超额收益，所以对职业投资管理者而言，市场是强式有效率的。

（2）证券交易所的专家经纪人。专家经纪人由于保留着限价委托买卖的“记事簿”，他们以此可察觉到股票供求双方的力量变化，预测股票近期走向，他们还经常与专营股票的公司接触，有更多机会了解许多内幕消息。由于专家经纪人无须报告他们的交易情况和会计信息，很少见到有关专家经纪人交易盈利情况的研究发表。但是，从极少已发表的研究文章可以看出，专家经纪人盈利丰厚，在某些例子中甚至每年比正常收益率高一倍。这些研究成果表明通过获得内幕消息，专家经纪人能够获得超额收益率，市场并不总是有

效的。

（3）公司内幕人员。公司内幕人员包括董事、高级职员、大股东等有机会获得内幕消息的公司雇员和有关人员。研究表明，内幕消息有助于公司内幕人员较好预测该公司股票价格的走势，公司内幕人员可赚得超额收益。贾菲（Jafe，1974）甚至发现，在美国执行证券委员会禁止内幕交易的规定对内幕交易毫无作用。监管规定至多只阻止了对内幕消息进行公开投机的大量事件的发生。

对内幕交易经验研究最有意义的是，它与市场没有加总信息的观点一致。按照法玛的强式效率，充分反映所有可获信息的市场应该是信息充分加总的市场。在这样的市场中，即使信息不为所有市场参与者所知，内幕人也不应当获取超额收益，因为他的交易活动会透露相关的市场信息，极有可能被其他投资者获悉，并加以利用。但是检验结果表明情况并非如此。显然，这种现象与强式市场效率假说相悖。对此，效率派的解释是：有关强式市场效率的任何结论都受到一定的限制，必须把资本市场的效率与竞争和信息市场的效率统筹考虑。

第四节

有效市场假说的理论基础和前提条件

一、效率市场假说的假定基础

效率市场假说是指市场上的价格已经反映了所有可用的信息，因此投资者无法通过分析信息来获得超额利润。其假定基础主要包括以下几点：

（1）市场是理性的：效率市场假说认为市场参与者是理性的，他们会在分析信息和作出决策时采用最优的策略。

（2）信息是完全的：效率市场假说认为市场上所有的参与者都可以获得所有可获得的信息，并且这些信息都是准确的、及时的和完全的。

（3）参与者是自利的：效率市场假说认为市场参与者都是自利的，他们会在市场上寻求最大的利润或效用，并且会根据自己的利益对信息进行分析和利用。

（4）交易成本很低：效率市场假说认为交易成本很低，因此投资者可以自由地进行交易，而且市场上的资产可以快速地买卖。

（5）市场上不存在噪声交易：效率市场假说认为市场上不存在噪声交易，即投资者不会因为非理性的行为而影响市场价格。相反，市场上的价格是由理性的投资者根据信息和分析来决定的。

（6）市场上不存在信息不对称：效率市场假说认为市场上不存在信息不对称，即所有的市场参与者都拥有相同的信息，没有人可以通过掌握更多的信息来获得超额利润。①

效率市场假说是建立在3个强度渐次减弱的假定之上的：

假定1：投资者是理性的，因而可以理性地评估证券的价值。

这个假定是最强的假定。

如果投资者是理性的，他们认为每种证券的价值等于其未来的现金流按能反映其风险特征的贴现率贴现后的净现值，即内在价值，当投资者获得有关证券内在价值的信息时，他们就会立即作出反应，买进价格低于内在价值的证券，卖出价格高于内在价值的证券，从而使证券价格迅速调整到与新的净现值相等的新水平。

投资者的理性意味着不可能赚取经过风险调整的超额收益率。因此，完全理性的投资者构成的竞争性市场必然是效率市场。

在传统的金融理论中，理性是在三个逐步放松的条件下，通过市场的竞争和淘汰，最终得以形成的。这三个形成条件是：

（1）市场中大部分的参与者具有很强的认知能力、分析能力和趋利避害的能力；

（2）即便那些少数不具备这些能力的参与者也可以在市场中逐步学习和掌握这些能力；

（3）那些始终无法掌握这些能力的市场参与者终将在市场竞争中被淘汰。

从传统的金融理论来看，这三个条件渐次放松，与现实状况更趋贴近，因此，理性具有现实基础。通过竞争，在长期的市场环境中生存下来的参与者将是那种同质的理性的人。然而，随着金融学的发展，不论是理性的三个前提条件还是其三个形成条件均受到了质疑。

假定2：虽然部分投资者是非理性的，但他们的交易是随机的，这些交易相互抵消，因此不会影响价格。这是较弱的假定。

效率市场假说的支持者认为，投资者非理性并不能作为否定效率市场的证据。他们认为，即便投资者是非理性的，在很多情况下市场仍可能是理性的。例如，只要非理性的投资者是随机交易的，这些投资者数量很多，他们的交易策略是不相关的，那么他们的交易就可能互相抵消，从而不会影响市场效率。

① 汤淳，刘晓星．中国金融市场韧性研究——基于风险冲击视角［J］．金融经济学研究，2022，37（03）：3－18．

这种论点主要依赖于非理性投资者投资策略的互不相关性。

假定3：虽然非理性投资者的交易行为具有相关性，但理性套利者的套利行为可以消除这些非理性投资者对价格的影响。这是最弱的假定。

夏普和亚历山大（Sharpe and Alexander）把套利定义为“在不同市场，按不同的价格同时买卖相同或本质上相似的证券”。例如，由于非理性的投资者连续买进某种证券，使该证券的价格高于其内在价值。这时，套利者就可以卖出甚至卖空该证券，同时买进其他“本质上相似”的证券以对冲风险。如果可以找到这种替代证券，套利者也能对这两种证券进行买卖交易，那他们就可以赚取无风险利润。由于套利活动无需资本，也没有风险，套利活动将各种证券价格迅速回到其内在价值的水平。

弗里德曼（Friedman）甚至认为，在非理性的投资者与理性的套利者的博弈中，非理性的投资者将亏钱，其财富越来越少，从而将最终从市场中消失。

由以上3种假定可以看出，效率市场需要如下必要条件：

（1）存在大量的证券，以便每种证券都有“本质上相似”的替代证券，这些替代证券不但在价格上不能与被替代品一样同时被高估或低估，而且在数量上要足以将被替代品的价格拉回到其内在价值的水平。

（2）允许卖空。

（3）存在以利润最大化为目标的理性套利者，他们可以根据现有信息对证券价值形成合理判断。

（4）不存在交易成本和税收。

上述4个必要条件中任一条件的缺乏，都会令市场效率大打折扣。

专栏3-2

效率市场假说与证券分析业

在华尔街以及资本市场较发达的世界各地，证券分析业都是报酬最丰富的行业之一。优厚的报酬吸引了成千上万的优秀人才加入证券分析师的行列。他们到处收集各种信息，运用各种分析工具和手段，分析各种证券的价值，寻找价格被低估或高估的证券，自己或建议客户采取相应的买卖行动。应该说，大量证券分析师的这种竞争性行动是促使资本市场走向效率的最重要力量。

然而，当市场达到充分有效的状态时，证券分析师花费大量成本和精力收集各种信息，并运用各种方法对这些信息进行分析处理都无助于他们击败市场。这样的话，就没有人再愿意去花费无谓的时间和金钱去收集和分析信息了，效率市场也就失去它存在的基础。可是，当资本市场逐渐变得无效时，信息的价值开始凸显出来，证券分析师开始忙于收集和分析信息，市场效率的程度又逐步提高。最终，市场效率的程度将在收集和分析信息的边际成本等于其边际收益时达到均衡。

由此可见，只要收集和分析信息的边际成本不为零，资本市场就不可能达到完美有效的地步。正是基于这一点，格罗斯曼和斯蒂格利茨才指出，在现实生活中，完美的效率市场是不存在的。

从上面的分析我们还可以看出，收集和处理信息的成本越低、交易成本越低，市场参与者对同样信息所反映的证券价值的认同度越高，市场的效率程度也就越高。

二、效率市场假说的前提条件

效率市场假说的前提条件主要包括以下几点：

（1）市场参与者是理性的：效率市场假说认为市场参与者是理性的，他们会在分析信息和作出决策时采用最优的策略。这意味着投资者不会犯错，不会受到情感因素的影响，而是会根据信息和分析来作出决策。[①]

（2）信息是完全的：效率市场假说认为市场上所有的参与者都可以获得所有可获得的信息，并且这些信息都是准确的、及时的和完全的。这意味着投资者可以获得公司的财务报表、行业分析、经济数据等所有与投资相关的信息，并且这些信息都是真实可靠的。

（3）参与者是自利的：效率市场假说认为市场参与者都是自利的，他们会在市场上寻求最大的利润或效用，并且会根据自己的利益对信息进行分析和利用。这意味着投资者会根据自己的利益来作出投资决策，而不会被其他因素所左右。

（4）交易成本很低：效率市场假说认为交易成本很低，因此投资者可以自由地进行交易，而且市场上的资产可以快速地买卖。这意味着投资者可以在任何时候买入或卖出资产，而且交易成本很低，不会对投资者的利润产生重大影响。

（5）市场上不存在噪声交易：效率市场假说认为市场上不存在噪声交易，即投资者不会因为非理性的行为而影响市场价格。相反，市场上的价格是由理性的投资者根据信息和

① 位雪丽．金融市场发展与城乡居民财产性收入差距［J］．时代经贸，2022，19（07）：5－13．DOI：10.19463/j.cnki.sdjm.2022.07.013.

分析来决定的。

（6）市场上不存在信息不对称：效率市场假说认为市场上不存在信息不对称，即所有的市场参与者都拥有相同的信息，没有人可以通过掌握更多的信息来获得超额利润。这意味着所有投资者都能够获得同样的信息，而且没有人能够通过内幕消息或其他手段获得超额利润。①

效率市场假说在现实中得以建立需要四个前提条件：一是信息披露的有效性，即有关每个证券的全部信息都能够充分、真实、及时地在场上得到公开。二是信息从披露到被接受的有效性，即被披露的信息能够充分、完备、及时地被关注该证券的投资者所获得。三是投资者对所获得信息作出判断的有效性，即每一个关注该证券的投资者都能够根据所得到的信息作出一致的、合理的、及时的价值判断。四是投资者依据其判断实施投资的有效性，即每一个关注该证券的投资者能根据其判断作出准确、及时的行动。

如果市场具备上述四个条件，那么投资者对市场中的证券价值的认识都是一样的，结果市场价格是买卖双方都认可的价格，任何人都不可能从资本利得上获得收益，投资者不论投资任何证券，其投资的回报率都是一样的。

三、效率市场的特征

效率市场的特征主要包括以下几点：

（1）价格反映所有可用信息：效率市场最重要的特征是价格反映了所有可用的信息。这意味着市场上的价格已经包含了所有公开的和私人的信息，包括公司的财务报告、行业分析、经济数据等。因此，投资者无法通过分析信息来获得超额利润。

（2）无法预测市场价格：由于价格已经反映了所有可用的信息，因此无法预测市场价格的变化。市场价格的变化是由未知的因素所决定的，这些因素可能是不可预测的，因此无法准确预测市场价格的变化。投资者只能通过持有多样化的投资组合来降低风险，而不是通过预测市场价格来获得超额利润。

（3）高度流动性：由于交易成本很低，投资者可以在任何时候买入或卖出资产，而且市场上的资产可以快速地买卖。这意味着投资者可以随时调整其投资组合，以适应市场变化。

（4）竞争激烈：由于市场参与者都是理性的，他们会根据信息和分析来作出投资决策，并且都是自利的，因此市场上存在激烈的竞争。投资者会通过分析信息来寻找低估的

① 牛宇涵．新时代背景下国际金融市场发展态势研究［J］．产业创新研究，2022（13）：124－126.

资产，并且会尽可能地买入这些资产，以获得超额利润。这种竞争会促使市场价格更接近其真实价值。

（5）信息公开透明：所有的市场参与者都可以获得所有可获得的信息，并且这些信息都是准确的、及时的和完全的。这意味着投资者可以根据相同的信息作出投资决策，而且没有人可以通过内幕消息或其他手段获得超额利润。

（6）长期趋势明显：虽然市场价格可能会出现短期的波动和不确定性，但长期趋势是明显的。市场价格会根据公司的基本面和宏观经济因素等长期因素来变化，而这些因素是可以预测的。因此，投资者可以通过长期投资来获得稳定的收益。①

首先，效率市场中的证券价格能够迅速、准确地反映收集到的未来关于定价的新资料和信息。现实生活中充斥着大量的信息，为数较多的信息都会对证券市场的价格产生影响，如果市场是有效率的，证券价格就会在收到信息时作出“迅速、准确”的反应。如图 3－2 描述的是效率市场和无效市场中证券价格对新信息的反应。

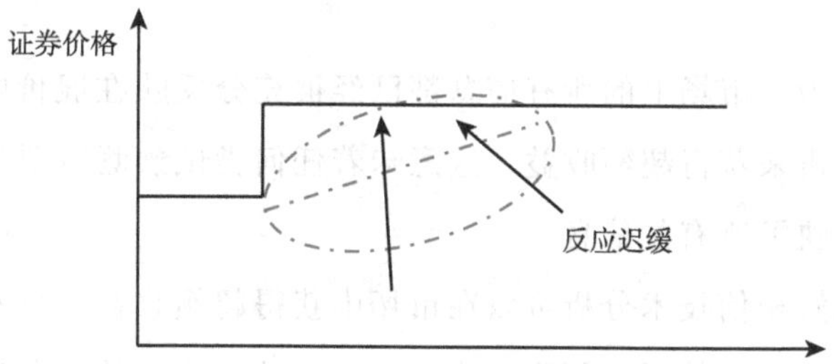

图 3－2　在效率市场和无效市场中证券价格对新信息的反应

图 3－2 中反映了证券价格在收到信息时的三种反应形式。实线代表在效率市场中证券价格准确、迅速地对新信息作出了反应。虚线代表着在无效市场中，证券价格对新信息的一种反应路径——反应迟缓，原因在于信息刚出现时由于知道的人少，证券价格只上升一点，当越来越多的人知道该信息时，证券市场的价格逐步上升。点线则代表在无效市场中证券价格对新信息的另一种反应路径——过度反应，在该种情况下，对该信息比较乐观的人率先得到信息，他们把股票价格推动到高于新价值的最优估计后，这种正确的估计占了上风，最终股票价格受市场抛售影响回到合理位置。

其次，任何投资策略都无法取得超额利润。如果市场是有效的，那么任何交易或投资策略都无法取得超额利润，其预期收益率无法超过恰当的基准。因此，检验市场效率的一种常用的方法就是检验某种特定的交易或投资策略在过去是否赚取了超额利润。

① 张增峰．“双碳”目标下中国碳金融市场发展的困境与出路［J］．环境保护与循环经济，2022，42（07）：1－3.

最后，专业投资者的投资业绩与个人投资者应该是无差异的。如果市场是无效的，那么获得充分信息的投资者就可以利用市场定价的失误，建立能给其带来超额利润的投资组合。反之，如果市场是有效的，那么由于市场价格已经充分反映了所有的信息，因此获得充分信息的投资者与一般投资者一样，都只能获得正常的收益率。这样，我们就可以通过衡量专业投资者与一般投资者的投资表现来检验市场的效率。

第五节

有效市场理论的现实意义

一、有效市场与技术分析

有效市场理论认为，市场上的所有信息都已经被充分反映在股价中，因此，无法通过技术分析或基本面分析来获得超额收益。这意味着任何尝试预测股票价格的方法都是无效的，因为市场已经反映了所有的信息。

而一些投资者仍然相信技术分析可以在市场中获得超额收益。技术分析是一种通过研究股票价格和交易量等市场数据来预测股票价格走势的方法。技术分析家相信，股票价格的走势是有规律可循的，可以通过对历史价格走势的分析，可以发现一些重要的价格趋势、支撑位和阻力位等关键的技术指标，从而预测未来股价的走势。

然而，有效市场理论认为，这种技术分析是无效的，因为股票价格已经反映了所有可获得的信息，任何技术指标或价格趋势都是无法预测未来价格的。此外，技术分析往往只关注股票价格和交易量等表面数据，忽略了公司基本面的重要性。

因此，有效市场理论认为，投资者应该采用基本面分析来评估公司的价值和未来前景，而不是依赖技术分析来预测股票价格的波动。基本面分析包括研究公司的财务状况、管理层能力、行业趋势和市场竞争等因素，以确定公司的真实价值，并根据这些信息来作出投资决策。

尽管有效市场理论认为技术分析是无效的，但仍有一些投资者和交易员仍然使用技术分析来作出投资决策。这是因为市场并不总是完全有效的，市场参与者可能会犯错或受到情绪影响，从而导致市场价格出现偏差。这些偏差可能会被技术分析家发现，并用来获得超额收益。此外，技术分析也可以用来辅助基本面分析，以确定买入或卖出的最佳时机。①

所谓的技术分析是对价格的起伏周期和预测模式的寻找，其理论基础是假定价格根据一种趋势在运动。技术分析的假设反对有效资本市场的观点，其基本前提是股票变动的趋势具有持续性。技术分析师认为当有新信息出现在市场上时，并不是每个人都能获得该信息，传递信息的典型途径应是从专业分析师到一部分投资者再到大部分的投资者。技术分析师主张投资者不会很快地分析信息并作出行动，这个过程需要一段时间。因此，他们假设新的信息公布之后，股票以渐进的方式调整到新的均衡价格，这将导致股票价格变动趋势保持连续性。他们相信交易者可以建立系统，探测出股票向新均衡价格变动的突破点。

这种想法与 EMH 的支持者的观点正好相反，EMH 认为证券价格会很迅速地对新出现的信息作出调整。根据弱有效形式的含义，可以知道在该市场环境下价格已经包含所有过去的信息，我们无法从过去的价格走势来预测出未来价格变动的方向。因此可以说，在弱有效形式成立的资本市场上，技术分析是毫无意义的。

二、有效市场与基本面分析

所谓基本面分析是利用各种经济指标来进行宏观经济环境分析、行业分析、企业分析和资产组合分析，以确定各种证券价格的内在价值。如果投资者有能力很好地估计出证券的内在价值，投资者就可以判断出市场投资的时机并获得被低估的证券，从而产生非常规收益。

有效市场理论认为，市场价格反映了所有可用信息的公平价值，因此难以通过分析基本面或技术指标来获得超额收益。这意味着，如果一个公司的基本面良好，市场价格已经反映了这一点，所以股票价格并不会因为基本面的改善而大幅上涨。

相比之下，基本面分析是一种通过分析公司的财务和经营状况来预测股票价格的方法。基本面分析师会研究公司的收入、利润、债务、市场份额等指标，以确定公司的价值。如果他们认为公司的价值高于当前市场价格，他们可能会认为股票被低估，因此建议购买该股票。相反，如果他们认为公司的价值低于当前市场价格，他们可能会认为股票被高估，因此建议卖出该股票。

有效市场理论和基本面分析在投资决策中都有其优缺点。有效市场理论认为市场价格已经反映了所有可用信息，这意味着投资者无法获得超额收益。但是，基本面分析可以帮

① 李绍芳，刘晓星．货币政策对金融市场压力溢出的影响机制研究——基于 G20 国家的经验证据［J］．现代经济探讨，2022（07）：57－79. DOI：10.13891/j.cnki.mer.2022.07.001.

助投资者确定公司的真实价值，从而更好地决定何时买入或卖出股票。

在实践中，投资者可以将有效市场理论和基本面分析结合起来，以更好地指导投资决策。例如，投资者可以使用基本面分析来确定公司的价值，然后将其与市场价格进行比较。如果公司的价值高于市场价格，投资者可以认为该股票被低估，可以考虑买入；如果公司的价值低于市场价格，投资者可以认为该股票被高估，可以考虑卖出。

此外，投资者还可以使用技术分析来补充基本面分析。技术分析是一种通过研究股票价格和交易量等图表模式来预测市场趋势的方法。技术分析认为，市场价格的变化会形成一些可识别的模式，这些模式可以用来预测未来的价格走势。因此，投资者可以使用技术分析来确定何时买入或卖出股票。①

（一）宏观经济环境分析与有效资本市场

宏观经济环境分析是指对整个经济环境的分析，包括国家经济政策、GDP、通货膨胀率、利率、汇率等因素。这些因素对资本市场的影响非常大，因为它们会影响企业的盈利能力、市场需求、投资者信心等因素，从而影响股票价格和市场走势。

有效资本市场理论认为，市场价格反映了所有可用信息的公平价值，因此难以通过分析基本面或技术指标来获得超额收益。这意味着，如果一个公司的基本面良好，市场价格已经反映了这一点，所以股票价格并不会因为基本面的改善而大幅上涨。因此，有效资本市场理论认为，投资者无法通过分析宏观经济环境来预测市场走势或获得超额收益。

然而，实际上宏观经济环境对资本市场的影响是不可忽视的。例如，如果经济增长放缓，通货膨胀率上升，利率上升，这些因素都可能导致市场下跌。相反，如果经济增长强劲，通货膨胀率稳定，利率下降，这些因素可能导致市场上涨。②

实证分析表明市场会经历长期的价格波动，但是要利用有效资本市场上的价格波动，必须能很好地分析和估计出导致价格变动的相关经济变量。换句话说，如果投资者仅仅利用历史数据来估计未来的价值并根据历史数据进行投资，他将不会获得超额收益。

（二）行业分析与有效资本市场

行业分析是指对特定行业的分析，包括该行业的市场规模、增长率、竞争格局、技术趋势等因素。行业分析对于投资者来说非常重要，因为它可以帮助投资者了解不同行业的

---

① 周洲，陈曦．非农就业对农村家庭风险性金融市场参与的影响研究——基于中国家庭金融调查数据的分析［J］．中国地质大学学报（社会科学版），2022，22（04）：98－111. DOI：10. 16493/j. cnki. 42－1627/c. 2022. 04. 008.

② 兰日旭，沈泽权．中国近代金融市场主体的变迁：基于金融组织的视角［J］．现代金融，2022（07）：3－10＋27.

风险和机会，并作出更明智的投资决策。

有效资本市场理论认为，市场价格反映了所有可用信息的公平价值，因此难以通过分析基本面或技术指标来获得超额收益。但是，行业分析可以帮助投资者了解不同行业的情况，从而更好地决定何时买入或卖出股票。例如，如果投资者发现某个行业的增长率非常高，市场份额正在扩大，并且该行业的前景被看好，他们可能会认为该行业的股票有很好的投资机会，可以考虑买入。相反，如果投资者发现某个行业的增长率放缓，市场份额正在减少，并且该行业的前景不佳，他们可能会认为该行业的股票存在较高的风险，可以考虑卖出。

同时，需要注意的是，行业分析只是影响资本市场的众多因素之一，其他因素如宏观经济环境、公司基本面等同样重要。因此，投资者可以将行业分析与其他分析方法结合起来，以更好地理解市场价格和公司价值之间的关系，并制定更有效的投资策略。

例如，投资者可以使用基本面分析来确定公司的真实价值，然后将其与行业平均值进行比较。如果公司的价值高于行业平均值，投资者可以认为该股票有投资价值，可以考虑买入；如果公司的价值低于行业平均值，投资者可以认为该股票存在较高的风险，可以考虑卖出。[①]

有效资本市场假设的观点与基本面分析价值并不冲突，但是它暗示要成功就必须做到如下两点：（1）理解影响收益率的相关变量；（2）根据相关的定价变量估计价格变动。实证分析、提示货币环境分析十分重要，并且应加倍注意被忽略公司的股票价格。

（三）如何评价投资者的分析

如果有人想要判断某人是否是好的分析家或投资者，他应该观察这个分析家或投资者所推荐的证券的业绩以及随意选择的股票的业绩。好的分析家或投资者推荐的证券业绩应该超过随意选取的股票。

（四）关于基本面分析的结论

根据半强有效形式的含义，在该市场环境下价格不但包含了过去价格的信息，而且与公司前景有关的全部公开的已知信息一定也已经在价格中反映出来了。因此，我们可以得出，在半强有效形式的资本市场上，基本面的分析也注定是要失败的。

但是值得一提的是，EMH 的反对者认为，合理市场价格的形成过程是一个漫长的过程，不是一蹴而就的，因此只要某个投资者能比别人更快估计出证券的内在价值，就可以

① 张帅，李雅婷．“一带一路”沿线国家金融市场风险差异性分析［J］．会计之友，2022（14）：68－75．

发现被低估的证券并从中获得非常规收益，但这项任务是十分困难的，只有那些独具慧眼的人才能做到。

三、有效市场与资产管理

有效市场理论认为，市场价格反映了所有可用信息的公平价值，因此难以通过分析基本面或技术指标来获得超额收益。这意味着，投资者无法通过选择个别股票来获得超额收益，而应该通过构建投资组合来实现风险和回报的平衡。①

资产管理是一种通过管理投资组合来实现投资目标的方法。资产管理公司会根据客户的需求和风险偏好构建投资组合，包括股票、债券、房地产、商品等资产类别，以实现资产的增值和风险控制。

在有效市场理论下，资产管理公司的投资策略应该基于市场组合，即包含所有可投资资产的组合。这是因为有效市场理论认为，市场价格已经反映了所有可用信息的公平价值，因此无法通过选择个别股票或资产类别来获得超额收益。因此，资产管理公司应该根据市场组合的权重来配置客户的投资组合，以实现市场平均回报。

然而，实际上，资产管理公司的投资策略可能会包括一些主动管理的元素，例如选择某些个别股票或资产类别，以实现超额收益。这些主动管理的元素可能包括基本面分析、技术分析、行业分析等方法。虽然有效市场理论认为这些方法无法获得超额收益，但是一些资产管理公司仍然试图通过这些方法来实现超额收益。

此外，资产管理公司还需要考虑客户的需求和风险偏好，以构建适合客户的投资组合。例如，如果客户的风险偏好较低，资产管理公司可能会倾向于选择稳健的投资组合，包括较多的债券和现金等相对低风险的资产类别。相反，如果客户的风险偏好较高，资产管理公司可能会倾向于选择更多的股票和其他高风险资产类别，以实现更高的回报。

需要注意的是，资产管理公司需要不断监测市场和投资组合的表现，并根据市场情况和客户需求进行调整。这可能包括调整投资组合的资产配置、投资策略等。因此，资产管理公司需要具备专业的投资知识和技能，以确保客户的投资组合能够实现预期的回报和风险控制。②

前面已经做过的实证分析表明职业的资产管理者无法击败市场而获得非常规收益，其原因可能是资产管理公司内没有十分优秀的分析专家，或者由于资产管理公司中的分析家

---

① 林松.应用型本科院校《金融市场学》课堂教学存在的若干问题探究［J］.牡丹江教育学院学报，2022（06）：99-102.

② 金融市场数据［J］.金融市场研究，2022（06）：131-134.

好坏参半。这样就引起了另外一个问题，资产管理公司应该采取主动的管理策略还是被动的管理策略。

（一）具有优秀分析家的资产组合管理

资产管理者应该接受有独特洞察力和分析能力的优秀分析家的推荐。当资产管理公司中有十分优秀的分析家存在时，可以采取主动的资产管理策略，而且应该把注意力放在被人们忽略的股票上，因为这种股票的价值容易被低估。与前面分析的结果一致，这些优秀的分析家应该更注意被忽略公司的 BV/MV 比率、股票的发行规模和货币政策环境。

（二）没有优秀分析家的资产组合管理

当资产管理公司没有十分优秀的分析家时，应采取被动的资产管理策略并采取以下步骤：（1）量化风险偏好；（2）构建风险恰当的资产组合，将整个资产组合分为借出或借入无风险资产和风险资产组合；（3）根据全球角度进行分散化投资，以消除所有非系统风险；（4）必要时通过重新平衡锁定风险；（5）最小化税收和交易成本。

（三）指数基金的运用与原理

对于被动的资产管理策略，不需要智取市场或是寻找被低估的金融资产，而需要建立一个充分分散化的证券投资组合。常用的策略就是建立指数基金，以最低的成本匹配市场，达到消除非系统风险的目的。

第六节

有效市场假说的悖论和行为金融学的出现

巴菲特曾经说过：“如果市场总是有效的，那么我只能沿街乞讨了。”如果证券市场有效性存在，又怎么会存在像巴菲特这种可以赚到超额利润的投资大亨呢？在证券市场中，需要研究的各种现象太多，对效率市场假说的探讨发现其存在很多与事实不符的东西，有的称为“市场异象”，有的称为有效市场假说悖论。

一、小公司的一月效应

与市场有效假说相关的最常见的一种市场异常现象，就是巴恩斯率先发现的规模效应或者说是小公司效应。

“小公司的一月效应”是指在新年的第一个月，即 1 月份，小公司股票的表现通常比大公司股票要好。这种现象被认为是由于投资者在新年之初重新配置他们的投资组合，从而导致小公司股票的需求增加，从而推动了它们的价格上涨。

然而，需要注意的是，“小公司的一月效应”并不是一种绝对的规律，也不是一种可靠的投资策略。虽然这种现象在过去的一些年份中确实存在，但在其他年份中则未必如此。此外，即使小公司股票在 1 月份表现良好，也不一定意味着它们在整个年度中表现良好。因此，投资者不应该单纯地依赖“小公司的一月效应”来作出投资决策，而应该综合考虑多种因素，如公司基本面、行业前景、宏观经济环境等。

另外，需要注意的是，“小公司的一月效应”可能只适用于某些特定的市场或国家。在其他市场或国家，可能存在不同的季节性效应或其他投资策略。因此，投资者需要对不同市场和国家的投资环境进行充分了解和分析，以制定适合自己的投资策略。

对于投资者而言，最重要的是要建立一个长期的投资计划，并在投资组合中分散风险。这意味着投资者应该选择多个不同的资产类别和行业，以减少单一资产或行业的风险。此外，投资者还应该定期监测和调整他们的投资组合，以确保其与投资目标和风险偏好保持一致。

巴恩斯发现随着公司相对规模的增长，无论总收益还是经风险调整过的收益率都会下跌。后来有人发现小公司效应在 1 月的前两个星期表现得最明显。因此严格来讲，这种规模效应又被称为“小公司一月效应”。一月效应的产生通常被解释为投资者在年末出于避税而进行证券卖出之后的反弹。对于年底表现不佳的股票，投资者为了减少税负而进行抛售，而将表现良好的股票一直持有到新的一年。但塔勒尔（Thaler）于 1987 年发现在英联邦（税收年度开始于 4 月份）及澳大利亚（税收年度开始于 7 月份）也存在“一月效应”。因而，税收年度的解释是苍白乏力的，而其只能与人们对待新年的心态及相应的心态变化和行为变化相关。过度自信是“一月效应”产生的另一种解释。由于存在过度自信，在新年伊始，投资者感觉还有足够的时间来修正自己的错误或将损失重新挣回来。这时，投资者会变得比较冲动，风险厌恶程度显著下降，投入较多的资金从而推动市场在 1 月份走势较好。而随着时间的流逝，投资者进入一种情绪调整过程，自信逐渐下降，从而导致其他月份的市场表现便不及 1 月份那么强势，收益率也就没 1 月份那么高。

二、周末效应

周末效应也称星期效应，反映的是周一的日股票收益率比一周中的其他几天要低，而周五的日平均收益率比一周中的其他几天要高的现象。投资者通常认为，股票的日收益率在一周的五个交易日内是不存在显著差别的，但事实上，国外学者对美国、德国、英国等国家股票市场的研究结果显示，收益率在星期一为最低，在星期五为最高。但国内学者对我国股票进行市场研究后发现，上海A股市场的周末效应表现为星期二的收益率最低。

周末效应与人们在新的一周中面临工作压力时的情绪变化有关。短期内，人们从周末的安逸环境过渡到新的一周的工作环境时会产生心态上的变化，而这种情绪的变化会体现到人们的交易行为中来。周一到周二为情绪由好到坏的调整，一般在周二情绪达到低谷，这时便体现为周一日平均收益率较低，而周二的日平均收益率最低；而周三到周五为情绪由坏开始向好的方向调整，其中，周五是一周工作的最后一天，人们在周五的情绪达到顶点，这时人们的交易行为不自觉地受到这种高涨的情绪的影响。关于周末效应的另一种解释与周末可能的消息发布相关。当人们充满着期待，希望在周末听到好消息时，周五的交易就会体现人们的这种期待，从而会使周五的平均收益率升高。而如果周末没有出现相应的消息发布或出现的消息没有达到人们预期的程度，这会使人们产生失望的情绪，这种情绪反映到人们的交易行为中就体现为周一的平均收益率很低。当然，在周五，人们同样会预期可能会出现不利的消息发布，从而引发周五的收益率下跌。但一般而言，人们总是对生活充满着期待，期待生活变得更好，因而，这种生活乐观主义倾向会使得周五时出现那种糟糕的预期的情况很少，而且程度相对较轻。

三、市场过度反应

市场过度反应是指市场对某些消息或事件作出了过度的反应，导致价格或价值出现了明显的波动，超出了该消息或事件的实际影响范围。这种现象通常是由市场参与者的情绪和心理因素所驱动，而不是基于理性的分析和判断。

市场过度反应可能会导致价格或价值的大幅波动，这可能会对投资者造成损失或机会。例如，如果市场对某家公司的财务状况作出了过度反应，导致该公司股票价格大幅下跌，那么那些在该公司股票上投资的投资者可能会遭受损失。相反，如果市场对某个公司的好消息作出了过度反应，导致该公司股票价格大幅上涨，那么那些及时买人该公司股票的投资者可能会获得机会。①

市场过度反应可能会导致市场价格与实际价值不相符，这可能会导致市场出现泡沫。

① 秦海林，孙可．家庭持有住房、金融负债和金融市场参与——基于CFPS（2018）的实证检验［J］．当代金融研究，2022，5（06）：1－16.

如果市场价格与实际价值相差太大，那么这种情况可能会导致市场崩盘或经济危机。因此，投资者需要保持理性，不要被市场情绪所左右，而要进行基于理性的投资决策，避免盲目跟风或过度反应。

为了避免市场过度反应对投资造成的影响，投资者可以采取以下措施：

（1）保持理性：投资者需要保持冷静，不要被市场情绪所左右，进行基于理性的投资决策。

（2）分散投资：投资者可以通过分散投资来降低风险，避免单一投资的损失对整个投资组合的影响。

（3）关注基本面：投资者需要关注公司的基本面，分析公司的财务状况、业务模式和市场前景等因素，以确定公司的真实价值，避免被市场情绪所左右。

（4）掌握市场信息：投资者需要了解市场资讯和相关政策，及时掌握市场变化，以便作出及时的投资决策。

（5）制定投资策略：投资者需要根据自己的风险偏好、投资目标和时间规划，制定适合自己的投资策略，避免盲目跟风或过度反应。①

证券波动幅度大也违背了效率市场假说的理论。最为经典和明显的教训是纽约股市的“黑色星期一”，这场股市狂跌不仅给投资者带来巨大损失，而且给有效市场理论带来严重打击。

此外，效率市场假说的基本假设是线性范式，然而大量事实和研究表明市场并非如此，而是出现复杂的非线性特征。那么，股票市场指数收益率为什么是非线性的？

首先，从投资者的心理状态来看，不成熟、非理性的投资者对于均衡价格的预期在很大程度上决定着市场价格。投资者在某个价格区间内判断证券的价值，该区间由该公司的基本信息所决定，如盈利状况、管理绩效、新产品开发与宏观经济环境等。所谓基本分析就是利用这类信息来确定价格。决定价格区间的另一个因素是投资者根据风险与收益来预测其他投资者对价格的预期水平。而技术分析就是利用这种心理来设定某个均衡价格的范围。于是信息与心理反应相结合，导致了对股票价值预期的偏倚。

由于心理活动的分布并非随机的并呈正态分布，价格趋势一般围绕均衡价格波动。如果基本面良好，价格就会上升，趋向均衡价格。当其他投资者观察到趋势符合其对证券的正面预期，就会跟随买入，而市场也会保持对这种趋势的记忆，直到价格达到其均衡价格的上限，趋势发生逆转为止。当然，上述价格区间并非一成不变，关于个别证券和市场整

① 吴庆勇，冯立，岳磊磊．中国金融市场发展水平测度及异质性分析［J］．经济纵横，2022（06）：69－78. DOI：10.16528/j.cnki.22－1054/f.202206069.

体的信息均可改变价格区间。

从投资者的行为来看，即使成熟的投资者也并非总是规避风险。实践表明，参与资本市场风险投资的人一般都是风险偏好者，他们可能喜好风险，以期获得较高的收益。因此，他们容易将预期建立在对信息过分自信的判断基础上。于是，有时接收到信息后，对信息并不产生任何反应；而有时则对信息产生过度反应。对信息的这种反应方式，是一种非线性反应，并非理性投资者的线性反应。

其次，从信息的特性来看，信息被吸收到价格中后，并非立即对市场失去意义，可能以后仍被重新记起，甚至出现在人们潜意识的回忆中。前面接收到的信息被接受后继续被市场吸收，市场成为信息的“存储器”，前面的信息仍然影响后面的价格变动。这已非简单的时间序列相关，信息的影响迅速衰减。例如，在市场中信息发布如果存在不及时、不真实、不完全、不准确、不客观等特征，信息的形成与发布常以成堆的方式集中出现，加大了市场中的非理性。

市场有效性假说根据中心极限定理，假设人们作为整体趋于理性，个人行为的偏差总有正有负，总体而言会相互抵消。但无证据可证明这种假设，相反，经常可见社会动乱、时尚等贯穿整个人类历史始终。在资本市场，尤其是我国这样不成熟、不规范的资本市场，投资者经常出现抢购、抢兑、挤提等事件，狂热的投资者在证券发行之际拼命抢购，在资产严重亏损后又固执地等待价格回升，直到其成为垃圾类资产，如对所谓“网络股”“资产重组股”等投机概念的追捧反映出投资者整体上的非理性。

实际上，单一投资者的这些非线性行为，或者说投资者行为受到非线性的心理因素的影响，在很大程度上会影响到市场价格的变动和投资收益率，群体行为就可能产生“羊群效应”和整个证券市场的非理性。这些现象已经超出了效率市场研究范畴。为了解释这些异象，一些金融学家将认知心理学的研究成果应用于对投资者的行为分析，至 20 世纪 90 年代，这个领域涌现了大量高质量的理论和实证文献，形成最具活力的行为金融学派。1999 年克拉克奖得主马修（Matthew Rabin）以及 2002 年诺贝尔奖得主丹尼尔·卡尼曼（Daniel Kahneman）和弗农·史密斯（Vernon Smith），都是这个领域的代表人物，为这个领域的基础理论作出了重要贡献。将这些奖项授予这个领域的专家也说明了主流经济学对这个蓬勃发展的领域的肯定，更促进了这个学科的进一步发展。国外将这一领域称为“Behavioral Finance”，国内大多数的文献和专著将其称为“行为金融学”。

需要指出的是，虽然证券市场存在悖论，但这些并不足以从整体上完全推翻效率市场假说，行为金融学也没有形成一整套完整的理论体系，至少暂时还不能完全替代效率市场假说。如何完整地分析证券市场的所有现象，或者说，如何将效率市场假说与行为金融完美地发展、整合来解释证券市场的各种现象，将是金融理论未来的发展方向。

本章小结

“价格总是充分反映可获得信息的市场是有效的”，对于市场效率的定义的理解是：如果在一个证券市场中价格完全反映了所有可以获得的信息，那么就称这样的市场为有效市场。衡量证券市场是否具有外在效率有两个标志：一是价格是否能自由地根据有关信息有变动，二是证券的有关信息能否充分地披露和均匀地分布，使每个投资者在同一时间内得到等量等质的信息。

效率市场假说蕴含的资本市场在完全竞争条件下和信息分散条件下的一种均衡状态——理性预期均衡。理性预期理论是效率市场假说的微观基础，效率市场假说是理性预期理论在金融学中的平行发展，在理性预期均衡下，交易者没有重新定约的意愿，均衡处于稳定状态，它表示市场结清的均衡价格已不能为交易者提供新的可以利用的私人信息，也表示交易者已从均衡价格中窥探到其他交易者的所有私人信息，在这两种意义上理性预期均衡，完全揭示私人信息市场将不存在利用新信息获利的可能。

效率市场假说认为，证券价格已经充分反映了所有相关的信息，资本市场相对于这个信息集是有效的，任何人根据这个信息集进行交易都无法获得经济利润，与证券价格相关的有三种类型的信息集：一是“历史信息”，二是“公开信息”，三是“内幕信息”。根据罗伯兹对上述信息集大小的分类，效率市场假说又可以进一步分为以下三种：弱式效率市场假说、半强式效率市场假说、强式效率市场假说，这三种类型的市场所包含的信息量是递增的，因此三种类型的效率市场假说也是由弱到强逐渐严格的。其中对半强式效率市场的检验的研究对象主要是分析股票分割的作用、盈利分布的作用、投资咨询机构建议的作用等；对强式效率市场的检验主要分析的对象是职业投资管理者、证券交易所的专家经纪人、公司内部人员等。

弱式有效市场强调的是证券价格的随机游走，不存在任何可以识别和利用的规律。因此，对弱式有效市场的检验主要侧重于对证券价格时间序列相关性的研究上，具体来讲，这种研究又分别从自相关、操作试验、过滤法则和相对强度等不同方面进行。

在证券市场中，需要研究的各种现象太多，对效率市场假说的探讨发现其存在很多与事实不符的东西，有的称为“市场异象”，有的称为有效市场假说悖论。主要有小公司的一月效应、周末效应和市场过度反应。

效率市场假说在现实中得以建立需要四个前提条件：一是信息披露的有效性，即有关每个证券的全部信息都能够充分、真实、及时地在场上得到公开。二是信息从披露到被接受的有效性，即被披露的信息能够充分、完备、及时地被关注该证券的投资者获得。三是投资者对所获得信息作出判断的有效性，即每一个关注该证券的投资者都能够根据所得到的信息作出一致的、合理的、及时的价值判断。四是投资者依据其判断实施投资的有效性，即每一个关注该证券的投资者能根据其判断作出准确、及时的行动。

效率市场有如下三个特征：首先，效率市场中的证券价格能够迅速、准确地反映收集到的未来关于定价的新资料和信息。其次，任何投资策略都无法取得超额利润。如果市场是有效的，那么任何交易或投资策略都无法取得超额利润，其预期收益率无法超过恰当的基准。最后，专业投资者的投资业绩与个人投资者应该是无差异的。如果市场是无效的，那么获得充分信息的投资者就可以利用市场定价的失误，建立能给其带来超额利润的投资组合。

课后习题

1. 请简要分析有效市场假说中的市场效率的具体内涵。
2. 比较弱式有效市场、半强式有效市场和强式有效市场假设的异同。
3. 请简述有效市场的特征。
4. 弱式有效市场检验的方法有哪些？
5. 有效市场假说的异象有哪些？
6. 股票市场指数收益率为什么是非线性的？
7. 理性的形成条件是什么？
8. 效率市场假说的假定基础是什么？
9. 效率市场需要的条件是什么？

第四章　货币市场

【教学目的与要求】

1. 了解货币市场的定义、特征和功能。
2. 理解主要的货币市场产品。
3. 掌握我国主要的三个货币市场子市场的组织运行。
4. 了解我国货币市场的创新和发展方向。

第一节　货币市场概述

一、货币市场的内涵

货币市场的概念是相对于资本市场而言的，它是指期限在一年或一年以内、以短期金融产品为媒介进行资金融通和借贷的市场，是一年期及一年期以内的短期金融产品交易所形成的供求关系及其运行机制的总和（这里，“短期”所包含的时间间隔是金融产品从发行日至到期日之间的时间，而不是持有者持有日至到期日的时间）。

简单来说，货币市场是专门融通一年之内短期资金的市场。

货币市场连接短期货币资金供给与需求，并以弥补头寸和流动性不足为主要目的，以短期信用工具为主要交易对象，提供短期投融资便利，求得短期货币资金市场供需均衡的市场。

在微观层面，主要满足了市场参与者短期流动性资金需求，并提供短期投资便利；在宏观管理层面，货币市场为中央银行实施货币政策、调节宏观经济提供了工具和渠道。货币市场由多个子市场构成，主要包括同业拆借市场、短期政府债券市场、商业票据市场、大额可转让定期存单市场、银行承兑汇票市场和回购市场等。随着金融创新的发展，货币市场的工具、运行机制及其对宏观经济的影响也日益复杂。

二、货币市场的运行特征

货币市场主要满足市场参与者短期流动性资金需求，交易的是标准化与高度同质的信用工具，期限短于或等于1年。因为货币市场证券有着期限短、流通性强的特点，其违约的可能性较小，因此安全性高，风险溢价较小，收益率也相对较低。大部分货币市场的交易都是机构间大规模交易，货币市场中各类信息的发布、传递、汇集、处理都成为市场中所有参与主体关注的焦点。要使货币市场中的所有参与者能够准确地获取各自交易需要的信息，这就要求市场信息必须是充分、真实、公开和及时的。货币市场没有固定、统一的集中交易场所，是一个无形市场。这就导致货币市场有着不同于资本市场的以下几点特征：

（1）期限短。

（2）高流通性。

（3）交易具有批发性质。

（4）低违约风险，低收益率。

（5）信息完全。

（6）交易工具标准化且高度同质。

（7）无固定交易场所。

对于投资者来说，货币市场为闲散资金提供一个临时的投资场所，降低其机会成本。而对于货币市场证券的出售者来说，货币市场提供了一个低成本的融资渠道。相比于货币市场，同样提供短期借贷服务的商业银行还受到存款准备金制度和利率管制的影响。因此，货币市场正逐渐成为公司或金融机构发挥短期剩余资金用处的理想场所。

三、货币市场参与主体

货币市场的参与者主要包括政府、中央银行、企业、商业银行及其他金融机构等。政府可以通过发行货币市场产品（短期国债、中央银行票据等）进行预算赤字融资；公司通过发行货币市场产品来筹集短期资金，用于其目前的经营或扩大经营；金融机构发行货币市场产品并打包贷款给家庭或者公司，从而成为家庭购买汽车、住房，企业投资厂房、机器设备的融资“桥梁”；政府和企业还可以通过发行新的货币市场产品用于到期货币市场产品的支付。这样，虽然货币市场产品的期限短，但也能作为长期融资使用。总之，货币市场产品促进了家庭、企业和政府支出，从而为经济增长融通了资金。

一般情况下，个人无法直接参与货币市场的交易，却可以通过货币市场基金等渠道间接进行货币市场产品的交易。

（一）中央银行

中央银行作为货币市场的参与者，其目的并非盈利，而主要是运用各种货币政策工具依托货币市场这一平台实施货币政策，调控宏观经济。中央银行在货币市场的公开市场操作业务主要集中在二级交易市场，以各类国债和国库券等短期信用工具为交易对象。例如，中央银行通过在公开市场上购入与售出短期信用工具并以此来使金融机构的可用资金和市场货币流通量发生增减变化，从而达到调节社会货币供给量和信用规模的目的。

中央银行在公开市场中的交易行为会对货币市场上各种信用工具的价格、收益率、利率变化产生重要影响，因此公开市场业务的操作选择是人们判断市场预期走向的重要依据。而中央银行对金融机构融资的再贴现利率水平的调整，既直接影响了商业银行的融资成本、改变其超额储备及可贷资金规模，同时再贴现率的变动也具有向资金借贷市场传递货币政策操作变动信息和力度的告示作用。此外，中央银行还出于货币政策操作的需要，通过发行央行票据等信用工具配合政策操作。近年来，各国的货币政策工具日益多元和精准。

（二）政府部门

政府部门包括中央和地方政府。政府部门参与货币市场的目的是筹措资金弥补财政赤字，是货币市场中资金的需求者。政府在货币市场中的活动集中于发行市场。

政府所发行的债券为货币市场提供了重要的金融工具，也为中央银行进行公开市场操作提供了操作工具。政府的债券发行管理的一项基本原则是保证发行顺利和发行成本最低。货币市场利率相对稳定，有助于降低发行成本，是政府筹措资金，尤其是短期资金的重要场所，政府债券的利率水平也成为市场中其他信用工具制定发行利率水平的一个重要依据。

（三）商业银行等银行类金融机构

商业银行等银行类金融机构的经营性质与经营规模决定了其在货币市场中交易频繁、规模巨大，是市场中最主要的交易主体，其市场参与目的主要是进行流动性头寸管理。银行持有的超额储备过多会影响收益率水平，但是在中央银行存款准备金制度的约束下，过少的超额储备又会面临因为偿债能力不足而遭受处罚的问题。因此，同业拆借市场、票据市场、短期债券等市场就成了商业银行赖以进行短期融资、保持合理头寸的基本渠道。

（四）非银行类金融机构

非银行类金融机构主要包括保险公司及各类养老和投资基金，这些非银行类金融机的共同特点是拥有大量个人的长期资金，希望通过专家式的管理取得高于银行存款，但风险尽可能低的收益。因此需要将资产组合调整到一个最佳位置，即资产构成中不仅包括高收益率的风险资产，还包括收益率虽然不高，但是风险低、流动性高的资产。货币市场信用工具的高流动性与低风险性，可以满足这类机构的配置需求。

（五）实体经营企业

实体经营企业参与货币市场活动的目的是调整流动性资产比重，融通短期资金，取得短期投资收益，实现现金管理。

实体经营企业可以通过发行商业票据、票据贴现来获得短期资金融通，为企业经营提供流动性。同时，实体企业也是货币市场资金的重要供给者，通常他们在生产及经营过程中会形成一定数量的短期闲置资金，为了获得可观的投资收益，同时避免承担很大的资本损失风险，就需要进入货币市场将短期资金投放于各种流动性高、收益性高于银行存款的货币市场工具。通过这些市场投资，企业在获得流动性和安全性收益的同时，也提高了它头寸管理的效率；从另一个角度看，正是由于它们的市场参与也促成了市场交易的活跃及合理的货币市场交易价格的形成。一般而言，实体企业主要借助金融机构服务或购买相关的金融工具进行货币市场的投资活动。

（六）个人投资者

由于货币市场是批发性质的资金交易市场，一般情况下，这类个人投资者不直接参与货币市场的交易，而是委托有货币市场交易资格的金融中介机构进行交易。因此，居民个人投资者是主要通过购买货币市场基金的渠道，将手中规模有限的闲置资金间接运用到货币市场中以获取自己理想中的收益。

四、货币市场的中介机构

（一）货币市场的做市商

做市商是指在金融市场上，由具备一定实力和信誉的金融组织法人作为特许交易商，不断地向公众投资者报出某些特定金融产品的买卖价格（双向报价），并在该价位上接受公众投资者的买卖要求，以其自有资金与投资者进行交易。做市商通过这种不断买卖来维持市场的流动性，满足公众投资者的投资需求。做市商机制是金融市场基本的交易机制之一。各国对于货币市场的做市商选择都有严格规定。要求具备雄厚的资金实力，掌握足够的市场交易工具；具有管理市场交易工具的能力、控制交易风险的能力以及准确的报价能力。

1. 外汇市场做市商

我国外汇市场做市商是指经国家外汇管理局核准，在我国银行间外汇市场进行人民币与外币交易时，承担向市场会员持续提供买、卖价格义务的银行间外汇市场会员。

我国银行间外汇市场按交易产品分别核准了各细分市场做市商，分为人民币外汇做市商和外币对做市商，分别履行做市义务，为市场提供流动性。做市商须签署做市协议并遵守银行间外汇市场做市商相关规章制度。人民币外汇做市商分为即期做市商和远期掉期做市商。目前，人民币对林吉特，人民币对俄罗斯卢布，人民币对欧元、日元、英镑、澳元、新西兰元、新加坡元、瑞士法郎、加拿大元、南非兰特、韩元、阿联酋迪拉姆、沙特里亚尔、匈牙利福林、波兰兹罗提、丹麦克朗、瑞典克朗、挪威克朗、土耳其里拉、墨西哥比索和泰铢直接交易实行做市商制度，分别设置相应做市商。即期外汇市场和远期掉期外汇市场还推出了尝试做市商业务，以完善做市商优胜劣汰的考核机制，增强做市商做市积极性。

金融机构申请成为银行间外汇市场做市商应具备以下基本条件：（1）遵守中国人民银行和外汇局的有关规定，在提交申请的前两年内，无结售汇业务和外汇市场交易违法、违规记录；（2）具备健全的外汇业务风险管理系统、内部控制制度和较强的本外币融资能力；（3）集中管理结售汇综合头寸；（4）取得银行间外汇市场会员资格两年（含）以上；（5）上一半年期全行在银行间即期外汇市场人民币与外币交易规模排名在前 30 名（含）以内；（6）上一半年期全行境内代客跨境收支规模排名在前 50 名（含）以内；（7）上年度全行资本充足率达到 8% 或外汇资本金在等值 1 亿美元（含）以上。

目前，做市商已成为我国外汇市场的重要参与主体，对市场平稳运行发挥了积极作用。随着金融市场双向开放的不断推进，做市商制度也亟待进一步完善。

完善做市商制度对银行间外汇市场发展具有如下影响。

一是市场结构将更加合理。银行间外汇市场将在延续“做市商—尝试做市机构—普通机构”竞争性三级分层体系的基础上实现结构优化。第一层为类型多样、做市能力较强的综合做市商。根据当前外汇市场发展情况，现阶段做市商数量暂定25家，未来将根据外汇市场发展情况进行适当调整。第二层为数量较多、比较活跃的分产品尝试做市机构。第三层为数量众多的普通机构。

二是市场流动性将更加充分。优化做市商结构、扩充做市力量、规范做市交易行为等措施的实施，将有利于进一步提升做市商报价质量和流动性供应水平。

2. 银行间债券市场做市商

债券做市商制度，是指做市商在银行间市场按照有关要求连续报出做市券种的现券买、卖双边价格，并按其报价与其他市场参与者达成交易的行为。

我国银行间债券市场做市商应具备以下条件：（1）注册资本或净资本不少于12亿元人民币；（2）市场表现活跃，提交申请时上一年度的现券交易量排名前80位；（3）提交申请前，已在银行间市场尝试做市业务，具备必要的经验和能力；（4）具有完善的内部管理制度、操作规程和健全的内部风险控制机制、激励考核机制；（5）有较强的债券市场研究和分析能力；（6）相关业务部门有5人以上的合格债券从业人员，岗位设置合理、职责明确；（7）提交申请前2年没有违法和重大违规行为；（8）中国人民银行规定的其他条件。

银行间债券市场做市商机构名单如表4－1所示。

表4－1　　银行间债券市场做市商机构名单（截至2023年4月31日）

序号	机构名称	做市类型
1	北京农村商业银行股份有限公司	综合类
2	北京银行股份有限公司	综合类
3	渤海银行股份有限公司	综合类
4	渤海证券股份有限公司	综合类
5	长江证券股份有限公司	信用债专项
6	长沙银行股份有限公司	综合类
7	重庆农村商业银行股份有限公司	综合类
8	大连银行股份有限公司	综合类
9	德意志银行（中国）有限公司	综合类
10	第一创业证券股份有限公司	综合类
11	东北证券股份有限公司	综合类

续表

序号	机构名称	做市类型
12	东方证券股份有限公司	综合类
13	东海证券股份有限公司	综合类
14	东亚银行（中国）有限公司	利率债专项
15	法国巴黎银行（中国）有限公司	综合类
16	福建海峡银行股份有限公司	综合类
17	广东南粤银行股份有限公司	利率债专项
18	广东顺德农村商业银行股份有限公司	利率债专项
19	广发银行股份有限公司	综合类
20	广发证券股份有限公司	综合类
21	国家开发银行	综合类
22	杭州银行股份有限公司	综合类
23	交通银行股份有限公司	综合类
24	洛阳银行股份有限公司	综合类
25	南京银行股份有限公司	综合类
26	宁波银行股份有限公司	综合类
27	上海银行股份有限公司	综合类
28	招商银行股份有限公司	综合类

资料来源：银行间交易商协会网站。

（二）货币经纪公司

货币经纪就是为金融机构媒介金融产品、提供交易信息、促进交易达成的金融中介服务，该行业被称为货币经纪业。

货币经纪公司是专指在金融市场上，通过声讯和电子手段，专门从事以促进批发市场金融机构间资金融通、外汇交易、债券交易、衍生品交易等为目的的经纪服务，并从中收取佣金的专业性中介机构，是国际金融市场中必不可少的“润滑剂”。货币经纪公司自身不会以交易主体的身份参与任何产品的直接交易。国际上著名的货币经纪公司主要包括英国毅联汇业、英国国惠集团和瑞士利顺金融集团等。

1. 货币市场经纪机构的业务特点

货币经纪公司起源于19世纪60年代英国的外汇市场和货币批发市场，20世纪50年代之后逐步得到规范发展，并逐渐成为世界各主要金融中心不可或缺的组成部分。

从性质上看，货币经纪公司是货币市场参与主体之间的中间连接枢纽，是货币市场高效运行的内在要求，它的主要功能是提高市场流动透明度和有效性。与直接交易相比，通过货币经纪公司的间接交易具有以下特点：

（1）货币经纪公司能够为客户，尤其是中小客户提供充分的市场信息，提高市场透明度。

（2）通过双边撮合，提供实时可成交价格。

（3）由于货币经纪公司通常不做自营业务，其报价能真实反映市场的实际情况，保证市场价格的公平和透明。

（4）货币经纪公司在交易完成前不透露客户的姓名，可避免资金交易的大户报价及看法对市场价格的不利影响，有利于市场稳定，为市场营造一个相对理性的交易空间，并且为市场中金融衍生产品不断推出创造有利条件。

（5）增强了市场流动性。

（6）具有交易成本低的优势。

2. 我国货币经纪公司的设立

根据银监会 2005 年 8 月 8 日公布的《货币经纪公司试点管理办法》，在我国进行试点的货币经纪公司是指经批准在中国境内设立的，通过电子技术或其他手段，专门从事促进金融机构间资金融通和外汇交易等经纪服务，并从中收取佣金的非银行金融机构。中国银行业监督管理委员会对货币经纪公司进行监督管理。货币经纪公司在银行间市场进行同业拆借、债券买卖和外汇交易等经纪业务活动应同时接受中国人民银行和国家外汇管理局的监管和检查；其业务涉及外汇管理事项的，应当执行国家外汇管理部门的有关规定，并接受国家外汇管理部门的监督和检查。

我国货币经纪公司及其分公司仅限于向境内外金融机构提供经纪服务，不得从事金融产品的自营业务。货币经纪公司及其分公司按照中国银行业监督管理委员会批准经营的业务范围，可以经营下列全部或部分经纪业务（见图 4 - 1）：境内外外汇市场交易，境内外货币市场交易，境内外债券市场交易，境内外衍生产品交易，经中国银行业监督管理委员会批准的其他业务。货币经纪公司及其分公司从事证券交易所相关业务的经纪服务，须报经中国证券监督管理委员会审批。

3. 我国货币经济公司的发展

2005 年 8 月，银监会颁布了《中国货币经纪公司试点管理办法》，为我国货币经纪行业的发展奠定了基础。

2005 年 11 月，《货币经纪公司试点管理办法实施细则》颁布，对试点管理办法进行了细化和补充，增强了可操作性。

2005 年 12 月，首家货币经纪公司——上海国利货币经纪有限公司正式获准开业经营。

2007 年 9 月，国内第二家货币经纪公司——上海国际货币经纪有限责任公司由交易中

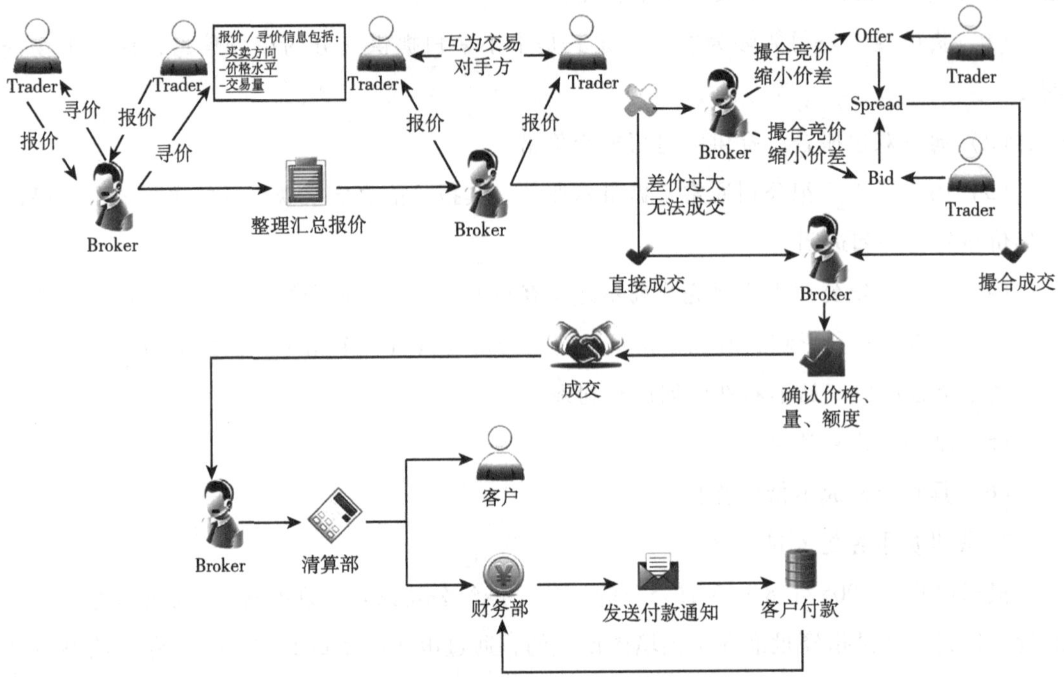

图 4－1　业务流程图

心和英国 ICAP plc 共同发起在沪成立。

2008 年底，行业第三家货币经纪公司——平安利顺国际货币经纪有限公司正式成立。

2010 年 3 月，第四家由银监会批准开业的货币经纪公司——中诚宝捷思货币经纪有限公司正式成立。

2012 年 2 月，经中国银监会批准的中国第五家货币经纪公司——天津信唐货币经纪有限公司，落户天津。

2021 年 7 月，经中国银保监会批准的国内首家外商独资货币经纪公司，也是全国第六家——上田八木货币经纪（中国）有限公司落户北京。

4. 我国引入货币经纪制度对推动债券市场发展的意义

首先，促进债券市场的交易，特别是高效率、大规模的集中交易，促进利率和汇率的市场化形成，提高关键性市场变量的权威性。

其次，提高市场的流动性，根据货币经纪机构的服务对象差异定位，使参与市场交易的大、中、小金融机构业务运行中满足其流动性需求，从而使被长期压抑或扭曲的真实市场供求得到集中配对，降低交易成本，提高市场价格形成效率。

最后，促进债券市场经纪领域的体制转换，提高行业竞争性，降低行业进入壁垒，转变金融服务意识，转变政策定位理念和市场管理观念。

五、货币市场产品类型及比较

货币市场产品类型的比较如表4－2所示。

表4－2 货币市场产品类型

产品类型	产品定义
短期国债	中华人民共和国财政部代表中央政府，为弥补当期的政府赤字和偿还到期的政府债务而发行的，期限在一年及一年以内的短期债务凭证
央行票据	中国人民银行在银行间市场通过其债券发行系统，面向公开市场业务一级交易商发行的短期债务凭证
同业拆借	商业银行等金融机构以无担保的信用方式进行的短期融资交易，是金融机构之间为了平衡其业务活动中资金来源与运用而发生的一种短期资金借贷行为
回购协议	交易的一方在向另一方出售证券时，承诺在一定期限后按约定价格购回所卖证券，从而获取即时可用资金的一种交易行为
短期融资券	具有法人资格、信用评级较高的非金融企业在银行间债券市场发行和交易，并约定在一定期限内还本付息的有价证券
大额可转让定期存单	银行发行的、带有固定利率和到期日的可转让（即可以在二级市场出售）的存单
商业汇票	由出票人签发的，委托付款人在指定日期无条件支付确定的金额给收款人或者持票人的票据

（一）短期国债

短期国债是指由中华人民共和国财政部代表中央政府，为弥补当期的政府赤字和偿还到期的政府债务而发行的，期限在一年及一年以内的短期债务凭证。

（二）央行票据

央行票据即中央银行票据，是中国人民银行在银行间市场通过中国人民银行债券发行系统，面向公开市场业务一级交易商发行的短期债务凭证。本质上，央行票据是中央银行的负债，但它与金融市场各发债主体发行的债券在发行目的上有根本的区别。债券的功能是筹集资金，而央行票据是中央银行调节基础货币的一种货币政策工具，目的是减少商业银行可贷资金量。

（三）同业拆借

同业拆借是指商业银行等金融机构以无担保的信用方式进行的短期融资交易，是金融机构之间为了平衡其业务活动中资金来源与运用而发生的一种短期资金借贷行为。当资金不足，从资金多余的银行临时借入款项时，称为拆进；而资金多余的银行向资金不足的银行贷出款项时，则称为拆出。在短期融资方式中，拆借具有效率最高的特点。

拆借交易的期限一般以 1—2 天最为常见，最短期的为隔夜拆借，这些时间很短的拆借，也被称为头寸拆借，因为其拆借资金主要用于弥补借入者头寸资金的不足。其他还有拆借期限比较长的，如 7 天、14 天、28 天等，也有一个月、两个月、三个月的，最长可以达一年，但通常不超过一年。拆借的资金主要用于借入者的日常经营，以获得更多收益，如银行的短期放贷。在我国，每笔拆借交易的最低拆借金额为人民币 10 万元，最小拆借金额变动量为人民币 1 万元，日计数基准为实际天数/360。

（四）回购协议

回购指交易的一方在出售证券的同时，和证券的购买方签订协议，承诺在一定期限后按原定价格或约定价格购回所卖证券，从而获取即时可用资金的一种交易行为。从本质上说，回购协议是一种以证券为抵押物的抵押贷款。因此，相对于无担保信用方式的拆借交易，回购协议风险更低。

（五）逆回购

逆回购是指，交易的一方从对方购入证券时承诺在将来某一天将所购证券卖给对方。由于所有的回购协议交易双方都是相互对应的，因此一项交易既可以称为回购协议，也可称为逆回购协议。一项既定的交易，从证券卖出者的角度看是回购协议，而从证券买入方的角度则称为逆回购协议。一项交易是回购交易还是逆回购交易，一般取决于交易由哪一方发起。

（六）短期融资券

短期融资券是指具有法人资格、信用评级较高的非金融企业（以下简称“企业”），依照《银行间债券市场非金融企业债务融资工具管理办法》规定的条件和程序，在银行间债券市场发行和交易并约定在一定期限内还本付息的有价证券，是企业筹措短期（1 年以内）资金的直接融资方式。短期融资券发行的面值为 100 元，短期融资券的期限有 3 个月、6 个月、9 个月、12 个月等。其中，期限在 9 个月（270 天）以内的短期融资券称为超短期融资券。

从本质上来讲，短期融资券是一种融资性的无担保商业本票。

（七）大额可转让定期存单

大额可转让定期存单亦称大额可转让存款凭证，是银行印发的一种定期存款凭证，凭证上印有一定的票面金额、存入日和到期日以及利率，到期后可按票面金额和规定利率提取全部本利。大额可转让定期存单可流通转让、自由买卖。简而言之，大额可转让定期存单是一种固定面额、固定期限、可以转让的大额存款凭证。需要注意的是，大额可转让存单与一般的票据性质相近，同属于流动性的短期借贷凭证，所以习惯将其纳入票据市场。

（八）商业汇票

商业汇票是指由出票人签发的，委托付款人在指定日期无条件支付确定的金额给收款人或者持票人的票据。在银行开立存款账户的法人以及其他组织之间必须具有真实的交易关系或债权债务关系，才能使用商业汇票。商业汇票分为银行承兑汇票与商业承兑汇票两种。这两种汇票都与远期付款有关。

（九）对货币市场产品的比较

从产品结构来看，我国货币市场的发展很不均衡，同业拆借市场、债券回购市场和票据市场取得了相对较好的发展，而其他货币产品市场则相对落后。其中，拆借市场和回购市场的主要交易场所为银行间债券市场（只有部分短期国债在交易所市场进行交易）。我们将在本章的后续部分分别介绍货币市场的这几个主要子市场。

从利率来看，总的来讲，货币市场产品的利率都比较相近。另外值得注意的是，虽然这些货币市场产品都是短期的且流动性较强，但这些证券的流动性还是很不相同的。一方面，在我国货币市场上，短期国债二级市场、商业票据市场等并不发达；而中央银行票据市场拥有一个广泛的二级市场，因此，这些货币市场产品能够在几乎不遭受价值损失的情况下迅速转变为现金。另一方面，商业票据却没有一个有组织的二级市场。这些证券如果不能转售给最初的交易商或承销商的话，将很难被迅速转换成现金。因此，将它们转换成现金可能要支付相对较高的费用。

第二节

货币市场子市场与工具

货币市场由多个子市场构成，主要包括同业拆借市场短期政府债券市场（主要在债券市场部分）、商业票据市场大额可转让定期存单市场、银行承兑汇票市场和回购市场等。

一、同业拆借市场

同业拆借是指除央行外的金融机构、分支机构之间以货币借贷方式进行短期资金融通的行为，目的在于调剂头寸和临时性资金余缺。当前，同业拆借不仅在于调剂存款准备金，也可满足金融机构在日常经营中实现的短期资金供需平衡。同业拆借市场是货币市场的重要子市场，也是央行制定和实施货币政策的重要载体。

（一）同业拆借市场的特点

同业拆借活动有严格的市场准入条件，一般在金融机构或指定某类金融机构之间进行。一般而言，融通资金的期限比较短，交易手段比较先进，交易手续比较简便，成交的时间也较短。同时，市场交易额较大，且一般不需要担保或抵押，完全是一种信用资金借贷式交易。拆借利率由供求双方议定，可以随行就市。同业拆借交易以询价方式进行，自主谈判，逐笔交易。

（二）同行业拆借市场的功能

同业拆借市场为金融机构提供了一种实现流动性的机制，能提高金融机构的资产盈利水平。同业拆借市场也是中央银行制订和实施货币政策的重要载体。同业拆借市场利率往往被视作基础利率，能迅速反映市场资金供求状况的变化，对宏观经济发挥着重要作用。

（三）同业拆借市场的发展特征

存款准备金一般不付利息，因此，商业银行等金融机构在难以准确预测存款余额和准备金水平的情况下，产生了相互调剂准备金的要求，直接导致了同业拆借市场的快速发展。同业拆借市场参与者包含了种类众多的金融机构，交易以短期资金拆借为主，70%以上为隔夜拆借，是金融机构头寸调剂和流动性管理的主要场所。在同业拆借市场上形成的利率通常被视为该国或地区的基准利率。

（1）完备的存款准备金制度是同业拆借市场发展的基础，清算支付和流动性管理的功能是其发展的持续动力。

（2）市场主体多元化。

（3）交易以短期拆借为主。

（4）同业拆借利率市场化程度高。

（四）中国同业拆借市场的概况

我国同业拆借市场起步于1984年，当时中国实行高度集中统一的信贷资金管理体制，银行间资金余缺只能通过行政手段纵向调节，而不能自由地横向调节。1996年1月3日，全国统一拆借市场建立并开始试运行。1998年底建立全国统一的市场，同业拆借市场进入了有序发展阶段。2006年9月，中国人民银行每日发布上海银行间同业拆放利率，为同业拆借交易提供了基准利率（见图4-2）。

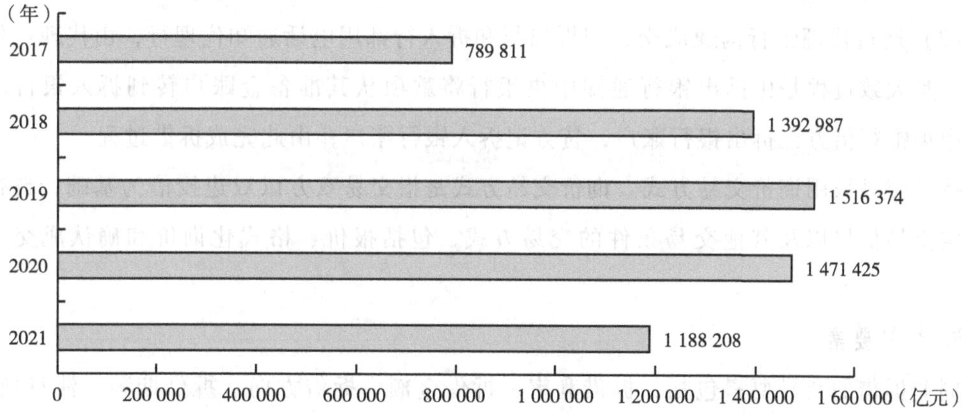

图4-2　我国同业拆借市场成交量

（五）中国同业拆借市场运行模式

我国金融机构间同业拆借由中国人民银行统一负责管理、组织、监督和稽核。金融机构用于拆出的资金只限于交足准备金、留足5%备付金、归还人民银行到期贷款之后的闲置资金，拆入的资金只能用于弥补票据清算、先支后收等临时性资金周转的需要。

1. 交易系统

交易系统是指由同业中心管理运作的，向交易成员提供报价、成交、风险管理、清算管理、信息和其他交易服务功能的计算机处理系统和数据通信网络。

2. 交易成员

交易成员是指依照同业拆借交易操作规则规定的条件和程序，与同业中心联网的金融机构。

交易成员应在交易系统中建立交易用户，并为其设定相应的交易权限。交易成员通过其建立的交易用户在交易系统中进行拆借交易。

交易成员在交易系统中的所有操作以交易系统数据库记录为准。

3. 交易类型

（1）头寸拆借，一般为日拆。

（2）同业借贷，它的期限比较长，从数天到一年不等。

4. 交易方式

同业拆借一般通过各商业银行在中央银行的存款准备金账户，由拆入银行与拆出银行通过以下三种方式进行：

（1）要求拆入的银行直接与另一家商业银行接触并进行交易；

（2）通过经纪人从中媒介，促成借贷双方面议成交；

（3）通过代理银行沟通成交，即拆出行和拆入行都用电话通知代理行，由代理行代办交易，其大致过程是由拆出银行通知中央银行将款项从其准备金账户转到拆入银行的账户，中央银行借方记拆出银行账户，贷方记拆入银行账户，由此完成拆借过程。

拆借交易采用询价交易方式。询价交易方式是指交易双方以双边授信为基础，自行协商确定交易价格以及其他交易条件的交易方式，包括报价、格式化询价和确认成交三个步骤。

5. 交易要素

同业拆借的交易要素包括：拆借利率、拆借金额、拆借方向、拆借期限、清算速度。价借双方就交易要素达成一致的，交易系统方可予以确认成交。

6. 交易基本参数

每笔拆借交易的最低拆借金额为人民币 10 万元，最小拆借金额变动量为人民币 1 万元。日计数基准为实际天数/360。

7. 利率计算和利息支付

拆借利率以年利率表示，保留小数点后 4 位；应计利息精确到“分”，利随本清。

计息天数按照实际占款天数计算，算头不算尾；到期日是节假日的，到期还款日顺延至下一工作日。

应计利息的计算公式为：应计利息 = 拆借金额 × 拆借利率 × 日计数基准。

同业中心如对以上内容进行调整的，应向市场发布公告。

8. 交易时间

交易系统的工作日为每周一至周五，法定节假日除外，交易时间为 9：00—12：00、13：00—16：00。9：00 开始报价。

拆借交易报价包括公开报价、定向报价、双向报价和对话报价四种报价方式。其中，公开报价（交易成员向所有其他交易成员发出的）、定向报价（交易成员向其选定范围内的交易成员发送的）和双向报价（交易成员向所有其他交易成员发出的，就标准产品同时表明其拆入和拆出意向的报价）属于意向报价，不可直接确认成交，对话报价属于要约报价，经对方确认即可成交。交易成员可修改或撤销已发出的报价。

9. 格式化询价

格式化询价是指交易成员与对手方相互发送的一系列对话报价所组成的交易磋商过程。交易成员可在交易系统允许的轮次内询价，超过允许轮次而仍未确认成交的，格式化询价结束。

10. 成交

交易成员通过格式化询价就交易要素达成一致后可向交易系统提交确认成交的请求。

（六）同业拆借利率及利息的计算

1. 同业拆借利率的确定

同业拆借的交易价格（即利率）分为两种情况：一种是由拆借双方当事人协定，而不通过公开市场竞价来确定；另一种是拆借双方借助于中介人——经纪商，通过观察公开竞价来进行确定。同业拆借有两个利率，即拆进利率（Bid rate），表示银行愿意借款的利率；拆出利率（Offered rate），表示银行愿意贷款的利率。

国际同业拆借市场广泛使用的利率有：伦敦银行同业拆借利率（LIBOR）、联邦基金利率、新加坡银行同业拆借利率和香港银行同业拆借利率。

上海银行间同业拆放利率（Shanghai Interbank Offered Rate，SHIBOR），以位于上海的全国银行间同业拆借中心为技术平台计算、发布并命名，是由信用等级较高的银行组成报价团自主报出的人民币同业拆出利率计算确定的算术平均利率，是单利、无担保批发性利率。目前，对社会公布的SHIBOR品种包括隔夜、1周、2周、1个月、3个月、6个月、9个月及1年八个品种。利率品种代码按期限长短排列为O/N、1W、2W、1M、3M、6M、9M、1Y（O/N代表隔夜，W代表周，M代表月，Y代表年）。Shibor报价银行团现由18家商业银行组成。报价银行是公开市场一级交易商或外汇市场做市商，在中国货币市场上人民币交易相对活跃、信息披露比较充分的银行。中国人民银行成立SHIBOR工作小组，依据《上海银行间同业拆放利率（SHIBOR）实施准则》确定和调整报价银行团成员、监督和管理SHIBOR运行、规范报价行与指定发布人行为。全国银行间同业拆借中心授权SHIBOR的报价计算和信息发布。每个交易日根据各报价行的报价，剔除最高、最低各四家报价，对其余报价进行算术平均计算后，得出每期限品种的SHIBOR，并于9：30对外发布。

2. 利息计算

$I = P \times R \times A/D$。

其中，I表示同业拆借的利息，P表示拆借的金额，R表示拆借的利率，A表示生息的天数，D 表示 1 年的基础天数。

我国自 1984 年起开放同业拆借并以《中华人民共和国银行管理暂行条例》标志同业拆借业务开始发展，1996 年起正式建立全国统一的银行间同业拆借市场，2002 年 6 月 1 日起中国外汇交易中心为金融机构办理外币拆借中介业务，建立起统一、规范的国内外币同业拆借市场。从我国银行间同业拆借市场的年累计成交金额来看，自 2007 年我国正式实施上海同业间银行拆借款利率以来，交易总量大幅上升。

二、回购市场

（一）回购协议与回购市场的内涵

回购市场是指通过回购协议进行短期资金融通的市场。

回购协议是一种有担保品的短期资金融通方式，相关机构通过出售政府或政府机构债券等金融资产取得短期资金，并约定在未来的某个日期按预定的价格再购回（即“赎回”此项金融资产，以获得即时可用资金的交易方式）。回购交易根据所质押的债券所有权是否由正回购方转移给逆回购方，可分为质押式回购和买断式回购两种类型的交易方式。质押式回购又称封闭式回购，是指交易双方以债券为权利质押所进行的短期资金融通业务。封闭式回购实际上是一种以证券为质押的资金拆借方式。买断式回购指债券持有人（正回购方）将债券卖给债券购买方（逆回购方）的同时，与买方约定在未来某日期，由卖方再以约定价格从买方买回相等数量同种债券的交易行为。开放式回购实际上是一种附于证券买卖的融资方式。

（二）回购利息的计算和回购利率的影响因素

1. 回购利息的计算

回购利息 = 成交额 × 年收益率 × 回购天数/365 天。

2. 回购市场的利率

在回购市场中，利率是不统一的，利率的确定取决于多种因素。从资金面上来说，参与回购市场交易的金融机构主要是商业银行。商业银行参与正回购交易的主要目的在于保证银行内部的流动性，参与逆回购的主要目的是利用银行资金成本与回购利率进行套利。所以，决定回购利率的主要因素就是货币市场机构的资金面的松紧和商业银行内部的行为取向。商业银行的资金来源主要是存款和中央银行对外汇占款的对冲；资金投向主要是贷款、准备金和债券投资。二者之差可作为衡量商业银行参与货币市场回购交易资金面松紧的指标。

3. 影响回购利率的因素

(1) 用于回购的证券质地;

(2) 回购期限的长短;

(3) 交割的条件;

(4) 货币市场其他子市场的利率水平。

4. 开放式回购主要流程

(1) 由回购的双方签订回购协议，协议约定交易双方的债券回购属于买卖行为还是使用权转借行为，两次清算处理因回购的性质而定。对所有权转移的开放式回购而言，系统中生成两张成交单，一张即期，一张远期（见图 4-3）；对使用权转移的开放式回购而言，系统中仅生成一张成交单，包括即期交割和远期交割两个步骤（见图4-4）。

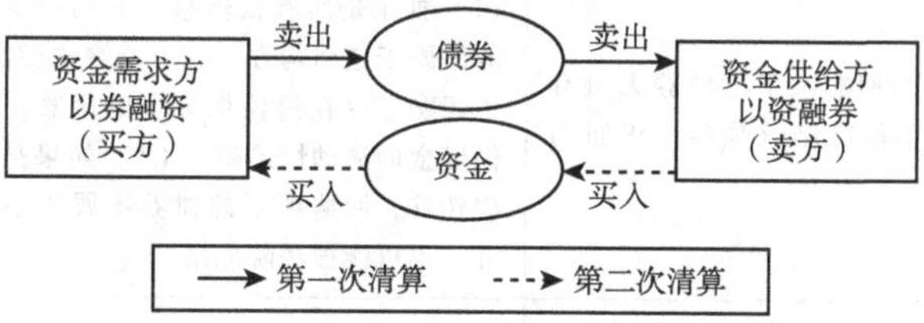

图 4-3 所有权转移的开放式回购示意图

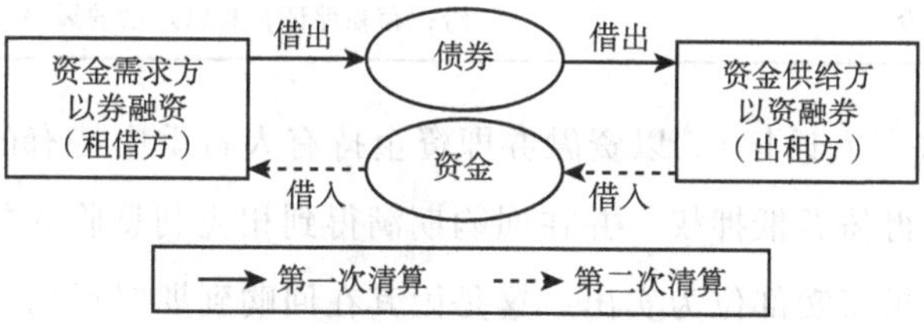

图 4-4 使用权转移的开放式回购示意图

(2) 由交易所操作，将回购方的债券过户或转借到逆回购方的账户下，资金同时由逆回购方账户划转到回购方的账户下。

(3) 回购期结束时，交易所根据协议要求将逆回购方账户下的债券过户或归还到回购方的账户下，资金同时由回购方的账户划转到逆回购方的账户下，从而完成一次完整的回购交易过程。

回购交易分为如下两个方面：

(1) 以券融资（卖出回购）。以券融资即债券持有人将手中持有的债券作为抵押品，以一定的利率取得资金使用权的行为。在交易所回购交易开始时，其申报买卖部位为买入，这是因其在回购到期时反向交易中处于买入债券的地位而确定的。回购交易申报操作类似股票交易。成交后由登记结算机构根据成交记录和有关规则进行清算交割；到期反向成交时，无须再行申报，由交易所电脑系统自动产生一条反向成交记录，登记结算机构据此进行资金和债券的清算与交割（见表4－3）。

表4－3　正回购风险分析

	质押式回购	开放式回购	风险比较
逆回购方破产或申请破产	逆回购方清算组可决定解除或继续履约，如决定履约则无保证金风险。如果决定解除回购合同，则正回购方仍可凭借对保证金的所有权对其进行追讨，但须经过若干程序，耗费一些时间，有一定的保证金流动性风险	（1）如果是所有权转移，则正回购方损失债券的保证金部分。（2）如果是使用权转移，若逆回购方清算组决定解除回购合同，则正回购方借出债券的保证金部分只能作为破产债权去追偿，因而存在保证金损失的风险和流动性风险	质押式回购比开放式回购风险略小
逆回购方陷入经济纠纷案	逆回购方对回购项下的债券无所有权，法院不能冻结该债券，正回购方无风险	（1）如果是所有权转移，回购项下的债券已属于逆回购方，有可能被法院冻结。正回购方存在追偿保证金的困难，存在保证金的流动性风险。（2）如果是使用权转移，回购项下的债券不属于逆回购方，不可能被法院冻结	质押式回购无风险，开放式回购存在保证金的流动性风险
回购到期，逆回购方违约不返售债券	正回购方无法及时收回出质的债券，只能依回购协议商定的方式处理纠纷，存在出质债券的保证金部分的流动性风险	无论在回购协议中规定所有权转移还是使用权转移，正回购方都无法及时买回债券，只能依回购协议商定的方式处理纠纷，存在保证金难以追偿的风险	质押式回购与开放式回购风险基本相同

（2）以资融券（买入返售）。以资融券即资金持有人将手中持有的资金以一定的利率借给债券持有人，获得债券抵押权，并在回购期满得到相应利息收入的行为。在交易所回购交易开始时，其申报买卖部位为卖出，这是因其在回购到期时反向交易中处于卖出债券地位而定的。其交易程序除方向相反外，其余均同以券融资。对于交易对手抵押的债券，目前交易所不直接划入以资融券方证券经营机构的债券账户，而由登记结算机构予以冻结（见表4－4）。

表4－4　逆回购风险分析

	质押式回购	开放式回购	风险比较
正回购方破产或申请破产	逆回购方无权自行处置质押债券，须经债权人大会确认有担保债权后向清算组追偿所融出的资金，追偿难度和耗费时间不确定，存在本金的流动性风险	（1）在所有权转移的开放式回购中，逆回购方有权处置回购项下的债券，无流动性风险和保证金损失风险。（2）在使用权转移的开放式回购中，逆回购方无权处置回购项下的债券，存在流动性风险和保证金损失风险	在第（1）种情况下，质押式回购比开放式回购风险大；在第（2）种情况下，质押式回购与开放式回购风险相同

续表

	质押式回购	开放式回购	风险比较
正回购方陷入经济纠纷案	正回购方所出质的债券存在被法院冻结的可能性，逆回购方因之无法行使质押权，存在较大的本金流动性风险	（1）在所有权转移的开放式回购中，不存在债券被法院冻结的问题。（2）在使用权转移的开放式回购中，存在债券被法院冻结的问题	在第（1）种情况下，质押式回购比开放式回购风险大；在第（2）种情况下，质押式回购与开放式回购风险相同
回购到期，正回购方违约不回购债券	逆回购方无权自行处置质押债券，须与正回购方协商后处置或经仲裁机关、法院判决后才能处置，本金流动性风险较大	（1）在所有权转移的开放式回购中，逆回购方可立即卖掉回购项下债券，无流动性风险。（2）在使用权转移的开放式回购中，逆回购方存在流动性风险	在第（1）种情况下，质押式回购比开放式回购风险大；在第（2）种情况下，质押式回购与开放式回购风险相同

（三）中国回购市场的发展

1. 发展历程

我国的国债回购交易始于1991年，当时上海证券交易所和全国证券交易自动报价系统（STAQ系统）成立不久，跨地区有组织、规范化的国债交易刚刚起步。为发展我国国债市场、活跃国债交易、引导短期资金的流通，STAQ系统于1991年7月宣布试办国债回购交易。1993年12月15日，上海证券交易所发布了《关于国债交易专场回购业务的通知》，正式开始了以国债为主要品种的回购交易业务。1994年10月，深圳证券交易所也推出了该项交易。为防范大量银行资金通过债券回购流入股票市场，同时也为了公开市场操作顺利进行，中国人民银行开始建立银行间债券市场。1996年1月3日，全国统一拆借网络系统开始试运行；1996年12月2日，中央国债登记结算公司正式成立；1997年6月5日，商业银行停止在证券交易所进行债券回购和现券买卖业务；1997年6月16日，全国银行间债券市场正式启动，商业银行债券交易必须在全国统一同业拆借网络中心处理，并在中央国债登记结算公司开立债券集中托管账户。

从2003年起，由于席位清算、一级托管等交易托管体制安排上的缺陷，交易所回购市场开始出现券商挪用客户债券的恶性事件，到2005年出现了大量违规违法事件，证监会采取了一系列关闭、托管券商等措施，同时开始不断优化回购机制，包括质押券入库债券信息实时查询、标准券折算等，杜绝券商挪用客户债券现象。2006年2月6日，在证监会的推动下，中国证券业协会、上海证券交易所和中证登分别发布了针对交易所债券质押式回购的改革措施。此后，上证所于5月8日起推出新质押式国债回购制度。新质押式回购制度保证了市场的稳定运行，自此之后，交易所债券回购市场运行平稳，并未再出现类似风险事件。

在银行间债券回购市场，2000 年 7 月 28 日，中国人民银行发布了《全国银行间债券市场债券回购主协议》，标志着我国债券回购交易的规范化；2004 年 5 月 20 日，财政部、中国人民银行和证监会发布了《关于买断式回购交易业务的通知》，中国人民银行发布了《全国银行间债券市场债券买断式回购业务管理规定》，银行间债券市场债券买断式回购正式推出。至此，银行间市场两种形式的债券回购交易（质押式和买断式）全部推出。银行间债券市场回购发展迅速，并成为债券交易的主体。

2. 回购市场结构

（1）交易所和银行间两大市场的相互分割。我国的债券回购交易始于交易所，目前银行间债券回购与交易所债券回购并行，但以银行间市场为主。

两者回购参与者不同。银行间债券回购市场的直接参与者只限于金融机构，商业银行也只限于在银行间债券回购市场进行交易，非金融机构只能在交易所进行债券回购交易。

两者交易价格形成机制完全不同。银行间债券市场是场外交易市场，回购交易方式为自主询价、自主交易，自主选择、相互协商交易品种和交易对象，债券的结算、托管与资金的清算服务不是一个系统；交易所债券市场是场内交易市场，实行的是集合竞价电脑撮合交易，交易品种是标准化的。

两者债券托管和资金清算系统不同。银行间市场由中央债券登记结算公司和上海清算所负责债券的托管与结算，而交易所市场拥有自己的债券托管结算系统。

（2）质押式回购为主，买断式回购不活跃。买断式回购自 2004 年推出以来，交易量呈现逐步增长状态，但与质押式回购相比，交易相对不活跃。2022 年 9 月质押式回购成交 132.7 万亿元，买断式回购成交 4863.5 亿元。产生这种现象的主要原因有以下几点：第一，买断式回购的逆回购方进行卖空交易，所面临的市场风险较大；第二，买断式回购要求逆回购方按期返还相同数量的同种债券，给逆回购方带来一定的流动性风险；第三，现行的债券回购财务制度安排下，当利率和市场价格波动较大时，不利于市场成员做空。第四，虽然买断式回购引入了做空机制，但是监管部门对卖空进行了限制。

（3）短期回购活跃。目前，全国银行间市场回购的期限为 1 天到 365 天，交易系统按 1 天、7 天、14 天、21 天、1 个月、2 个月、3 个月、4 个月、6 个月、9 个月、1 年共 11 个品种统计、公布质押式回购和买断式回购的成交量和成交价。上海证券交易所质押式和买断式回购的回购期限均分为 1 天、2 天、3 天、4 天、7 天、14 天、28 天、91 天和 182 天 9 个品种。深圳证券交易所质押式回购也包括以上九个品种。从近年来各回购期限品种交易量占比情况来看，隔夜品种占 80% 左右，期限在 7 天以下（含）的占 99%，主要为短期交易。

三、票据市场

票据市场指的是在商品交易和资金往来过程中产生的以汇票本票和支票的发行、担保、承兑、贴现、转贴现、再贴现来实现短期资金融通的市场。票据市场是短期资金融通的主要场所，是直接联系产业资本和金融资本的枢纽之一。

（一）票据的概念和特征

票据是指出票人依法签发的，约定自己或委托付款人在见票时或指定的日期向收款人或持票人无条件支付一定金额并可以转让的有价证券。它以一定的货币金额来表现价值，同时体现债权债务关系，且能在市场上流通交易，具有较强的流动性。

证券必须按照法律规定制成，有票据才有证券权利，证券本身和该证券拥有的权利同时实现，不可分离。票据上的所有权利义务关系均以票据上的文字记载为准，不受任何外来因素的干扰。证券上的权利只由证券上的文义确定，持有人在行使权利时无须证明。票据权利可通过背书或者交付等方式转让。票据权利人实现自己权利后，应将票据还给付款人。

票据的基本形式有三类：汇票、本票和支票。

汇票：是出票人签发的，委托付款人在见票时或者在指定日期无条件支付一定金额给收款人或持票人的一种票据。

本票：是出票人签发的，承诺自己在见票时无条件支付确定的金额给收款人或者持票人的票据。

支票：是出票人签发的，委托办理支票存款业务的银行或者其他金融机构在见票时无条件支付确定金额给收款人或者持票人的票据。

（二）中国票据市场概况

伴随着经济体制改革的不断深化，我国的票据市场从无到有，逐渐形成一定的市场规模，并在市场经济中发挥重要的作用。票据市场已成为企业融资和银行提高资产流动性、规避风险的重要途径，也为中央银行实施货币政策提供了一个传导机制。

这个市场按票据发行主体来划分，有银行票据市场、商业票据市场；按交易方式来划分，有票据发行市场、票据承兑市场和票据贴现市场；按票据种类来划分，有商业银行票据市场、银行承兑汇票市场、银行大额可转让定期存单市场、短期以及融资性票据市场。

由于银行承兑汇票和商业票据是投资者进行短期投资和金融机构进行流动性管理的重要工具，银行承兑汇票市场和商业银行票据市场也成为票据市场的最主要的两个子市场。

（三）票据市场的组织与运行

票据一级市场的参与主体有四个，分别是中央银行、银监会、商业银行和企业，其中，商业银行和企业是一级市场的核心主体。

中央银行在票据一级市场的角色是政策的制定者，它通过制定票据管理办法和相关的商业银行制度，引导票据市场的签发总量和签发行为。

而银监会是以监管者的角色参与票据发行市场的。

国有商业银行、股份制商业银行、地方性商业银行及农村信用社等机构通过承兑银行承兑汇票而参与一级市场。

票据二级市场又可以细分为票据直贴市场和转贴市场，二者参与主体有所不同。

1. 直贴市场

票据直贴市场参与主体主要有五个：中央银行、银监会、企业、商业银行和经纪人。其中，中央银行是票据贴现市场的政策制定者。银监会是以监管者的角色参与票据贴现市场的。企业是直贴市场的必不可少的参与主体，是票据的卖方。商业银行也是直贴市场的必不可少的参与主体，是票据的买方。经纪人是直贴市场的重要参与主体，是企业和直贴银行的居间撮合人。

2. 转贴市场

票据转贴市场的参与主体有六个，分别是：中央银行、银监会、商业银行、财务公司、信托公司和经纪人。

中央银行和银监会参与转贴的方式和直贴市场类似。

大银行是票据转贴市场的最终买家，大中银行是票据转贴市场的中间买家，而中小银行是票据转贴市场的主要卖家。

财务公司是直贴市场的零散买方，汇集一定金额后再将票据转贴给其他银行金融机构。

信托公司与银行合作推出票据理财产品，它们采取银信集合资金信托合作方式，其中银行作为委托方和受益人，将已贴现的银行承兑汇票或保贴的商业汇票等票据资产所对应的权利，以约定的利率转让给特定的信托计划，信托公司作为受托人从事理财计划设计和管理。

经纪人为票据转贴市场各交易方提供信息咨询、交易撮合和技术服务。

（四）票据市场的交易机制

1. 一级市场

即票据的发行市场。票据发行包括签发和承兑，其中承兑是一级市场的核心业务。在这个市场里，票据作为一种信用凭证诞生，实现融资的功能，票据的基本关系人因贸易交换给付对价关系或其他资金关系而使用票据，使其实现存在并交付。其中签发是指出票人在其开户行开立票据，是产生票据的过程。票据承兑是指汇票的付款人承诺负担票据债务的行为。汇票的发票人和付款人之间是一种委托关系，发票人签发汇票，并不等于付款人就一定付款，持票人为确定汇票到期时能得到付款，在汇票到期前向付款人进行承兑提示。

2. 二级市场

即票据的交易市场。交易包括票据背书转让、直贴现、转贴现等业务。二级市场实现了票据的流动、货币政策的传导、市场信息反馈等功能，是票据流通关系人、投资机构、市场经纪人进行交易的场所。其中背书转让是指收款人以转让票据权利为目的，在汇票上签章并作必要记载的一种附属票据行为。直贴现是指银行承兑汇票的持有人在汇票到期日前，为了取得资金，贴付一定利息将票据权利转让给银行的票据行为，是银行向持有人融通资金的一种方式。转贴现是指商业银行在资金临时不足时，将已经贴现但仍然未到期的票据交给其他商业银行或贴现机构给予贴现，以取得资金融通。

3. 三级市场

即票据的再贴现市场。持有已贴现票据的商业银行因流动性需求，到中央银行再贴现窗口申请再贴现。中央银行承担双重角色：一是最终贷款人的角色；二是监控调解者，实现货币政策目标。

（五）票据市场的利率

我国的商业汇票利率体系主要由承兑费率、贴现利率、转贴现利率和再贴现利率构成，其中作为银行间市场业务的票据转贴现，其利率已实现市场化，具体又包括买断式转贴现和回购式转贴现两种。在监管部门加大力度规范会计科目核算、严查逃避信贷规模的票据业务后，买断式转贴现业务的信贷特性日趋明显，其利率更多受到信贷规模影响，与其他银行间货币市场利率产生了一定的背离；回购式转贴现业务则逐步脱离规模互转方式，近期呈现了较强的资金业务特性，利率水平逐步接轨其他银行间货币市场利率。

在票据市场发展初期，中国人民银行就一直致力于推动票据市场的健康、规范、快速发展，并出台多项鼓励票据市场发展的措施，1998 年 3 月 25 日，中央银行开始单独确定再贴现基准利率，票据贴现余额也不再纳入商业银行存贷比考核。

（六）中国货币市场创新之票据市场发展的路径选择

票据市场是我国货币市场的重要组成部分，商业汇票的承兑、贴现、再贴现是目前我国票据业务的主要形式，但是由于起步较晚，相比国外票据市场，我国的票据市场还没有发挥出其应有的功能，主要表现在：

（1）票据市场的工具种类以及数量有限。

（2）票据利率市场化的程度较低，货币政策传导效率有待提高。

（3）票据市场缺乏市场化的中介机构的活跃参与。

根据此状况，提出以下建议：

扩大票据市场工具的种类，在控制风险的前提下发展融资性票据，应该拓宽投资者的范围，扩大票据的种类和数量。

应该完善票据利率的市场化形成机制，有效传导货币政策效果，逐渐形成银行贷款利率、商业票据贴现率、同业拆借利率和中央银行再贴现率之间的合理利率价格级差，使其再贴现率能更好地发挥杠杆作用和货币信号作用，为市场利率的正常水准提供一个参照系。

（七）商业票据市场

1. 商业票据的特点

商业票据是指以企业为出票人，以贴现方式出售给投资者，到期按票面金额向持票人付现而发行的无抵押担保的承诺凭证。它是一种商业证券，一般为大机构发行，发行成本较低，融资和资金使用具有灵活性，其发行可以提高发行公司的声誉。

2. 商业票据的发行

商业票据市场是一个巨大的融资工具市场。商业票据的发行者和投资者是票据市场的两大要素，它们构成了票据市场的供求双方。

商业票据的发行者包括金融公司、非金融公司及银行控股公司。

商业票据的主要投资者是中央银行、大商业银行、非金融公司、保险公司、政府部门、基金组织和投资公司等。

商业票据的发行渠道通常有两种：一是直接销售，二是经销商销售。

商业票据的发行成本包括利息成本和非利息成本两部分。

由于投资人可能会遇到票据发行人到期无法偿还借款的情况，商业票据具有一定的风险，因而货币市场对发行公司的信用等级有很严格的要求，只有信用等级达到一定程度的公司才有资格在市场上发行商业票据。

3. 我国非金融机构票据发行

（1）超短期融资券、短期融资券、中期票据及定向工具。短期融资券是指境内具有法人资格的非金融企业，依照《银行间债券市场非金融企业债务融资工具管理办法》规定的条件和程序，在银行间债券市场发行和交易并约定在一定期限内还本付息的有价证券。企业短期融资券本质上是一种商业票据，是在银行间债券市场面向投资人发行的直接融资工具，具有固定收益、到期偿还、发行期限在1年以内的货币市场产品特征，短期融资券的期限最长不超过1年，证券公司自主确定每期短期融资券的期限。

中期票据是指具有法人资格的非金融企业依照《银行间债券市场非金融企业债务融资工具管理办法》《银行间债券市场非金融企业中期票据业务指引》在银行间债券市场按照计划分期发行的，约定在一定期限还本付息的债务融资工具，期限一般为3—5年。

定向工具全称名为“非公开定向债务融资工具”，是指具有法人资格的非金融企业向银行间市场特定机构投资人发行，并限定在特定投资人范围内流通转让的债务融资工具。超短期融资券、短期融资券属于货币市场融资工具，而中期票据及定向工具则属于资本市场融资工具。

我国非金融机构票据发行发展较为迅速，在2005年年末我国短期融资券发行规模就已突破千亿元大关，发行主体大多为主体信用级别AA－以上企业。2017年全年，发行短期融资券462只，发行规模达3 947.70亿元；超短期融资券1 671只，发行规模达19 412.20亿元。

（2）企业发行短期融资券的基本程序。超短期融资券、短期融资券、中期票据及定向工具在银行间债券市场发行实行注册制。短期融资券及中期票据待偿还余额不超过企业净资产的40%，所募集的资金应用于企业生产经营活动，企业在发行文件中明确披露具体资金用途。企业发行短期融资券及中期票据应披露企业主体信用评级和当期融资券的债项评级。若是信用级别低于发行注册的信用级别时，注册失败，中国银行间市场交易商协会将有关情况进行公告（见图4－5）。

（八）大额可转让存单市场

1. 大额存单

大额存单是指由银行业存款类金融机构面向非金融机构投资人发行的记账式大额存款凭证。

我国2015年推出大额存单产品，以人民币计价，是银行存款类金融产品，属于一般性存款。大额存单的推出，有利于有序扩大负债产品市场化定价范围，健全市场化利率形成机制，也有利于进一步锻炼金融机构的自主定价能力，培育企业、个人等零售市场参与

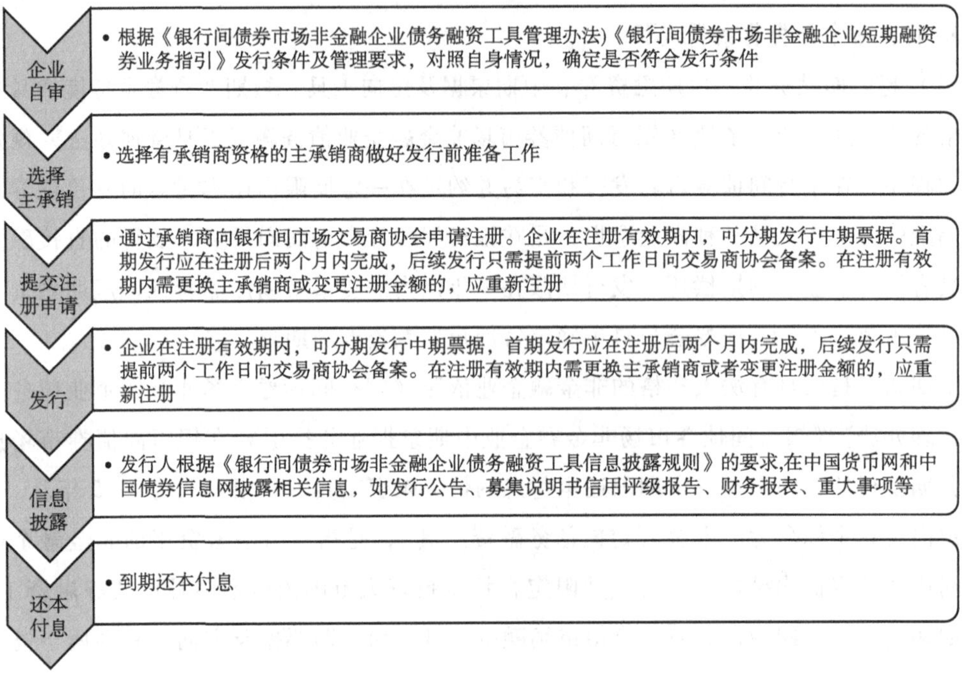

图 4－5　企业发行短期融资券的基本程序

者的市场化定价理念，为继续推进存款利率市场化进行有益探索并积累宝贵经验。同时，通过规范化、市场化的大额存单逐步替代理财等高利率负债产品，对于促进降低社会融资成本也具有积极意义。

大额存单的投资人包括个人、非金融企业、机关团体等非金融机构投资人；个人投资人认购的大额存单起点金额不低于 20 万元，机构投资人则不低于 1 000 万元。

目前已发行存单包括 1 个月、3 个月、6 个月、9 个月、1 年期、18 个月、2 年期、3 年期、5 年期共 9 个期限品种。

各期限存单利率一般高于相应期限存款基准利率，并低于相应期限的保本理财产品收益率。

2. 同业存单

同业存单是指由银行业存款类金融机构法人向同业发行的记账式定期存款凭证。

同业存单在银行间市场发行，存单投资主体覆盖了商有业银行、证券公司、信托公司和财务公司等各类金融机构。

同业存单定价市场化程度较高，发行交易全部参照 SHBOR 定价。利率走势与 SHIBOR 3 个月及中债国债 3 个月的收益率势较为一致。同业存单发行和交易的推进，既对规范金融机构商业业务发展、提高同业务定价透明度发挥了积极作用，也为中长端 SHIBOR 报价提供了交易基础，与中长端 SHIBOR 基准性提高相互促进。同业存单发行利率与中长端 SHIBOR 的相关性进一步提高。

（九）银行承兑汇票市场

银行承兑汇票市场就是以银行承兑汇票为交易对象，通过发行、承兑、贴现与再贴现进行融资的市场。银行承兑汇票是由出票人开立的一种由银行付款，在未来某约定的日期，支付给持票人一定数量金额的远期汇票。在我国，银行汇票多用于异地转账结算和支取现金，银行本票被限制用于同城范围内的交易款项的结算，支票只是作为代替现金使用的短期支付工具。在近年来的交易性票据中，银行承兑汇票占了 90% 的市场份额。

1. 我国商业承兑汇票市场的发展概况

在我国，一方面由于市场对商业信用接受程度较低，市场参与者习惯使用银行信用，很大程度上影响了商业承兑汇票的普及；另一方面，商业承兑汇票的信用等级和流通性也低于银行承兑汇票，在银行办理贴现的难度比银行承兑汇票高，市场的接受程度较低。因此，目前经常使用商业承兑汇票的企业较少。

2. 当前商业承兑汇票市场现状受到几方面影响

（1）商业信用影响因素较多，商票承兑存在较大压力，制约了商业承兑汇票的发展。具体表现为，受票人一般只接受关系密切且规模较大的合作伙伴承兑的商业承兑汇票，接到票据后多是到银行申请贴现或到期收款，背书转让的较少，且一般不愿接受异地企业承兑或转让的商业承兑汇票。这使得商业承兑汇票的使用范围受到了明显影响，市场流通较为缓慢。

（2）企业对商业承兑汇票业务的基础投入较少，不利于商业承兑汇票推广。

（3）金融机构对商票融资积极性不高，推动商业承兑汇票发展动力不足。这主要有两个方面的原因：第一，由于商业承兑汇票以企业信用为基础，商业银行普遍担心商业承兑汇票到期不能兑付而形成新的不良资产；第二，由于大型企业集团签发商业承兑汇票后，挤出银行对其高利率的流动资金贷款。

（4）央行在商票再贴现的限额较少，对商业承兑汇票业务的支持力度不够。银行对商业承兑汇票再贴现的限额相对较少，会导致银行办理商业承兑汇票贴现后，向同业办理转贴现困难或无法向中央银行办理再贴现，贴现资金吃紧，影响了银行对商业承兑汇票业务发展的信心。

（5）商业信用体系还不健全，行业法律法规尚待完善。由于缺少统一、规范的信用评估机构，不能为企业签发商业承兑汇票提供可靠的信用保障，造成企业因无法获知企业真实的信用状况，也不敢采用商业承兑汇票的结算方式。

3. 银行承兑汇票市场发展概况

我国银行承兑汇票业务经历了从禁止到逐步放开再到不断发展的历史演变。党的十一届三中全会以前，我国实行高度集中的计划经济体制，银行信用包揽商业信用，对商业信用一直采取禁止或限制的政策。党的十一届三中全会后到20世纪90年代中期，商业信用的禁令逐渐被解除，商业信用逐步票据化，银行承兑汇票随之得到发展，但银行承兑汇票的功能和作用尚未被认识。自20世纪90年代开始，银行承兑汇票的融资功能日益显著。银行承兑汇票的承兑业务作为商业银行重要的表外业务被纳入统一授信范畴，并得到极大发展，在增加商业银行收入、调整资产结构和规避资本充足率低的矛盾等方面发挥了重要的作用；企业则利用银行承兑汇票的融资功能来降低经营成本，加速资金周转，提高经营效益。银行承兑汇票由结算汇票业务迅速发展起来。

1984年，中国人民银行刚行使中央银行职能，根据在上海等地的试点，出台了《商业汇票、承兑、贴现暂行办法》，鼓励商业银行积极开展银行承兑汇票再贴现业务；1986年，在全国开展了银行承兑汇票再贴现业务，引导银行承兑汇票业务的发展；1988年，针对全国范围的货款拖欠情况，作为清理拖欠的一项措施，进行了银行结算制度的改革，要求大力推行商业票据，颁布了《银行结算办法》，将商业汇票作为货款结算的一种工具，规范了结算、承兑、贴现、再贴现的处理程序和会计核算手续；同年颁发了《关于加强商业汇票管理促进商业汇票发展的通知》，继续倡导和促进商业汇票的使用和推广。

1995年，《中华人民共和国票据法》颁布，明确了包括银行承兑汇票在内的各种票据行为和法律责任等；根据《中华人民共和国票据法》的有关规定，中国人民银行出台了《支付结算办法》，明确了银行承兑汇票业务核算程序；1997年，中国人民银行颁发《商业汇票承兑、贴现与再贴现管理暂行办法》，要求商业银行必须将贴现纳入资产负债比例管理中；1999年颁发《关于改进和完善再贴现业务管理的通知》；2001年颁发《关于切实加强商业汇票承兑贴现和再贴现业务管理的通知》等，提出银行承兑汇票业务的规模不得超过上年存款的5%，以防范风险。

21世纪以来，票据业务走上规模化和专业化发展轨道，票据业务总量成倍增长。在票据业务全国范围内推广应用和市场制度建立后，票据业务运作机制逐渐成熟，商业银行票据业务开展的规模化和专业化程度明显上升，由此促进了票据业务快速增长。其间，票据市场参与主体迅速扩大，除票据业务恢复开展初期的大型国有商业银行之外，股份制商业银行、城市商业银行、财务公司和信用社等金融机构纷纷开展票据业务，票据市场活跃程度明显提高。

（十）银行承兑汇票的特点

（1）信用好，承兑性强。银行承兑汇票经银行承兑到期无条件付款，就把企业之间的商业信用转化为银行信用。对企业来说，收到银行承兑汇票，就如同收到了现金。

（2）流通性强，灵活性高。银行承兑汇票可以背书转让，也可以申请贴现，不会占压企业的资金。

（3）节约资金成本。对于实力较强、银行比较信得过的企业，只需缴纳规定的保证金，就能申请开立银行承兑汇票，用以进行正常的购销业务，待付款日期临近时再将资金交付给银行。

近年来，银行承兑汇票市场发展有一定波动性。2017 年，企业累计签发商业汇票 17 万亿元，同比下降 61%；期末商业汇票未到期金额为 8.2 万亿元，同比下降 9.5%。金融机构累计贴现票据 40.3 万亿元，同比下降 52.4%；期末贴现余额 3.9 万亿元，同比增长 28.9%。票据融资余额下降，期末票据融资余额占各项贷款的比重为 3.2%，同比下降 19 个百分点。从行业结构看，企业签发的银行承兑汇票余额仍集中在制造业批发和零售业；从企业结构看，由中小型企业签发的银行承兑汇票约占三分之二。

票据市场利率受市场流动性影响显著，银行体系流动性合理充裕，货币市场利率下降，票据市场利率一般也将趋降。另外，票据业务风险事件、票据监管环境、货币市场波动等因素也将影响票据供求关系，影响市场利率。

第三节

传统货币政策工具与新型货币政策工具的应用

一、传统货币政策工具

我国传统的货币政策工具有存款准备金率、公开市场操作和再贴现率。

存款准备金是金融机构在中央银行的存款，在央行的存款占存款总额的比率成为存款准备金率。其特点如下：（1）央行拥有完全的自主权，最易实施；（2）存款准备金率对货币供应量的影响迅速，一旦确定后金融机构必须执行；（3）对所有金融机构一视同仁；（4）作用过于巨大，不太适宜作为日常货币供给的调整工具；（5）某些程度上受商业银行超额存款准备金的影响，提高存款准备金率不一定会影响货币供给量。

公开市场操作是指中央银行买卖证券和外汇，从而调节市场流动性。其主要特点如下：（1）可以随时进行操作，精准控制银行体系的准备金和基础货币；（2）无告示效应，不会引起社会公众对其的错误解读；（3）不会决定证券的收益率，进而不会影响银行的收益；（4）对中央银行要求较高，央行必须具有足够强的实力控制整个金融市场；（5）必须拥有一个完整、发达的金融市场与之匹配；（6）必须与其他货币政策工具进行配合使用。从1998年起，中国人民银行陆续将国债、政策性金融债券和中央银行票据作为公开市场业务的操作工具。

再贴现率是指中央银行买进商业银行未到期的商业汇票，向银行提供资金支持。主要特点如下：（1）有利于央行发挥最后贷款人的身份，既能调解货币供给的总量，又能调节货币供给的结构；（2）主动权在商业银行，而不在中央银行，央行具有被动性。

（一）存款准备金

我国于1984年实施法定存款准备金制度，2004年实行差别存款准备金制度，至今为止，存款准备金制度仍是我国最重要的货币政策工具之一。央行相机抉择运用存款准备金率来调节货币供给，截至2018年8月1日，存款准备金率经历了五十余次调整，主要集中于2007年之后（1984—2005年仅调整8次，2006年3次，2007年后39次普遍调整、6次定向调整）。存款准备金被认为是比较猛烈的货币政策工具，往往存款准备金率的小幅调整就能带来货币供给的剧烈变化。

从超额存款准备金来看，2001年以来存在下降的趋势，但在金融危机后逐渐企稳，主要原因是金融危机后经济下滑，不良贷款率上升，银行体系放贷的意愿下降。发达国家有对存款准备金付息的，也有不付息的，我国央行对存款准备金付息，法定存款准备金利率为1.62%，超额存款准备金利率为0.72%。

（二）再贴现与再贷款

再贴现是中央银行对金融机构持有的未到期已贴现商业汇票予以贴现的行为。在我国，中央银行通过适时调整再贴现总量及利率，明确再贴现票据选择，达到吞吐基础货币和实施金融宏观调控的目的，同时发挥调整信贷结构的功能。中央银行贷款指中央银行对金融机构的贷款，简称再贷款，是中央银行调控基础货币的渠道之一。近年来，适应金融宏观调控方式由直接调控转向间接调控，再贷款所占基础货币的比重逐步下降，结构和投向也发生了重要变化。新增再贷款主要用于促进信贷结构调整，引导扩大县域和“三农”信贷投放。由于中期借贷便利（MLF）和常备借贷便利（SLF）的逐渐应用，再贴现使用得越来越少，中国人民银行也不再公布相关数据。

（三）公开市场操作

公开市场操作是中央银行吞吐基础货币、调节市场流动性的主要货币政策工具，通过中央银行与市场交易对手进行有价证券和外汇交易，实现货币政策调控目标。中国公开市场操作包括人民币操作和外汇操作两部分。外汇公开市场操作于 1994 年 3 月启动，人民币公开市场操作于 1998 年 5 月 26 日恢复交易，规模逐步扩大。1999 年以来，公开市场操作发展较快，目前已成为中国人民银行货币政策日常操作的主要工具之一，对于调节银行体系流动性水平、引导货币市场利率走势、促进货币供应量合理增长发挥了积极的作用。

从交易品种看，中国人民银行公开市场业务债券交易主要包括回购交易、现券交易和发行中央银行票据，以回购交易为主。其中回购交易分为正回购和逆回购两种，正回购为中国人民银行向一级交易商卖出有价证券，并约定在未来特定日期买回有价证券的交易行为，正回购为中国人民银行从市场收回流动性的操作，正回购到期则为中国人民银行向市场投放流动性的操作；逆回购为中国人民银行向一级交易商购买有价证券，并约定在未来特定日期将有价证券卖给一级交易商的交易行为，逆回购为中国人民银行向市场上投放流动性的操作，逆回购到期则为中国人民银行从市场收回流动性的操作。现券交易分为现券买断和现券卖断两种，前者为中国人民银行直接从二级市场买入债券，一次性地投放基础货币；后者为中国人民银行直接卖出持有债券，一次性地回笼基础货币。中央银行票据即中国人民银行发行的短期债券，中国人民银行通过发行央行票据可以回笼基础货币，央行票据到期则体现为投放基础货币。

当银行体系流动性存在长期、趋势性供求矛盾时，公开市场操作可与其他工具相配合，对较长期限的流动性进行有效调节。比如，2003—2013 年，中国人民银行通过发行央行票据和开展正回购操作，与法定准备金率等其他工具相配合，对冲外汇大量流入带来的过剩流动性。相对于持续性的投放和回收流动性，公开市场操作高度灵活的特点决定了这一工具在双向微调流动性方面更具优势。中央银行通过合理安排公开市场操作的品种、期限、规模等要素，可对短期流动性波动进行“削峰填谷”式的微调操作，实现对流动性的精细化管理，旨在熨平诸多因素对流动性的影响，并不代表货币政策取向发生变化，促进流动性和货币市场平稳运行。

二、新型货币政策工具的应用

长期以来，在维持币值稳定的基础上促进经济增长是我国法定的货币政策目标。但事实上，基于经济发展不同阶段的需要，我国中央银行一直采取的是多目标制，要在稳币值、保增长、促就业和平衡国际收支多个目标间寻求恰当的平衡，并要在不同的阶段以不同的权重去考虑多目标，同时随着经济条件的变化去改变权重或进行切换（周小川，2010）。在经济发展新常态下，国家宏观调控的总体思路是宏观要稳、微观要活，而且，经济中高速增长、结构转型升级和增长动力机制转换是新常态的重要特征。这意味着货币政策的调控在原有目标的基础上还要肩负调结构和防风险（金融稳定）的重任（张晓慧，2015）。

对于货币政策中介目标，目前仍以 M2 和社会融资规模为主，正在越来越多地考虑利率等价格型中介目标。

货币政策调控方式目前仍以数量型调控为主，正在逐渐向价格型调控过渡。目前仍要使用存款准备金率和公开市场操作调节货币供应量，以常备借贷便利（SLF）利率作为利率走廊上限，以超额存款准备金利率作为利率走廊下限，正在构筑利率走廊机制和价格型调控方式。2012 年 9 月，《金融业发展与改革“十二五”规划》明确提出：“在继续关注货币供应量、新增贷款等传统中间目标的同时，发社会融资规模在货币政策制定中的参考作用，推进货币政策从以数量型调控为主向以价格型调控为主转型。”2015 年 10 月，中国人民银行明确提出未来的政策利率体系：“对于短期利率，人民银行将加强运用短期回购利率和常备借贷便利利率，以培育和引导短期市场利率的形成。对于中长期利率，人民银行将发挥再贷款、中期借贷便利、抵押补充贷款（PSL）等工具对中长期流动性的调节作用以及中期政策利率的功能，引导和稳定中长期市场利率”，这标志着我国货币政策框架正式进入价格型框架时代，以 M2 为基准的数量型货币政策工具正在向以市场利率为调控目标、以某些政策利率为基准的价格型货币政策工具转向。

（一）定向降准

定向降准是指央行定向下调法定银行准备金率，以鼓励金融机构将更多资金配置到实体经济中需要支持的行业和领域，主要发挥了信号和结构引导作用，通过建立促进信贷结构优化的正向激励作用，引导商业银行用好增量、盘活存量，这有利于在不大幅增加贷款总量的同时，使相关领域企业获得更多的信贷支持。

国际金融危机爆发以来，通过开展定向操作疏通货币政策传导机制成为主要经济体央行的新动向。如美联储实施“扭转操作”以打通短期利率向中长期利率的传导梗阻，欧洲央行推出“定向长期再融资操作”也是在引导资金通过信贷等途径流向实体经济。然而，货币政策主要还是总量政策，其结构引导作用是辅助性的。定向降准等结构性措施若长期实施也会存在一些问题，如数据的真实性可能出现问题，市场决定资金流向的作用可能受到削弱，准备金工具的统一性也会受到影响。

2017 年 9 月，中国人民银行宣布对普惠金融领域贷款达到一定标准的金融机构实施定向降准。此次定向降准是对原有小微企业和“三农”领域定向降准政策的拓展，将政策延伸到脱贫攻坚和“双创”等其他普惠金融领域贷款，政策外延更加完整和丰富；同时，还对原有定向降准政策进行了优化，聚焦“真小微”“真普惠”，指向单户授信 500 万元以下的小微企业贷款、个体工商户和小微企业主经营性贷款，以及农户生产经营、创业担保、建档立卡贫困人口、助学等贷款，政策精准性和有效性显著提高。在具体实施上，定向降准政策仍保留了原有两档考核标准的政策框架。

（二）短期流动性调节工具

短期流动性调节工具（Short term Liquidity Operations，SLO）是指央行推行的短期逆回购操作。SLO 在 2013 年 1 月创设，采用市场化利率招标方式开展操作，作为公开市场常规操作的必要补充，在银行体系流动性出现临时性波动时相机使用。这一工具的及时创设，既有利于央行有效调节市场短期资金供给，熨平突发性、临时性因素导致的市场资金供求大幅波动，促进金融市场平稳运行，也有助于稳定市场预期和有效防范金融风险。

其特点主要有：（1）SLO 的操作期限短，多为 7 天以内的回购。（2）SLO 的操作时点具有灵活性，通常为公开市场常规操作的间歇期。常规公开市场操作是，一级交易商在每周一上报回购需求，央行根据上报的需求确定周二、周四发行相应期限、品种的回购。但是当一级交易商预期的资金变化与实际需求不符时，市场就有可能出现利率过度波动，而 SLO 的不固定时间点将会使市场调控更加精准。（3）SLO 的操作对象为符合特定条件的一级交易商。

（三）常备借贷便利

常备借贷便利（Standing Lending Facility，SLF）是指以高信用评级的债券和优质信贷资产作为抵押而获得央行的贷款，期限为 1—3 个月。

借鉴国际经验，中国人民银行于 2013 年初创设了常备借贷便利。银行根据自身的需求，单独向中国人民银行提出申请，中国人民银行根据当时的流动性紧缺情况货币政策目标和引导市场利率需要等多种因素，综合确定 SLF 的利率水平。SLF 到期后，申请 SLE 的银行根据中国人民银行确立的利率水平向中国人民银行要回抵押的资产，资金由此再回收到中国人民银行。

常备借贷便利有以下三个特点：第一，SLF 的操作期限较 MLF 短，多为 1—3 个月；第二，金融机构可根据自身流动性需求申请，针对性强；第三，常备借贷便利的交易对手覆盖面广，能覆盖不同的银行。

常备借贷便利是中国人民银行正常的流动性供给渠道，主要功能是满足金融机构期限较长的大额流动性需求。对象主要为政策性银行和全国性商业银行。利率水平根据货币政策调控、引导市场利率的需要等综合确定。常备借贷便利以抵押方式发放，合格抵押品包括高信用评级的债券类资产及优质信贷资产等。现在常备借贷便利交易期限为隔夜、7 天和 1 个月，主要用于发挥利率走廊上限的作用。央行每月公布交易状况。

（四）中期借贷便利

中期借贷便利（Medium－term Lending Facility，MLF）是指商业银行及政策性银行，通过招标方式以国债、央行票据、政策性金融债、高评级信用债等作为押品获得央行贷款，期限为 3 个月至 1 年。

当前银行体系流动性管理不仅面临来自资本流动变化、财政支出变化及资本市场 IPO 等多方面的扰动，同时也承担着完善价格型调控框架、引导市场利率水平等多方面的任务。为保持银行体系流动性总体平稳适度、支持货币信贷合理增长，中央银行需要根据流动性需求的期限、主体和用途不断丰富和完善工具组合，以进一步提高调控的灵活性、针对性和有效性。

MLF 于 2014 年 9 月由中国人民银行创设，银行根据自身的资金需求，单独向中国人民银行提出申请，中国人民银行根据当时的流动性紧缺情况、货币政策目标和引导市场利率需要等各种因素，综合确定 MLF 的利率水平。MLF 到期后，申请 MLF 的银行根据中国人民银行确立的利率水平向中国人民银行赎回抵押的资产，资金由此再回收到央行。

中期借贷便利有以下三个特点：（1）MLF 的操作期限较 SLF 长，多为 3 个月至 1 年；（2）MLF 具有 SLF 针对性强及交易对手覆盖面广等特点；（3）MLF 可多次展期，为银行的信贷投放意愿起到助力作用，能有效把利率往中长端传导。

中期借贷便利是中央银行提供中期基础货币的货币政策工具，对象为符合宏观审慎管理要求的商业银行、政策性银行，可通过招标方式开展。中期借贷便利采取质押方式发放，金融机构提供国债、央行票据、政策性金融债、高等级信用债等优质债券作为合格质押品。通过调节向金融机构中期融资的成本来对金融机构的资产负债表和市场预期产生影响，引导其向符合国家政策导向的实体经济部门提供低成本资金，促进降低社会融资成本。一般情况下，商业银行是借用短期资金贷出长期资金，即所谓的“借短贷长”。为了维持一笔期限较长的贷款，商业银行需要频繁借用短期资金，因此存在一定的短期利率风险和成本。由于 MLF 的期限较长，若商业银行用 MLF 得到的资金来进行该笔贷款，就无须进行频繁的借短贷长，可以在某种程度上降低商业银行的利率风险。MLF 发挥了中期政策利率的作用，调节商业银行中期融资的成本，进而对金融机构的资产负债表进行调节，同时影响市场预期，引导银行业向符合国家政策导向的实体经济提供低成本资金，降低商业银行贷款利率和社会融资成本，促进实体经济发展。从商业银行的资产负债表来看，短期负债减少，中期负债增多，且利率更为稳定，可以提高商业银行的负债管理水平。从资产端来看，由于中期借贷便利会引导资金向符合国家政策引导的实体经济流动，且为这一行业内的企业提供低成本的资金，但因此也可能会减少商业银行的利息收入，或引发机会主义行为。

近年来中期借贷便利余额不断上升，中期借贷便利逐渐成为央行投放货币的主要方式，体现了央行引导中期利率、降低企业融资成本的政策意愿。根据货币政策调控需要和银行体系流动性状况，央行综合运用 MLF、SLF 等货币政策工具，进一步增强央行流动性管理的灵活性和有效性，保持银行体系流动性基本稳定。

（五）补充抵押贷款

2014 年 4 月，中国人民银行创设抵押补充贷款（Pledged Supplemental Lending，PSL），为开发性金融支持棚户区改造提供长期稳定、成本适当的资金来源。抵押补充贷款的主要功能是支持国民经济重点领域、薄弱环节和社会事业发展而对金融机构提供的期限较长的大额融资。抵押补充贷款采取质押方式发放，合格抵押品包括高等级债券资产和优质信贷资产。

（六）建立利率走廊的尝试

利率走廊是指以央行存款利率作为利率下限，常备借贷便利利率作为利率上限，短期利率（美国为联邦基金利率，中国为 SHIBOR 或质押式回购利率）作为基准利率在上下限之间蛇行的一种货币政策调控方式。

欧洲央行于 1989 年 6 月成立后即实施利率走廊机制，该机制随着 1999 年欧元的启动而正式实施。其走廊上限利率为边际借贷便利，走廊下限利率为银行存款便利。银行存款便利允许金融机构在国家中央银行存入隔夜存款。通常情况下，存款便利利率比市场利率低，边际借贷便利则允许银行以惩罚性的市场利率获得隔夜流动性。欧洲央行设定的初始走廊系统为不对称系统，其中边际贷款便利利率比目标利率高 150 个基点，存款便利利率比目标利率低 100 个基点。然而，随着欧洲央行在 1999 年 4 月 8 日降息，利率走廊的走廊宽度随即收窄为 20 个基点，目标利率也开经位于利率走廊的中间位置。金融危机期间，由于欧洲央行实施宽松的货币政策，欧元隔夜平均利率指数不断下降。与此同时，利率走廊的宽度也经历多次变化，先是 2008 年 10 月被收窄至 100 个基点，接着 2009 年年初又被恢复到 200 个基点，最后才于 2009 年 5 月 7 日的会议之后重新收窄并确定在 150 个基点。2009 年的年中开始，实际隔夜拆借利率已被足量的流动性驱使至走廊下限附近，此时的利率走廊系统就近似于地板系统。事实上正是由于地板系统将利率政策与流动性政策相分离的优点，欧洲央行向货币市场注入空前流动性的同时才能将短期市场利率稳定地控制在政策利率附近。

为实施利率走廊，欧洲央行创设了多样化的货币政策工具，包括从常态化和非常态化的货币市场操作，到经常性的融资便利。此外，金融危机之后，欧洲央行还发明了长期再融资计划 LTRO（Long - term Refinancing Operation）、资产担保购买计划 CBPP（Covered Bond Purchase Program）等多项非常规的货币政策工具，以实行超宽松的货币政策，为实体经济提供流动性支持。

在完善的金融市场中，央行只需要调节短期利率，并通过金融市场的调节，就可以达到调控整个利率期限结构曲线的目标。然而我国的金融市场仍然不够发达，利率传导不畅，央行仍需要调节短期和中长期利率来达到调控利率期限结构曲线的目标。对于短期利率，中国人民银行将加强运用短期回购利率和常备借贷便利（SLF）利率，以培育和引导短期市场利率的形成。对于中长期利率，中国人民银行将发挥再贷款、中期借贷便利（MF）、抵押补充贷款（PSL）等工具对中长期流动性的调节作用以及中期政策利率的功能，引导和稳定中长期市场利率（见图 4 - 6）。

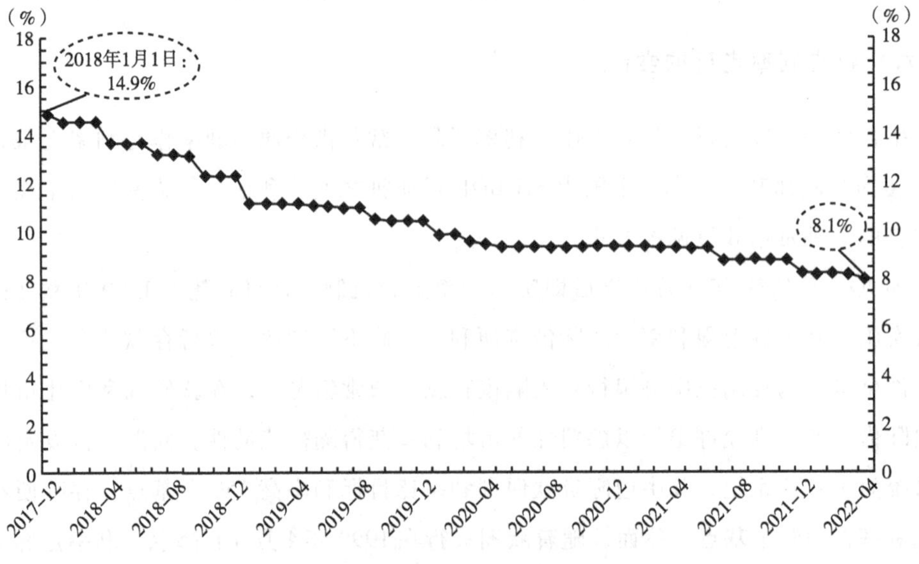

图 4 - 6　2018 年以来金融机构平均法定存款准备金率变动情况

2022 年 4 月 25 日，金融机构平均存款准备金率为 8. 1%（见表 4 - 5）。

表 4 - 5　　金融机构平均存款准备金率

金融机构	存款准备金率
大型银行	9. 75%
中型银行	7. 75%
小型银行	5. 0%

说明：

1. 大型银行包括国有大型银行。
2. 中型银行包括股份制商业银行等。
3. 小型银行包括 4 000 多家农村商业银行、农村合作银行、农村信用社和村镇银行等。

2018年以来，中国人民银行13次下调存款准备金率，共释放长期资金约10.8万亿元。其中，2018年4次降准释放资金3.65万亿元，2019年3次降准释放资金2.7万亿元，2020年3次降准释放资金1.75万亿元，2021年2次降准释放资金2.2万亿元，2022年1次降准释放资金5 300亿元。普惠金融定向降准考核政策实施以来，普惠金融领域贷款明显增长，普惠金融服务覆盖率和可得性提高，有效实现了政策目标，参加考核金融机构统一执行最优惠档存款准备金率。通过降准政策的实施，优化了金融机构的资金结构，满足了银行体系特殊时点的流动性需求，加大了对中小微企业的支持力度，降低了社会融资成本，推进了市场化法治化"债转股"，鼓励了广大农村金融机构服务当地、服务实体，有力地支持了疫情防控和企业复工复产，发挥了支持实体经济的积极作用。

截至2022年4月25日，金融机构平均法定存款准备金率为8.1%，较2018年年初降低6.8个百分点。降准操作并不改变央行资产负债表规模，只影响负债方的结构，短期内商业银行可能根据经营需要减少对中央银行的负债，因此基础货币可能有所下降。但从长期来看，降准不但不会使货币供应量收紧，反而具有很强的扩张效应。降低法定存款准备金率，意味着商业银行被央行依法锁定的钱减少了，可以自由使用的钱相应增加了，从而提高了货币创造能力，这与美联储等发达经济体央行减少债券持有量的"缩表"正相反。

本章小结

本章首先从整体上介绍了货币市场的定义、特征、参与主体和功能，在此基础上，进一步对货币市场的主要金融产品进行了简要介绍，最后选择当前中国货币市场最为重要的三个子市场，即同业拆借市场、回购市场和票据市场进行详细分析，分别从市场发展历程、市场组织与运行、市场利率的决定三个方面进行分析。通过上述内容的介绍和分析，希望读者对货币市场尤其是对中国货币市场有一个全面、系统的认识和把握。

课后习题

一、重要概念

货币市场、同业拆借、票据市场、回购市场、短期融资券、存款准备金、同业存单

二、思考

1. 近年来中国同业存单市场发展迅速，发行主体也由期初的国有大型商业银行转变为股份制银行、城商行等中小银行。试分析同业存单市场发展的意义及潜在的市场风险。

2. SHIBOR 目前可以作为我国货币市场基准利率吗？为什么？

3. 请举例说明当前中国人民银行运用的新型货币政策工具及其宏观影响。

4. 货币市场的特征有哪些？

5. 短期国债、中央银行票据、短期融资券、商业汇票、大额可转让定期存单各是什么含义？

6. 同业拆借市场的参与者主要有哪些？

7. SHIBOR 是什么？如何决定？

第五章　债券市场

【教学目的与要求】

1. 掌握债券市场的定义和主要产品
2. 了解中国债券市场的发展与现状
3. 熟悉各类债券的一级市场发行机制
4. 熟悉各类债券二级市场上的交易机制
5. 了解债券市场国际经验与创新方向

第一节　债券市场概述

一、债权与债权市场的内涵

（一）债券的内涵

债券是政府、企业和金融机构等社会各类经济主体依据法律手续发行的，向投资者即债权人承诺的，按约定利率和日期还本付息的有价证券。债券发行者有义务定期支付利息，并在到期日偿还本金。如果债券发行者不能按规定还款，债券持有者就可以对债券发行者的资产行使索偿权。

债券的基本要素包括债券名称、债券面值、到期期限、票面利率和债券价格。

（1）债券名称。一般由发行年份、发行人简称以及债券发行和流通时在相应市场中所获得的编号代码共同构成。该要素指明了债券的债务主体。

（2）债券面值。债券的票面价值是债券票面标明的货币价值，是债券发行者承诺在债券到期日偿还给债券持有者的金额。一般而言，各个国家对于不同债券均有约定俗成的票面金额。

（3）到期期限。是指债券从发行日起至偿清本息之日止的时间，也是债券发行者承诺履行合同义务的全部时间。发行者在确定债券期限时，要综合考虑多种因素的影响，包括资金使用方向、未来现金流、市场利率变化、债券的变现能力等。

（4）票面利率。票面利率也称为名义利率，是债券年利率与债券面值的比率，通常年利率用百分比表示。票面利率是债券票面要素中不可或缺的内容，主要与借贷资金市场利率水平、筹资者的资信水平、债券的期限等因素有关，并且票面利率在债券的约定期限内是固定的或按约定的计算方式确定。

（5）债券价格。债券的价格反映了投资者对债券未来收益的现值预期。影响债券价格的因素主要有利率（票面利率和市场利率）、信用水平、流动性等。由无信用风险、不同剩余期限债券的交易价格所形成的收益率曲线是社会经济中一般金融产品收益水平的重要基准之一。

债券种类繁多，根据发行主体划分可以分为政府债券、公司债券和金融债券。按收益划分可以分为固定利率债券、浮动利率债券、指数债券、零息债券、高收益债券。按付息方式划分，可分为贴现债券、零息债券、附息债券、固定利率债券、浮动利率债券。按抵押担保状况划分可以分为信用债券、抵押债券、担保债券、担保信托债券、设备信托债券。按内涵选择权划分可分为可赎回债券、偿还基金债券、可转换债券和带认股权证的债券。按偿还期限划分，可以分为短期、中期、长期债券。其中最为常见的是根据发行主体进行划分。

（二）债券市场的内涵

债券市场是发行和买卖债券的场所，是金融市场一个重要的组成部分。债券市场是一国金融体系中不可或缺的部分。一个统一、成熟的债券市场可以为全社会的投资者和筹资者提供风险与收益匹配的投融资工具；债券的收益率曲线是社会经济中一切金融商品收益水平的基准，因此债券市场也是传导中央银行货币政策的重要载体，统一、成熟的债券市场构成了一个国家金融市场的基础。

根据不同的分类标准，债券市场可分为不同的类别。最常见的分类有以下几种。

根据债券的运行过程和市场的基本功能，可将债券市场分为发行市场和流通市场。

债券发行市场，又称一级市场，是发行单位初次出售新债券的市场。债券发行市场的作用是将政府、金融机构以及工商企业等为筹集资金向社会发行的债券，分散发行到投资者手中。

债券流通市场，又称二级市场，指已发行债券买卖转让的市场。债券一经认购，即确立了一定期限的债权债务关系，但通过债券流通市场，投资者可以转让债权，变现债券。债券发行市场和流通市场相辅相成，是互相依存的整体。发行市场是整个债券市场的源头，是债券流通市场的前提和基础。发达的流通市场是发行市场的重要支撑，流通市场的发达是发行市场扩大的必要条件。

根据市场组织形式，债券流通市场可进一步分为场内交易市场和场外交易市场。证券交易所是专门进行证券买卖的场所，如我国的上海证券交易所和深圳证券交易所。在证券交易所内买卖债券所形成的市场，就是场内交易市场，这种市场组织形式是债券流通市场的较为规范的形式，交易所作为债券交易的组织者，本身不参加债券的买卖和价格的决定，只是为债券买卖双方创造条件、提供服务，并作为自律性机构进行监管。场外交易市场是在证券交易所以外进行证券交易的市场。我国的债券场外交易市场主要包括银行间债券市场和商业银行柜台市场，银行间债券市场是我国发行和交易规模最大的债券市场。目前，我国债券流通市场由三部分组成，即沪深证券交易所市场、银行间交易市场和证券经营机构柜台交易市场。

根据债券发行地点的不同，债券市场可以划分为国内债券市场和国际债券市场。国内债券市场的发行者和发行地点同属一个国家，而国际债券市场的发行者和发行地点不属于同一个国家。国际债券又包括由非居民发行的在岸国际债券和在离岸市场发行的离岸国际债券，前者包括扬基美元债券、武士日元债券和熊猫人民币债券等种类，后者包括离岸欧洲美元债券、离岸欧洲日元债券和离岸人民币点心债券等品种。由于国际债券的交易涉及跨境和离岸交易，因此不同货币计价的国际债券发行规模的变化反映了这些货币的国际化程度。

根据国际清算银行统计数据，截至 2019 年第三季度，全球未清偿债券余额为 103.42 万亿美元，未偿余额规模大的国家依次为美国、中国、日本和英国，其全部未偿债券余额分别为 40.77 万亿美元、13.87 万亿美元、12.80 万亿美元和 5.91 万亿美元，占各国 GDP 之比分别为 191.01%、97.56%、247.29% 和 208.83%。其中，美国约占全球债券市场未偿余额的 39.42%。

国际金融协会（IIF）2022 年 2 月 23 日发布的《全球债务监测》报告显示，2021 年全球债务总额首次突破300万亿美元，达到303万亿美元，创历史新高。国际金融协会的数据显示，2021年全球债务比2020年增加10万亿美元。债务占全球GDP比重为351%，比2020年的360%有所降低。该协会针对债务占GDP比重下降的原因分析称，“经济复苏和通胀率上升发挥了作用”。新兴市场国家的债务比2020年增加8.5万亿美元，超过了95万亿美元。报告显示，新兴市场国家的债务占GDP比重约为248%，比新冠疫情前增加了20%以上。

二、中国债券市场结构

中国债券市场从1981年恢复发行国债开始至今，经过了40多年的改革历程，作为资本市场的重要组成部分，债券市场体系已经相对完整，形成了“两个类型、两个中心、一个平台”的市场架构（见图5－1）。

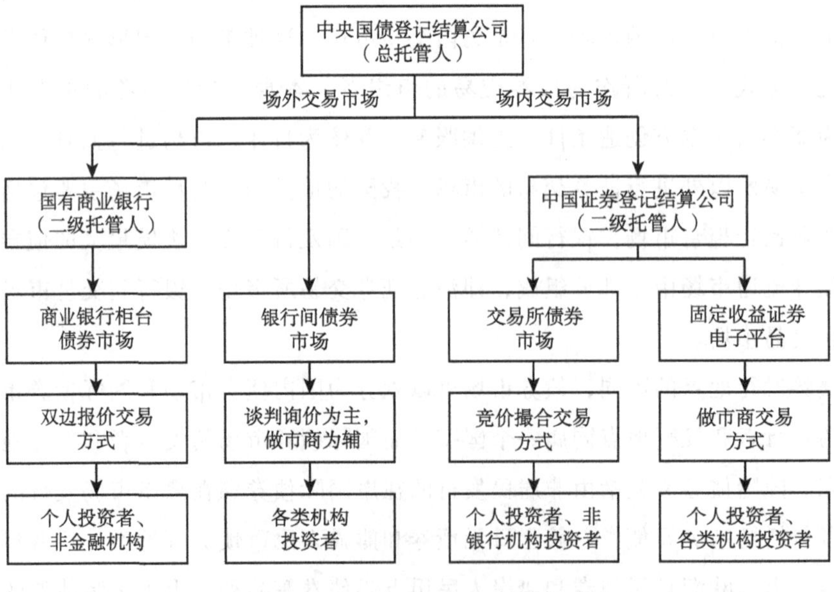

图5－1　债券市场体系的市场架构

两个类型是指债券市场分为场内交易市场和场外交易市场。

场内市场包括上海证券交易所和深圳证券交易所，参与者既有机构也有个人，属于大额和小额交易混合型市场。

场外市场包括银行间债券市场和商业银行国债柜台市场，前者的参与者限定为机构投资者，属于大额交易市场；而后者的参与者限定为个人，属于小额交易市场。

两个中心是指场内债券交易主要集中在上海证券交易所；而场外交易绝大部分集中在银行间债券市场，二者是中国国债交易市场的两个中心场所。

一个平台是指固定收益电子平台，该平台在 2009 年 1 月以后允许部分商业银行进场交易，并采用做市商报价和询价交易相结合的机制。

随着债券市场的发展，债券市场托管总量持续增长。2022 年 10 月，全国债券市场托管总量达 955 226.54 亿元，其中，银行间债券市场托管债券 915 441.87 亿元，占全市场的 95.8%；柜台市场托管债券 7 318.84 亿元，占全市场的 0.8%；其他市场托管债券 32 465.82亿元，占全市场的 3.4%（见图 5－2）。

单位：亿元

	托管面额
合计	955 226.54
一、银行间债券市场	915 441.87
1.商业银行	604 852.99
2.信用社	11 110.87
3.保险机构	32 686.23
4.证券公司	17 212.71
5.非法人产品	178 319.51
6.境外机构	31 375.76
7.其他	39 883.81
二、柜台市场	7 318.84
三、其他市场	32 465.82

图 5－2　2022 年 10 月全国债券市场托管总量

资料来源：中国债券信息网。

按监管部门来看，中国债券市场具有财政部、国家发展改革委、中国人民银行、中国证监会、中国银保监会等多部门监管的特点。这种多部门监管体制是中国债券市场发展进程中逐步演变的结果，对于促进债券市场品类的发展发挥了重要作用，但也成为债券市场发展的突出问题。多部门监管的结果导致了市场发行、交易等功能性监管职能和机构投资者监管职能分割。2018 年 12 月，中国人民银行、证监会、国家发展改革委联合发布《关于进一步加强债券市场执法工作有关问题的意见》（以下简称《意见》），以强化债市监管执法，加强协同配合，建立统一的债券市场执法机制。《意见》明确，证监会依法对银行间债券市场、交易所债券市场违法行为开展统一执法工作。自《意见》发布后，证监会不断加强与中国人民银行、国家发展改革委等部门的执法协作，按照依法全面从严监管的总体要求，积极稳妥地推进债券市场统一执法工作。

三、债券市场基础设施支持

金融市场基础设施（FMI）是保障金融市场安全高效运行和整体稳定的一整套体系，

包括系统重要性支付系统（SIPS）、中央证券存管系统（CSD）、证券交收系统（SSS）、中央对手方（CCP）和交易信息集中报告机构（TR）等。债券登记、托管、清算和结算系统是债券市场重要的基础设施。

债券登记是指中央结算公司以簿记方式依法确认债券持有人持有债券事实的行为。债券登记包括债券初始登记、变更登记、受限登记和注销登记。在中国境内，债券中央托管机构同时承担债券登记职能，又称债券登记托管结算机构。

债券托管是指中央结算公司对债券持有人持有的债券进行集中保管，并对其持有债券的相关权益进行管理和维护的行为。债券托管业务包括债券账户账务数据查询、债券持有人名册申请、跨市场转托管、非交易过户等。根据托管层级的不同，债券托管分为一级托管和多级托管。其中，一级托管是指最终投资者以自己的名义将债券托管于中央登记托管机构（Central Securities Depository，CSD），由 CSD 直接管理投资者的债券权益，是落实穿透监管最有效的安排。多级托管是指终端投资者将债券托管于中介机构，中介机构再以自己的名义托管于上一级中介机构，直至 CSD，中介机构是其托管债券的名义持有人，终端投资者只能通过中介机构主张债券权利。在中国债券市场中，一级托管和二级托管并存。其中，银行间债券市场实行一级托管，交易所和商业银行柜台实行二级托管。中央结算公司负责债券总托管和一级托管业务，二级托管人和分托管人在总托管统驭下负责债券二级托管业务。

凡符合中国人民银行有关市场准入规定的投资者，均可成为中央结算公司的托管结算成员。按照参与债券结算业务资格和办理方式的不同，结算成员账户类型包括结算代理人、直接交易结算、委托结算代理人三种。其中，结算代理人账户可办理自营结算业务，并可代理委托结算代理人账户进行债券结算或开展柜台市场业务；直接交易结算账户只能办理债券自营结算业务；委托结算代理人账户须委托结算代理人代为办理债券结算业务。

结算业务是指中央结算公司在确认结算指令的基础上，完成债券过户及相应的资金交收。结算业务包括债券结算与资金结算。债券结算业务类别包括债券分销、现券买卖、质押式回购、买断式回购、债券借贷、债券远期等。中央结算公司根据机构性质及其业务范围对账户实行分类设置、集中管理。首先，金融机构（三类结算成员）均在中央结算公司开立自营账户，部分金融机构根据有关规定提供结算代理服务。同时，二级托管机构和分托管机构应在中央结算公司开立债券代理总账户。其中，债券自营账户用以记载债券持有人自营债券余额及其变动情况，债券代理总账户用以记载二级托管机构和分托管机构所托管的个人投资者和非金融机构投资者的债券汇总余额及其变动情况。结算成员与相关债券账户关系如图 5－3 所示。

在交易所交易的债券统一集中在中国证券登记结算有限责任公司登记托管，办理中央确

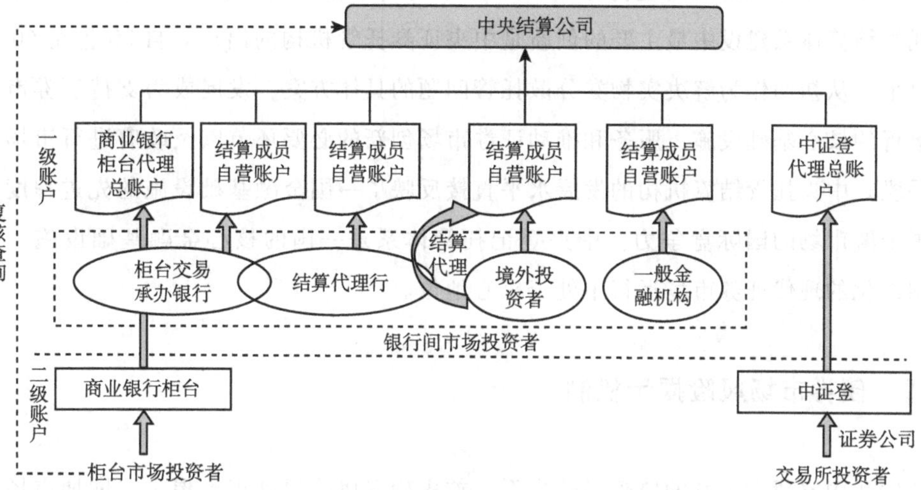

图 5－3　结算成员与相关债券账户关系

权。投资者参与交易所债券交易必须通过有资格的证券公司进行，由证券公司代理交易结算。

作为国债、地方政府债和企业债的分托管机构，中证登在中央结算公司开立托管总账户，投资者在中证登开立托管账户，中证登承担场内债券交易的登记、托管职责，并管理相应风险，其上海与深圳分公司分别作为上海证券交易所和深圳证券交易所的托管机构，托管账户体系设置相同。

商业银行柜台采用二级托管体制，中央结算公司为一级托管机构，柜台业务开办机构为二级托管机构。中央结算公司为开办机构开立自营和代理总账户（一级托管账户），分账记载开办机构自有债券和其托管的二级托管客户所持有的债券总额，中央结算公司对一级托管账务的真实性、准确性、完整性和安全性负责，并为柜台市场投资者提供复核查询功能。开办机构为投资者开立债券托管账户（二级托管账户），用于记载投资者持有的债券及其买卖变化，并办理债券发售、交易、质押、冻结、非交易过户、转托管、兑付等业务，开办机构对二级托管账户负责。

托管结算是现代债券市场完整运行的重要环节，也是事关整个市场效率与风险总体控制力的关键。中国债券市场的进一步发展已严重受制于托管结算系统的滞后。当前，证券交易所债券市场与银行间债券市场的托管结算系统处于明显分割之中，成为两市场统一的最大障碍。因交易所债券市场的债券交易制度及相应的托管结算问题导致的金融欺诈行为，已成为当前最主要的金融风险源，这些问题反映了其中的法律界定是粗浅甚至空缺的，因而投资者的权益缺乏有效保护。解决交易所债券市场拖欠的存量问题，改革债券交易制度，加强托管结算系统与法律制度建设，最终统一整个证券市场的后台系统，是发展中国债券市场的当务之急。

从国际债券市场发展的趋势来看，债券市场的登记托管结算体系呈现出一体化的趋势。托管结算体系建设中最主要的创新是中央证券托管机构的出现。自20世纪60年代末诞生以来，从初期作为解决实物券分散托管问题的具体方案，发展成为支持证券市场安全高效运行的核心基础设施、服务和推动证券市场创新的必要环节以及政府进行市场监管的重要手段。中央托管结算机构的发展水平直接反映了一国金融基础设施的先进程度，影响着该国金融市场的国际竞争力。中央登记托管体系是一国的核心金融基础设施，在无纸化、网络化的现代证券市场运行中处于核心地位。

四、债券市场风险揭示机制

从发达国家债券市场的监管经验来看，首先确保风险得到正确揭示、增加市场透明度是监管部门的责任，风险揭示主要通过强制性、严格的信息披露机制实现。发行人的经营状况、财务状况、信用状况都必须如实、持续地按时披露。其次是监管部门密切关注发债机构经营状况的变化。最后，由于债券市场投资的专业性和发债主体多元性，信用评级制度是市场化监督机制的重要组成部分，独立、公正、客观的信用评级对于债券市场的健康发展具有非常重要的作用。因此，对信用评级、会计师事务所、资产评估等债券市场中介服务机构也加强监管，防止其与债券发行方共同侵犯投资人利益。

（一）债券的信用评级

债券的信用评级是由专门的信用评级机构根据发行人提供的信息材料，并通过调查、预测等手段，运用科学的分析方法，对拟发行债券资金使用的合理性和按期偿还本息的能力及风险程度所做的综合评价。债券信用评级的目的是将债券发行人的信誉和偿债的可靠程度告知投资者，以保护投资者的利益，避免其因信息不对称而造成损失。信用评级的主要依据是债券发行人的偿债能力、债券发行人的资信情况以及投资者承担的风险水平。

从公司债券来看，公司债券信用评级本身是针对公司债券这一产品进行的评级，因此债券获得的信用等级（债项级别）一般反映了两方面因素；一是债券发行人自身的信用风险，即主体信用等级；二是公司债券的特点，主要包括担保、抵押及债券的优先偿付次序等因素，即债项信用等级。

（1）主体信用评级主要考察的因素。

（2）主体评级是对受评主体如期偿还其全部债务及利息的能力和意愿的综合评价，主要以受评主体违约概率的高低来衡量。由于受评主体所属行业的不同，主体评级的方法也会有所差异。

1. 经营风险评价

主要包括宏观分析、行业分析和发行人分析。

宏观经济环境分析的重点是了解宏观经济环境的变化对受评行业产品或服务需求、原料供给及价格、外部融资环境等方面的影响，一般需要关注整个宏观经济运行状态和国家宏观调控政策的变化。在宏观经济运行状态方面主要考察整个国家经济发展所处的阶段、GDP 增长速度、固定资产投资增长速度、人均可支配收入变化情况、物价指数等方面的指标。国家宏观调控政策方面主要关注国家货币政策、财政政策、收入政策方面的变化情况。需要指出的是，由于信用评级是对企业未来偿还债务能力的评价，所以评级结果应该是跨企业经营周期的，应该本着谨慎的原则，考虑受评主体在外部经济环境不好的情况下的违约可能性。企业所在区域的经济发展状况、产业配套效应方面的综合表现、区域基础设施建设状况、人文文化、人才储备、地方政府的经济发展规划、地区税收政策等也会对企业的长远发展产生较大的影响。评级分析时要依据受评主体的商业特征分析区域经济环境对受评主体的影响。

行业分析主要考虑产业政策、行业供求和产品价格变化趋势、行业在产业链中的地位和行业内竞争等。国家的产业政策对受评企业的经营和发展有重大影响。评级分析时首先要判断受评主体所处行业是否能获得相关国家政策支持，其次要关注国家具体政策和政策变化趋势，判断对行业内企业的影响，最后综合判断产业政策对受评主体所处行业和企业的经营、盈利、发展的影响及其程度。产品价格是决定企业盈利能力的核心因素，而行业供求状况是决定产品价格的基础，也是决定企业盈利能力的外部环境，对企业资金获取能力有重大影响。评级分析时，应分析当前产品供求的状况，结合行业周期性和行业所处的阶段以及消费习惯的变化趋势来预测未来产品需求的变化趋势，并根据短期行业内产能规划情况，判断未来产品的供应状况再对未来产品价格作出合理的分析和判断，进而判断这些因素对受评企业所处行业盈利能力的影响。对行业在产业链中的地位分析时，重点应判断所属行业对上下游行业的依赖程度及议价能力，可从上下游行业的竞争激烈程度、所属行业对上游资源及技术的依赖程度、所属行业对下游行业销售渠道的依赖程度、所属行业向上下游行业拓展的难度等方面加以分析，最后综合判断行业在产业链中的位置及其影响。行业内竞争程度是决定行业内企业获利能力和现金流稳定性的核心因素，评级分析时应考察行业集中度和行业内经营企业的数量行业内企业的主要竞争手段，判断行业内竞争程度，同时应该把握行业内核心企业的经营及发展状况，判断其对行业内其他企业的影响。

发行人分析主要从其竞争能力、管理和战略着手分析。在竞争能力方面，主要分析企业的规模和市场地位、技术水平和研发能力、运营模式、采购渠道稳定性和议价能力生产设备和产品结构、销售渠道建设、稳定性和议价能力等。管理与战略主要分析法人治理结构及组织架构、管理团队及人员素质、分支机构管控能力、管理制度建设及执行情况以及发展战略合理性等。

2. 财务风险评价

财务信息质量的判断是第一位的。财务数据是企业经营和管理的综合体现，是企业财务风险分析的基础，财务信息的可靠性关系到信用风险判断是否合理。审计机构是对企业财务报表进行审计的专业机构，其对财务报表的审计意见是评级机构判断财务信息质量的基础。分析时要重点关注企业财务报表审计机构的资质、财务报表的审计结论，以及企业重要会计政策选择是否与行业一般企业选择一致等。

资产质量的分析是财务分析的起点，企业资产账面价值与实际价值不符，会造成企业实际债务负担与财务指标表现差异显著，进而影响对企业债务负担和偿债能力的分析和判断力。其中流动资产分析和判断的出发点是企业资产的变现能力和价值的合理性，重点要关注存货、应收账款、其他应收款的变现能力。对于非流动资产的分析重点要分析在建工程、固定资产、无形资产。

对企业资本结构的分析重点主要关注以下五个方面：一是企业当前债务负担的轻重程度，可以通过行业比较来加以分析和判断；二是企业当前债务结构是否合理，主要分析企业长、短期债务占比情况，并结合企业的资产布局和销售收入的规模进行判断；三是企业所有者权益的稳定性，主要关注企业所有者权益的构成及其利润分配政策对企业所有者权益的影响；四是企业债务负担的变化趋势；五是关注企业对外担保、诉讼等或有债务对企业债务负担的潜在影响。

盈利能力分析的重点是企业盈利能力的强弱及其稳定性。盈利能力的强弱主要通过毛利率、总资产报酬率等指标进行衡量；盈利稳定性的分析，要区分经营性盈利和非经营性盈利对企业的影响，对于投资收益、营业外收支等非经营性盈利项目要重点考察其稳定性，同时结合产品价格波动和企业近几年盈利的波动情况判断企业经营性盈利的稳定性。

现金流是企业自身偿还债务的真正来源，因此，考察企业现金流状况是企业财务风险分析的重点。从企业自身的偿债资金来源看，经营活动现金净流量和投资活动的现金流入量是企业偿还债务的重要来源，因此，需要在分析中重点考察；同时，企业经营活动现金流入量规模的大小能在一定程度上反映企业资金周转能力的强弱，对此也需要重点关注；企业未来投资支出的规模大小是企业未来现金流出的重要方面；历史筹资活动现金流入量能在一定程度上反映企业的融资能力，分析中也应该有所关注。

偿债指标的分析是企业财务分析的综合，旨在综合资产质量、资本结构、盈利能力、现金流量分析的结论，通过偿债指标综合评定受评企业财务风险的高低，是支持企业财务风险分析结论的关键因素。对企业偿债指标的分析分为短期偿债指标分析和长期偿债指标分析两部分。其中，对于企业短期偿债指标分析首先要考察可变现资产对企业短期债务的保障程度，其次是短期债务周转或偿还能力。对于企业长期偿债指标的考察主要集中在企业长期偿债资金来源对于长期债务和利息的保障程度。

3. 支持评级

支持评级主要从股东支持和政府支持两个方面来考察发行人可获得的外部支持程度。

股东支持主要考察股东实力、主要股东对发行人的持股比例、发行人对股东的重要性（收入、资产及利润规模在股东合并报表中的比重、发行人所从事的业务是否是股东业务构成中的重要部分及其在股东发展战略中的重要性）、股东历史上对发行人的支持意愿、支持方式和支持力度以及股东未来是否有针对发行人的在注资、偿还债务等方面的承诺。

政府支持主要考察政府的财政实力、政府对发行人的持股比例、发行人对国民经济或地方经济的重要性、政府在历史上对发行人的支持意愿、支持方式和支持力度以及政府未来是否有针对发行人的在注资、偿还债务等方面的安排。

目前，中债资信评估有限责任公司发布2021年12月版的《主体评级模型概要》，评级模型以企业财务信息、经营信息、行业信息、宏观经济信息和市场信息为基础，综合考虑企业的偿债能力和资源配置能力、债务政策和外部支持，运用统计分析、专家打分等方法，得出企业的信用等级。

4. 债项信用评级考察的基本因素

（1）债券偿付的优先次序。债券偿付的优先次序对不同债权人面临的违约损失有较大程度的影响，因此这一因素需要在债券信用评级时重点考虑。

（2）担保措施。如果发行的公司债券为有担保的债券，则担保人的信用品质也将成为债项信用评级时需要重点考察的因素。对担保人的信用评级方法与对发行人的评级方法基本一致。担保人的信用品质可能会对债券信用等级有提升作用，这种提升的作用取决于担保人自身的信用等级以及担保人与发行人之间的相关性等因素。

（3）抵押措施。如果发行的公司债券为设置抵押的债券，则对债券的信用评级还需考虑抵押品的价值、变现能力以及相应可能遇到的法律问题。最终债券的信用等级取决于发行人的主体信用等级和抵押对债券的增级程度，这种增级程度又取决于发行人违约后，对抵押品的处置能在多大程度上降低债券持有人的违约损失。

5. 信用符号体系

信用评级符号体系是评级机构建立的一套简单、直观的等级符号系统，用以反映受评对象的评级结果，从而使投资者了解受评对象信用风险的相对大小。随着债券品种的日益多元，不同债券品种的评级内涵也产生了差异，其符号体系也日益多元化。主体评级符号体系如图 5－4 所示。

等级符号	等级含义
AAA	偿还债务的能力极强，基本不受不利经济环境的影响，违约风险极低
AA	偿还债务的能力极强，受不利经济环境的影响不大，违约风险很低
A	偿还债务的能力较强，较易受不利经济环境的影响，违约风险较低
BBB	偿还债务的能力一般，受不利经济环境的影响较大，违约风险一般
BB	偿还债务的能力较弱，受不利经济环境的影响很大，违约风险较高
B	偿还债务的能力较大地依赖于良好的经济环境，违约风险很高
CCC	主体基本无法偿还债务，未来一段时间内将发生违约
CC	主体基本难以偿还债务，短期内将发生违约
C	主体已发布债务兑付风险提示、申请破产等情况，表示主体即将违约
D	主体已经违约

图 5－4　主体评级符号体系

资料来源：中债资信评级符号体系。

我国信用评级主要采用发行人付费模式，信用评级机构与债券发行人之间形成了利益捆绑，付费模式存在利益冲突成为评级行业问题的根源之一，直接影响债券风险定价，造成了信用评级膨胀等问题，制约了我国债券市场的健康发展。而且我国评级行业还存在评级虚高、评级区分度不足、事前预警功能弱等问题。长期以来，我国信用评级行业由于公信力不足，信用评级能力与债券市场发展体量不相匹配，制约了债券市场长远健康发展，评级基础设施建设亟须强化。在此背景下，监管机构发布系列政策大力推动评级行业改革。2022 年以来，《关于推进社会信用体系建设高质量发展促进形成新发展格局的意见》等一系列重要政策文件就进一步强化系统性风险防范、健全基础设施建设等作出了重要部署。在一系列监管政策的引导下，评级行业“虚火”降温，评级机构通过调降评级揭示信用风险的频次有所增加，违约预警能力有所增强。

（二）信息披露机制

我国银行间债券市场企业的信息披露制度包括《银行间债券市场非金融企业债务融资工具管理办法》《银行间债券市场非金融企业债务融资工具存续期信息披露表格体系》《银行间债券市场非金融企业债务融资工具信息披露规则》等，同时针对部分债券品种如资产支持证券出台专门的信息披露规则。涉及的内容包括定期财务信息、重大事项、已披露信息变更、信息披露事务管理制度、付息兑付相关工作等，在债务融资工具存续期内，企业应披露年报、半年报和季报。公司债信息披露制度包括两部分：一是《公司信用类债券信息披露管理办法》中信息披露相关章节；二是上海证券交易所和深圳证券交易所公布的对交易所上市债券的自律管理规定。

五、我国债券市场的发展

我国债券市场的雏形早在新中国成立初期就已经出现。1949 年以后，经济极度困难，一方面，全国统一的税收制度尚未建立，城乡物资交流不畅又造成税源不足，政府所取得的财政收入极为有限；另一方面，由于解放战争仍在继续，需要大规模的军费支持，同时，百废待兴下各项建设耗资巨大。在严峻的经济形势下，我国开始了国债发行的尝试。1949 年 12 月 21 日，中央人民政府第四次会议上通过了《关于发行人民胜利折实公债的决定》，并于 1950 年 11 月开始发行为期 5 年、总额 3 亿元的“人民胜利折实公债”。在第一个五年计划中，大规模的经济建设形成了对资金的巨大需求，1954—1958 年，我国连续发行了 5 次“国家经济建设公债”，实际发行总额 35.45 亿元。“人民胜利折实公债”和“国家经济建设公债”的发行，对国民经济恢复和“一五”计划的胜利完成发挥了重要作用。与此同时，由于中央财力有限，难以满足“大跃进”背景下地方建设的资金缺口，以及中央出于“因地制宜”的考虑，我国还发行过地方债，1958 年 6 月 5 日，一届全国人大常委会第 97 次会议批准并正式发布《中华人民共和国地方经济建设公债条例》，标志着新中国开启了地方政府发行公债的年代。1958 年 4 月，中共中央提出 1959 年起停止发行全国性公债，自此，我国进入了 1959—1981 年长时期的“既无内债，又无外债”的债券市场空白时期。

改革开放后，首先恢复了国库券发行，当时国家加大对经济建设的投入，财政支出不断扩大，同时，国家实行减税让利政策，财政收入迅速下降。综合考量下，1981 年 7 月 1 日，财政部通过行政分配，实际发行了国库券 48.66 亿元，发行对象以企事业单位为主、居民个人为辅，发行期限为 10 年，偿还期为 6—9 年。国债的恢复发行，为解决财政赤字作出了贡献，极大地支持了国家的经济建设。在国债市场快速恢复发展的同时，我国企业债券市场在 20 世纪 80 年代起步。1985 年，沈阳市房地产公司向社会公开发行了 5 年期债券，正式拉开了企业债券的发展序幕。1993 年，为整顿当时经济生活中普遍存在的乱集资现象，国家修订并颁布了《企业债券管理条例》，对企业债券市场进行规范，严格企业发债条件和资金用途。除了企业债券，金融债券开始出现并有了一定发展。1982 年，中国国际信托投资公司在日本东京证券交易所发行了外国金融债券，这是我国首次在国际市场上发行外国金融债券。1985 年，中国工商银行、中国农业银行开始在国内发行人民币金融债券。1991—1992 年，中国建设银行和中国工商银行共同发行了 160 亿元的国家投资债券。1993 年，中国投资银行被批准在境内发行外币金融债券 5 000 万美元，发行对象为城乡居民，期限 1 年，而且采用浮动利率，高于同期国内美元存款利率 1 个百分点，这是我国首次发行境内外币债券。1994 年，我国三大政策性银行成立；同年 4 月，国家开发银行第一次通过派购方式发行债券，政策性金融债券应运而生。

我国债券流通市场始于 1986 年，在国债发行 5 年后。债券流通市场出现后，大体上经历了以场外柜台市场为主、以场内市场为主和以银行间债券市场为主三个发展阶段。2004 年以后，与我国大力发展资本市场的形式相呼应，债券市场改革创新进入了一个新的高潮，我国债券市场从此驶入了发展的“快车道”，获得了迅猛的发展。

首先，从债券市场品种来看，债券市场产品创新加速，债券品种不断丰富。一是面向金融机构推出了次级债、混合资本债券和一般性金融债券，资产证券化开始试点。这一时期，一般性金融债券的发行拓宽了金融机构的直接融资渠道，有利于解决金融机构长期存在的资产负债期限结构错配问题。而混合资本债、次级债及资产支持证券的发行对于推进国有商业银行股份制改革、提高商业银行资本充足率起到了非常重要的作用，特别是次级债券，已经成为商业银行补充附属资本的重要渠道。二是为改善社会融资偏重间接融资的状况，增加企业直接融资渠道，鼓励有竞争力的企业直接进入资本市场融资，降低融资成本，我国先后推出了企业短期融资券、公司债券和中期票据。这些企业融资工具的发展，拓宽了直接融资渠道，改善了我国融资结构，推动了债券市场的发展。三是为推动债券市场改革开放的步伐，先后推出了熊猫债、木兰债等国际债券。四是发行了国家支持机构债券，为发挥中央汇金有限责任公司作为国家对重要金融机构注资平台的作用，在 2010 年下半年推出了国家支持机构债券——汇金债券。

其次，从债券市场交易工具来看，1997 年，我国债券市场仅有现券交易和质押式回购两种基本的工具。2004 年，银行间债券市场和交易所债券市场在质押式回购的基础上，分别推出了债券买断式回购。此后，为满足市场参与主体的多元化需求、进一步增强市场交易活跃程度、丰富债券市场避险工具，银行间债券市场先后推出了债券远期交易、人民币利率互换、远期利率协议等衍生产品品种以及债券借贷工具。这些交易工具的不断丰富，对帮助投资者规避债券市场风险、提高市场流动性、促进价格发现功能的实现发挥了积极作用。

最后，从债券市场发行量、交易量和托管量来看，我国债券市场快速发展的特征表现得更为明显。2005 年我国债券市场记账式人民币债券发行总量 41 782. 33 亿元，2012 年债券市场共发行各类债券 85 751. 34 亿元，发行规模增长一倍以上，债券市场筹资功能全面发挥。2022 年 10 月，债券市场托管面额合计 95.5 万亿元。目前，银行间债券市场的发行人包括财政部、国家开发银行、政策性银行、中国铁路总公司、商业银行、非银行金融机构、国际开发机构、境内外非金融企业、境外金融机构及外国政府等各类主体，债券品种日趋多样化，信用层次进一步丰富。从 2021 年全年来看，2021 年同业存单累计发行规模上升至 21 万亿元附近，较 2020 年增长了 10.6%。Wind 资讯数据显示，2020 年 3 月 1 日至 2021 年 2 月 28 日，公开发行的一般公司债券发行规模达 1.56 万亿元，同比增长 38%；第二年度，一般公司债券发行规模达 1.79 万亿元，同比增长 15%。

第二节

债券市场产品与发行机制

一、债券的发行审核机制

发行审核是债券市场运行机制中的重要组成部分。债券的发行审核是政府对债券发行主体和债券市场进行监管的一种手段，债券本身的质量直接关系到债券市场整体运行的稳定，正确运用这种手段，对于保护债券投资者利益、降低债券市场风险，有十分重要的作用。所以，金融当局通常都会对债券的发行进行审核。就其内容而言，一是审批机关对发债主体的情况进行审查，二是对拟发债券的情况进行审核。在此基础上，对发债作出同意或不同意的决定。

就其形式而言，主要有以下三种。

（1）审批制。它不但要对申请发行的机构、发行的债券进行实质性审查，还要按照预先确定的发行规模对拟发债券进行筛选，甚至连发行利率、发行日期等也要作出规定。

（2）审核制。对发债主体和债券本身的情况进行实质性审查或程序性审查，只要发行主体具备了发债的条件，就允许其发行债券。

（3）备案和注册制。发债主体向监管机构报送发行材料，进行备案或注册，监管门对所报材料只做程序性审查，关注其信息披露质量，并作出同意或不同意备案或注册决定。

中国债券市场不同的债券品种往往具有不同监管主体，监管标准不同，发行条件也随之有所区别，发行管理方式各异。

二、政府债券发行

（一）发行审批机制

政府债券具有信用风险小、发行和交易量大的特点，一般享受税收优惠，采用公募发行。

我国国债、地方政府债券发行（具体见本章第四节）即根据国务院下达的限额，报本级人民代表大会常务委员会批准发行。

我国国债发行是与国家预算相联系的，主要是为了弥补赤字，保证国家预算的顺利实施。此外，国债的发行还与一定时期的财政政策有关，在实行积极财政政策时，为了扩大政府开支、支持企业发展，往往需要发行一定数量的国债来筹集资金。国家发行债券是一种国家信用，一般情况下不存在信用风险，因此无须监管部门进行审批或审核。但正因为国家发行债券涉及国家信用，为维护国家信用的权威性，防止政府负债的任意性，一定时期内国债的发行量和一定时点上的余额必须控制在可承受的范围之内。这种控制，通过国家权力机关——全国人大或它的常设机构全国人大常委会来进行。全国人大规定国债的存量不超过一定的水平，而当年发行多少，什么时候发行均由财政部决定。

（二）发行定价机制

在 20 世纪 80 年代恢复国债发行初期，各级政府还是采取行政分配的方式发行国债。但是随着国债发行数量的增加，传统的方式已经难以为继，在这种情况下，1991 年财政部逐步引入了市场化的发行机制，组织了国债的承购包销，顺利地完成了当年的国债销售任务。1996 年，国债的定价机制向市场化方向又迈出了重要的一步，随着发行方式由承购包销向公开招标过渡，其定价方式由承销团成员集体与发行者之间的商议，变为投资者按自己的意愿投标，由竞标的结果决定发行的价格。

招标发行定价方式是发行方式中市场化程度最高的一种。招标发行有多种形式，主要有数量招标和价格招标两种。数量招标即发行人确定价格后，投资人依其对这种价格的认可程度投下标书，提出认购的数量。在这种招标方式下，价格是确定的，投资人通过认购数量，表达其对价格的看法。价格招标是发行人只确定发行规模，不确定债券价格，由投资人提出某一价格下的认购数量，最后将达到发行规模时的报价作为发行价格。

债券价格竞标有两种典型的中标方式，即“荷兰式”中标和“美式”中标，这两种典型的中标方式体现了两种不同的定价机制。

1. “荷兰式”中标

“荷兰式”中标又称统一价位中标或单一价位中标，是指在投标结束后，发行系统将各承销商有效投标价位按对发行人有利原则进行排序（按利率，利差招标由低到高排序，价格招标由高到低排序），并将投标数额累加，直至满足预定发行额为止。则此时的价位点称为边际价位点，中标的承销商都以此价格或利率中标。

2. “美式”中标

“美式”中标是在投标结束后，发行系统将各承销商的有效投标价位按对发行人有利原则进行排序（按利率，利差招标由低到高排序，价格标由高到低排序），直至募满预定发行额为止，在此价位以内的所有有效投标均以各承销商的各自出价中标。所有中标价位，中标量加权平均后的价位为该期债券的票面价格或票面利率。

3. “混合式”中标

“荷兰”式中标和“美式”中标是价格招标中的两种典型的中标方式，但在实际运作中，完全的、纯粹的定价方式并不多见。往往是将几种主要的方式混合起来，形成一些新的方式，即“混合式”中标。

“混合式”中标也有利率招标和价格招标两种情形。利率招标“混合式”中标是指在投标结束后，发行系统将各承销商的中标价位按对发行人有利原则进行排序（由低到高排序），直至募满为止，此时的价位点称为边际价位点。对低于边际价位点（含该点）的各投标价位及对应中标量计算加权平均价位，作为该期债券的票面利率。对低于或等于票面利率的投标价位，按票面利率中标；对高于票面利率的投标价位，按各自投标价位中标。

价格招标“混合式”中标是指在投标结束后，发行系统将各承销商有效投标价位进行排序（由高到低排序），直至募满预定发行额为止，此时的价位点称为边际价位点。对高于边际价位点（含该点）的各投标价位及对应中标量计算加权平均价，作为该期债券的票面价格。对高于或等于票面价格的投标价位，按票面价格中标；对低于票面价格的投标价位，按各自投标价位中标。

三、金融债券发行

金融债券可进一步分为央行监管的政策性银行金融债、商业银行金融债、企业集团财务公司债，以及一行三会主管的商业银行次级债、保险公司债、证券公司债等。根据具体品种不同，对于资本充足率、净资产额等也有不同要求。

（一）政策性金融债券的发行

政策性金融债券是我国政策性银行（国家开发银行、中国农业发展银行、中国进出口银行）为筹集信贷资金，经国务院批准，由中国人民银行用计划派购的方式，向邮政储蓄银行、国有商业银行、区域性商业银行、城市商业银行（城市合作银行）、农村信用社等金融机构发行的金融债券。

政策性银行由国家财政最终为其财务结果承担责任，因此，政策性金融债券是一种准政府信用债券，其发行数量有严格的限制。政策性金融业务需要财政提供部分支持，而且它不应与商业银行争利，因此，其业务范围和规模是有限制的，这就决定了它的资金来源必须受限。每年年初，国家开发银行等三家政策性银行都要向中国人民银行提出全年发行债券的申请，中国人民银行根据其当年新的计划批准其债券发行规模。在限额之内，由政策性银行自行决定发行时间、次数和规模。

与政府债券相似，对政策性金融债券的审核，并不涉及发行主体本身的信用状况。目前，银行业监督管理委员会对政策性金融债券的风险权重确定为零，与国债相同。

（二）商业性金融债券的发行

商业性金融债券是指依法在中华人民共和国境内设立的金融机构在相关交易市场发行的、按约定还本付息的有价证券，包括金融机构次级债、混合资本债和普通金融债等。商业性金融债券是 2004 年 6 月开始推出的。最先是商业次级债券，这是商业银行为补充附属资本筹集资金而发行的一种长期债券，2005 年 5 月，又允许商业性金融机构发行普通金融债券，不规定特定用途，是商业性金融机构主动补充营运资金的一种工具，发行主体包括商业银行、非银行金融机构。由于商业性金融债券是由商业银行和非银行金融机构发行的，它们都是以自己的商业信用为基础发行，因此，对这些机构发行债券的审核不仅涉及发行数量，还涉及信用状况、还债能力、经营状况以及一系列监管指标的实际情况。

由于对金融机构的上述情况中国人民银行审核部门并不完全掌握，须由这些机构的监管部门提供相应的证明。因此在有关商业性金融债券发行的文件中，都规定须由这些机构的监管部门出具前置性批准文件，人民银行才作出是否准予其在银行间债券市场发行债券的批复。

四、非金融企业债券的发行

非金融企业发行债券主要有三条路径。企业债由国家发展改革委主管，实行审批制，对于股份有限公司，非金融企业债务融资工具监管主体为央行下的银行间交易商协会，实行注册制，一次注册后不再需要监管审批。证监会监管下的公司债实行核准制，最常见的品种为公开发行的“大公募”（面向公众投资者）和“小公募”（面向合格投资者）。

（一）公司债券的发行

公司债券发行政策的变化如图 5－5 所示。

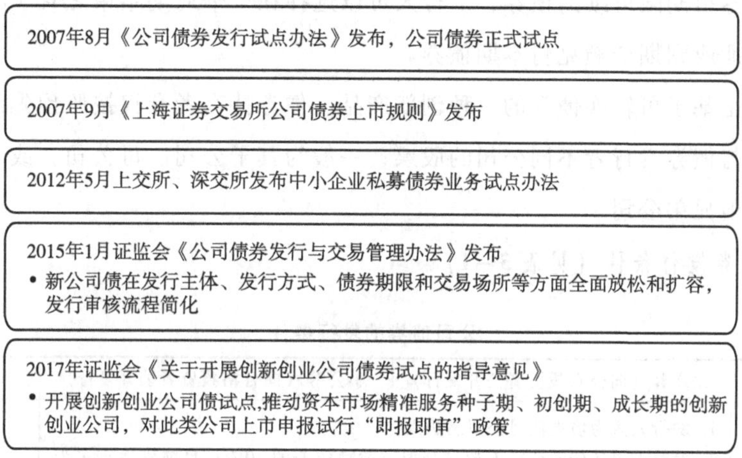

图 5－5 公司债券发行政策变化

1. 当前公司债券主要种类（见图 5－6）

（1）传统公司债。城投债发行主体为各地城投公司，但是在银监会平台名单内的城投公司不能作为公司债发行主体。

产业债发行主体为一般生产经营性企业。

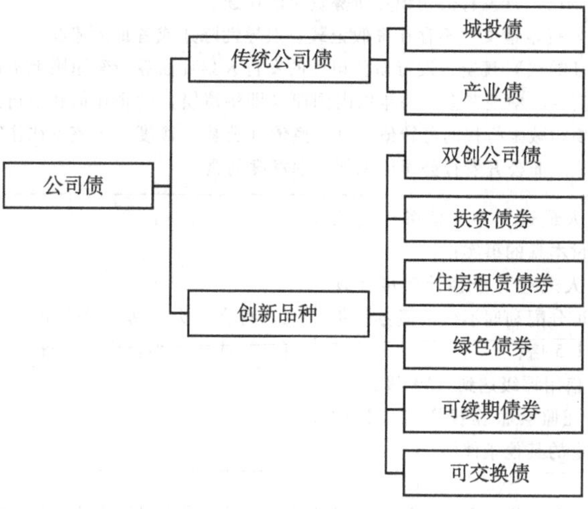

图 5－6 公司债券的主要种类

（2）创新品种。双创公司债指符合条件的创新创业公司、创业投资公司发行的公司债券。

扶贫债券指募集资金用于扶贫项目的公司债券。

住房租赁债券指募集资金用于住房租赁项目的公司债券。

绿色债券指募集资金用于特定绿色项目的债券。

可续期债券指期限可续的债券，发行人可以选择在一个周期结束之日，将本期债券期限延续一个周期或到期全额兑付本期债券。

可交换债是基于可转换债券的一种创新产品。债券持有者有权按照预先约定的条件用这种债券交换与债券发行者不同公司的股票，一般为其子公司、母公司，或者同属于一个集团之下的其他兄弟公司。

2. 公司债券发行条件（见表5－1）

表5－1　公司债券的发行条件

		大公募（向公众投资者公开发行）	小公募（向合格投资者公开发行）	非公开公司债
变化1：新公司债全面放松和扩容	发行公司债券对发行主体的一般要求	1. 发行人需为境内注册公司制法人； 2. 发行人累计债券余额不超过公司有效净资产的40%；目前已发行多为优质产业类企业，净资产一般在15亿元以上（发债额度最多为6亿元）； 3. 股份公司净资产不低于3 000万元，有限公司净资产不低于6 000万元； 4. 发行人最近三个会计年度实现的平均可分配利润不少于债券一年利息的1倍； 5. 最近36个月内公司财务会计文件不存在虚假记载，公司不存在其他重大违法行为； 6. 前一次公开发行的公司债券已经募足； 7. 对已公开发行的公司债券或者其他债务没有违约或者延迟支付本息的事实； 8. 未改变已公开发行公司债券所募资金的用途； 9. 本次发行申请文件不存在虚假记载、误导性陈述或者重大遗漏。 根据《证券法》规定，发行新公司债的发行人累计债券余额原则上不包括短期融资券、中期票据、一年以内到期（即将清偿）的企业债和公司债额度，但要扣减未行权的可转债、可交换债（公募）额度。审核中往往实质重于形式。非公开发行公司债无须考虑额度问题		非公开发行公司债券的发行人应当不属于负面清单范畴
	发行主体的特殊要求	1. 发行人最近三年无债务违约或延迟支付本息的事实； 2. 发行人最近三个会计年度实现的平均可分配利润不少于债券一年利息的1.5倍； 3. 债券信用评级达到AAA级； 4. 中国证监会根据投资者保护的需要规定的其他条件	无。符合“大公募”条件的公司也可自主选择“小公募”发行	不强制财务指标、发行限制条件、信用评级和受托管理人责任
	募集资金用途	不与固定资产投资项目挂钩，使用灵活，可用于偿还银行贷款，补充流动资金等		

续表

		大公募（向公众投资者公开发行）	小公募（向合格投资者公开发行）	非公开公司债
变化 2：发行审核流程简化	核准要求	公开发行公司债券须编制和报送申请文件，证监会受理后 3 个月内做出是否核准的决定	上交所对小公募债券的上市申请进行受理，对其做出预审核并出具上市预审核意见（反馈意见），上交所预审通过后报证监会，证监会受理发行申请并通过上交所下发核准批复，前后历时 1 个月左右	上交所对非公开公司债的挂牌申请进行受理，对其作出预审核并出具反馈意见，预审核通过后由上交所下发无异议函，前后历时 1 个月左右

3. 公司债券发行流程

公司债券从项目组进场到债券发行上市完成，以 T 日作为起始日（项目组进场日），T 日到 T+30 日主要是项目组对发行主体进行尽职调查和收集底稿，撰写募集说明书的时间段，T+30 日到 T+40 日这 10 天的时间一般通知发行主体和各中介方对有关文件进行签字盖章和集中申报。T+40 日到 T+60 日是交易所核查的时间段，在该期间交易所针对主承销商提交的申报材料进行审核并下达反馈意见，由主承销商对反馈意见进行补充说明。交易所核查结束后，公司债券接下来的发行流程可大致分为两类：对于私募公司债券来说，在交易所核查结束，拿到交易所出具的无异议函即代表审核通过准许发行；而对于公募公司债券来说，交易所层面只是执行了预审核工作，申报材料还需提交证监会进行审核，以证监会出具的批文作为公司债券审核通过的依据。公司债券拿到无异议函或批文后，簿记管理人（一般为主承销商）就可以准备启动发行工作，以及披露主管部门要求的信息公告和文件，以上为公司债券一个完整的操作流程和周期。

公开发行公司债券，可以申请一次核准，分期发行。自中国证监会核准发行之日起，发行人应当在 12 个月内完成首期发行，剩余数量应当在 24 个月内发行完毕。公开发行公司债券的募集说明书自最后签署之日起 6 个月内有效。采用分期发行方式的，发行人应当在后续发行中及时披露更新后的债券募集说明书，并在每期发行完成后 5 个工作日内报中国证监会备案。

公开发行的公司债券，应当在依法设立的证券交易所上市交易，或在全国中小企业股份转让系统或者国务院批准的其他证券交易场所转让。

公司债券的发行定价主要受以下因素影响：其一是资金市场或金融市场上资金供求状况及利率水平；其二是发行公司的资信状况；其三是政府的金融政策；其四是债券本身内涵的相关条件，如期限、偿债保障、内涵选择权等。一般以同一期限的国债利率为基础，上浮一定利差。

（二）企业债券的发行

企业债券是企业依照法定程序发行，约定在一定期限还本付息的有价证券。目前我国企业债券的发行采取核准制，由国家发展改革委核准。企业债券可以分为传统企业债及创新品种（见图5-7）。

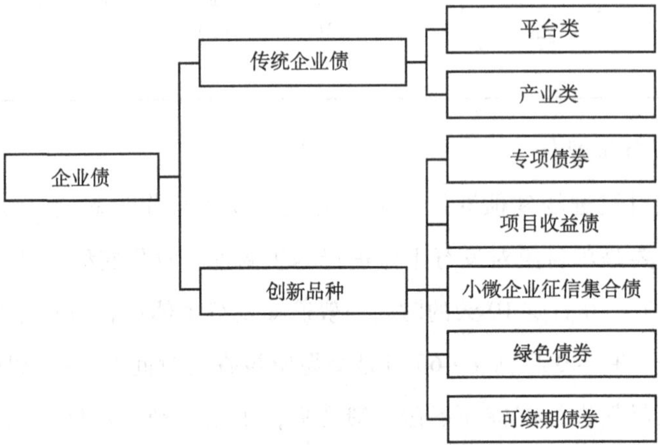

图5-7　企业债券的主要种类

1. 传统企业债

平台类即城投债，发行主体为各地城投公司，属于政府融资平台公司，多数列入银监会平台名单。

产业类发行主体为一般生产经营性企业，如主营能源、水利等的企业。

2. 创新品种

专项债券指由平台公司、一般企业为拉动重点领域投资和消费需求增长而进行的特许融资，偿还收入来自融资项目本身的收益，与政府预算无关。

绿色债券是指募集资金主要用于支持节能减排技术改造、绿色城镇化、能源清洁高效利用、新能源开发利用、低碳产业等项目的企业债券。

项目收益债通过设立项目公司，运作具体项目，以项目公司的名义发行的债券，对发行主体无财务指标要求。

可续期债发行主体一般为从事大型基础设施建设的铁路、轨道交通和高速公路类公司，发债所募集资金在一定条件下可以计入权益，用作项目资本金。

小微企业增信集合债主要是指由国有企业或城投公司发行的债券，其募集资金用于通过商业银行转贷管理，扩大支持小微企业的覆盖面。

（三）当前我国企业债的类型

1. 企业债券发行条件（见表5－2）

表5－2 企业债券的发行条件

《证券法》基本要求（公开发行）	一般发行条件
股份有限公司的净资产不低于人民币3 000万元，有限责任公司和其他类型企业的净资产不低于人民币6 000万元； 累计债券余额不超过企业净资产（不包括少数股东权益）的40%； 最近三年平均可分配利润（净利润）足以支付企业债券一年的利息； 筹集资金的投向符合国家产业政策和行业发展方向； 债券的利率不超过国务院限定的利率水平	用于固定资产投资项目的，应符合固定资产投资项目资本金制度的要求，原则上累计发行额不得超过项目总投资的70% 用于收购产权（股权）的，比照该比例执行。用于调整债务结构的，不受该比例限制，但企业应提供银行同意以债还贷的证明；用于补充营运资金的，不超过发债总额的40% 本区域企业发行企业债券、中期票据等余额一般不超过上年度GDP的12% 城投类企业和一般生产经营类企业担保措施的资产负债率要求为65%和75%；主体评级AA+的，相应资产负债率要求放宽至70%和80%；主体评级AAA的，相应资产负债率要求进一步放宽至75%和85% 债项级别为AA及以上的发债主体（含县域企业），不受发债企业数量指标的限制 债券的利率由企业根据市场情况确定，但不得超过国务院限定的利率水平 已发行的企业债券或者其他债务未处于违约或者延迟支付本息的状态 最近三年没有重大违法违规行为

资料来源：《证券法》、国家发展改革委《企业债券审核工作手册》。

2. 企业债券发行流程

与银行贷款、股权融资等融资手段一样，发行企业债券也需要遵循一定的操作流程，既包括企业内部的工作流程，也包括企业外部关系的协调处理。企业进行债券融资所遵循的基本流程主要包括以下几个方面。

（1）前期内部调研。目前，产业债的发行主体为一般生产性工商企业，城投债是以地方政府设立的地方政府融资平台作为发行载体，主要包括城投公司、建投公司、交投公司等。后者往往具有设立时间短、缺少实际经营、资产数量及质量情况较差的特点。而且，有的城市由于历史原因，存在多家地方政府融资平台公司，造成资产资源分散，难以形成合力。发行人首先应分析自身内部情况并着眼于全市范围内的资产资源进行调研，在专业财务顾问的帮助下找出问题，发现资源，为下一步自我完善、资源整合做好基础工作。

（2）资产重组。根据国家发展改革委有关发债的基本条件，企业的资产状况及利润水平是企业发债的核心要求，直接决定了企业债券发行的成功与否及发债规模。

在前期内部调研的基础上，发行人通常会反映出诸如出资不实、股权结构混乱、优质资产欠缺、营收情况差、缺乏主营业务等问题。这一阶段的工作重点就是针对发行人内部存在的问题，结合内外部调研到的可利用资源情况，由财务顾问团队提出自愿整合、资产重组的思路和方案，并在与当地政府部门及发行人充分交流的基础上，最终确立并协助发行人执行资产重组操作方案。

（3）发行方案确立。在所有基础工作准备就绪以后，财务顾问团队进行债券发行方案的分析与讨论，最终形成一份债券发行框架方案提交给发行人，初步确定债券融资的基本要素、财务重组方案、增信方式以及募集资金投向等核心问题。

（4）遴选中介机构并协调主导工作开展。中介机构的选择在企业债券发行过程中也是至关重要的。中介机构通常包括券商、审计机构、评级机构、担保机构、律师事务所等。券商是债券发行工作的总协调人，不仅在发债前期协助开展工作，开展尽职调查，准备申请文件，与政府部门沟通，还须审核、把控各机构的服务质量和工作成果，为发行人提供全程专业服务。审计机构就发行人报告期间财务状况出具审计报告，信用评级机构根据对发行主体的尽职调查结果出具信用评级报告。

（5）材料组卷上报。在债券增信方式、募集资金投资项目确定，各家中介机构完成各自的工作成果后，就正式进入材料组卷上报阶段。各方面材料全部到位以后，按照一定的顺序组装成卷，按照规定程序，上报市发展改革委，获得初审批复后转报省发展改革委，最终报送国家发展改革委，等待意见反馈并最终核准发行。

（6）核准发行。国家发展改革委自受理申请之日起3个月内（反馈修改材料的时间除外，创新型企业债品种可加快审核流程）作出核准或不予核准的决定。在得到国家发展改革委批准并经中国人民银行和证监会会签后，企业即可进行具体的债券发行工作。企业债券须在批准文件印发之日起两个月内开始发行。在发行结束后1个月内，发行人通常需要在财务顾问及主承销商的协助下向有关机构申请债券上市交易。

企业债券资金直接用于固定资产投资项目，在支持实体经济发展方面的效果十分突出，企业债券最大的特点是募集资金指定项目用途，打通投资与融资的渠道，为项目建设提供直接的融资渠道。企业债券已经成为社会直接融资重要的组成部分，2006—2017年，企业债券累计发行4.52万亿元。

（四）非金融企业债务融资工具的发行

2007年9月，银行间市场交易商协会成立，为我国债券市场引入了以注册制为核心的发行管理制度，并先后推出中期票据、短期融资券、超短期融资券、非公开定向债务融资工具等债券品种。其中的中期票据和非公开定向债务融资工具为资本市场中长期金融工具。中期票据是指具有法人资格的非金融企业依照相关法规，在银行间债券市场按照计划分期发行的，约定在一定期限还本付息的债务融资工具，期限一般为3—5年。非公开定向债务融资工具是指具有法人资格的非金融企业向银行间市场特定机构投资人发行，并限定在特定投资人范围内流通转让的债务融资工具。在创新方面，交易商协会在2013年以来推出了长期限含权融资工具、项目收益票据、非公开定向可转债务融资工具、供应链票据、双创专项债务融资工具、扶贫债券等创新品种。

银行间债务融资工具的发行与交易在创立伊始便确立了自律管理制度。银行间债务融资工具政策如图 5 - 8 所示。

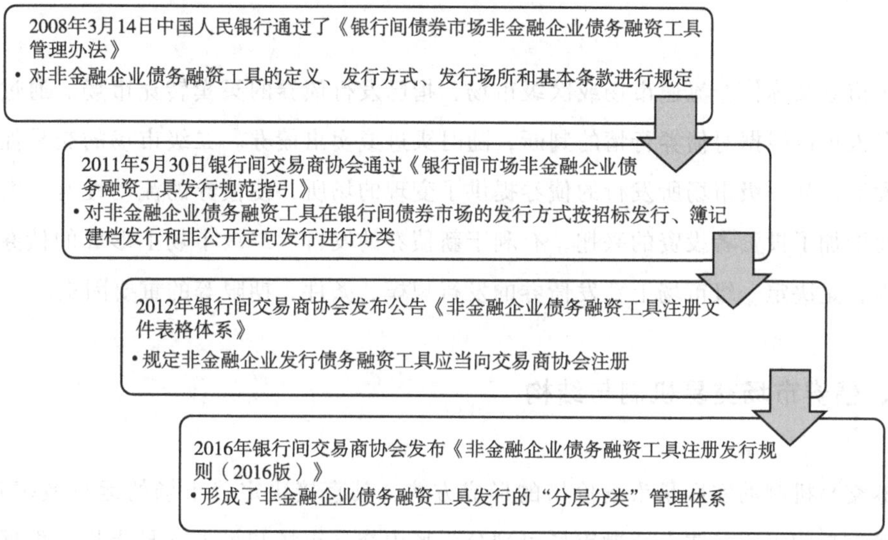

图 5 - 8 银行间债务融资工具政策

具体而言，交易商协会将融资主体分为两类：第一类企业可就公开发行超短期融资券、短期融资券、中期票据等品种编制同一注册文件，进行统一注册（资产支持票据、项目收益票据等交易商协会相关规则指引规定企业应分别注册的品种除外）。按照第一类企业注册的，可在注册有效期内自主发行。统一注册多品种债务融资工具的，注册阶段可不确定注册额度，发行阶段再确定每期发行品种、发行规模、发行期限等要素。第二类企业应就公开发行各品种债务融资工具编制相应注册文件，分别进行注册。划分第一类企业与第二类企业的标准需同时满足以下四条：（1）最近 36 个月内累计公开发行债务融资工具不少于 3 期，公开发行规模不少于 100 亿元；（2）市场认可度高，行业地位显著，经营财务状况稳健，最近两个会计年度未发生连续亏损；（3）最近 24 个月内无债务融资工具或其他债务违约，或延迟支付本息的事实，控股股东、控股子公司无债务融资工具违约或延迟支付本息的事实；（4）最近 24 个月内无债务融资工具或其他债务违约或延迟支付本息的事实，控股股东、控股子公司无债务融资工具违约或延迟本息的事实。由上述要求可以看到，第一类企业相对于第二类企业的发行门槛更高，但相应地享有更灵活的发行机制和更为简化的发行流程。

第三节

债券二级市场交易机制

二级市场又称债券流通市场或次级市场，指已发行债券的买卖转让市场。通过二级市场，投资人可以根据对债券行情的判断，随时买进或卖出债券。二级市场的交易促进一级市场的发展，为一级市场所发行的债券提供了变现的场所，使债券的流动性有了实现的可能，从而增加了投资者投资的兴趣，有利于新债券的发行。二级市场上形成的债券价格及其流动性，是决定一级市场上新发债券的发行规模、条件、期限等的重要因素。

一、债券市场交易机制与结构

债券交易机制的实质是市场价格的形成方式，其直接决定着市场的运行效率和功能。按照市场交易的组织形式，金融市场可划分为场内交易市场和场外交易市场，根据其采用了不同的交易机制，以满足不同规模、流动性供求方的交易特点。

场内交易所市场包括上海证券交易所和深圳证券交易所，它是伴随上海证券交易所和深圳证券交易所的诞生而发展起来的。交易所市场传统的交易方式是以竞价撮合、时间优先、价格优先为特征的指令驱动，但为了满足大宗交易的需求，有的场内市场也提供了大宗交易机制。

场外交易市场也就是所谓的 OTC 市场（Over－the－Counter），是在证券交易所之外进行证券买卖的市场，又被称为柜台市场或店头市场。场外市场则分为银行柜台市场及银行间债券市场。我国的银行间市场在央行监管下以报价驱动为主，按流动性提供方的不同，报价驱动制可分为简单的询价交易机制和做市商机制。

按交易场所划分，我国的债券市场可分为以下三个组成部分（见表 5－3）。

（一）银行间债券市场

银行间债券市场是债券中国债券市场的主体，属于大宗交易市场（批发市场），市场参与者是各类机构投资者。银行间债券市场的交易机制比较复杂，以询价制为主、做市商制为辅。询价制指交易双方不通过中介，直接就交易价格、数量等交易要素进行一对一谈判，逐笔成交。做市商制度（market maker）是指在证券市场上具备一定实力和信誉度的证

表 5-3　中国债券市场的交易机制

	银行间市场		交易所市场	柜台市场
	中债登	上清所		
市场性质	场外交易	场外交易	场内交易	场内交易
债券产品	国债、地方债、政策性金融债、夹票、企业债、中票、商业银行债	短融、中票、同业存单、资产证券化产品等	国债、地方债、政策性金融债、企业债、公司债、可转债、中小私募债等	记账式国债、凭证式国债
投资人	银行、农信社、证券、保险、基金、财务公司、企业、境外机构等		证券、保险、基金、财务企业、个人、企业、OFII(银行除外)	个人投资者
交易方式	一对一询价和双边报价		自动撮合交易	银行柜台报价
交易类型	现券、回购、远期、互换等，T+1 或 T+0		现券、回购、T+1	现券、T+0
债券托管机构	中债登	上清所	中证登，上交所、深交所	商业银行

券经营法人不断向交易者报出某些特定证券的买入价和卖出价，并在所报价位上接受公众买卖要求，保证及时成交。

报价是银行间债券市场交易机制的重要内容，对于任何形式的交易而言，报价都是交易的第一步，也是最为关键的一步。根据报价方式的不同，银行间债券市场的询价和做市商制的交易方式可以分为四种：公开报价、对话报价、双边报价和小额报价。公开报价、对话报价属于询价交易，双边报价属于做市商制，小额报价属于一种单向撮合的交易方式。所有交易过程均通过电子系统在网络上完成。

（二）交易所债券市场

证券交易所债券市场是有固定的交易时间和固定的场所、规范的交易规则，市场参与者以非银行金融机构和个人为主体。交易所债券市场的交易机制由两部分组成：一是实行集中竞价交易的零售市场，包括上海证券交易所、深圳证券交易所，是纯粹的竞价市场，成交价格由买卖双方的指令驱动，交易具有匿名性。二是由固定收益平台和大宗交易系统构成的批发市场，采用询价交易模式。两部分都进行日终净额结算。

（三）银行柜台市场

银行柜台市场也称商业银行柜台市场，是银行间市场的延伸，市场中投资者按照商业银行柜台挂出的买入价和卖出价进行债券买卖，商业银行总行为投资者办理债券的登记、托管和结算。参与者限定为个人投资者，属于场外零售市场。相较于银行间债券市场，因交易券种单一、预期收益相对较低，商业银行开展此业务的积极性不足，柜台市场对投资者的吸引力有限，长期以来交投清淡，发展速度较慢，市场活跃程度较低，所发挥的市场功能也相对局限。

截至2022年6月30日，中国债券市场的存量规模已突破130万亿元，是全球第二大债券市场，并形成以银行间和交易所市场为主、柜台市场为补充的市场格局。其中，银行间债市场方面，截至2021年12月末，市场托管余额近115万亿元，年内交易量突破1 400万亿元，市场参与主体近3 800家，是中国债券市场最主要的构成部分，是国债、政策性金融债以及同业存单等国际投资者最为关注券种的主要流通市场。

三大交易市场的交易品种结构各不相同。银行间债券市场交易品种包括：现券交易、质押式回购、买断式回购、远期交易和债券借贷。交易所债市的交易品种包括：现券交易、质押式回购和融资融券。柜台市场交易品种仅有现券交易（见表5－4）。

表5－4　中国债券市场交易品种

交易品种	阐释
现券交易	交易双方以约定价格转让债券的交易行为
质押式回购	交易双方以债券为质押的短期资金融通，即资金融入方（正回购方）在将债券出质给融出方（逆回购方）融入资金时，约定在回购到期后返还资金和债券，债券冻结在融资方账户
买断式回购	债券持有人将债券卖给对方后，并约定在未来某一日期，卖方再以约定价格买回同等数量债券的行为，债券过户至出资方账户，相当于引入做空机制
远期交易	交易双方约定在未来某一日，以约定价格和数量买卖标的债券的行为，期限限定在365天之内
债券借贷	交易双方以债券为质押品，借入标的债券，并约定在未来某一日返还所借标的债券，并归还相应质物的债券融通行为
融资融券	投资者向具有融资融券业务资格的证券公司提供担保物，借入资金买入证券（融资交易）或借入证券并卖出（融券交易）行为

2021年，债券市场规模稳定增长，债券市场共发行各类债券61.9万亿元，较2020年增长8.0%。其中银行间债券市场发行债券53.1万亿元，同比增长9.2%。交易所市场发行8.7万亿元，同比增长1.0%。债券市场高水平对外开放稳步推进，投资者结构进一步多元化。至2021年年末，境外机构在中国债券市场的托管余额为4.1万亿元，占中国债券市场托管余额的比重为3.1%。其中，境外机构在银行间债券市场的托管余额为4.0万亿元。

二、债券交易的价值分析

（一）债券价值分析——收入资本化法

收入资本化法又称收入法或现金流贴现法（Discounted Cash Flow Method，DCF）。DCF

认为，任何资产的内在价值取决于该资产预期的现金流的现值，所以债券的内在价值即等于来自债券的预期货币收入按某个利率贴现的现值。而债券价格受市场因素的影响，围绕债券价值上下波动。债券价值是用市场利率折现得到的，债券价格是用期望报酬率（或叫到期收益率）折现得到的。

（二）债券收益的衡量（见表5－5）

表5－5　　主要债券收益衡量指标及其含义

收益率指标	含义
名义收益率	债券息票利率
当期收益率	衡量当期的收入和成本比例
到期收益率	衡量持有债券至到期时的收益率
赎回/回售收益率	衡量债券在赎回日/回售日被赎回/回售时的收益率
持有期收益率	衡量当投资者在到期前出售债券时获得的收益率

当期收益率是债券的年息除以债券当前的市场价格所计算出的收益率。它并没有考虑债券投资所获得的资本利得或是损失，只在衡量债券某一期间所获得的现金收入相较于债券价格的比率。

到期收益率的计算公式为：债券到期收益率＝（收回金额－购买价格＋总利息）/（购买价格×到期时间）×100%。到期收益率又称内部收益率，是可以使投资购买债券获得的未来现金流的现值等于债券当期市价的贴现率。

P＝市场价格；C＝每期支付的利息；n＝时期数；M 表示债券面值。

债券目前的市场价格是将未来每一期现金流即债券利息进行贴现，将债券面值也进行贴现，加总求和，即算出债券的市场价格。

（三）三种收益率的比较

当债券发行时，其票面利率、当期收益率和到期收益率的关系如表5－6所示。

表5－6　　债券发行票面利率、当期收益率、到期收益率的关系

债券发行价格	三者关系
平价	票面利率＝当期收益率＝到期收益率
溢价	票面利率＞当期收益率＞到期收益率
折价	票面利率＜当期收益率＜到期收益率

三、债券的报价

债券报价主要有净价和全价两种模式。债券应付利息是指当投资者卖出债券的日期离下次付息日不到一个付息周期时，上次付息日和结算日之间那段时间内投资者应得的利息。利用债券价格公式计算得到的价格被称为净价（Clean Price），净价加上应付利息就是投资者应得的债券的价值，被称为全价（Full Price）：

全价 = 净价 + 应计利息

其中，应计利息为：$I_e = D/365 \times C$。

其中，D = 结算日离上次付息日的天数；C 一年利息。

自 1981 年我国恢复发行国库券以来，基本上都是以全价交易方式进行交易。净价交易是指在现券买卖时，以不含有自然增长应计利息的价格报价并成交的交易方式。银行间债券市场已于 2001 年 7 月开始实行净价交易，沪深交易所市场也于 2002 年开始实行净价交易。目前，我国债券交易基本上采取净价报价，而在行情显示上一般会包括债券全价、净价和应计利息额。

第四节

债券市场创新与发展

一、中国地方政府债券市场的发展

（一）地方政府债券的基本内涵

地方政府债券是由各级地方政府发行的债券。发行这类债券的目的是筹措一定数量的资金用以满足市政建设、文化进步、公共安全、自然资源保护等方面的资金需要。发展我国的地方政府债券市场的意义在于以下几点：

（1）促进地方经济平稳健康发展。通过地方政府债券管理模式创新，形成总量可控、动态可持续的资金保障机制，以合法规范的方式保障地方政府合理的融资需求，支持地方稳增长、补短板。

（2）构建一个更加透明和高效的融资方式，进一步拓宽地方政府的融资渠道，促使政府融资模式进行结构性转变，有利于促进地方财政透明运行，遏制违法违规变相举债行为。在严格执行国发〔2014〕43号文件关于剥离融资平台公司政府融资职能、《国务院关于加强地方政府融资平台公司管理有关问题的通知》（国发〔2010〕19号）、关于公益性资产不得作为资本注入融资平台公司等规定的同时，通过开“正门”发行地方政府债券，防范违法违规举债或变相举债、挪用土地储备资金等行为发生。

（3）锻炼政府市场化融资的能力，有利于形成市场对政府行为的硬约束。

（4）深化财政与金融互动。完善地方政府债券市场，进一步增强地方政府债券透明度，保护投资者合法权益，支持对债券科学合理定价，丰富地方政府债券品种，提高地方政府债券市场化水平，吸引更多社会资本投资地方政府债券，带动民间资本支持重点领域项目建设，激发民间投资潜力。

同时，对地方政府的财政管理体制改革、我国债券市场品种和价格体系完善、社会信用体系构建等诸多方面都将产生深远影响。

（二）发展历程

1949年，我国就允许地方政府发行债券，如东北生产建设折实公债、地方经济建设折实公债等。1958年4月，中共中央发布了《关于发行地方公债的决定》，决定自1959年起，在必要时允许发行地方建设公债，并规定了发债的条件。

1985年，在各地方政府怀有强烈的投资冲动的情况下，为了控制投资规模，决定暂停发行地方债。此后，地方债的发行一直受到1985年《中华人民共和国预算法》第28条规定的限制。该条指出：“地方各级预算按照量入为出收支平衡的原则编制，不列赤字。除法规和国务院规定的以外，地方政府不得发行地方政府债券。”该规定本身含有“例外条款”。

2008年国际金融危机对我国经济造成严重冲击，中央政府推出4万亿元经济刺激计划。为了突破地方政府在刺激计划中的资金瓶颈，从2009年开始，中央政府每年代地方政府发行一定数量债券。

自2011年起，经国务院批准，上海、浙江、广东、深圳试点在国务院批准的额度内自行发行债券，但仍由财政部代办还本付息：其余地区的地方政府债券仍由财政部代理发行、代办还本付息。2013年，自行发债试点地区在2012年4个的基础上新增江苏和山东。2014年5月22日，财政部印发《2014年地方政府债券自发自还试点办法》，继续推进地方政府债券改革：第一，在前期自行发行的基础上，在还本付息上，从财政部代行突破至发债地区自行还本付息：第二，在前期6个试点地区的基础上，再次增加直辖市北京、计划单列市青岛以及中西部省份江西和宁夏为试点地区；第三，将债券期限由2013年的3

年、5 年和 7 年拉长至 5 年、7 年和 10 年；第四，在 2013 年试点办法提出逐步推进建立地方政府信用评级的基础上，明确提出“试点地区按照有关规定开展债券信用评级”。

2014 年 8 月 31 日，《预算法修正案草案》在第十二届全国人民代表大会常务委员会第十次会议上高票通过。修改后的《预算法》于 2015 年 1 月 1 日起施行，地方政府发债走向合法化和常态化。

新《预算法》对地方发债权的规定是：“经国务院批准的省、自治区、直辖市的预算中必需的建设投资的部分资金，可以在国务院确定的限额内，通过发行地方政府债券举借债务的方式筹措。”同时，新《预算法》规定：“举借债务的规模，由国务院报全国人民代表大会或者全国人民代表大会常务委员会批准。”地方举债只能用于公益性资本支出，而不得用于经常性支出。

地方债存量从 2014 年年底的 1.16 万亿元迅速扩大，2015—2017 年，36 个省份共发行地方债券 14.24 万亿元，2017 年年底地方政府债务余额 16.47 万亿元，其中地方债券余额 14.74 万亿元，占比近 90%，以政府债券为主体的规范的地方政府举债融资机制基本建立。目前，地方债券余额、年度发行量占整个债券市场的比重均超过 20%，已经超越国债，也超越了政策性银行债，成为第一大债券品种。随着地方政府债务置换工作的逐渐结束，地方政府债券发行规模将逐步进入常规规模。

（三）发行方式

按照地方政府债券的资金用途，又可以将地方政府债券分为一般债券和专项债券。一般债券以一般公共预算收入作为偿债来源，同时还可以采取调减投资计划、统筹各类结余结转资金、调入政府性基金或国有资本经营预算收入、动用预算稳定调节基金或预备费等方式筹措资金偿还，必要时可以处置政府资产。

专项债券以政府性基金收入作为偿债来源，同时还可以通过调入项目运营收入、调减债务单位行业主管部门投资计划、处置部门和债务单位可变现资产、调整部门预算支出结构、扣减部门经费等方式筹集资金偿还债务。

1. 一般债券

一般债券由地方政府在限额内按照市场化原则自发自还。

省、自治区、直辖市（含经省政府批准自办债券发行的计划单列市）人民政府（以下简称“省级政府”）依法自行组织本地区一般债券发行、利息支付和本金偿还。一般债券发行兑付有关工作由省级政府财政部门（以下简称“地方财政部门”）负责办理。

一般债券实行限额管理。省、自治区、直辖市政府发行的一般债券总规模不得超过当年本地区一般债券限额。一般债券发行遵循市场化原则，地方财政部门、一般债券承销团成员（以下简称“承销团成员”）、信用评级机构及其他相关主体，不得以非市场化方式干扰一般债券发行工作。

2. 专项债券

地方政府专项债券（以下简称“专项债券”）是指省、自治区、直辖市政府（含经省级政府批准自办债券发行的计划单列市政府）为有一定收益的公益性项目发行的，约定一定期限内以公益性项目对应的政府性基金或专项收入还本付息的政府债券。

单只专项债券应当以单项政府性基金或专项收入为偿债来源。单只专项债券可以对应单一项目发行，也可以对应多个项目集合发行。专项债券由各地按照市场化原则自发自还，遵循公开、公平、公正的原则，发行和偿还主体为地方政府。

（四）地方政府债券的信用评级与信息披露

1. 信用评级

地方政府债券信用评级，由地方政府择优选择信用评级机构进行。从当前我国评级公司的评级依据来看，地方政府的信用等级主要由基础性因素和支持性因素决定。地方政府基础性信用风险的评价主要是评估地方政府的偿债能力和意愿。受评地方政府的地区经济发展基础条件、经济发展水平、经济增长潜力等经济实力指标，财政收入规模、财政支出结构、财政收入结构、财政收支平衡程度、债务指标等财政实力指标，信息透明度和管理制度及执行情况等政府治理指标是衡量地方政府基础性信用风险的重要因素。支持性因素主要由地方政府的行政层级政治重要性、经济重要性历史支持等因素构成。

2014—2017 年发行的地方债，发行信用评级均为无差别的 AAA 级，评级结果对债券定价的参考价值较小。

2. 信息披露机制

地方债发行信息披露逐步规范化使得投资者对政府的偿债能力、风险和投资回报等全面把握，并影响地方债的发行认购效果以及二级市场的流动性。根据财政部有关地方政府债券发行工作要求，对于一般债券．地方财政部门应当重点披露本地区生产总值、财政收支债务风险等财政经济信息，以及债券规模、利率、期限、具体使用项目、偿债计划等债券信息。对于专项债券，应当重点披露本地区及使用债券资金相关地区的政府性基金预算收入、专项债务风险等财政经济信息，以及债券规模、利率、期限、具体使用项目、偿债计划等债券信息。对于土地储备、收费公路专项债券等项目收益专项债券．地方财政部门应当在积极与国土资源、交通运输等相关部门沟通协调的基础上，充分披露对应项目详细情况项目融资来源、项目预期收益情况、收益和融资平衡方案、潜在风险评估等信息（见表 5 – 7）。

表 5-7　　地方政府债券发行的信息披露机制

一般债券	专项债券
1. 债券发行兑付相关制度办法 2. 债券基本信息，包括发行数量、发行日期、手续费率、发行方式、发行款缴纳时间和账户信息、募集资金投向说明等 3. 本地区经济运行、财政收支、债务性基金情况 4. 信用评级情况，包括首次信用评级报告和跟踪评级安排等	1. 债券发行兑付相关制度办法 2. 债券基本信息 3. 本地区经济运行、财政收支、债务等情况 4. 专项债券对应的政府性基金调入专项收入情况、包括该政府性基金、调入专项收入最近三年的预决算数据、以该政府性基金、调入专项收入为还款来源的其他专项债券的发行及余额情况等 5. 专项债券对应项目主要情况 6. 信用评级情况

资料来源：根据中华人民共和国财政部网站相关文件整理。

地方政府债券到期日前需要按期进行信息披露，具体见表 5-8。

表 5-8　　到期日前的信息披露机制

一般债券	专项债券
1. 按年度披露地方政府性债务管理情况 2. 按年度披露财政预决算，按季度披露经济运行等情况，按月度披露财政收支等情况 3. 不迟于信用评级机构出具跟踪评级结果后 5 个工作日，公布跟踪评级报告	1. 财政预决算，经济运行、财政收支执行等情况 2. 地方政府性债务管理情况 3. 专项债券对应的政府性基金、调入专项收入预决算数据 4. 以专项债券对应的政府性基金，调入专项收入为还款来源的其他专项债券的发行及余额情况等 5. 专项债券对应项目主要情况，筹集资金使用情况等 6. 不迟于信用评级机构出具跟踪评级结果后 5 个工作日，公布跟踪评级报告

资料来源：根据中华人民共和国财政部网站相关文件整理。

二、中国债券市场国际化进程

近年来，随着人民币国际步伐的加快，国债券市场国际化进程加速。按照国际清算银行（BIS）狭义统计口径，截至 2016 年年末，以人民币标价的国际债券余额为 6 987.2 亿元，其中境外机构在离岸市场上发行的人民币债券余额为 5 665.8 亿元，在中国境内发行的人民币债券余额为 1 321.4 亿元。

（一）境外机构境内发行人民币债券概况

境外（含中国香港、澳门和台湾地区）机构在我国境内发行的人民币债券称为熊猫债，国际开发机构、境外非金融企业、国际性商业银行、外国政府已先后在我国境内成功发行熊猫债。

2005 年，国际金融公司和亚洲开发银行作为国际开发机构先后获准在我国银行间债券市场发行人民币债券，开了熊猫债发行的先河。其中，国际金融公司于 2005 年、2006 年分两期共发行了 20 亿元人民币债券；亚洲开发银行于 2005 年、2009 年分两期共发行了 20 亿元人民币债券。

2013 年 12 月，中国银行间市场交易商协会（NAFMII）接受德国戴姆勒股份公司在我国银行间债券市场发行 50 亿元人民币定向债务融资工具的注册，这是境外非金融企业首次在银行间债券市场融资。

2014 年 9 月，中国人民银行发布《中国人民银行办公厅关于境外机构在境内发行人民币债务融资工具跨境人民币结算有关事宜的通知》（银办发〔2014〕221 号），明确境外机构可凭 NAFMII 发出的人民币债务融资工具“接受注册通知书”，申请开立人民币专用存款账户，用于存放发行人民币债务融资工具所募集资金，募集资金可汇出境外，可使用境外人民币还本付息等；其他境外机构经批准，在银行间债券市场发行人民币债务融资工具的有关跨境人民币结算业务参照执行。

HUS 对国际债券有狭义和广义两个统计口径。按照 IS 的统计口径，狭义的人民币国际债券是指境外机构在境内外发行的以人民币标价的债券，广义的人民币国际债券是指发行人在本国或本地区之外发行的以人民币标价的债券。

2015 年 9 月，中国人民银行批复同意香港上海汇丰银行有限公司和中国银行（香港）有限公司在银行间债券市场分别发行 10 亿元和 100 亿元人民币金融债券。这是国际性商业银行首次获准在银行间债券市场发行人民币债券。2015 年 11 月和 12 月，NAFMII 先后接受加拿大不列颠哥伦比亚省和韩国政府在我国银行间债券市场发行 60 亿元和 30 亿元人民币主权债券的注册。

随着人民币国际接受程度的稳步提升，熊猫债市场受到国际市场广泛关注，发债主体类型进一步扩展，发债规模也实现了大幅增长。截至 2017 年 7 月末，熊猫债发债主体已包括境外非金融企业、金融机构国际开发机构以及外国政府等，累计发行额为 1 940.4 亿元。为统一熊猫债账户开立、资金存管、跨境汇划和数据报送的规则，构建关于熊猫债的数据统计监测和宏观审慎管理体系，2016 年 12 月，中国人民银行发布《中国人民银行办公厅关于境外机构境内发行人民币债券跨境人民币结算业务有关事宜的通知》（银办发〔2016〕258 号），明确境外机构可选择开立境外机构人民币银行结算账户或委托主承销商开立托管账户两种方式，存放发行人民币债券所募集的资金。开户行按照有关部门同意人民币债券发行的证明文件，并根据其规定的募集资金境内外使用比例，办理相关跨境人民币资金汇划。2016 年 8 月，全球首只以 SDR 计价、人民币结算的债券（命名为“木兰债”）由世界银行（国际复兴开发银行）在我国银行间债券市场成功发行，合计额度 20 亿 SDR。同年 10 月，渣打银行（香港）有限公司也在我国银行间债券市场成功发行 1 亿木兰债。木兰债的推出，丰富了我国债券市场交易品种，促进我国债券市场的开放与发展，也是扩大 SDR 使用的标志性事件，对于增强国际货币体系的稳定性具有积极意义。

（二）离岸人民币债券市场的发展

随着人民币国际化进程的加速，人民币在国际贸易结算和投资中的使用占比越来越高，跨国公司和国际金融机构对人民币有较强的融资偏好。因此，离岸人民币债券市场在近些年得到了较大发展，发行量总体呈上升趋势。作为一类投资工具，国际市场对于人民币债券的持有偏好与人民币升值预期挂钩。在 2014 年之前，人民币一直处于升值通道，这也进一步提高了人民币债市的活跃度。而在 2015 年 8 月启动新一轮汇改之后，人民币币值趋于稳定并伴有小幅下滑，导致国际投资者对于离岸人民币债券投资意愿降低。离岸人民币债市发行的热潮也开始逐步褪去。

但从长期来看，离岸人民币债券市场是对在岸市场的有效补充，也是进一步推进人民币国际化、形成人民币健康回流机制的重要环节。

（三）债券跨境交易

交易方面，境外机构投资银行间债券市场的主体范围和投资范围不断扩大。近年来，中国人民银行先后允许符合条件的境外央行或货币当局、主权财富基金、国际金融组织、人民币境外清算行和参加行、境外保险机构、RQFII 和 QFII 进入银行间债券市场，开展债券现券、债券回购等多种业务。在 2015 年 7 月扩大对央行类机构开放程度的基础上，2016 年，中国人民银行将境外投资主体范围进一步扩大至境外依法注册成立的各类金融机构及其发行的投资产品，以及养老基金等中长期机构投资者。截至 2017 年 12 月末，全年共有 866 家境外机构获准进入银行间债券市场，包括境外央行类机构（包括境外央行、国际金融机构和主权财富基金）、境外商业银行、非银行类金融机构、金融机构产品类投资者和其他类型机构投资者。债券托管余额为 1.2 万亿元。

2017 年成功推出内地与香港债券市场互联互通合作（简称“债券通”）。7 月 3 日，“债券通“正式上线试运行，首日发行认购及交投活跃、运行稳定。“债券通”的推出丰富了境外投资者投资渠道，有利于进一步推进银行间债券市场对外开放，截至 2017 年年末，已有 249 家机构通过“债券通”途径进入银行间债券市场，持债规模超 887.9 亿元。

截至 2017 年年末，非居民持有境内人民币金融资产余额为 4.29 万亿元，其中，境外机构持有的股票市值和债券托管余额分别为 11 746.7 亿元和 11 988.3 亿元。境外机构对境内机构的贷款余额为 6 164.4 亿元，非居民在境内银行的人民币存款余额为 9 154.7 亿元，包括同业往来账户存款、境外机构和境外个人存款。

三、中国资产支持证券市场的发展

资产证券化是指将缺乏流动性，但能够在将来产生稳定的、可预见的现金流收入的资产转换为可以在金融市场上出售与流通的证券的行为。

我国资产支持证券自2005年国务院批准中国人民银行牵头开展的信贷资产证券化试点起步。尽管发展历史较短，但近年来发展迅速，市场规模不断扩大，基础资产逐渐多元化，产品设计日趋成熟，市场参与者专业能力和活跃度不断提升。作为直接融资的创新品种，资产支持证券已经成为债券市场的重要组成部分。

（一）发展历程

我国资产证券化市场产品根据主管部门的不同可以划分为信贷资产证券化、企业资券化和资产支持票据三条线，对应的主管部门分别为中国银监会、中国证监会和银行间交易商协会。在我国资产证券化市场发展历程中，中国人民银行和中国院会先试先行，于2005年推出了信贷资产证券化，标志着我国资产证券化试点拉开序幕，随后企业资产证券化和资产支持票据也陆续开展试点工作。

纵向梳理三大部委出台的关于资产证券化的政策可以发现，我国资产证券化产品的发展可谓一波三折。2008年美国次贷危机爆发，资产支持证券和衍生产品一度被认为是罪魁祸首，国内外关于发展资产证券化的反对声音很大，受此影响，国内资产证券化试点被迫暂停。在此后的两年多时间里，虽然中国证监会于2000年发布了《证券公司企业资产证券化业务试点指引（试行）》，但是国内的资产证券化业务一直处于停滞状态，直到2012年中国人民银行、银监会和财政部联合下发了《关于进一步扩大信贷资产证券化试点有关事项的通知》，开启第二轮500亿元资产证券化试点工作，国内的资产证券化业务才开始破冰。2012年后，国内金融创新氛围浓郁，资产证券化市场也迎来了大发展，三大部委在不断规范资产证券化产品交易结构的同时，积极推动资产证券化业务创新，房地产信托投资基金（REITs）、PPP资产支持证券等多种创新融资工具应运而生，资产证券化越来越被国内资本市场认为是一种适应国家供给侧改革政策、盘活优质存量资产、丰富企业融资渠道的融资手段，资产证券化市场的广度和深度也得到了一定拓展。

（二）资产证券化产品的一般交易结构

资产支持证券的交易结构较其他债务融资工具更加复杂，不同发行品种和不同类型基础资产的交易结构也存在很大差异。但各类资产支持证券交易结构的核心目的都是实现资产隔离（见表5-9）和结构化增信。

表5-9　　资产隔离的两种处理方式

基础资产	债权		收益权
风险报酬转移情况	风险报酬基本转移，比如原始权益人或母公司不提供担保或反担保	风险报酬转移不足，原始权益人或其母公司仍存在一定被追偿的风险	基础资产是未来预期的营业收入，尚未转化为合同债权，不是会计意义上的资产，风险报酬无法转移
会计处理原则	可以认定为“真实出售”	不能认定为“真实出售”	
是否实现资产出表	可以	不可以	
收到募集资金的会计处理	借：银行存款 贷：出售资产对应的科目，如持有至到期投资或长期债券投资、应收账款等	借：银行存款 贷：长期应付款	

在资产方面，主要通过建立特殊目的软体（SPV），表现为原始权益人向原始债务人构建债权资产并将债权资产转让给SPV。同时让各类机构参与确认资产是否合法、估值是否合理，以及监督现金流的归集和分配。

当基础资产可以出表时如风险报酬基本转移的债权类资产，发行ABS可以实现资产真实销售，不增加负债，资产负债表左侧流动性较差的基础资产可以被置换为流动性较强的货币资金，从而提升企业的流动比率和速动比率，进而提高短期偿债能力，如果企业使用筹集的资金偿还债务，还可以进一步降低资产负债率；当基础资产不能出表时（如风险报酬转移不足的债权类资产和收益权），资产支持证券视作抵押担保融资，资产负债表两侧同时增加货币资金和负债，对企业偿债能力的提升相对弱于出表情形。

在结构化方面，通常会设置优先/夹层/次级的多重结构，更低级持有者优先承担损失，为更高级持有者提供增信。同时也可以采用折价购买基础资产、基础资产超额利差、资产超额抵押发起人差额支付、流动性支持及担保等各类增信手段。为满足投资者对期限的要求，通常还会在现金流满足兑付的要求下安排不同档产品。

专栏5-1

中国债市首现违约

2014年3月4日，注定是中国资本市场极不平凡的日子。当晚，深圳证券交易所披露的《上海超日太阳能科技股份有限公司2011年公司债券第二期利息无法按期全额支付的公告》称，超日太阳能于2012年3月7日发行的2011年公司债券（简称“11超日债”）第二期利息原定金额共计人民币8 980万元，但由于各种不可控的因素，公司付息资金仅落实人民币400万元。因此，“11超日债”本期利息将无法于原定付息日按期全额支付，仅能够按期支付共计人民币400万元。

3月7日当天，上述公告中所述事实兑现。至此，“11超日债”正式违约，成为国内首例债券违约事件。

超日太阳能于2010年11月在深交所中小企业板上市，2012年3月7日发债之后，即于月16日预报2011年亏损6 000万元。2013年1月17日，公司发布公告称2012年预计亏损9亿—11亿元，并披露公司面临流动性风险，大多数资产已被质押、抵押或查封。

本章小结

债券是政府、企业以及金融机构等依据法律手续发行的，向投资者即债权人承诺的，按约定利率和日期支付利息、偿还本金，从而明确债权债务关系的有价证券。债券的基本要素包括债券的名称、债券的面值、偿还期限、利率和价格。债券市场是一国金融体系中不可或缺的部分，一个统一成熟的债券市场可以为全社会的投资者和筹资者提供风险与收益匹配的投融资工具；债券的收益率曲线是社会经济中金融商品收益水平的重要基准，因此债券市场也是传导中央银行货币政策的重要载体。根据债券的运行过程和市场的基本功能，可将债券市场分为发行市场和流通市场。根据市场组织形式，债券流通市场可进一步分为场内交易市场和场外交易市场。根据债券发行地点的不同，债券市场可以划分为国内债券市场和国际债券市场。中国债券市场分为银行间市场、交易所市场和柜台债券市场。其中，银行间市场是中国债券市场的主体。

债券登记、托管、清算和结算系统是债券市场重要的基础设施。确保风险得到正确揭示、增加市场透明度是监管部门的责任，风险揭示主要通过强制性、严格的信息披露机制实现。信用评级制度是市场化监督机制的重要组成部分，独立、公正、客观的信用评级对于债券市场的健康发展具有非常重要的作用。我国债券市场经历了以场外柜台市场为主、场内市场为主和银行间债券市场为主三个发展阶段。

中国债券市场不同的债券品种往往具有不同监管主体，监管标准不同，发行条件也随之有所区别，发行管理方式各异。债券交易分为场内交易和场外交易，这两种市场的组织形式不同，所采用的交易机制也具有不同的特点。我国的银行间债券市场、交易所债券市场和商业银行柜台市场采用不同的交易机制，交易品种结构各不相同。

当前，中国地方政府债券发行流动机制逐步完备。随着人民币国际化步伐的加快，我国债券市场国际化进程加速。资产支持证券规模日益扩大，成为我国债券市场发展与创新的新亮点。

课后习题

一、重要概念

债券市场、国债、地方政府债券、企业债券、公司债券、信用评级

二、习题与思考

1. 简述中国债券市场当前的结构特征和监管体制存在的主要问题。

2. 试述公司债券主体信用评级主要考察的因素。

3. 简述债券债项信用评级考察的基本因素。

4. 当前中国的企业选择发行债券的发行方式主要有哪些？

5. 简述我国银行间债券市场、交易所债券市场和商业银行柜台市场的交易机制。

6. 试述当前中国地方政府债券的发行的影响。

7. 何谓本息分离债券，有何优点？某公司平价发行 10 年期债券 8 亿元，利率为 5%，承销商基于市场情况，拟将其本息分离予以销售。在不考虑费用的情况下，请问第二年到期利息分离债券售价多少才不至于亏损？

第六章 股票市场

【教学目的与要求】

我国资本市场自1990年建立以来，经过30多年的不断深化改革，形成了多层次的资本市场结构。本章学习的主要目的是掌握股票市场的基本要素与载体，熟悉首次公开发行与上市制度，熟悉股权的再融资制度，熟悉股票市场的交易，了解我国股票市场相对于发达国家的不足。

第一节 股票市场的概述

一、股票市场的要素

股票是股票市场的客体要素，是资产价值的承载者，是股票市场运作的核心构件。股票是有价证券的主要形式之一，是股份有限公司签发的证明股东所持股份的凭证，并据此以获得股息与红利。股票代表着其持有者（即股东）对股份公司的所有权。每个股东所拥有的公司所有权大小取决于其所持有公司股票份额的大小。股票按照股东享有的权益，股票可以分为普通股股票和优先股股票。二者的主要区别是前者有投票权而后者没有，但后者的收益分配优先于前者。我国目前尚无优先股股票，因此，本章介绍的股票即为普通股股票。股票的发行和交易分别在发行市场和流通市场进行。股票市场要素如图 6-1 所示。

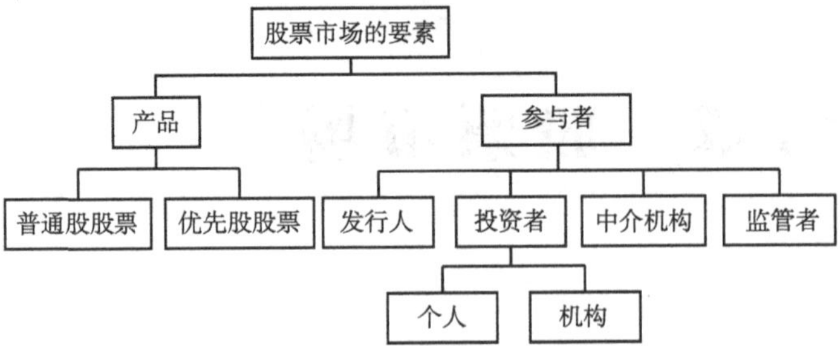

图 6-1　股票市场要素

二、我国的多层次股票市场

经过 20 余年的发展，我国交易所市场已初具规模。在市场结构方面，我国股票市场已从早期单一主板市场，发展成现在的主板、中小板、创业板、科创板等多层次市场。主板、中小板、创业板与科创板构成我国的 A 股市场。A 股的正式名称是人民币普通股票，是指由我国境内公司发行，供境内机构、组织或个人（不含港、澳、台投资者）以人民币认购和交易的普通股票。截至 2021 年年底，我国 A 股上市公司已从早期的 100 多家发展至 4 693 家。

（一）主板市场

主板市场是传统意义上的证券市场，是一国资本市场的重要组成部分之一。主板市场也称一板市场，其对发行人的营业年限、股本大小、盈利水平和最低市值等各个方面的要求是较高的，因此能在主板上市的公司大多数为发展成熟、盈利稳定的大型企业。在主板市场上证券的首次公开发行以及后续的交易流通都是在证券交易所进行的。证券交易所是根据各国法律规定，经证券管理部门批准而设立的集中进行证券交易的场所。

证券交易所按照组织形式的不同可以分为会员制与公司制两种（见图 6-2）。会员制证券交易所是由股票经纪人、证券机构及专业会员等以会员协会形式成立的不以营利为目的的机构。我国的证券交易所具有传统的会员制形式，下设会员大会、理事会、总经理和监事会。会员大会是交易所的最高权力机构，理事会为执行机构，总经理负责日常的交易所管理，监事会为交易所的监督机构。

公司制证券交易所是证券交易所的一种组织类型，是由投资者组织起来的股份有限公

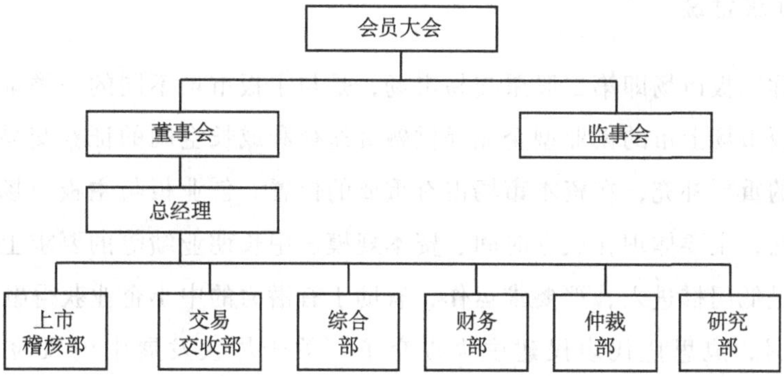

图 6－2 证券交易所组织形式图

司性质的证券交易所。该种证券交易所只提供场地、设备、人员等，在政府主管机构的管理与监督下，吸收各类证券商在集中的交易市场内自由地买卖并集中交割，收取发行公司的“上市费”，并抽取证券成交的“经手费”，但不参与本所上市证券的买卖。这种公司制的交易所自负盈亏，实际上是以营利为目的的私人公司。作为交易所股份有限公司本身的股票，一般不上市进行公开交易。如世界上最大的证券交易所之一的伦敦证券交易所属于股份有限公司组织。股东多为交易所成员，每一股东拥有的股票不得超过 200 股。

我国的主板市场是由上海证券交易所和深圳证券交易所构成。两所的主要职能是提供证券交易的场所、进行价格公示、集中各类社会资金参与投资、制定相关交易规则、安排证券上市并进行监管等等。主板市场是我国 A 股市场中规模最大、交易最活跃的市场。截至 2022 年 10 月底上交所已有 1 708 只股票、深交所已有 1 506 家上市公司上市。深交所的主板股票较少的一个重要原因在于，深交所从 2000 年起开始筹建创业板市场。主板市场对发行人的营业期限、股本大小、盈利水平、最低市值等方面的要求标准较高，有些企业的条件达不到主板市场的要求。为了扶持这些企业的发展，深交所几乎暂停了主板业务，全力发展创业板市场。

我国的中小企业板块于 2004 年在深圳证券交易所设立，中小企业板块是主板市场的一个组成部分。中小企业板块主要安排主板市场拟发行上市企业中具有较好成长性、流通股本规模相对较小的公司。通常总额在 8 000 万元以上的企业选择在主板上市，而股本在 5 000 万—8 000 万元的企业选择在中小板上市。上市的基本条件与主板市场完全一致，按照“两个不变”和“四个独立”的要求，该板块在主板市场法律法规和发行上市标准的框架内，实行包括“运行独立、监察独立、代码独立、指数独立”的相对独立管理。中小企业板定位于为主业突出、具有成长性的中小企业提供融资渠道和发展平台，促进中小企业快速成长和发展，是突破中小企业发展瓶颈的重要探索。

（二）创业板市场

创业板又称二板市场即第二股票交易市场，是与主板市场不同的一类证券市场，专为暂时无法在主板市场上市的创业型企业提供融资途径和成长空间的证券交易市场。创业板是对主板市场的重要补充，在资本市场占有重要的位置。创业板与主板市场相比，上市要求往往更加宽松，主要体现在成立时间、资本规模、中长期业绩等的要求上。创业板市场最大的特点就是低门槛进入，严要求运作，有助于有潜力的中小企业获得融资机会。

1998 年 3 月，成思危代表民建中央提交了《关于尽快发展中国风险投资事业的提案》，此提案是当年全国政协会议的“一号提案”，被认为开启了在中国设立创业板的征程。同年，成思危提出了创业板“三步走”的发展思路：第一步是在现有法律框架下，成立一批风险投资公司；第二步是建立风险投资基金；第三步是建立包括创业板在内的风险投资体系。1999 年 8 月，党中央、国务院出台《关于加强技术创新，实现产业化的决定》指出，要培育有利于高新技术产业发展的资本市场，适当时在现有的上海、深圳证券交易所专门设立高新技术企业块。

2000 年 10 月，深市停发新股，开始筹建创业板。但 2001 年 11 月，股市丑闻频出，高层认为股市尚未成熟，须先整顿主板，创业板计划搁置。2002 年，成思危提出创业板“三步走”建议，中小板作为创业板的过渡。2004 年 5 月 17 日，中国证监会正式批复同意深交所在主板块市场内设立中小企业板。2004 年 6 月，深市恢复发新股——8 只新股在中小板上市，时称中国股市“新八股”。2007 年 3 月，深交所称创业板技术准备到位；尚福林要求积极稳妥推进。

2009 年 3 月 31 日，中国证监会正式发布《首次公开发行股票并在创业板上市管理暂行办法》，该办法自 2009 年 5 月 1 日起实施。同年 7 月 1 日，证监会正式发布实施《创业板市场投资者适当性管理暂行规定》，投资者可在 7 月 15 日起办理创业板投资资格。9 月 13 日，中国证监会宣布，于 9 月 17 日召开首次创业板发审会，首批 7 家企业上会。10 月 23 日，中国创业板举行开板启动仪式。2009 年 10 月 30 日，中国创业板正式上市。截至 2022 年 10 月底，创业板共有 1 210 家上市公司，其总市值达到 11.72 万亿元。

创业板市场，是为具有高成长性的中小企业和高科技企业融资服务的资本市场。创业板市场是不同于主板市场的独特的资本市场，具有前瞻性、高风险、监管要求严格以及明显的高技术产业导向的特点。与主板市场相比，在创业板市场上市的企业规模较小、上市条件相对较低，中小企业更容易上市募集发展所需资金。

（三）科创板市场

科创板由国家主席习近平于 2018 年 11 月 5 日在首届中国国际进口博览会开幕式上宣

布设立，是独立于现有主板市场的新设板块，并在该板块内进行注册制试点。

相关文件强调，在上交所新设科创板，坚持面向世界科技前沿、面向经济主战场、面向国家重大需求，主要服务于符合国家战略、突破关键核心技术、市场认可度高的科技创新企业。重点支持新一代信息技术、高端装备、新材料、新能源、节能环保以及生物医药等高新技术产业和战略性新兴产业，推动互联网、大数据、云计算、人工智能和制造业深度融合，引领中高端消费，推动质量变革、效率变革、动力变革。

设立科创板并试点注册制是提升服务科技创新企业能力、增强市场包容性、强化市场功能的一项资本市场重大改革举措。通过发行、交易、退市、投资者适当性、证券公司资本约束等新制度以及引入中长期资金等配套措施，增量试点、循序渐进，新增资金与试点进展同步、匹配，力争在科创板实现投融资平衡、一二级市场平衡、公司的新老股东利益平衡，并促进现有市场形成良好预期。

2019 年 6 月 13 日，科创板正式开板；7 月 22 日，科创板的首批公司上市。2019 年 8 月，为落实科创板上市公司（以下简称“科创公司”）并购重组注册制试点改革要求，建立高效的并购重组制度，规范科创公司并购重组行为，证监会发布《科创板上市公司重大资产重组特别规定》。截至 2022 年 10 月底，共有 483 只股票在科创板上市，其总市值达到 6.4 万亿元。

科创板是我国首个实行注册制的场内市场，主要服务于符合国家战略、突破关键核心技术、市场认可度高的科技创新企业。科创板上市企业普遍具有技术新、研发投入规模大、盈利周期长、技术迭代快、盈利能力不稳定以及严重依赖核心项目、核心技术人员、少数供应商等特点，因此企业上市后的持续创新能力、主营业务发展的可持续性、公司收入及盈利水平等仍具有较大不确定性。另外，科创板开通交易权限需要具有 2 年以上交易经验，其前 20 个交易日证券账户日均资产不低于 50 万元，科创板竞价交易的涨跌幅限制为 20%，对于首次公开发行上市的股票，上市后前 5 个交易日不设置涨跌幅限制。

（四）三板市场

从最初“两网”的短盛长衰到“旧三板”的流于形式，再到后来“新三板”的破茧而出：我国三板市场在经历一波三折的发展之后已经成为多层次资本市场中不可或缺的重要部分。

1.“两网”市场

1992 年 7 月 1 日，为了解决我国国有企业股份制改革过程中法人股的流通问题，国务院批准出台了《1992 年经济体制改革要点》，与此同时，相应的法人股流通市场全国证券交易自动报价系统（STAQ）成立。随后在 1993 年 4 月 28 日，经国务院主管部门批准，由人行、工行、农行、中行、建行、交行、人保公司及华夏、国泰、南方三大证券公司共同出资组建的 NET 法人股市场在北京正式开通。我国三板市场的雏形随着 STAQ 和 NET 两个法人股交易市场的运行逐渐产生。截至 1993 年年底，STAQ 系统共有上市公司 10 家、NEI 系统 7 家，并拥有近 500 家会员公司和 32 000 名开户的机构投资者，累计交易金额达 220 亿元。然而随着“两网”市场的逐渐热门，众多个人股民通过各种渠道进入市场，涌向市场的资金与日俱增，两市指数扶摇直上。市场成立之初，“限定在法人之间转让”的规定形同虚设，名义上的流通法人股逐渐向个人转移。由此，1993 年 6 月 21 日，中国证券业协会针对“两网”市场出台了《暂缓审批新的法人股挂牌流通的通知》，“两网”系统开始由盛转衰并从此一蹶不振。最终 1999 年 9 月 9 日，STAQ 网关闭，至此“两网”正式停止运营。

2. 旧三板市场

为了使国有企业法人股走出困境，2001 年 7 月 16 日，证券公司代办股份转让系统正式开通，与原有“两网”系统不同的是，除了原来在 STAQ、NET 市场挂牌的公司外，从主板市场退市的股票也能够在该系统挂牌交易。因此，新系统被寄托了化解退市风险、弥补我国证券市场结构性缺陷的期望。在业内，这个“证券公司代办股份转让系统”被称为“三板”，为了与后来出现的“新三板”区别开来，现在称之为“旧三板”。在旧三板市场上，投资主体和交易机制都类似于主板市场。与原先的“两网”不同，旧三板市场向所有投资者开放，不区分自然人和机构投资者。交易制度采用集合竞价的方式进行配对成交。交易次数根据股份转让公司的质量实行分类管理，具体来说就是根据挂牌公司的净资产多少而分别实行每周 1 次、3 次和 5 次的转让方式，以 5% 作为涨跌停板的限制。有关公司信息披露的标准也是根据主板上市公司的要求来制定。

3. 新三板市场

为了促进我国高新技术产业的发展、满足高科技企业的融资需求，我国于 2006 年 1 月正式启动了中关村代办股份转让试点。它是一个以证券公司和相关当事人的契约为基础，依托深圳证券交易所、中国登记结算公司的技术系统和证券公司的服务网络，以代理客户买卖挂牌公司股份为核心业务的股份转让平台，主要服务对象是没有达到主板上市条件的高新技术企业，又称“新三板”，是国内证交所主板、中小板及创业板市场的补充。2008 年 4 月，中关村提出将新三板发展成全国性场外交易市场。2013 年 6 月，国务院确定将中小企业股份转让系统试点扩大至全国，试点园区数量逐步增加。经过多年的运行，新三板挂牌公司数量逐步增加，中关村代办股份转让系统已经逐渐成为非上市高新科技股份公司募集资金、股权顺畅流转的重要平台，同时也成为多层次资本市场上市资源的“孵化器”。

（五）北京证券交易所

2021 年 9 月 2 日晚，国家主席习近平在 2021 年中国国际服务贸易交易会全球服务贸易峰会上发表致辞。习近平说，我们将继续支持中小企业创新发展，深化新三板改革，设立北京证券交易所，打造服务创新型中小企业主阵地。

深化新三板改革，设立北京证券交易所，是资本市场更好支持中小企业发展壮大的内在需要，是落实国家创新驱动发展战略的必然要求，是新形势下全面深化资本市场改革的重要举措。证监会将进一步深化新三板改革，以现有的新三板精选层为基础组建北京证券交易所，进一步提升服务中小企业的能力，打造服务创新型中小企业主阵地。北京证券交易所重点服务于创新创业型、中小型成长型，即一些专精特新企业，所谓专精特新指的是："专"是专业化；"精"是精细化；"特"是特色化；"新"是新颖化。

2021 年 11 月 15 日北京证券交易所正式开市，开市当天共有 81 只上市公司股票获批上市。在北京证券交易所交易需要具有 2 年以上交易经验，在前 20 个交易日证券账户日均资产不低于 50 万元，其日涨跌幅限制为 30%。

（六）四板市场

新四板即"区域性股权交易市场"，是为特定区域内的企业提供股权、债券转让和融资服务的私募市场，是由地方政府管理的、非公开发行证券的场所，是资本市场服务小微企业的新的组织形式和业态，是多层次资本市场体系的组成部分，对于促进企业特别是中小微企业股权交易和融资，鼓励科技创新和激活民间资本，加强对实体经济薄弱环节的支持，具有积极作用。截至 2022 年 1 月，在全国证券监督管理委员会备案的全国区域性股权交易市场共 35 个，具有代表性的包括前海股权交易中心、上海股权委托管理中心等。

股权交易中心集股份转让、登记结算、代理买卖、市场拓展、定向增资、企业购并等多种金融服务业务于一体，为一级、二级市场投资者提供多样化的金融产品和综合服务。此外，还对挂牌公司的规范运作、信息披露等市场行为予以监管，为其实现现转主板、中小板、创业板上市发挥培育、辅导和促进作用。

目前股权交易中心已具有 E 板、Q 板和 N 板三个不同板块。E 板为股份转让系统，该系统在股交所正式运营时即已启用，主要为挂牌企业提供股份转让、登记结算、代理买卖、定向增资等金融服务。Q 板为股权报价系统，于 2013 年启动，主要服务于还不足以进入 E 板的中小微企业，报价流程、信息披露等制度更加灵活和宽松，是对市场内部的进一步细分。N 板科创板，于 2015 年启动，是专为科技型和创新型中小企业服务的板块，看重"新技术、新产品、新模式和新业态"的"四新"企业。股权交易中心正积极发挥着“股份交易中心、资源集聚中心、上市孵化中心、金融创新中心”的功能，是上海市国际金融中心建设的重要组成部分，也是中国多层次资本市场体系建设的重要环节。

第二节

一级市场业务

一级市场，也称发行市场或初级市场，是资本需求者将证券首次出售给公众时形成的市场。它是新证券和票据等金融工具的买卖市场。该市场的主要经营者是投资银行、经纪人和证券自营商（在我国，这三种业务统一于证券公司）。它们承担政府、公司新发行的证券以及承购或分销股票。投资银行通常采用承购包销的方式承销证券，承销期结束后剩余发行人可以获得预定的全部资金。根据证券是否是第一次发行上市，可以分为首次公开发行和上市公司发行新股（即再融资），两者共同构成了一级市场业务。

一、首次公开发行股票

首次公开发行（Initial Public Offerings，IPO）指公司首次在发行市场上发行股票。企业通过发行股票可以广泛地吸收社会上闲散资金、提高融资能力，来扩大企业规模，提高公司知名度，增加产品竞争力，还可以完善公司内部结构，提升经营管理效率。

（一）首次公开发行的参与者

首次公开发行的主要有三种参与者：（1）发行人（即上市公司），发行人通过向外界出售股票以达到募集资金的效果。（2）投资者，投资者可分为个人投资者和机构投资者，通过购买股票可以使投资者达到资产增加、风险转移的目的。（3）中介机构，包括股票承销商、投资银行、会计师事务所等。其中承销商可以为发行人提供有关发行的条款、时机、定价等方面建议，帮助发行人准备相关材料，协助其完成审批工作，并扩大发行渠道，将证券销售给投资者。

（二）首次公开发行的过程

（1）进行上市评估。根据各大板块上市的条件要求，公司评估自身情况；选择相应的板块，并组建上市项目团队进行申报上市工作。

（2）选择中介机构。与各大券商投行、会计师事务所、律师事务所进行沟通，根据预算和条件选择中介机构后，中介机构将前往公司做尽职调查。了解公司的组织架构、管理运行情况与财务状况，以保证公司相关文件的真实性，并对公司相关问题进行整改以达到上市要求。

（3）辅导并制作上市文件。发行人在公司召开IPO启动大会，保荐机构作为公司IPO上市总设计师，主要负责招股书编制工作，目标使企业建立完善的公司机制，符合上市要求。主要辅导内容包括：中介机构根据公司各部门提供的材料完成招股说明书。对公司高层进行有关发行上市的法律法规、公司内部规范管理的培训。帮助企业明确未来发展目标。对公司申报IPO立项，辅导机构建立工作底稿，并报当地证券监管机构备案。

（4）进行申报与审核。申报与审核乃是整个IPO进程中最重要的阶段。注册制开展以来，根据企业所申报的板块申报与审核方式也有所不同。创业板和科创板的上市材料申报是提交给交易所，由交易所审核，通过后再由证监会决定是否予以注册。在申报审核过程中，发行人要配合中介机构回复交易所或证监会提出的问询。证监会初审过后交给发行审核委员会进行审核，并决定是否允许公开发行。

（5）进行定价销售。通过证监会的审核过后，承销商将准备路演，其目的是帮助投资人了解发行人，增强投资人的信心，创造对新股的市场需求并且从投资者的反应中获得信息，并根据投资者反映的信息和以往的经验、定价模型最终确定一个合理的发行价格，最终出售给投资者。

我国A股主板市场目前采用核准制的制度。核准制，是上市公司股票申请上市须经过核准的证券发行管理制度。发行人在申请发行股票时，不仅要充分公开企业的真实情况，而且必须符合有关法律和证券监管机构规定的必要条件。

证券监管机构有权否决不符合规定条件的股票发行申请。证券监管机构对申报文件的全面性、准确性、真实性和及时性作审查，还对发行人的营业性质、财务状况、经营能力、发展前景、发行数量和发行价格等条件进行实质性审查，并据此作出发行人是否符合发行条件的价值判断和是否核准申请的决定。

而证券发行注册制是指证券发行申请人依法将与证券发行有关的一切信息和资料公开，制成法律文件，送交主管机构审查，主管机构只负责审查发行申请人提供的信息和资料是否履行了信息披露义务的一种制度。其最重要的特征是：在注册制下证券发行审核机构只对注册文件进行形式审查，不进行实质判断。证券发行注册的目的是向投资者提供据以判断证券实质要件的形式资料，以便作出投资决定，证券注册并不能成为投资者免受损失的“保护伞”。如果公开方式适当，证券管理机构不得以发行证券价格或其他条件非公平，或发行者提出的公司前景不尽合理等理由而拒绝注册。

全面实行注册制有如下优点：

（1）简化审核程序，提高工作效率。在注册制下，股票监管机构对发行申请人的申报文件实行形式审查，没有实质条件的衡量，也不对证券发行作实质的判断，审查手续相对简便，审查周期较短。

（2）降低门槛，促进竞争，有利于具有发展潜力和风险性的企业通过股票市场募得资金，获取发展机会；并且推动了市场的优胜劣汰，维持资本市场的平衡进出。

（3）充分体现股票市场要求的公开、公平、公正。公开原则是注册制的最高指导原则。

（4）促使投资者审慎投资，提高市场整体水平。注册制强调“买者自行小心”，股票监管机构不对股票发行人及股票的价值作出判断。

全面实行注册制对投资者具有如下不利影响：首先，全面开放注册制意味着股票数量的供给将大幅增加，将对市场估值造成影响。其次，证监会只对公司上市材料完整性进行审核，不对材料真实性做评判，这将导致上市公司鱼龙混杂，投资者必须具有专业知识，对公司的基本面进行判断，相应地会淘汰一部分不具一双慧眼的投资者。最后，注册制过度依赖于上市公司的信息披露，如果上市公司违规披露信息、披露虚假信息等将对投资者产生不好影响。

因此，投资者自行选择证券，并承担相应的投资风险。责任的明确将促使投资者审慎投资，有助于提高投资者的素质和股票市场的整体水平，形成良性循环。

（三）首次公开发行上市条件

我国《证券法》规定，公司公开发行新股，应当具备健全且运行良好的组织机构，具有持续盈利能力，财务状况良好，3 年内财务会计文件无虚假记载，无其他重大违法行为以及经国务院批准的国务院证券监督管理机构规定的其他条件。

《首次公开发行股票并上市管理办法》规定，首次公开发行的发行人应当是依法设立并合法存续的股份有限公司；持续经营时间应当在 3 年以上；注册资本已足额缴纳；生产经营合法；3 年内主营业务、高级管理人员、实际控制人没有重大变化；股权清晰。发行人应具备资产完整、人员独立、财务独立、机构独立、业务独立的独立性。发行人应规范运行。

发行人财务指标应满足以下要求：（1）3 个会计年度净利润均为正数且累计超过人民币 3 000 万元，净利润以扣除非经常性损益后较低者为计算依据。（2）连续 3 个会计年度经营活动产生的现金流量净额累计超过人民币 5 000 万元；或者 3 个会计年度营业收入累计超过人民币 3 亿元。（3）发行前股本总额不少于人民币 3 000 万元。（4）至今连续 1 期末无形资产（扣除土地使用权、水面养殖权和采矿权等后）占净资产的比例不高于20%。（5）至今连续1期末不存在未弥补亏损。

依照2009年3月发布的《首次公开发行股票并在创业板上市管理暂行办法》（以下简称《管理办法》），首次公开发行股票并在创业板上市主要应符合如下条件：

（1）发行人应当具备一定的盈利能力。为适应不同类型企业的融资需要，创业板对发行人设置了两项定量业绩指标，以便发行申请人选择：第一项指标要求发行人至今连续两年连续盈利，至今连续两年净利润累计不少于1 000万元，且持续增长；第二项指标要求发行人至今连续1年盈利，且净利润不少于500万元，至今连续1年营业收入不少于5 000万元，至今连续两年营业收入增长率均不低于30%。

（2）发行人应当具有一定的规模和存续时间。根据《证券法》第五十条关于申请股票上市的公司股本总额应不少于3 000万元的规定，《管理办法》要求发行人具备一定的资产规模，具体规定至今连续1期末净资产不少于2 000万元，发行后股本不少于3 000万元。规定发行人具备一定的净资产和股本规模，有利于控制市场风险。

《管理办法》规定发行人应具有一定的持续经营记录，具体要求发行人应当是依法设立且持续经营3年以上的股份有限公司。有限责任公司按原账面净资产值折股整体变更为股份有限公司的，持续经营时间可以从有限责任公司成立之日起计算。

（3）发行人应当主营业务突出。创业板企业规模小，且处于成长发展阶段，如果业务范围分散，缺乏核心业务，既不利于有效控制风险，也不利于形成核心竞争力。因此，《管理办法》要求发行人集中有限的资源主要经营一种业务，并强调符合国家产业政策和环境保护政策。同时，要求募集资金只能用于发展主营业务。

（4）对发行人公司治理提出从严要求。根据创业板公司特点，在公司治理方面参照主板上市公司从严要求，要求董事会下设审计委员会，强化独立董事职责，并明确控股股东职责。

发行人应当保持业务、管理层和实际控制人的持续稳定，规定发行人至今连续两年内主营业务和董事、高级管理人员均没有发生重大变化，实际控制人没有发生变更。

发行人应当资产完整，业务及人员、财务、机构独立，具有完整的业务体系和直接面向市场独立经营的能力。发行人与控股股东、实际控制人及其控制的其他企业间不存在同业竞争，以及严重影响公司独立性或者显失公允的关联交易。

发行人及其控股股东、实际控制人至今连续3年内不存在损害投资者合法权益和社会公共利益的重大违法行为。发行人及其控股股东、实际控制人至今连续3年内不存在未经法定机关核准，擅自公开或者变相公开发行证券，或者有关违法行为虽然发生在之前，但仍处于持续状态的情形。

（四）股票发行价格的确立

股票理论价格可以用两种方法确定，包括现金流贴现法和相对估价法。

1. 现金流贴现法

现金流贴现法最早是由格雷厄姆和多德在1934年出版的《证券分析》中提出的，是股票价值评估的经典方法。现金流贴现法主要考虑两个核心变量：一是公司权益部分在未来可以要求的现金流；二是贴现率。根据权益部分可以要求的现金流不同，可以将现金流贴现法区分为股利贴现模型、公司自由现金流贴现模型和股权资本自由现金流贴现模型。

2. 相对估价法

相对估价法按选择比率的不同可以分为市盈率估价法（即市盈率PE）、净资产倍率（PBV）、市销率（PS）估价法，其中最常用的方法就是市盈率估价法。此外，在实际分析中还有其他一些比率，如价格/现金流比率、价格/现金股利比率和市场价值/重置价值比率（又称托宾Q值）等。

在这些方法中，至少有两种方法可以帮助在估价中正确确定所选用比率的数值。一种方法是把所选用的比率同被估价公司的基本信息联系起来，如收益和现金流的增长率、支付的股利在总收益中所占比率和风险程度等。该方法的主要优点是清晰地表明了所选用比率和公司信息之间的关系，其确定比率的数值与使用现金流贴现法是等价的。

另一种方法是利用可比公司，考察可比公司或资产，该方法的核心是“可比”的定义：因为可比公司或资产是一个主观概念，若运用不当，容易将市场对可比公司或资产定价的错误（高估或低估）引入估价之中。

选择可比公司时主要在经营方面和财务方面寻找类似的公司。在经营方面主要注意行业、产品、市场份额、经营的周期性、经营策略等；在财务方面则主要关注资产规模、销售收入、营业利润、净利润、负债率、股权结构、股利政策以及销售收入和净利润的增长率等。可比公司应该是同行业或同一业务的公司，最好是同一市场的公司，股本规模和有关指标的增长率大体相当。

从上面的论述可以看出，相对估价法的原理包括如下三个基本步骤。

（1）选取可比公司。可比公司的选取实际上是比较困难的事情，或者换句话说，是件不容易做得很好的事情。理论上，可比公司与标的公司应该越相近或相似越好，无论多么精益求精基本上都不过分。在实践中，一般应选取在行业、主营业务或主导产品、资本结构、企业规模、市场环境以及风险度等方面相同或相近的公司。

（2）确定比较基准。理论上，应该找出与所选取样本可比公司股票价格最密切相关的因素，即对样本公司股价最具解释力的因素，这一（些）因素通常是样本公司的基本财务指标。实践中，常用的有每股收益（市盈率倍数法）、每股净资产（净资产倍数法）、每股销售收入（每股销售收入倍数法，或称市收率倍数法）等。

（3）计算与调整。根据可比公司样本得出基数（如市盈率、净资产倍数、市收率）后，再根据标的公司的具体情况进行适当的调整。

理论上，按照股票面额与发行价格之间的关系，股票的发行价格一般有平价发行、溢价发行和折价发行三种。

（1）平价发行。平价发行就是发行价格和股票面额一致。由于股票上市后的交易价格通常要高于面额，因此绝大多数投资者都乐于认购。平价发行方式较为简单易行，但其主要缺陷是发行人筹集资金量较少，多在证券市场不发达的国家和地区采用。我国最初发行股票时，就曾采用过。

（2）溢价发行。溢价发行是指发行人按高于面额的价格发行股票，因此可使公司用较少的股份筹集到较多的资金，同时还可降低筹资成本。根据《证券法》第二十八条规定，股票发行采取溢价发行的，其发行价格由发行人与承销的证券公司协商确定，报国务院证券监督管理机构核准。

（3）折价发行。折价发行是指以低于面额的价格出售新股，即按面额打一定折扣后发行股票，折扣的大小主要取决于发行公司的业绩和承销商的能力。在我国，《公司法》第一百三十一条明确规定："股票发行价格可以按票面金额，也可以超过票面金额，但不得低于票面金额。"因而我国没有折价发行的现象。

（五）保护机制

为了保证首次公开发行的公平、公正、公开以及股票发行上市后能够在二级市场保持一定的活跃性，在发行过程中会有一些机制，其中最著名的就是红鞋机制与绿鞋机制。

红鞋制度，是香港股市发行新股时的一种制度。即只要参与申购，每个账户就能得到一定数量新股的方案，而不是A股市场按照资金量分配号码来确定中签率。这样能尽量保证每个申购账户都可以得到一手新股。新股发行制度改革有望逐步解决二级市场向一级市场大量输血的问题。

绿鞋机制也叫绿鞋期权，是指根据中国证监会2006年颁布的《证券发行与承销管理办法》第48条规定："首次公开发行股票数量在4亿股以上的，发行人及其主承销商可以在发行方案中采用超额配售选择权"。其中的"超额配售选择权"就是俗称绿鞋机制。超额配售选择权是指发行人在股票上市后一段时间内授予主承销商的一项选择权。按照惯例，获此授权的主承销商按同一发行价格超额发售不超过包销数额15%的股份，即主承销商按不超过包销数额115%的股份向投资者发售。该机制可以稳定大盘股上市后的股价走势，防止股价大起大落。工行2006年IPO时采用过“绿鞋机制”发行。

它的功能主要有：承销商在股票上市之日起30天内，可以择机按同一发行价格比预定规模多发15%（一般不超过15%）的股份。这一功能的作用体现在：如果发行人股票上市之后的价格低于发行价，主承销商用事先超额发售股票获得的资金（事先认购超额发售投资者的资金），按不高于发行价的价格从二级市场买入，然后分配给提出超额认购申请的投资者；如果发行人股票上市后的价格高于发行价，主承销商就要求发行人增发15%的股票，分配给事先提出认购申请的投资者，增发新股资金归发行人所有，增发部分计入本次发行股数量的一部分。

显然，绿鞋机制的引入可以起到稳定新股股价的作用。因此，今后对于可用绿鞋机制的新股，上市之日起30天内，其快速上涨或下跌的现象将有所抑制，其上市之初的价格波动会有所收敛。

二、上市公司再融资

融资是指上市公司通过配股、增发和发行可转换债券等方式在证券市场上进行的直接融资。再融资对上市公司的发展起到了较大的推动作用，我国证券市场的再融资功能越来越受到有关方面的重视。但是，由于种种原因，上市公司的再融资还存在一些不容忽视的问题。例如，融资方式单一，以股权融资为主。上市公司对股权融资有着极强的偏好。

（一）配股

配股是上市公司根据公司发展需要，依照有关法律规定和相应的程序，向原股东进一步发行新股、筹集资金的行为。

上市公司向原股东配股的，除了要符合公开发行股票的一般规定外，还应当符合下列规定：（1）拟配售股份数量不超过本次配售股份前股本总额的30%；（2）控股股东应当在股东大会召开前公开承诺认配股份的数量；（3）采用证券法规定的代销方式发行。

投资者在配股的股权登记日那天收市清算后仍持有该只股票，则自动享有配股权利，无须办理登记手续。中国登记结算公司会自动登记应有的所有登记在册的股东的配股权限。

上市公司原股东享有配股优先权，可自由选择是否参与配股。若选择参与，则必须在上市公司发布配股公告中配股缴款期内参加配股，若过期不操作，即为放弃配股权利，不能补缴配股款参与配股。

在比较成熟的股市上，配股是不受股东欢迎的，因为公司配股往往是企业经营不善或倒闭的前兆。当一个上市公司资金短缺时，它首先应向金融机构融通资金以解燃眉之急。一般来说，银行等金融机构是不会拒绝一个经营有方、发展前景较好的企业的贷款要求的。而经营不善的公司就不得不向老股东伸手要钱以渡难关。从最近两年中国股市的配股情况来看，一些配股比例较高的公司往往都是业绩平平、不尽如人意的。当然中国上市公司的配股之风盛行也有其他一些原因，如在国民经济宏观调控期间资金较为紧张、贷款实行规模控制，上市公司也难以从金融机构取得贷款。另外从上市公司的扩张方式来说，由于通过配股来筹集资金比较容易，且因流通股股东所占比例较小也无法抗拒，所以配股就成为上市公司扩展规模的最好途径。

对股民来说，配股有时意味着更大的投资风险。首先，根据中国的有关规定，上市公司每年可有30%的配股额度，不配也就浪费了指标。许多上市公司纯粹是为了配股而配股，所筹资金并不一定有合适的项目去投资。如一些上市公司，因在本行业已无扩展余地，就拿着配股资金去经营一些非主营业务，有时干脆就将资金存银行或炒股票、房地产，而这些公司在这方面是不具优势的。其次，按比例、高溢价地配股意味着要用配股资金再造一个和公司现有规模相差无几的企业，即使能找到合适的项目，但项目的建设是否能顺利进行，项目投产后产品是否能有销路、公司的管理水平和技术力量是否能跟得上，这都是影响配股资金能否在预定的期限内见成效的关键问题，上市公司对股民的投资回报就较难达到要求。最后，由于中国上市公司的配股具有一定的强制性，配股会将股民更多的资金拖入股市这个风险之地。按照分散资金的原则，鸡蛋是不能都放在一个篮子里的，股民不但不应将资金都投入某一只股票，且还应留出一部分资金投入风险较小的领域，如购买国库券或进行其他的实业投资。而每年连续不断的配股势必将股民更多的投资拖入股市，使股民承担更大的市场风险。

（二）增发

增发又称增资发行，分为公开发行和定向增发，是已有股票发行在外的公司再次发行新股的活动。因为公司已有股票在市场中流通，证券公司可以通过其市价来预测增发股票的价格。如果发行公司在市场发行的股票超过投资者的购买需求，会导致其全部股票的均衡价格下跌。

1. 公开发行

公开增发，是指上市公司通过向二级市场中的普通投资者增发新股来募集资金的一种行为。公开增发所面向的投资者为所有二级市场中的投资者，并且已持有上市公司的投资者在申购这些增发股时有一定的优先权。上市公司申请增发新股，必须符合一系列相关法规和规定，并报请证券监管部门审批批准。由一家或多家投资银行承销，发行公司与承销商协商决定发行价格。增发后，原股东持有的股票并不增加，但是因为增发之后，公司的注册资本、权益资本等诸多财务数据发生了变化，每股权益和收益也相应发生变化，一般而言，同期每股账面权益（净资产值）会增加，但同期每股收益会被摊薄。

2. 定向增发

定向增发即非公开发行，是指上市公司向机构投资者或上市公司大股东等特定对象发行股票的一种再融资方法。定向增发的对象是特定的机构投资者或是上市公司的大股东。因而，定向增发行为并不会对二级市场的资金产生“抽血”的作用。由于定向增发所募集到的资金往往用于收购优质资产，因而，这一市场行为可视作明显的利好。

（三）可转换公司债券

可转换债券是债券持有人可按照发行时约定的价格将债券转换成公司的普通股票的债券。如果债券持有人不想转换，则可以继续持有债券，直到偿还期满时收取本金和利息，或者在流通市场出售变现。如果持有人看好发债公司股票增值潜力，在宽限期之后可以行使转换权，按照预定转换价格将债券转换成为股票，发债公司不得拒绝。该债券利率一般低于普通公司的债券利率，企业发行可转换债券可以降低筹资成本。可转换债券持有人还享有在一定条件下将债券回售给发行人的权利，发行人在一定条件下拥有强制赎回债券的权利。

可转换债券具有债权和股权的双重特性。可转换债券兼有债券和股票的特征，具有以下三个特点。

1. 债权性

与其他债券一样，可转换债券也有规定的利率和期限，投资者可以选择持有债券到期，收取本息。

2. 股权性

可转换债券在转换成股票之前是纯粹的债券，但转换成股票之后，原债券持有人就由债权人变成了公司的股东，可参与企业的经营决策和红利分配，这也在一定程度上会影响公司的股本结构。

3. 可转换性

可转换性是可转换债券的重要标志，债券持有人可以按约定的条件将债券转换成股票。转股权是投资者享有的、一般债券所没有的选择权。可转换债券在发行时就明确约定，债券持有人可按照发行时约定的价格将债券转换成公司的普通股票。如果债券持有人不想转换，则可以继续持有债券，直到偿还期满时收取本金和利息，或者在流通市场出售变现。如果持有人看好发债公司股票增值潜力，在宽限期之后可以行使转换权，按照预定转换价格将债券转换成股票，发债公司不得拒绝。正因为具有可转换性，可转换债券利率一般低于普通公司债券利率，企业发行可转换债券可以降低筹资成本。

第三节

二级市场业务

二级市场也称证券交易市场、证券流通市场（Security Market）、次级市场，是指对已经发行的证券进行买卖、转让和流通的市场。二级市场为有价证券提供流动性，保持有价证券的流动性，使证券持有者随时可以卖掉手中的有价证券，得以变现（如证券持有者不能随时将自己手中的有价证券变现，会造成无人购买有价证券）。也正是因为为有价证券的变现提供了途径，所以二级市场同时可以为有价证券定价，来向证券持有者表明证券的市场价格。

一、交易制度

我国的交易制度框架由两部分组成，一是股票交易制度，二是登记结算制度。

我国的证券交易采用会员制组织形式和集中交易方式。上海证券交易所、深圳证券交易所为集中交易提供场所和设施，投资者通过委托证券交易所的会员参与证券买卖，会员可通过人工方式或电话、自助终端、互联网等自助委托方式受理并执行客户的委托买卖指令。

我国的登记结算业务采取全国集中统一的运营方式，由证券登记结算机构依法集中统一办理。具体来讲，中国证券登记结算有限责任公司负责证券交易所上市证券的登记、存管、清算和交收。目前，中国已经建立了一整套完整的登记结算风险控制体系，有效防范了系统风险在证券市场快速发展，在登记结算系统业务处理量巨大的情况下，该系统依然保持平稳运行。

登记结算制度包括如下内容。

（1）证券账户实名制。投资者开立证券账户应当向证券登记结算机构或其授权的开户代理机构提出申请，投资者应当保证其提交的开户申请资料真实、准确、完整。投资者不得将本人的证券账户提供给他人使用。目前，可以开立证券账户的投资者包括中国公民、中国法人、中国合伙企业及法律、行政法规、中国证监会规章规定的其他投资者。

（2）货银对付原则。货银对付原则指证券登记结算机构与结算参与人在交收过程中，当且仅当资金交付时给付证券、证券交付时给付资金。证券登记结算机构采取多边净额结算方式的，根据业务规则，作为结算参与人的共同对手方，按照货银对付原则办理，并辅以限制卖空的证券前端控制、全额保证金、客户交易结算资金第三方存管、结算备付金等配套措施，防范结算风险。

（3）净额结算原则。证券交易所达成的大多数证券交易均采用多边净额结算方式，即证券登记结算机构以结算参与人为单位，轧差计算应收应付净额并办理清算交收。

（4）结算参与人制度。证券公司参与证券和资金的集中清算交收，应当向证券登记结算机构申请取得结算参与人资格，与证券登记结算机构签订结算协议，明确双方的权利和义务。没有取得结算参与人资格的证券公司，应当与结算参与人签订委托结算协议，委托结算参与人代其进行证券和资金的集中清算交收。通过对结算参与人实行准入制度，制定风险控制和财务指标要求，证券登记结算机构可以有效控制结算风险，维护结算系统安全。

（5）分级结算制度。证券结算实行分级结算制度，即证券登记结算机构负责办理证券登记结算机构与结算参与人之间的集中清算交收；结算参与人负责办理该参与人与其客户之间的清算交收。

二、股票交易价格形成机制

交易价格的形成机制属于市场微观结构研究的范畴。价格形成机制通常也称为市场类型或市场模式。价格形成机制的关键功能在于将投资者的潜在供求转换成已实现的交易。不同的价格形成机制在价格发现过程中所起的作用不同。从目前世界各证券市场的实践来看，价格形成机制可依据不同标准区分为多种形式。

（一）价格形成机制的分类

依据交易中介的作用可将价格形成机制分成报价驱动市场（quote - driven market）和指令驱动市场（order - driven market）两类。

报价驱动市场又被称作交易商市场。在报价驱动市场中，投资者在提交指令前可以从做市商（market maker）那里获得确定的报价。因为投资者不需要等待而是及时与做市商成交，所以这种交易机制也被称作连续交易商市场。

相反，在指令驱动市场中不存在做市商，投资者提交指令并等待在拍卖过程中执行指令。在投资者提交指令时，价格还没有确定。指令驱动市场可以是连续市场，也可以是定期市场。连续的指令驱动系统被称作连续拍卖，投资者提交指令并及时由交易所场内的经纪商执行，或者指令本身是针对公开投资者或自营商已提交的限价指令而提交的。由于指令在到达交易系统后满足匹配条件就执行，因此该系统是连续的，但价格是在拍卖中形成的，即价格由多边竞价决定。定期的指令驱动系统被称作定期拍卖，投资者提交的指令被收集起来，等待定期以单一的市场出清价格成交。我国A股目前是指令驱动市场，未来将向报价驱动市场发展。

依据交易手段的不同，可将交易模式分为人工交易和电子交易两种。

人工交易是最传统的一种交易方式，一般通过交易所大厅或者柜台进行交易。其主要的交易程序为经纪公司派驻交易出市代表，根据客户的委托在交易所大厅以口头的方式公开竞价，使得交易完成，最终完成清算与交割。近年来，交易大厅交易尽管仍然存在较多的人工参与，但电子化程度已很高。

电子交易主要指无形市场，市场参与者无须面对面进行交易，交易通过基于电脑屏幕的电子网络进行。竞价方式由传统的手工竞价过渡到电脑自动撮合是其中的一个显著特点。

（二）交易指令

股票市场上常用的交易指令有四种形式，即市价指令、限价指令、停损指令和停损限价指令等。市价指令是指投资者在提交指令时只规定数量而不规定价格，经纪商在接到该市价指令后以最快速度，并尽可能以当时市场上最好的价格来执行这一指令。市价指令的特点是能够确保成交，但是投资者最后接受的价格可能会与他们期望的价格有所差异。

限价指令则与市价指令相反，投资者在提交指令时不仅规定数量，还规定价格。经纪商在接到该限价指令后以最快速度提交给市场，但成交价格必须优于所指定的价格，即如果是买入指令，则买入成交价应不高于所指定的限价；如果是卖出指令，则卖出成交价应不低于所指定的限价。如果投资者所指定的限价与当时市场价格不一致，那么经纪商只有等待，一直到限价出现才能执行指令。与市价指令相反，限价指令的特点是不能保证成交或全部成交，但一旦成交则能够确保成交价格。

停损指令本质上是一种特殊的限制性的市价委托指令，是指投资者在指令中约定一个触发价格。当市场价格上升或下降到该触发价格时，停损指令被激活，转化成一个市价指令；否则，该停损指令处于休眠状态。

停损限价指令是将停损指令与限价指令结合起来的一种指令，即投资者所下达的指令中有两个指定价格——触发价格和限价。当市场价格上升或下降到该触发价格时，停损限价指令被激活，转化成一个限价指令，此时成交价格必须优于限价。

（三）价格监控机制

价格监控机制也被称为价格稳定机制，是指那些降低证券价格临时波动性的若干制度。证券价格的稳定性通常排除由于基本价值发生变化的基本波动性，也就是说即便证券价格波动很大，只要证券价格围绕价值上下波动的幅度处于正常状态，仍然可以认为证券价格比较稳定。常见的价格监控机制是使市场价格稳定和波动平滑有序的一系列措施，如断路器措施、涨跌幅限制、最大报价档位、保证金制度和头寸限制等。

沪深交易所对股票交易实行价格涨跌幅限制，涨跌幅限制比例为10%，创业板与科创板涨幅限制为20%。ST和*ST等被实施特别处理的股票价格涨跌幅限制比例为5%。

在我国沪、深交易所，当股票在交易过程中出现一些特别的情形时，交易所将分别公布相关证券当日买入、卖出金额最大的五家会员证券营业部或交易单元的名称及其各自的买入、卖出金额即龙虎榜。这些情形包括：

（1）当日收盘价涨跌幅偏离值达到±7%的各前五只证券。

收盘价涨跌幅偏离值的计算公式为：

收盘价涨跌幅偏离值＝单只证券涨跌幅－对应分类指数

涨跌幅证券价格达到涨跌幅限制的，取对应的涨跌幅限制比例进行计算。

（2）当日价格振幅达到15%的前五只证券。

价格振幅的计算公式为：

价格振幅＝当日最高价－当日最低价/当日最低价×100%

（3）当日换手率达到20%的前五只证券。

换手率的计算公式为：

换手率＝成交股数/无限售条件股份总数×100%

收盘价涨跌幅偏离值、价格振幅或换手率相同的，依次按成交金额和成交量选取。

三、股票交易流程

（一）交易规则

（1）交易时间：A股交易时间为星期一至星期五，上午9：30—11：30，下午1：00—3：00。我国实行t+1的交易制度。T指交易登记日，t+1指登记日的次日，即当天买进的股票，要到下一个交易日才能卖出。

（2）交易数量：A股最低交易数量为100股即1手，且必须为100的整数倍增加。竞价交易单笔数量不能超过100万股。

（3）手续费：当前交易费由三部分组成：印花税、过户费、佣金。

印花税：成交金额的0.1%（千分之一），只有卖出时收取（国家税收，全国统一）。

券商交易佣金：因券商之间存在竞争关系，所以每家券商的手续费原则上是不一样的，最低5元起，单笔交易佣金不满5元按5元收取。

过户费：2022年4月28日晚间，中国证券登记结算有限责任公司发布公告称，决定自2022年4月29日起，将股票交易过户费由现行沪深市场A股按照成交金额0.02‰、北京市场A股和挂牌公司股份按照成交金额0.025‰双向收取，统一下调为按照成交金额0.01‰双向收取。

（二）交易流程

证券交易程序一般包括开户、委托买卖、成交、清算以及交割、过户等步骤（见图6－3）。

（1）开户：开户就是投资人选择一家证券公司作为其买卖股票的经纪人之后，在该证券公司开立委托买卖账户。

（2）委托买卖：委托买卖是证券经纪商接受投资者委托为其买卖证券的行为。委托买卖的风险由投资者自己承担，证券经纪商只是充当买卖者的媒介。

（3）成交：券商在收到客户的买卖委托后，立即通知其在证券交易所的经纪人去执行委托。证券交易成交遵循价格优先原则和时间优先原则。

（4）清算与交割：清算是指成交后对应收或应付的证券和价款分别同交易所进行轧抵的差额计算过程，交割则是在预先相约的时间内，证券商按清算交割单上应收、应付差额数集中与交易所办理转账和交接的过程。

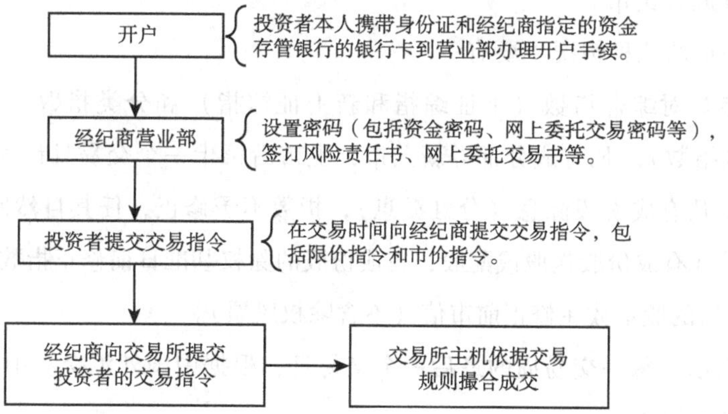

图6－3　交易流程

（5）过户：股票交易完成后意味着股东权利的转让，因此证券和价款清算和交割后，还需要变更股东名簿上相应的内容，即过户手续。

四、股票价格指数

股票价格指数为度量和反映股票市场总体价格水平及其变动趋势而编制的股价统计相对数。通常是报告期的股票平均价格或股票市值与选定的股票平均价格或股票市值相比，并将两者的比值乘以基期的指数值，即为该报告期的股票价格指数。股票价格指数上升时，表明股票的平均价格水平上涨；当股票价格指数下降时，表明股票的平均价格水平下降；是反映市场所在国（或地区）社会、政治、经济变化状况的“晴雨表”。因此，股票价格指数常常被认为是反映一个国家或地区政治、经济发展状况的信号。

（一）我国主要股票价格指数

1. 上证指数

上海证券综合指数简称“上证指数”或“上证综指”，其样本股是在上海证券交易所全部上市股票，包括A股和B股，反映了上海证券交易所上市股票价格的变动情况，自1991年7月15日起正式发布。它以“点”为单位，基定日为1990年12月19日，基日指数定为100点。

上证综合指数等以样本股的发行股本数为权数进行加权计算，计算公式为：报告期指数 =（报告期成份股的总市值/基期）×基期指数。其中，总市值 = Σ（股价 × 发行股数）。成份股中的B股在计算上证B股指数时，价格采用美元计算。成份股中的B股在计算其他指数时，价格按适用汇率（中国外汇交易中心每周最后一个交易日的人民币兑美元的中间价）折算成人民币。

指数需要修正的几种情况主要有：

（1）新上市。对综合指数（上证综指和新上证综指）和分类指数（A股指数、B股指数和行业分类指数），凡有成分证券新上市，上市后第十一个交易日计入指数。

（2）除息。凡有成份股除息（分红派息），指数不予修正，任其自然回落。

（3）除权。凡有成份股送股或配股，在成份股的除权基准日前修正指数。修正后市值 = 除权报价 × 除权后的股本数 + 修正前市值（不含除权股票）。

（4）汇率变动。每一交易周的最后一个交易日，根据中国外汇交易中心该日人民币兑美元的中间价修正指数。

（5）停牌。当某一成份股处于停牌期间，取其正常的最后成交价计算指数。

（6）摘牌。凡有成份股摘牌（终止交易），在其摘牌日前进行指数修正。

（7）股本变动。凡有成份股发生其他股本变动（如增发新股上市引起的流通股本增加等），在成份股的股本变动日前修正指数。修正后市值 = 收盘价 × 调整后的股本数 + 修正前市值（不含变动股票）。

（8）停市。A 股或 B 股部分停市时，指数照常计算；A 股与 B 股全部停市时，指数停止计算。

2. 深证指数

深圳证券交易所最有影响力的是深证成份指数。是从上市的所有股票中抽取具有市场代表性的 40 家上市公司的股票作为计算对象，并以流通股为权数计算得出的加权股价指数，综合反映深交所上市 A、B 股的股价走势。

纳入成份股指数类计算范围的成份股的一般选取原则包括以下方面：首先为了考察上市股票的市场表现和代表性，需要股票有一定的上市交易日期；其次要有一定的上市规模，所谓的规模以每家公司一段时期内的平均流通市值和平均总市值作为衡量标准；最后是交易活跃，以每家公司一段时期内的总成交金额作为衡量标准。

根据以上标准定出初步名单后，再结合下列各项因素评选出 40 家上市公司作为成份股，计算深圳成份指数：一是公司股份在一段时间内的平均市盈率，二是公司的行业代表性及所属行业的发展前景，三是公司近年的财务状况、盈利记录、增长展望及管理素质等，四是公司的地区代表性等。

深证成份指数采用派氏加权法，依据下列公式逐日连锁实时计算：

实时指数 = 上一交易日收市指数 × Σ（样本股实时成交价 × 样本股权数）/Σ（样本股上一交易日收市价 × 样本股权数）

样本股：指纳入指数计算范围的股票。

样本股权数：为样本股的自由流通量，子项和母项的权数相同。

Σ：是指对纳入指数计算的样本股自由流通市值进行汇总。

3. 沪深 300 指数

沪深 300 指数由沪市和深市中规模大、流动性好的最具代表性的 300 只上市公司证券组成，于 2005 年 4 月 8 日正式发布，沪深 300 指数的编制目标是反映中国证券市场股票价格变动的概貌和运行状况，并能够作为投资业绩的评价标准，为指数化投资及指数衍生产品创新提供基础条件。

指数样本空间由同时满足以下条件的非 ST、*ST 沪深 A 股和红筹企业发行的凭证组成。

（1）科创板证券：上市时间超过一年。

（2）创业板证券：上市时间超过三年。

（3）其他证券：上市时间超过一个季度，除非该证券自上市以来日均总市值排在前30位。

沪深300指数样本是按照以下方法选择经营状况良好、无违法违规事件、财务报告无重大问题、证券价格无明显异常波动或市场操纵的公司：

（1）对样本空间内证券按照过去一年的日均成交金额由高到低排名，剔除排名后50%的证券；

（2）对样本空间内剩余证券，按照过去一年的日均总市值由高到低排名，选取前300名的证券作为指数样本。

计算公式为：报告期指数 = 报告期成份股的调整市值/除数 ×1 000

4. 中小100指数

中小板指数即中小企业板指数，指从深交所中小企业板上市交易的A股中选取的，具有代表性的股票。

（1）样本入围标准：

①在深交所中小企业板上市交易的A股；

②有一定上市交易日期（一般为六个月，流通市值排名在样本数10%范围内的不受此限制）；

③非ST、*ST股票；

④公司最近一年无重大违规、财务报告无重大问题；

⑤公司最近一年经营无异常、无重大亏损；

⑥考察期内股价无异常波动。

（2）成份股选样方法：

中小板100指数选样指标为一段时期（一般为前六个月）平均流通市值的比重和平均成交金额的比重。

选样时先计算入围个股平均流通市值占市场比重和平均成交金额占市场比重，再将上述指标按2∶1的权重加权平均，计算结果从高到低排序，在参考公司治理结构、经营状况、发展潜力、行业代表性等因素后，按照缓冲区技术选取中小板100指数成份股。

5. 创业板指数

为了更全面地反映创业板市场情况，向投资者提供更多的可交易的指数产品和金融衍生工具的标的物，推进指数基金产品以及丰富证券市场产品品种，深圳证券交易所于2010年6月1日起正式编制和发布创业板指数。该指数的编制参照深证成份指数和深证100指数的编制方法和国际惯例（包括全收益指数和纯价格指数）。至此，创业板指数、深证成指、中小板指数共同构成反映深交所上市股票运行情况的核心指数。

从创业板指数编制方案来看，指数选样入围标准有5个：

（1）在深交所创业板上市交易的A股；

（2）有一定上市交易日期（一般为三个月）；

（3）公司最近一年无重大违规、财务报告无重大问题；

（4）公司最近一年经营无异常、无重大亏损；

（5）考察期内股价无异常波动。创业板指数的初始成份股为指数发布之日已纳入深证综合指数计算的全部创业板股票。

在指数样本未满100只之前，新上市创业板股票在上市后第11个交易日纳入指数计算；在指数样本数量满100只之后，样本数量锁定为100只，并依照定期调样规则实施样本股定期调样。

创业板指数在样本满100只后实施季度定期调整，实施时间定于每年1月、4月、7月、10月的第一个交易日，通常在实施日前一月的第二个完整交易周的第一个交易日公布调整方案。

成份股样本定期调整方法是先对入围股票按选样方法中的加权比值进行综合排名，再按下列原则选股：

（1）排名在样本数70%范围之内的非原成份股按顺序入选；

（2）排名在样本数130%范围之内的原成份股按顺序优先保留；

（3）每次样本股调整数量不超过样本总数的10%。

6. 科创50指数

上证科创板50成份指数（简称“科创50”）由上海证券交易所科创板中市值大、流动性好的50只证券组成，反映最具市场代表性的一批科创企业的整体表现。上海证券交易所和中证指数有限公司将于2020年7月22日收盘后发布上证科创板50成份指数历史行情，7月23日正式发布实时行情。

上证科创板50成份指数样本空间由满足以下条件的科创板上市证券（含股票、红筹企业发行的存托凭证）组成：

（1）上市时间超过6个月；待科创板上市满12个月的证券数量达100只至150只后，上市时间调整为超过12个月；

（2）上市以来日均总市值排名在科创板市场前5位，定期调整数据考察截止日后第10个交易日时，上市时间超过3个月；

（3）上市以来日均总市值排名在科创板市场前3位，不满足条件2，但上市时间超过1个月并获专家委员会讨论通过。

存在以下情形的公司除外：

（1）被实施退市风险警示；

（2）存在重大违法违规事件、重大经营问题、市场表现严重异常等不宜作为样本的情形。

对样本空间内的证券按照过去一年的日均成交金额由高到低排名，剔除排名后10%的证券作为待选样本；对待选样本按照过去一年的日均总市值由高到低排名，选取排名前50的证券作为指数样本。

（二）世界主要股票价格指数

（1）道琼斯指数：最早是在1884年由道琼斯公司的创始人查尔斯·亨利·道开始编制的一种算术平均股价指数。道琼斯指数是世界上历史最为悠久、影响最大、最具权威的股票指数，它的全称为股票价格平均指数。计算公式为：股票价格平均数＝入选股票的价格之和/道指除数。

（2）纳斯达克：又称纳指、美国科技指数，是美国全国证券交易商协会于1968年着手创建的自动报价系统名称的英文简称。纳斯达克的特点是收集和发布场外交易非上市股票的证券商报价。它现已成为全球最大的证券交易市场之一。上市公司有5 200多家。纳斯达克又是全世界第一个采用电子交易的股市，它在55个国家和地区设有26万多个计算机销售终端。

（3）恒生指数：由香港恒生银行全资附属的恒生指数服务有限公司编制。1969年，由何善衡领导编制，是以香港股票市场中的33家有代表性的上市股票为成份股样本，以其发行量为权数的加权平均股价指数，是反映香港股市价格波动趋势最有影响的一种股价指数。该指数于1969年11月24日首次公开发布，基期为1964年7月31日，基期指数定为100。

（4）日经指数：日经指数是《日本经济新闻》社编制的股票价格指数。最早编于1950年9月，是根据东京证券交易所第一市场上市的225家公司的股票算出修正平均股价。1985年5月1日改为“日经平均股价”（简称“日经指数”）。按计算对象的采样数目不同分为两种指数。一种是日经225种平均股价，其所选样本均为在东京证券交易所第一市场上市的股票，样本选定后原则上不再更改；基期为1949年5月16日。该指数从1950年一直延续，其连续性及可比性较好，是考察和分析日本股票市场长期演变及动态的最常用和最可靠指标。另一种是日经500种平均股价，1982年1月4日起开始编制，包括500种股票。每年4月要根据上市公司的经营状况、成交量和成交金额、市价总值等因素对样本进行更换。

本章小结

我国现已形成由主板市场、创业板市场、科创板市场、新三板市场和四板市场构成的多层次资本市场。其中主板市场是我国 A 股的主要组成部分，是最具传统意义的证券市场，创业板市场与科创板市场将重点服务于具有科技创新的中小型企业，其具有高风险性、前瞻性和低标准的特点。

首次公开发行与上市公司再融资构成了我国的一级市场，我国目前将全面向注册制改革，对上市公司的优胜劣汰起到了推动作用。已上市的公司再发行可以通过配股、公开发行、定向发行及发可转债的方式进行融资活动。

二级市场是指对已经发行的证券进行买卖、转让和流通的市场。我国对证券交易制度有明确规定并且正在不断完善。股票市场价格指数是描述股票市场总的价格水平变化的指标。股票市场价格指数常常被认为是反映一个国家或地区政治、经济发展状况的信号。

课后习题

一、重要概念

多层次资本市场、一级市场、二级市场

二、习题与思考

1. 什么是红鞋机制与绿鞋机制？
2. 上市公司再融资有哪些方法？
3. 注册制的优势有哪些？
4. 我国重要的股票价格指数有哪些？

第七章 期货市场

【教学目的与要求】

通过本章学习，全面了解和掌握期货市场的发展历史，期货市场基本概念和功能，期货市场类别及其主要品种，中国期货市场及其主要品种的构成，以及期货市场定价理论和期货投资分析方法。

第一节 期货市场概述

一、期货市场的内涵

（一）期货交易与期货合约

期货是指期货交易所指定的，受法律约束并载明在将来某一特定时间和地点交割某一特定物品的标准化合约。期货交易的对象并不是商品（标的物）的实体，而是商品（标的物）的标准化合约。简而言之，期货不是货和合约。期货交易是指交易者先缴纳少量的履约保证金，然后在期货交易所内，通过公开竞价的方式买卖期货合约，并在合约到期前进行对冲，或者通过期货转现货的形式进行实物交割了结业务的一种交易方式。其目的是转移价格风险或获取风险利益。期货合约就是标准化的远期合同。期货合约是在远期合同的基础上，通过标准化和引进交易保证金制度发展而来。期货合约是在集中交易市场中通过公开竞价进行交易。这也是为什么合约一定要标准化的原因，如果不是在集中市场中公开竞价交易，就无需标准化。

（二）期货市场和现货市场的区别

现货交易是指买卖双方以实物交割为目的的商品交易方式。按其交割时间不同，可以分为即期现货交易和远期现货交易。即期现货交易是现买现卖，钱货两清，即由拥有商品准备立即出售的卖方和拥有货币但想立即得到商品的买方直接见面，即时成交。远期现货交易，即现货远期合同交易，是一种“成交在先，交割在后”，即买卖双方先通过签订合约达到交易契约，在未来某一确定时间再进行交割的交易方式。

期货交易和现货交易的区别主要有以下几点：

第一，买卖的直接对象不同。现货交易买卖的直接对象是商品本身，有样品、有实物、看货定价。期货交易买卖的直接对象是期货合约。是买进或卖出多少手或多少张期货合约。

第二，交易的目的不同。现货交易是一手钱、一手货的交易，马上或一定时期内获得或出让商品的所有权。期货交易的目的一般不是到期获得实物，其目的是通过期货交易转移现货市场的价格风险。一般投资者的目的是从期货市场的价格波动中获得风险利润。

第三，交易方式不同。现货交易一般是一对一谈判签订合同。具体内容由双方商定，签订合同之后不能兑现，就要负法律责任。期货交易是以公开、公平竞争的方式进行交易。一对一谈判交易被视为违法。

第四，交易场所不同。现货交易一般不受交易时间、地点、对象的限制。交易灵活方便，随机性强，可以在任何场所与对手交易。期货交易必须在交易所内依照法律进行公开、集中交易，不能进行场外交易。

第五，商品范围不同。现货交易的品种是一切进行流通的商品。而期货交易品种是有限的，主要是农产品、石油、金属商品以及一些初级原材料和金融产品。

第六，结算方式不同。现货交易是货到款清，无论时间多长，都是一次或数次结清。期货交易实行当日无负债结算制度，必须当日结算盈亏。结算价格是按照成交价加权平均来计算的。

二、期货市场的交易

（一）保证金制度

期货交易时，需要根据不同期货品种缴纳不同的保证金。保证金分为交易保证金和结算准备金。一般来说，保证金是指会员在交易所专用结算账户中确保合约履行的资金，这些资金在合约生效时即被占用。当交易成功后，交易所按照持仓合约价值的比率向交易双方收取一定的佣金。例如，投资者购买一手价值 5 万元的大豆期货，若大豆期货的保证金按 5% 一手计算，那么投资者应准备 2 500 元作为保证金。根据投资风险的不同，每种期货的保证金的费率都不一样，同一种期货也有可能根据当前风险状况收取不同的保证金。总之，保证金会根据风险的变化而变化。

（二）当日无负债制度

无负债结算，即每日无负债结算制度，是指每天交易结束后，交易所按照当日各个期货合约的盈亏状况，结算出每个合约应支出、获得的金额。所以，期货投资者在不卖出合约的情况下，也能将已有的收益尽收囊中。期货交易所，只对会员（期货经纪公司）进行结算，投资者不能直接与交易所进行结算，只能与期货经纪公司结算。

（三）涨跌停板制度

所谓涨跌停板制度，又称每日价格最大波动限制，即指期货合约在一个交易日中的交易价格波动不得高于或低于规定的涨跌幅度，超过该涨跌停幅度的报价将被视为无效，不能成交。涨跌停板一般是以合约上一交易日的结算价为基准确定的。

（四）持仓限额制度

持仓限额制度是指交易所规定会员或客户可以持有的，按单边计算的某一合约投机头寸的最大数额。实行持仓限额制度的目的在于防范操纵市场价格的行为和防止期货市场风险过于集中于少数投资者。

（五）大户报告制度

大户报告制度是与持仓限额制度紧密相关的又一个防范大户操纵市场价格、控制市场风险的制度。通过实施大户报告制度，可以使交易所对持仓量较大的会员或投资者进行重点监控，了解其持仓动向、意图，对于有效防范市场风险具有积极作用。

（六）交割制度

交割是指合约到期时，按照期货交易所的规则和程序，交易双方通过该合约所载标的物所有权的转移，或者按照规定结算价格进行现金差价结算，了结到期末平仓合约的过程。以标的物所有权转移进行的交割为实物交割，按结算价进行现金差价结算的交割为现金交割。一般来说，商品期货以实物交割为主，金融期货以现金交割为主。

（七）信息披露制度

信息披露制度是指期货交易所按有关规定定期公布期货交易有关信息的制度。期货交易所公布的信息，主要包括在交易所期货交易活动中产生的所有上市品种的期货交易行情、各种期货交易数据统计资料、交易所发布的各种公告信息以及中国证监会制定披露的其他相关信息。

三、期货市场的组织机构

期货市场是一个高度组织化的市场，有着严密的组织机构和交易制度，以保障期货市场的有效运行。其组织结构主要分为四个层次：投资者、核心服务层、相关服务机构和监管机构。投资者是所有交易者的统称，其不仅是市场赖以生存的基础，也是整个期货市场所服务的主要对象；核心服务层是由期货交易所、结算机构和期货经纪公司等核心组织机构组成；相关服务机构是指为期货交易提供间接服务的服务机构，如结算银行、会计事务所、律师事务所等；监管机构则是指证监会、期货业协会等相关监督管理机构。

（一）期货交易所

1. 期货交易所的定义

期货交易所是买卖期货合约的场所，是期货市场的核心。它是一种非营利性机构，但是其非营利性仅指交易所本身不进行交易活动，不以营利为目的不等于不涉及利益核算。在这个意义上，交易所还是一个财务独立的营利组织，它在为交易者提供一个公开、公平、公正的交易场所和有效监督服务基础上，实现合理的经济利益，包括会员会费收入、交易手续费收入、信息服务收入及其他收入。它所制定的一套制度规则，为整个期货市场提供了一种自我管理机制，使得期货交易的“公开、公平、公正”原则得以实现。

2. 期货交易所的设立

由政府主管机构批准设立期货交易所的申请后，发起人应按照期货交易所有关规章制度招募会员，召开会员大会，选举产生理事会或董事会，再由理事会或董事会产生法定代表人；同时，应在规定日期内到有关部门办理登记注册手续。注册完毕后，发起人即将纠建期货交易所的有关业务移交至期货交易所的法定代表人，标志着发起人的责任到此终止。

3. 期货交易所的职能

期货交易所，在期货交易中充当合约买卖的中介，也就是说，期货市场每一笔期货交易必须通过交易所进行交易并清算。因此，其主要的职能包括：提供交易场所、设施、服务；负责各种期货合约的上市；投资者所交易的期货合约，都是由交易所制定的标准化合约；对投资者的交易进行监督，并对交易标进行交割和结算，以确保期货交易平稳进行；收取保证金作为期货交易行的担保，并督促买卖双方按照合约规定履约；按照国家监管部门所制定的章程和交易规则，对会员进行管理。

4. 期货交易所的组织形式

会员制证券交易所是不以营利为目的的法人。证券交易所的会员由证券公司等证券商组成，只有取得证券交易所会员资格之后，证券商才能在证券交易所参加交易。会员制证券交易所强调自治自律、自我管理，会员向证券交易所承担的责任仅以缴纳会费为限。由于会员制证券交易所不以营利为目的，因此收取的费用较低，证券商和投资者的负担相应地也较轻。在发生交易纠纷时，证券交易所不负赔偿责任，由会员和买卖双方自己解决。公司制证券交易所是由银行、证券公司等作为股东组成，其组织结构和有关的权利义务等法律关系均以公司法的规定为准。公司制证券交易所以营利为目的，证券商的负担较重，且因其主要收入来自成交额佣金，为增加证券交易所自身的利益，可能会人为制造证券投机行为，或者推波助澜，扰乱证券市场。目前我国的证券交易所是实行自律性管理的会员制的事业法人。

（二）期货交易结算机构

期货结算机构，顾名思义是指负责期货结算的机构，在交易所里负责结算、保证金管理和风险控制。由于在交易所里的交易量越来越大，为了保证交易结算交割的安全性，期货结算机构应运而生。

1. 组织形式

国际期货交结算机构组织形式有三种：交易所的业务部门、附属于某交易机构的相对独立的结算机构和由多家交易所实力较强的金融机构出资组成全国性的结算公司。目前，中国期货市场采用的是第一种结算机构组织形式。

2. 结算体系

期货市场的结算体系采取分级、分层的管理体系。期货结算机构一般采取会员制，只有会员才能直接得到结算的直接服务。期货交易的结算体系分为两个层次：第一个层次是由结算机构对其会员进行结算；第二个层次是由会员根据结算结果对其所代理的客户（非结算会员）进行结算。我国结算机构是交易所的内部机构，交易所的交易会员也是结算会员。

（三）期货经纪机构

1. 期货经纪公司的定义

期货经纪公司是指依法设立的、接受客户委托、按照客户的指令，以自己的名义为客户进行期货交易并收取交易手续费的中介组织。期货经纪公司是经中国证监会批准，并在国家工商行政管理局登记注册的独立法人。

2. 期货经纪公司的设立

期货经纪公司是按照《中华人民共和国公司法》《期货交易管理暂行条例》及《期货经纪公司管理办法》的规定成立的企业法人。设立期货经纪公司，除了必须符合《中华人民共和国公司法》规定的成立条件外，还必须符合注册资本限额级管理人员任职资格、业务人员从业资格经济业务规则、财务会计制度、风险管理、内部控制制度、经营场所等方面的特殊条件和要求。设立期货经纪公司必须经中国证监会审核批准，取得期货经纪业务许可证，并在国家工商行政管理局办理工商登记，未经中国证监会批准，任何单位和个人不得设立或者变相设立期货经纪公司。

（四）期货投资者

根据期货投资者参与期货交易的动机，可以将其分为套期保值者和投机者。

1. 套期保值者

一般情况下来讲，没有价格波动，就没有价格风险，但是这种情况是基本不存在的，而价格波动就会存在一定的价格风险，套期保值者就是指利用期货交易来规避价格变动将会带来潜在风险的人，通常是在现货市场买进或卖出某种商品或资产，同时在期货市场卖出或买进以该种商品或资产为标的物的合约。

2. 投机者

投机者是指在期货市场上通过“买空卖空”“卖空买空”，希望以较小的资金来博取利润的投资者。投资者愿意承担期货价格变动的风险，一旦预测期货价格上涨，投资者就会买入期货合同；一旦预测期货价格下降，投资者就会卖出期货合同。当期货价格与自己预测的方向一致时，再抓住机会对冲，通常投机者在期货市场上要冒很大的风险。

（五）期货监管机构

期货监管机构是指国家政府机关指定的对期货市场进行监管的机构。

1. 政府监管机构

中国证监会（中国证券监督管理委员会），成立于1992年10月，是国务院直属机构，依照法律、法规和国务院授权，统一监督管理全国证券期货市场，维护证券期货市场秩序，保障其合法运行，主要负责监管协调机制统一领导、统筹协调和监督检查。

1992 年 10 月，国务院证券委员会（简称“国务院证券委”）和中国证券监督管理委员会（简称“中国证监会”）宣告成立，标志着中国证券市场统一监管体制开始形成。国务院证券委是国家对证券市场进行统一宏观管理的主管机构。中国证监会是国务院证券委的监管执行机构，依照法律法规对证券市场进行监管。2023 年 3 月，中共中央、国务院印发了《党和国家机构改革方案》。中国证券监督管理委员会由国务院直属事业单位调整为国务院直属机构，强化资本市场监管职责，划入国家发展和改革委员会的企业债券发行审核职责，由中国证券监督管理委员会统一负责公司（企业）债券发行审核工作。

中国银行保险监督管理委员会（简称“中国银保监会”或“银保监会”）成立于 2018 年，是国务院直属事业单位，其主要职责是依照法律法规统一监督管理银行业和保险业，维护银行业和保险业合法、稳健运行，防范和化解金融风险，保护金融消费者合法权益，维护金融稳定。

2023 年 3 月，中共中央、国务院印发了《党和国家机构改革方案》。在中国银行保险监督管理委员会基础上组建国家金融监督管理总局，不再保留中国银行保险监督管理委员会。

2. 期货业协会

中国期货业协会，成立于 2000 年 12 月 29 日，协会的注册地和常设机构设在北京。协会最早筹建于 1995 年，是根据《社会团体登记管理条例》设立的全国期货行业自律性组织，为非营利性的社会团体人。协会接受中国证监会和国家社会团体登记管理机关的业务指导和管理。协会是由以期货经纪机构为主的团体会员、期货交易所特别会员组成的。其宗旨为在国家对期货业实行集中统一监督管理的前提下，进行期货业自律管理；发挥政府与期货行业间的桥梁和纽带作用，为会员服务、维护会员的合法权益；坚持期货市场的“公开、公平、公正”原则，维护期货业的正当竞争秩序，保护投资者利益，推动期货市场的健康稳定发展。

3. 期货交易所监管

期货交易所也承担对交易会员和期货投资者的主要的监管责任。主要手段包括增加保证金、交易品种各合约的涨跌停板限制、宣布市场禁入者等。

4. 保证金监管中心

保证金监管中心（中国期货保证金监控中心），是经国务院同意，中国证监会决定，于 2006 年 5 月成立的非营利性公司制法人，2015 年 4 月正式更名为“中国期货市场监控中心有限责任公司”。中国期货市场监控中心的业务，接受中国证监会的指导监督和管理。

中国期货市场监控中心的主要职能包括期货市场统一开户、期货保证安全监控、为期货投资者提供交易结算、信息查询、期货市场运行监控监测、宏观和产业分析研究、期货中介机构监测监控、代管期货投资者保障基金商品及其他指数的编制和发布、为监管机构和期货交易所等提供信息、服务于期货市场调查以及协作风险公司处置。

（六）相关服务机构

除了以上专业组织以外，还有期货市场、交割仓库、结算银行、信息技术公司和软件服务商等。交割仓库是指交易所指定的以期货合约履行实物交割的交割地点和货物存放点，是独立法人；结算银行是指交易所指定的协助交易所办理期货交易和结算业务的银行，交易所与会员之间期货业务资金的往来结算，通过交易所专用结算账户和会员专用资金账户办理，并通过这种方式执行无障碍结算；信息技术公司负责有偿收集各个期货交易所的即时交易信息，播报给其信息技术的购买者。信息技术公司汇集了大批高级技术分析人员；软件服务商作为期货市场的第三方平台，为期货经纪商及其客户提供期货交易软件等服务。

我国期货市场的建立，采取的是由中国证券监督管理委员会、中国证监会地方派出机构、期货交易所、中国期货业协会以及中国期货市场监管中心“五位一体”的期货监管协调体制。中国证监会及各地证监局对期货公司及其分支机构进行监督管理。同时，期货交易所、中国期货业协会依照有关法律、行政法规和本机构的章程、规则对期货公司实行自律管理。期货保证金监控中心对客户的保证金实施监控。

四、期货市场的主要功能

期货市场发源于延期合同，市场在其发展过程中，制度不断改进，市场功能也不断完善，尤其是保证金制度和结算制度的逐步完善，起了关键作用，不仅使期货交易履约得到保障，更吸引了大量的投资者参与进来，促进了对冲功能的有效发挥，使期货市场消化了大量的市场信息，发现了市场价格，从而起到了风险规避的作用。

（一）价格发现

所谓价格发现，是指利用市场公开竞价交易等交易制度，形成一个反映市场供求关系的市场价格。具体来说就是，市场的价格能够对市场未来走势作出预期反应，同现货市场一起，共同对市场价格作出预期。期货市场形成的价格之所以为公众所接受，是因为期货市场是一个有组织的规范化的市场，期货交易所聚集了众多的买方和卖方，将自己所掌握的对某种商品的供求关系及其变动趋势的信息集中到交易场内，从而使期货市场成为一个公开的自由竞争的市场。

这样，通过期货交易就能把众多的影响某种商品价格的供求因素集中反映到期货市场内，所形成的期货价格，也就能够比较准确地反映真实的供求状况及价格变动趋势。

（二）风险管理

借助套期保值交易方式，通过在期货和现货两个市场进行方向相反的交易，从而在期货市场和现货市场之间建立一种盈亏冲抵机制。一个市场的盈利，弥补另一个市场亏损，达到锁定成本、稳定收益的目的。

（三）资产配置和风险投资

1. 资产配置

投资者将期货作为资产配置的组成部分主要基于以下两个原因：第一，借助期货能够为其他资产进行风险对冲。第二，期货市场的杠杆机制、保证金制度，使得投资期货更加便捷灵活，虽然风险较大，但同时也能获取高额的收益。期货作为资产配置工具，不同品种有各自的优势。首先，商品期货能够以套期保值的方式为现货资产对冲风险，从而起到稳定收益、降低风险的作用。其次，商品期货是良好的保值工具。最后，将期货纳入投资组合能够实现更好的风险收益组合。

2. 风险投资

既有利于资产管理公司以更小的成本获得最大的利益，也有利于那些市场敏感投资者合理利用市场规则，以较小的代价获得超额利润。“抢帽子”投资者为市场带来流动性，同时也获得了波动所带来的利润。趋势交易者可以利用对趋势的正确判断获得超额利润。价差套利交易者可以利用合约之间、市场之间的价差获得无限的收益。

五、近代期货市场的发展

期货交易方式是在货币制度产生后，商品市场逐步实现远期现货交易合约化、信用化、标准化的产物。在人类社会经济发展历史上，劳动剩余产品的出现，让商品交换方式不断创新发展，逐步形成了物物交换、现货交易、远期交易、期货交易以及期权交易等多种形式。随着现代商品经济的发展和社会劳动生产力的极大提高，国际贸易普遍开展，世界市场逐步形成，市场供求状况变化更为复杂，仅有一次性地反映市场供求预期变化的远期合约交易价格，已经不能适应现代商品经济的发展，而要求有能够连续地反映潜在供求状况变化全过程的价格，以便广大生产经营者能够及时调整商品生产，以及回避由于价格的不利变动而产生的价格风险，使整个社会生产过程顺利地进行，在这种情况下，期货交易就产生了。

（一）现代期货市场的产生

1848 年 3 月 13 日，第一个近代期货交易所——芝加哥期货交易所（CBOT）成立，芝加哥期货交易所成立之初，还不是一个真正现代意义上的期货交易所，还只是一个集中进行现货交易和现货中远期合约转让的场所。在期货交易发展过程中，出现了两次堪称革命的变革，一是合约的标准化，二是结算制度的建立。1865 年，芝加哥期货交易所实现了合约标准化，推出了第一批标准期货合约。合约标准化包括合约中品质、数量、交货时间、交货地点以及付款条件等的标准化。

标准化的期货合约反映了最普遍的商业惯例，使得市场参与者能够非常方便地转让期货合约；同时，使生产经营者能够通过对冲平仓来解除自己的履约责任，也使市场制造者能够方便地参与交易，大大提高了期货交易的市场流动性。芝加哥期货交易所在合约标准化的同时，还规定了按合约总价值的 10% 缴纳交易保证金。随着期货交易的发展，结算出现了较大的困难。芝加哥期货交易所起初采用的结算方法是环形结算法，但这种结算方法既烦琐又困难。

1891 年，明尼亚波里谷物交易所第一个成立了结算所，随后，芝加哥交易所也成立了结算所，直到现代结算所的成立，真正意义上的期货交易才算产生，期货市场才算完整地建立起来。因此，现代期货交易的产生和现代期货市场的诞生，是商品经济发展的必然结果，是社会生产力发展和生产社会化的内在要求。从 1848 年到 20 世纪 70 年代，期货市场的交易品种主要是商品期货，它们可以分为以小麦、玉米、大豆等为代表的农产品期货，以铜、铝、锡、银等为代表的金属期货和以原油、汽油、丙烷等为代表的能源期货三大类型。20 世纪 70 年代，利率、股票和股票指数、外汇等金融期货相继推出，而美国长期国债期货期权合约于 1982 年 10 月 1 日在 CBOT 上市，又为其他商品期货和金融期货交易开辟了一方新天地。

（二）现代期货市场的发展

现代期货市场经过 19 世纪末的初步发展，经历了 20 世纪初第一次世界大战前后的经济繁荣和第二次世界大战时期的经济萧条。世界经济出现了日益增强的全球化发展的趋势，为政府、企业和个人都增加了很多新的市场风险，但同时也为期货市场带来了新的发展机遇。“二战”后，尤其是 20 世纪 60 年代之后，随着经济的复苏和政府管制的逐步放松，逐步规范化的商品期货交易空前繁荣和丰富起来。

1. 金融期货的诞生和全球范围发展期

金融期货是交易所按照一定规则反复交易的标准化金融商品合约。这种合约在成交时双方对规定品种、数量的金融商品协定交易的价格，在一个约定的未来时间按协定的价格进行实际交割，承担着在若干日后买进或卖出该金融商品的义务和责任。

金融期货是在20世纪70年代世界金融体制发生重大变革、世界金融市场日益动荡不安的背景下诞生的。在经历了“二战”后最长的一次经济繁荣后，西方资本主义国家先后陷入了经济危机。通货膨胀的加剧，使得固定利率金融工具出现负利率，利率风险大大增加。布雷顿森林体系崩溃后，国际货币制度实行浮动汇率制。汇率的频繁波动，进一步使国际融资工具受损的风险增大。国内外经济环境的变动，不可避免地导致股市大起大落，给股票持有者带来巨大的风险。在利率、汇率、股市急剧波动的情况下，为了适应投资者对于规避价格风险、稳定金融工具价值的需要，以保值和转移风险为目的的金融期货便应运而生。

第一份金融期货合约是1972年美国芝加哥期货交易所推出的外汇期货，包括英镑、加拿大元、西德马克、法国法郎日元和瑞士法郎期货合约，1975年，芝加哥期货交易所推出了第一张抵押证券期货合约（GNMA），同年，开始交易美国政府国库券期货合约。此后，多伦多、伦敦等地也开展了金融期货交易。第一份股票价格指数期货合约的交易（KC Value Line Index Futures）于1982年在堪萨斯交易所展开。

2. 科技推动的电子化交易发展期

20世纪80年代以后，随着经济的全球化，影响因素的多变导致期货品种时时刻刻都有风险和投资机会，使期货交易有了24小时不间断交易的市场需求。各国的期望交易所之间竞争也日趋激烈。恰逢现代科学技术的发展，伴随计算机、互联网技术的普及和应用快速发展起来，电子化期货交易方式出现，并逐步代替了传统的场内喊价的交易方式。1990年，CME开始研制全球全日交易系统（Globex），得到CBOT和路透社的大力支持。1992年7月25日，Globex开始接通运行。在发展初期，电子交易系统和公开叫价系统并行，但随着跨市场交易的市场需求，越来越多的期货交易所开始使用电子化交易系统，尤其是中国等新兴发展中国家的期货交易所，一开始就用电子化交易方式，极大地促进了期货交易的快速发展，电子化期货交易系统凭借无时空限制、品种的多样性、开放交易、充裕的市场流动性等优势，为相关客户提供了高效服务，带来了全球期货交易量的迅速增长。

（三）中国期货市场的发展

随着中国粮食流通体制的改革，国家取消农产品的统购统销政策，放开大多数农产品价格，市场对农产品生产、流通和消费的调节作用越来越大，农产品价格的大起大落和现货价格的不公开以及失真现象、农业生产的上下波动和粮食企业缺乏保值机制等问题引起了领导和学者的关注。能不能建立一种机制，既可以提供指导未来生产经营活动的价格信号，又可以防范价格波动造成市场风险成为大家关注的重点。1988 年 2 月，国务院领导指示有关部门研究国外的期货市场制度，解决国内农产品价格波动问题，1988 年 3 月，七届全国人大一次会议的《政府工作报告》提出：积极发展各类批发贸易市场，探索期货交易，拉开了中国期货市场研究和建设的序幕。

1. 初期发展阶段

1990 年 10 月 12 日，经国务院批准，郑州粮食批发市场以现货交易为基础，引入期货交易机制，成为我国第一个商品期货市场。1991 年 6 月 10 日，深圳有色金属交易所宣告成立，并于 1992 年 1 月 18 日正式开业。1992 年 5 月 28 日，上海金属交易所开业。1992 年 9 月，我国第一家期货经纪公司——广东万通期货经纪公司成立。随后，中国国际期货公司成立。到 1993 年，由于人们在认识上存在偏差，尤其是受部门和地方利益驱动，在缺乏统一管理的情况下，各地各部门纷纷创办各种各样的期货交易所。到 1993 年下半年，全国各类期货交易所达 50 多家，期货经纪机构达数百家。由于当时期货市场的功能、风险认识不足、法规监管严重滞后，期货市场一度陷入无序状态，酿成多次期货市场风险事件，直接影响到期货市场功能的发挥。

2. 整顿阶段

期货交易所第一轮治理整顿：由 50 多家缩减至 15 家，对期货交易所进行会员制改造；第二轮治理整顿：期货交易所精简合并为 3 家，分别是郑州商品交易所、大连商品交易所和上海期货交易所。期货品种第一轮治理整顿：期货品种缩减为 35 个；第二轮治理整顿：期货品种由 35 个降至 12 个。对期货市场的监管，为了规范期货市场的行为，加强对期货市场的监管力度，国务院及有关政府部门先后颁布了一系列法规。1999 年 5 月，国务院颁布《期货交易管理暂行条例》。随后，与之配套的《期货交易所管理办法》《期货经纪公司管理办法》《期货经纪公司高级管理人员任职资格管理办法》和《期货业从业人员资格管理办法》也相继颁布实施。2000 年 12 月，中国期货业协会成立，标志着中国期货行业自律管理组织的诞生，从而给期货市场的监管体系中注入自律机制这一新鲜血液。

3. 稳步发展阶段

21 世纪以来，中国期货市场进入稳步发展的阶段。在这一阶段，中国期货市场的监管体制和法规体系不断完善，新的期货品种不断推出，期货交易量实现恢复性增长后连创新高，使得期货市场积累了服务产业及国民经济发展的初步经验，具备了在更高层次服务国民经济发展的能力。

2006年5月，中国期货保证金监控中心成立。作为期货保证金安全存管机构，监控中心有效地降低了保证金被挪用的风险，保证了期货交易资金的安全，维护了投资者的利益。

中国金融期货交易所于2006年9月在上海成立，并于2010年4月推出了沪深300股票指数期货。这对于期货市场的发展具有重要意义，同时也标志着中国期货市场进入了商品期货与金融期货共同发展的阶段。

4. 创新阶段

2014年5月，国务院出台了《关于进一步促进资本市场健康发展的若干意见》（简称新“国九条”）。作为资本市场全面深化改革的纲领性文件，新“国九条”为资本市场的改革发展提供了顶层设计和战略规划，对期货市场的改革发展给予了充分肯定和高度重视，对于凝聚改革共识、明确发展方向、共同推进期货市场更好地服务实体经济具有深远影响，标志着中国期货市场进入了一个创新发展的新阶段。

第二节

期货市场主要交易品种

期货交易来源于商品期货，随着期货市场的发展，期货商品交易不断发展和扩大，成为现代期货市场体系中最重要的组成部分。到了20世纪70年代之后，金融期货诞生并有了突飞猛进的发展，逐步占据期货市场主导地位。随着期货市场不断发展，期货品种也在不断创新，一些与传统商品期货和金融期货有所不同的新品种也应运而生，比如保险、期货、天气期货等其他衍生类期货品种。

一、商品期货

随着工业经济的全球化、金融市场的全球化，国际商品期货交易迅速发展，其商品交易量大幅增长，期货品种不断增多。目前全球商品期货已经覆盖农产品期货、金属期货、能源与化工类期货等100多个品种。

（一）农产品期货

农产品期货是最早进行交易的商品期货，包括粮食产物和经济作物等，是目前全球商业期货市场的重要组成部分。

1. 粮食期货

目前我国已经上市农产品期货中包含大豆、豆粕、豆油、玉米、菜籽油、油菜籽、菜籽粕、棕榈油、荞麦等一系列粮食期货。

2. 经济作物类期货

主要有原糖、可可、咖啡、橙汁等软商品。

3. 畜产品期货

主要有肉类制品和皮毛制品等，包括鸡蛋、活牛、活猪等期货品种。

4. 林产品期货

主要有木材期货和天然橡胶期货。其中芝加哥商业交易所集团是目前世界上最大的农产品期货交易中心，涵盖了几乎所有农产品期货交易。中国的郑州商品交易所和大连商品交易所在全球农产品期货交易量排行榜中居前几位，有较大的国际影响力。

（二）金融期货

金属是当今世界期货市场中比较成熟的期货品种之一。全球范围内的金属矿产品期货品种多达几十种，其中包括一般金属和贵金属。世界上的金属期货交易主要集中在伦敦金属交易所、纽约商业交易所和东京工业品交易所。

1. 一般金属

包括铜、铝、铅、锌、锡、镍等，交易的主要场所在伦敦金属交易所。我国金属期货交易的场所有深圳有色金属交易所和上海金属交易所。

2. 贵金属

主要包括黄金、白银、铂金等，交易的主要场所在纽约商品交易所和纽约商业交易所。

（三）能源期货

20 世纪 70 年代的第一次世界石油危机产生时，1973 年，纽约棉花交易所曾率先推出一个在鹿特丹交割的原油合约，但没有成功。随后的 10 年内，世界能源格局发生了巨大变化，1983 年原油期货上市后就得到了市场追捧，尤其是进入 21 世纪后，以美国为代表的北美市场的能源自给能力不断增强，欧洲市场的能源消费水平停滞不前，而以中国为代表的亚太地区的能源消费正在持续上升，引起能源期货板块交易更趋活跃。原油期货是最重要的石油期货品种，也是交易量最大的期货品种之一。全球最重要的原油期货市场有三家：

（1）纽约商品交易所。因为美国这个超级原油买家的实力，加上纽约期交所本身的影响力，以 WTI 为基准油的原油期货交易，就成为全球商品期货品种中成交量的龙头。

（2）洲际交易所。世界能源的重要交易场所之一，是美国第二大期货交易所和国际原油期货交易中心，2000 年由全球一些大能源公司和金融机构组建，其所发布的北海布伦特原油期货价格是国际油价的基准之一。

（3）阿联酋迪拜商品交易所。位于阿联酋的迪拜商品交易所（DME）为中东首个国际能源期货及商品交易所，迪拜商品交易所的交易品种包括阿曼原油期货合约及两个非实物交割的期货合约。

二、金融期货

20 世纪 70 年代，随着布雷顿森林体系解体的国际金融市场剧烈动荡。国际市场上出现了规避金融市场风险的迫切需求。于是许多具有创新意义的证券交易所、期货交易所纷纷推出各种金融期货合约，期货市场有了突破性的创新发展。金融期货品种大量出现，并逐渐占据了期货市场的主导地位。金融期货主要包括利率期货、股指期货、外汇期货和国债期货。

（一）利率期货

1. 定义

指以利率为标的物的期货合约。世界上最先推出的利率期货是 1975 年由美国芝加哥商业交易所推出的美国国民抵押协会的抵押证期货，其目的是回避银行利率波动所引起的债券类凭证价格变动的风险。

2. 分类

短期利率期货是指期货合约标的的期限在一年以内的各种利率期货，即以货币市场的各类债务凭证为标的的利率期货均属短期利率期货，包括各种期限的商业票据期货、国库券期货及欧洲美元定期存款期货等。长期利率期货则是指期货合约标的的期限在一年以上的各种利率期货，即以资本市场的各类债务凭证为标的的利率期货均属长期利率期货，包括各种期限的中长期国库券期货和市政公债指数期货等。

3. 交割方式

实物交割是指期货合约的买卖双方于合约到期时，根据交易所制订的规程，通过转移期货合约标的物的所有权，将到期未平仓合约进行了结的行为。实物交割，也是利率期货中国债期货交易一般采用的方式。现金交割是指到期未平仓期货合约进行交割时，用结算价格来计算未平仓合约的盈亏，以现金支付的方式最终了结期货合约的交割方式。

4. 基本特征

利率期货价格与实际利率成反方向变动，即利率越高，债券期货价格越低；利率越低，债券期货价格越高。

（二）股指期货

1. 定义

全称是股票价格指数期货，也可称为股价指数期货、期指，是指以股价指数为标的物的标准化期货合约，双方约定在未来的某个特定日期，可以按照事先确定的股价指数的大小进行标的指数的买卖，到期后通过现金结算差价来进行交割。

2. 主要作用

（1）规避投资风险。当投资者不看好股市，可以通过股指期货的套期保值功能在期货上做空，锁定股票的账面盈利，从而不必将所持股票抛出，造成股市恐慌性下跌。

（2）降低股市波动率股指期货。可以降低股市的日均振幅和月线平均振幅，抑制股市非理性波动。

（3）丰富投资策略股指期货等金融衍生品。为投资者提供风险对冲工具，可以丰富不同的投资策略，改变股市交易策略一致性的现状，为投资者提供多样化的财富管理工具，以实现长期稳定的收益目标。

3. 影响因素

（1）股票指数：股票指数是用来反映样本股票整体价格变动情况的指标。而股票价格的确定十分复杂，这是因为人们对一个企业的内在价值的判断以及未来盈利前景的看法并不相同。

（2）宏观经济：一般来说，在宏观经济运行良好的条件下，股票价格指数会呈现不断攀升的趋势；在宏观经济运行恶化的背景下，股票价格指数往往呈现出下滑的态势。同时，企业的生产经营状况与股票价格指数也密切相关，当企业经营效益普遍不断提高时，会推动股票价格指数的上升，反之，则会导致股票价格指数的下跌。

（3）利率：利率水平越高，股票价格指数会越低。其原因是，在利率高企的条件下，投资者倾向于存款或购买债券等，从而导致股票市场的资金减少，促使股票价格指数下跌；反之，利率水平越低，股票指数就会越高。更重要的原因是利率上升，企业的生产成本会上升。

（4）资金状况：当一定时期市场资金比较充裕时，股票市场的购买力比较旺盛，会推动股票价格指数上升，否则，会促使股票价格指数下跌。比如国内大量的外汇储备导致货币供给量增加，通常会导致股指价格上涨。

(5) 金融政策：出于对经济市场化改革、行业结构调整、区域结构调整等，国家往往会出台变动利率、汇率及针对行业、区域的政策等，这些会对整个经济或某些行业板块造成影响，从而影响沪深300成份股及其指数走势。

(三) 外汇期货

1. 定义

是在集中形式的期货交易所内，交易双方通过公开叫价，以某种非本国货币买进或卖出另一种非本国货币，并签订一个在未来的某一日期根据协议价格交割标准数量外汇的合约。

2. 特点

(1) 主要外汇期货集中在美国。因此，外汇期货中其他货币以美元报价的方式居多，而美元则是以美元指数期货为特征。

(2) 外汇期货的期货保证金相对大多数商品期货保证金来说较低，一般为1%—3%。

(3) 外汇期货交易以对冲交易为主，其实际到期交易只占很少的一部分。

3. 利用方式

汇率和利率的大幅波动，使得持有者、贸易厂商、银行、企业等均需要采用套期保值，将风险降至最低限度。所谓外汇套期保值是指在现汇市场上买进或卖出的同时，又在期货市场上卖出或买进金额大致相当的期货合约。在合约到期时，因汇率变动造成的现汇买本盈亏，可由外汇期货交易上的盈亏弥补。外汇期货套期保值可分为买入套期保值和卖出套期保值。买入套期保值是指在现货市场处于空头地位的人在期货市场上买进期货合约，目的是防止汇率上升带来的风险。它适用于国际贸易中的进口商和短期负债者。卖出套期保值是指在现货市场上处于多头地位的人，为防止汇率下跌的风险，在期货市场上卖出期货合约。它适用于出口商、应收款货币市场存款等。

(四) 国债期货

1. 定义

国债期货是指通过有组织的交易场所预先确定买卖价格并于未来特定时间内进行钱券交割的国债派生交易方式。国债期货属于金融期货的一种，是一种高级的金融衍生工具。它是在20世纪70年代美国金融市场不稳定的背景下，为满足投资者规避利率风险的需求而产生的。美国国债期货是全球成交最活跃的金融期货品种之一。

2. 基本特点

(1) 国债期货交易不牵涉到债券所有权的转移，只是转移与这种所有权有关的价格变化的风险。

（2）国债期货交易必须在指定的交易场所进行。期货交易市场以公开化和自由化为宗旨，禁止场外交易和私下对冲。

（3）所有的国债期货合同都是标准化合同。国债期货交易实行保证金制度，是一种杠杆交易。

（4）国债期货交易实行无负债的每日结算制度。

（5）国债期货交易一般较少发生实物交割现象。

3. 影响因素

（1）国债期货直接反映市场利率变化，国内存贷款利率不是由市场交易产生，而是由央行规定，所以央行的货币政策对于国债期货价格的影响是最重要的。

（2）市场资金状况也应该被国债期货投资者关注，投资者可参照上海银行间同业拆借利率 SHIBOR 的走势，对国债期货走势进行判断。

（3）经济发展也可以作为投资者的参考。利率水平本质上是经济发展对于货币的需求程度，经济发展过快时，利率一般将上升，反之经济低迷时，利率则一般会下降。

4. 国债现状

当前，我国债券规模不断扩大，2012 年全年发行国债约 1.39 万亿元，2012 年末国债余额约 7.42 万亿元，居亚洲第二位、世界第六位，约占国内生产总值（GDP）的 14.3%。截至 2013 年 3 月 31 日，国债仿真期货交易共运行 276 个交易日，按单边统计，累计成交量约 1 185 万手，日均成交量约为 4.3 万手，累计成交额约 10.82 万亿元，日均持仓量约 8 万手。顺利完成了 TF1203、TF1206、TF1209、TF12012、TF1303 合约仿真交割。滚动交割业务流程已在国债期货仿真 TF1209、TF12012、TF1303、TF1306 合约上顺利实现。

第三节

中国期货市场及主要交易品种

一、郑州商品交易所

（一）郑州商品交易所简介

郑州商品交易所，简称“郑商所”（CZCE），是国务院于 1990 年 10 月 12 日批准成立的中国首家期货市场试点单位。郑商所曾先后推出小麦、绿豆、芝麻、棉纱、花生仁等期货交易品种，经中国证监会批准交易的品种有小麦、棉花、白糖、精对苯二甲酸（PTA）、菜籽油、菜籽粕、早籼稻、动力煤、甲醇、玻璃、硅铁和锰硅等期货品种，其中小麦包括优质强筋小麦和硬冬（新国标普通）小麦。郑州小麦和棉花期货已纳入全球报价体系，在发现未来价格、套期保值等方面发挥积极作用。“郑州价格”已成为全球小麦和棉花价格的重要指标。郑商所实行保证金制、每日涨跌停板制、每日无负债结算制，通过指定的结算银行对会员每天的交易进行集中清算，积极适应市场创新发展要求，不断优化制度安排。1995 年 6 月，加入国际期权（期货）市场协会，2012 年 10 月加入世界交易所联合会。目前郑商所已经成为小麦、菜粕、白糖、棉花、动力煤、甲醇、玻璃、PTA 最有影响力的综合类商品期货定价中心。

（二）主要活跃品种介绍

目前上市交易普通小麦、优质强筋小麦、早籼稻、晚籼稻、粳稻、棉花、棉纱、油菜籽、菜籽油、菜籽粕、白糖、苹果、红枣、动力煤、甲醇、精对苯二甲酸（PTA）、玻璃、硅铁、锰硅、尿素、纯碱、短纤、花生 23 个期货品种和白糖、棉花、PTA、甲醇、菜粕、动力煤 6 个期权，范围覆盖粮、棉、油、糖、果和能源、化工、纺织、冶金、建材等多个国民经济重要领域。这里主要介绍其最具独特性的两个品种：白糖、精对苯二甲酸。

1. 白糖期货

白糖期货在郑州商品交易所于 2006 年 1 月 6 日挂牌交易。在全球农产品期货品种中，郑商所位居前列，良好发挥了白糖期货的功能，促进了制糖企业的持续发展与稳定经营。

2. PTA 期货

PTA 期货即精对苯二甲酸期货，由郑商所于 2006 年 12 月 18 日上市。PTA 期货有效地把上、下游的企业衔接起来，由产业链各方及投资者共同报价、交易形成的 PTA 期货行情成了企业最为灵敏、直观、易得的价格“嗅觉器”。PTA 期货价格已经成为化纤原料市场的“晴雨表”，已经对聚酯化纤行业产生实质影响。

二、上海商品交易所

（一）上海商品交易所简介

上海期货交易所（Shanghai Futures Exchange，SHFE）是依照有关法规设立的，履行有关法规规定的职能，按照其章程实行自律性管理的法人，并受中国证监会集中统一监督管理，成立于1999年12月。上海期货交易所上市交易的有黄金、白银、铜、铝、锌、铅、螺纹钢、线材、燃料油、天然橡胶、沥青11种期货合约。上海期货交易所现有会员398家，其中期货经纪公司会员占80%以上，已在全国各地开通远程交易终端250多个。

（二）主要活跃品种介绍

上期所上市的品种大部分都比较活跃，这里主要介绍在全球最有影响力的两个代表性期货品种：螺纹钢、阴极铜。

1. 螺纹钢期货

2009年3月27日，螺纹钢期货合约在上海期货交易所正式挂牌交易。目前是世界上交易量最大的商品期货品种，日成交量曾多次超过千万手。螺纹钢即带肋倒筋，分为热轧带肋钢筋和冷轧带肋钢筋，螺纹钢亦称变形钢筋或异形钢筋。螺纹钢属于小型型钢钢材，主要用于钢筋混凝土建筑构件的骨架。在使用中要求有一定的机械强度、弯曲变形性能及工艺焊接性能。由于其使用范围非常广泛，在钢材按品种分类的22个品种中，螺纹钢是占钢材总量比例最大的品种。中国是螺纹钢生产大国，由于数十年来的固定资产投资规模较大。螺纹钢期货完善了钢材价格的形成机制，能够帮助企业回避市场价格波动风险，促进生产经营合理化配置。

2. 阴极铜期货

上海阴极铜期货简称沪铜（CU），是国内期货市场一直保持相当规模的唯一品种，目前稳居全球铜期货市场前三。

（三）上海国际能源交易中心

上海国际能源交易中心股份有限公司（以下简称“能源中心”）是经中国证监会批准，由上海期货交易所出资设立的面向全球投资者的国际性交易场所。2013年11月22日，上海国际能源交易中心正式揭牌成立，标志着原油期货的上市迈出了关键一步，原油期货的推出上市渐近。上海国际能源交易中心的经营范围包括组织安排原油、天然气、石化产品等能源类衍生品上市交易、结算和交割，制定业务管理规则、实施自律管理，发布市场信息，提供技术、场所和设施服务。

三、大连商品交易所（简称“大商所”）

（一）大连商品交易所简介

大连商品交易所（Dalian Commodity Exchange，DCE）成立于1993年2月28日，是经

国务院批准的四家期货交易所之一，也是中国东北地区唯一一家期货交易所。经中国证监会批准，已上市的品种有玉米、玉米淀粉、黄大豆1号、黄大豆2号、豆粕、豆油、棕榈油、鸡蛋、纤维板、胶合板、线型低密度聚乙烯、聚氯乙烯、聚丙烯、焦炭、焦煤、铁矿石共计16个期货品种和豆粕期权。

（二）大商所主要品种介绍

大商所上市的16个品种大部分都比较活跃，这里主要介绍在世界上最有影响力的两个代表性期货品种：豆粕、铁矿石。

1. 豆粕期货

豆粕是大豆经过取豆油后得到的一种副产品。豆粕是棉籽粕、花生粕、菜籽粕等12种动植物油粕饲料产品中产量最大、用途最广的一种。作为一种蛋白质，豆粕是制作牲畜与家禽饲料的主要原料，价格波动比较大，产业链条长，参与企业多，影响的范围广，这使企业的避险和投资需求都较为强烈。

2. 铁矿石期货

铁矿石期货，是以铁矿石为标的物的期货品种，利用期货合约的标准化特性制定的商品期货合约。2012年10月，大商所铁矿石期货已经于由证监会立项。2013年10月18日铁矿石期货合约已经在大连商品交易所上市交易。

四、中国金融期货交易所

（一）中国金融期货交易所（简称“中金所”）简介

中国金融期货交易所（China Financial Futures Exchange，CFFEX），是经国务院同意，中国证监会批准，由上海期货交易所、郑州商品交易所、大连商品交易所、上海证券交易所和深圳证券交易所共同发起设立的交易所，于2006年9月8日在上海成立。

（二）中金所主要产品介绍

中金所交易品种有2年期国债、5年期国债、10年国债、上证50指数、中证500指数、沪深300指数、中证股指期货7个交易品种。这里主要介绍沪深300指数期货（IF）和10年期国债期货（T）两个品种。

1. 沪深300指数期货（IF）

沪深300指数由沪深市场中规模大、流动性好的最具代表性的300只证券组成，于

2005 年 4 月 8 日正式发布，以反映沪深市场上市公司证券的整体表现。

2. 10 年期国债期货（T）

10 年期国债期货是以 10 年期国债作为标的物的期货品种，目前在中国金融期货交易所上市，交易代码为 T。国债期货作为利率期货的一个主要品种，是指买卖双方通过有组织的交易场所，约定在未来特定时间，按预先确定的价格和数量进行券款交收的国债交易方式。

第四节

期货市场定价理论和期货投资分析方法

一、期货市场定价理论

（一）商品期货价格的构成

期货交易的客体是期货合约，是一种商品所有权凭证。它本身没有价值。然而，期货交易是基于商品的实物交割。正因为如此，期货价格才能真正反映交易商品的实际现货价值。因此，商品期货价格的形成仍然是以商品价值为基础的。其价格由商品生产成本、期货交易成本、商品期货储存和流通费用、预期利润等部分组成。

（二）期货定价的理论基础

期货的定价理论主要有 4 种：持有成本理论、预期理论、有效市场假说和行为金融学。投资者在分析期货基本面对价格的影响之前，应该先在理论上了解商品价格的构成。任何正确的基本面信息，都可以从期货的定价理论得到支持。

（三）影响期货价格的因素

期货价格是指交易成立后，买卖双方约定在一定日期实行交割的价格。决定期货价格的因素主要有供求关系、季节因素、经济周期、心理因素、政治因素、政府政策、社会因素以及大户操纵八个方面。

二、期货投资的分析方法

（一）基础分析方法

1. 定义

基础分析方法又称为基本面分析法，是根据商品的产量、库存和预计需求量，即根据商品的供给和需求关系，以及影响供求关系变化的种种因素，来预测商品价格走势的分析方法，基本面分析方法所依据的经济学原理是商品的价格由供给和需求变化决定，供求力量的均衡形成了市场的价格。

2. 基础分析的主要特点

主要特点有三方面：一是分析价格变动的中长期趋势，期货交易者利用基本分析法主要分析的是期货市场的中长期价格走势，即所谓大势，并以此为依据中长期持有合约，不太注意日常价格的反复波动而频繁改变持仓方向。二是研究的是价格变动的根本原因。基本分析法集中关注期货市场价格变动的根本原因，它通过分析一些能实质性影响期货市场价格的因素来判断期货市场的走势。三是主要分析宏观因素。基本分析法分析的是一些较为宏观的因素，比如总供给和总需求的变动、国内和国际的经济形势、自然因素和政策因素等。

3. 供给与需求对市场价格的影响

（1）供给是指一定时间、一定地点和某一价格水平下，生产者或卖者愿意可能提供的某种商品或劳务的数量。一般来说，市场存在供给法则，即价格越高，就会吸引越来越多的生产者来为市场提供更多的产品生产；相反，价格越低，供给量就会越来越小。当然，价格变化引起供给量变化的供给弹性也是影响价格的重要因素。另外，商品市场的供给量主要由前期库存量、当期生产量和当期进口量三部分组成，也对市场价格形成有重要影响。

（2）需求是指在一定时间、一定地点和某一价格水平下，消费者对某一商品所愿意并有能力购买的数量。一般来说，市场存在需求法则，即商品价格越高，人们对它的需求量就越小；反之价格越低，人们对它的需求量就越大。需求弹性反映了需求量对价格的敏感程度。

4. 经济周期、政府政策等宏观微观因素也作为基本面分析的主要方面

主要是指影响期货基本面的金融属性的经济周期、货币金融、政治、政策等因素。尤其是在进入信用货币时代之后，各国央行政策和货币投放量增速快慢都将决定商品期货价格的波动性大小。

（二）技术分析方法

1. 技术分析的定义

技术分析是通过对市场价格本身的变化分析，来预测市场价格的变化方向，它主要是将历史数据按照时间顺序绘制成图形和图表，然后根据这些图形和图表分析与预测期货价格的趋势。

2. 技术分析的三个基本假设

市场行为包容消化一切、价格按趋势方式运行和历史会重演是技术分析方法的三个基本假设。其中，市场行为包容消化一切正反映了所有市场行为需要通过价格来反映其所掌控的所有信息；趋势概念是技术分析方法的核心，研究价格图表就是要早期发现趋势的运行轨迹，包括小趋势、中级趋势、长期趋势和反转可能；历史会重演，在一定程度上反映了外在客观条件变化而人性未变的市场行为。

3. 技术分析的特点

主要有三个特点：其一，量化的指标可以根据量化指标等数量化分析预测行情的转折点。其二，顺应趋势。主要是顺应趋势的技术分析方法论落实。其三，简单、直观和精确性。是根据价格历史轨迹的记录，没有虚假、没有主观的精确记述和市场反应。

4. 技术分析的基础指标

主要基础技术指标有：开盘价、收盘价、最高价、最低价、成交量和持仓（未平仓合约量）。开盘价一般是开盘前的5分钟集合竞价所产生的价格；收盘价一般为当日交易最后一笔成交价；最高价为当日交易出现的最高价格；最低价为当日交易出现的最低价格；成交量为在一定的交易时段内某种期货合约在交易所成交的合约数量；未平仓合约量指买入或卖出后尚未对冲及进行实物交割的某种期货合约的数量，亦称为持仓量和空盘量。关于成交量和持仓量的计算，全球多数交易采取的都是单边计算，中国金融期货交易所也采取单边计算，而目前上期所、郑商所和大商所采取的都是双边计算的交易量和持仓量。

5. 技术分析的方法

一般分为四大类分析方法：趋势分析法，形态分析法、指标分析法和其他分析法。

（1）趋势分析法。其理论基础是道氏理论，道氏理论认为：市场价格指数可以解释和反映市场的大部分行为，市场波动有三种趋势，即主要趋势、次要趋势和短暂趋势，交易在趋势判断上有重要作用，收盘价是最重要的价格等。（2）形态分析法。市场价格形态主要有两种分类，即反转形态和持续形态。反转形态意味着价格趋势将发生重要反转，持续形态则显示市场可能仅仅是修正和调整一段时间。（3）指标分析法。主要有移动平均线、

MACD、威廉指标等。（4）其他分析方法。主要有艾略特波浪理论、江恩理论和相反理论等。

本章小结

现代期货市场诞生于19世纪中期的美国芝加哥，于20世纪70年代之后诞生了金融期货（外汇期货、利率期货、股票指数期货等）。20世纪80年代之后很多期货交易所实现了24小时的全球电子化交易。目前金融衍生品市场已成为全球主要交易市场之一。

期货市场的主要功能有：发现价格、风险管理、资产配置和风险投资。期货市场的组织机构主要有：期货交易所、期货结算机构、期货经纪机构、投资者、期货监管机构、其他相关机构等。期货市场主要分为大宗商品期货（铜、铝、大豆、玉米等）和金融期货（外汇、利率、股票指数等）。

新中国期货市场，以1990年郑州粮食批发市场正式开业为标志，经历了初期发展和清理整顿阶段、逐步规范发展阶段、推出金融期货发展和国际化发展新阶段等几个重要发展时期。截至2017年10月底，中国共有3家商品期货交易所和1家金融期货交易所，有149家期货公司，已上市55个期货品种，包括5个金融期货品种、1个金融期权品种、47个商品期货品种、2个商品期权品种。

期货市场定价理论，包括商品期货价格构成的理论、期货定价的理论基础和影响期货价格的因素等。期货投资分析方法主要包括基础分析方法和技术图表分析法。

课后习题

一、重要概念

期货交易、期货合约、持仓限额制度、保证金制度、价格发现

二、习题与思考

1. 期货交易和期货合约的定义。
2. 期货市场与现货市场的主要区别。
3. 期货市场的主要功能。
4. 期货投资的技术分析有什么特征和方法？

第八章　期权市场及其他衍生品市场

【教学目的与要求】

通过本章学习我们需要掌握什么是期权，期权与期货有什么不同，影响期权的价格因素是什么？需要了解我国重要的三个期权市场，以及其他衍生品市场。知道什么是互换产品、什么是权证市场。

第一节

期权市场概述

一、期权的概念

期意味着未来；权意味着权利。期权实质上是一种对未来“权利”的买卖。期权（Option）是一份具有选择权的合约，期权买方向卖方支付一定代价后，有权在某一特定日期或该日之前的任何时间以固定价格购进或售出一种资产的权利（就是给你在未来一定期限内以一定价格获得股权的一种权利）。期权有着类似“保险的功能”。

期权合约就是一份使买方能获得权利，在某个日期或之前以某一价格买进或卖出相对应的资产。相对地，期权合约的卖方，在买方决定行使自己的权利时，有义务卖出或买进相对应的资产。买方为了这份期权合约将支付一定的费用，称作权益金，而卖方将收取这份费用。期权合约中注明的日期被称为到期日，注明的价格被称为执行价格。期权合约不仅规避了价格意外变化带来损失，还保留了额外收益的可能。

二、期权的构成要素

期权主要有如下几个构成因素：(1) 执行价格（又称履约价格、敲定价格)。(2) 权利金。(3) 履约保证金。(4) 看涨期权和看跌期权。这些概念之后我们会在介绍其他知识点时提到，这里我们先介绍一下权利金和履约保证金。

权利金（premium）又称期权费、期权金，是买卖期权合约的价格，是唯一的变量，其他要素都是标准化的。权利金是期权的买方为获取期权合约所赋予的权利而必须支付给卖方的费用，对期权的卖方来说，权利金是卖出期权的报酬，也就是期权交易的成交价。

履约保证金是招标活动中期权卖方必须存入交易所用于履约的财力担保。

期权的保证金是要求卖方进行履约保证所缴纳的，而期权的权利金是期权的买方向期权的卖方所支付的期权价格，两者是不同的概念。

三、期权的特性

第一，权利和义务的非对等性。买方只有权利而不必承担履约义务，卖方只有履约义务而没有相应权利。

第二，风险与收益的不平衡性。买方的损失是有限的，最大损失为支付的期权费，收益却可能很大；卖方最大的收益为获得的期权费，损失可能远远超过期权费。

第三，对买卖双方保证金缴纳的规定不同。因为买方的最大损失仅限于已经支付的期权费，所以需缴纳保证金；而卖方可能损失巨大，所以必须缴纳保证金作为履约担保。

第四，从避险角度考虑，买入期权和卖出期权的功能不同。买入期权可以规避标的资产的价格风险，而卖出期权只能收取固定的费用，达不到规避标的资产价格风险的目的。

第五，独特的非线性损益结构。期权交易的非线性盈亏状态，与证券交易、期货交易等线性的盈亏状态有较大差异。越是实值期权，杠杆越小；越是虚值期权，杠杆越大。

第六，交易的灵活性。针对标的上涨、下跌与盘整行情，均有对应策略可交易。针对同一种行情，比如，同为上涨行情，可以有多种策略，比如买入看涨期权、买入看涨价差期权、卖出看跌期权等。

四、期权的分类

前面说到期权就是一种权利的买卖，获得这项“权利”的方式、目的等不同，所以期权也是多种多样的。

（一）从期权买方的权利内容来看可以分为看涨期权（认购期权）、看跌期权（认沽期权）和双向期权

（1）看涨期权（认购期权）是指期权的买方向期权的卖方支付一定数额的权利金后，将有权在期权合约规定的时间内，按事先约定的价格向期权卖方买入一定数量的期权合约规定的标的资产，但不负有必须买进的义务。而期权卖方有义务在期权合约规定的时间内，应期权买方的要求，以期权合约事先规定的价格卖出期权合约规定的标的资产。

（2）看跌期权（认沽期权）是指期权的买方向期权的卖方支付一定数额的权利金后，即有权在期权合约规定的时间内，按事先约定的价格向期权卖方卖出一定数量的期权合约规定的标的资产，但不负有必须卖出的义务。而期权卖方有义务在期权合约规定的时间内，应期权买方的要求，以期权合约事先规定的价格买入期权合约规定的标的资产。

（3）双向期权是指期权的买方既享有在规定期限内按照某一具体敲定的价格买进某一特定数量的相关商品期货合约的权利，又享有在商定的有效期内按同一敲定价格卖出某一特定数量的相关商品期货合约的权利。

（二）从行权时间来看，可以分为欧式期权和美式期权

（1）欧式期权只允许持有期权的人在规定的日期当天才能执行，在之前的时间是不可以行使权利的，如果时间过了这一权利就会散失。

（2）美式期权允许持有期权的人在到期日或到期日前任一交易日执行。

（三）按照行权价与标的资产价格的相关关系，期权可以分为实值期权、虚值期权和平值期权

（1）实值期权，也叫价内期权，是指行权价与标的资产的当前市场价格相比较为有利（即如果立即行权可以获得相应收益）的期权。当看涨期权的执行价格低于当时的实际价格时，或者当看跌期权的执行价格高于当时的实际价格时，该期权为实值期权。

（2）虚值期权，也叫价外期权，是指行权价与标的资产的当前市场价格相比较为不利（即如果立即行权将会导致亏损）的期权。当看涨期权的执行价格高于当时的实际价格时，

或者当看跌期权的执行价格低于当时的实际价格时，该期权为虚值期权。

(3) 平值期权，也叫价平期权，是指行权价与标的资产的当前市场价格一致的期权。

举个例子来说，某 ETF（交易型开放式指数基金）认购期权行权价格是 3 元，如果此时 ETF 的市场价格是 3.5 元，那么这一认购期权就是实值期权；如果此时 ETF 的市场价格是 2.5 元，那么这一期权是虚值期权；如果 ETF 的市场价格是 3 元，则期权为平值期权。

(四) 按照交割方式不同，期权还可以分为实物交割型期权和现金交割型期权

(1) 实物交割是指在期权合约到期后，认购期权的权利方支付现金买入标的资产，看涨期权（认购期权）的义务方收入现金卖出标的资产，或看跌期权（认沽期权）的权利方卖出标的资产收入现金，认沽期权的义务方买入标的资产并支付现金。

(2) 现金交割则是指期权买卖双方按照结算价格以现金的形式支付价差，不涉及标的资产的转让。

(五) 按标的物分类，期权可以分为商品期权、股票期权、股指期权、利率期权以及外汇期权等

(1) 商品期权：指标的物为实物的期权，如农产品中的小麦大豆、金属中的铜等。商品期权是一种很好的商品风险规避和管理的金融工具。

(2) 股票期权：是上市公司给予企业高级管理人员和技术骨干在一定期限内以一种事先约定的价格购买公司普通股的权利。股票期权是一种不同于职工股的崭新激励机制，它能有效地把企业高级人才与其自身利益很好地结合起来。

(3) 股指期权：可以分为两种，一是股指期货期权，二是现货期权，现货期权是从股票指数衍生出来的。股票指数股指期权是在股指期货的基础上产生的，期权购买者付给期权的出售方一笔期权费，以取得在未来某个时间，以某种价格水平，买进或卖出某种基于股票指数的标的物的权利。

(4) 利率期权：指买方在支付了期权费后即取得在合约有效期内或到期时以一定的利率（价格）买入或卖出一定面额的利率工具的权利。利率期权合约通常以政府短期、中期、长期债券，欧洲美元债券，大面额可转让存单等利率工具为标的物。

(5) 外汇期权：是由于外汇期货对象的不同，即从买卖有形的外币改为无形的外币的选择权。

五、期权与期货的联系

(1) 期权交易是以期货交易、期货合约为基础，是期货交易的衍生、发展和高级表现

形式。

（2）两者均是以买卖远期标准化合约为特征的交易。

（3）基本功能都是当市场价格出现不利于交易者的变动时，为交易者提供最大限度的价格保护，并给予某些交易者利用价格差的变动机会获取风险收入的权利。

六、期权与期货的不同点（见表8-1）

1. 买卖双方的权利和义务不同

期权是单向合约，买卖双方的权利与义务不对等，买方有以合约规定的价格买入或卖出标的资产的权利，而卖方则被动履行义务。期货合约是双向的，双方都要承担期货合约到期交割的义务。

2. 履约保证不同

在期权交易中，买方最大的亏损为已经支付的权利金，所以不需要支付履约保证金。而卖方面临较大风险，可能亏损无限，因而必须缴纳保证金作为担保履行义务。而在期货交易中，期货合约的买卖双方都要缴纳一定比例的保证金。

3. 保证金的计算方式不同

由于期权是非线性产品，因而保证金非比例调整。对于期货合约，由于是线性的，保证金按比例收取。

4. 清算交割方式不同

当期权合约被持有至行权日，期权买方可以选择行权或者放弃权利，期权的卖方则只能被行权。而在期货合约的到期日，标的物自动交割。

5. 合约价值不同

期权合约本身有价值，即权利金。而期货合约本身无价值，只是跟踪标的价格。

6. 盈亏特点不同

期权合约的买方收益随市场价格的变化而波动，但其最大亏损只为购买期权的权利金。卖方的收益只是出售期权的权利金，亏损则是不固定的。在期货交易中，买卖双方都面临着无限的盈利与亏损。

7. 结算方式不同

期货持仓者每天收盘后需根据结算价进行每日无负债计算，对于结算后保证金不足的投资者追加保证金或强行平仓；期权交易不需要进行盈亏结算，只要计算义务方的维持保证金是否充足就可以了。

8. 套期保值效果不同

期货套保需逐日盯市，资金占用不确定，且需放弃有利的市场价格变动；买入期权套保只需缴纳权利金，锁定最高成本，可获益于有利的市场价格变动。

[注：套期保值（hedging），俗称“海琴”，又称对冲贸易，是指交易人在买进（或卖出）实际货物的同时，在期货交易所卖出（或买进）同等数量的期货交易合同作为保值。它是一种为避免或减少价格发生不利变动的损失，而以期货交易临时替代实物交易的行为。]

9. 合约种类不同

期货在不同月份上只有一个期货合约，投资者可以买入或卖出这个月份的期货合约；期权在一个月份上可以有许多行权价不同而到期日相同的看涨期权合约和看跌期权合约，投资者可以买入或卖出看涨期权合约或看跌期权合约。

表 8-1　　期货与期权的区别

	期权	期货
买卖双方的权利和义务	不对等，买方有以合约规定的价格买入或卖出标的资产的权利，而卖方则被动履行义务	买卖双方的权利与义务对等
保证金收取	只有期权的卖方需要缴纳保证金	买卖双方均需缴纳保证金
保证金计算	期权是非线性产品，因而保证金非比例调整	期货是线性产品，保证金按比例收取
清算交割	当期权合约被持有至行权日，期权买方可以选择行权或者放弃权利，期权的卖方需做好被行权的准备，可能被要求行权交割	若期货合约被持有至到期日，将自动交割
合约价值	期权合约类似保险合同，本身具有价值（权利金）	期货合约本身无价值，这只是跟踪标的价格
盈亏	期权买方的收益随市场价格的变化而波动，但其亏损只限于购买期权的权利金。卖方的收益只限于出售期权的权利金，其亏损则是不固定的	随着期货价格的变化，买卖双方都面临着无限的盈利与亏损
每日无负债结算	否	是
套保效果	期权套保只需缴纳权利金，锁定最高成本	期货套保需逐日盯市，资金占用不确定，且需放弃有利的市场价格变动
合约种类	期权在一个月份上可以有许多行权价不同而到期日相同的看涨期权合约和看跌期权合约	期货在不同月份上只有一个期货合约

七、期权市场的发展

（一）期权交易的起源

有关期权交易的最早记载是《圣经·创世纪》中关于合同制的协议。大约在公元前

1700 年，雅克布为同拉班的女儿瑞切尔结婚，而签订了同意为拉班工作七年的协议，以获得与瑞切尔结婚的许可。在这里，雅克布七年劳作的报酬就是“权利金”，以此换来结婚的“权利”，而非义务。

公元前 7 世纪，亚里士多德的著作《政治学》中提到了古希腊哲学家泰勒斯的故事。某一年泰勒斯预测到明年将迎来橄榄的丰收，要想榨取橄榄油，不得不需要橄榄榨油器。于是泰勒斯找到了榨油器的拥有者，支付了一小笔费用“权利金”用于锁定明年的榨油器使用费。一年后，橄榄丰收，泰勒斯靠高价卖出榨油器使用权获利丰厚。

（二）近代期权交易

随着 16 世纪以来近代贸易的快速发展，期权交易的概念开始逐渐盛行。近代典型的期权交易案例便是 17 世纪的郁金香狂热。当时的郁金香作为欧洲贵族社会身份的象征受到追捧，相关商品具备大量的市场需求，大量批发商和投机者利用期权参与这场狂欢。批发商们为了抹去成本上涨的不确定性，开始利用看涨期权交易进行进货的成本管理，而投机者们则大量变卖财产，通过期权交易炒作价格。批发商通过向种植者购买认购期权的方式，在合约签订时就锁定未来郁金香的最高进货价格。收购季到来时，如果郁金香的市场价格比合约规定的价格还低，那么批发商可以放弃期权，选择以更低的市场价购买郁金香而仅损失权利金（为购买期权付出的费用）；如果郁金香的市场价格高于合约规定的价格，那么批发商有权按照约定的价格从种植者处购买郁金香，控制了买入的最高价格。这是最早的商品期权。

然而，荷兰经济的不断衰退在 1637 年 2 月引爆了郁金香市场。郁金香相关商品的市场价格快速下跌，过程中大量的看涨期权变为废纸，而具有保护性的看跌期权却因投机客缺乏足够的资产而无法兑付，进一步扰乱了市场秩序。1637 年 4 月，荷兰政府最终选择禁止了投机式的郁金香交易，终结了这一次的泡沫。

（三）近现代期权市场的发展

18 世纪至 19 世纪时期，在工业革命刺激下，欧洲和美国相继出现了有组织的场外期权交易，标的物以农产品为主。在英国，以证券为标的物的期权交易一度被宣布为非法，但即便如此，期权交易也从未停止过。

进入 20 世纪，美国股票市场还没有被纳入监管体系，期权交易因投机者的滥用而声誉颇为不佳。1929 年的股灾发生以后，美国证券交易委员会建议国会取缔期权交易。在激烈的辩论后，国会认为期权交易方式仍有经济价值，但必须对其加强监管。

1973 年 4 月 26 日，期权市场发生了历史性的变化，一个以股票为标的物的期权交易所芝加哥期权交易所（CBOE）成立，这堪称是期权发展史上具有划时代意义的事件，标志着现代意义的期权交易所的诞生。

1973年7月，费希尔·布莱克（Fisher Black）和迈伦斯克尔斯（Myron Scholes）发表在《政治经济学》杂志上的经典论文《期权定价与公司负债》中，给出了以无红利股票为标的物的欧式看涨期权定价公式。同年，罗伯特·默顿（Robert Merton）的文章给出了支付红利的股票期权的定价公式。不久，德克萨斯仪器公司推出了装有计算期权价值程序的计算器。理论和技术上的突破，以及期权场内交易和其自身的优越性使CBOE的成长非常迅速，成立仅一个月，其日交易量已经超过了场外交易市场，1974年全年成交的合约所代表的股数已超过美国证券交易所全年股票的成交量。之后，期权交易量一直呈现稳步增长态势。

在20世纪70年代末，伦敦证券交易所开辟了伦敦期权交易市场，荷兰成立了欧洲期权交易所（EOE）。1982年，芝加哥期货交易所推出了美国长期国债期货期权合约，标志着金融期货期权的诞生，引发了期货交易的又一场革命。同年，新加坡的数据保险市场（DIMEX）开始交易期权合约，此后，费城股票交易所（PHLX）推出了外币期权交易。加拿大、瑞典、法国、瑞士、日本、马来西亚和中国香港也先后推出了期权交易。德国、比利时、新加坡等国更是在期货交易所成立3—5年的时间内便推出了期权交易。期权标的物从最初的股票扩展到目前包括农产品、金属、燃油等大宗商品，债券、股指、外汇等金融产品，以及黄金、白银等贵金属在内的近百个品种。

自CBOE成立之后，全球期权市场的发展速度超过了期货。1999年全球交易所的期权交易量突破了10亿张大关，2000年突破15亿张，全球期权交易量首次超过期货交易量。自此之后，期权交易量超过期货交易量成为常态。期权交易之所以受到市场的欢迎，与该交易方式自身具有的特点有关。从理论上说，任何金融产品都可以分解成若干期权组合，通过期权组合也可以构建任意一种金融产品。20世纪80年代末，金融工程师们对传统期权的内容进行了改造，创造出一大批新型期权，并且形成了数百种期权组合，为投资者提供了广泛的选择空间，使得金融产品发生了深刻变化。

第二节

期权的定价理论与期权的交易策略

一、期权价格的基本要素

期权价格亦称“期权费”“权利金”、期权的买卖价格、期权的销售价格。通常作为期权的保险金，由期权的购买人将其支付给期权签发人，从而取得期权签发人让渡的期权。它具有既是期权购买人成本，又是期权签发人收益的二重性，同时它也是期权购买人在期权交易中可能蒙受的最大损失。

期权价格通常是期权交易双方在交易所内通过竞价方式达成的。在同一品种的期权交易行市表中表现为不同的敲定价格对应不同的期权价格。

期权价格分成两部分，即内涵价值和时间价值。期权价格 = 内涵价值 + 时间价值。

内涵价值，指立即履行合约时可获取的总利润。

例如，大豆期货结算价格为 1 000 元/吨，执行价格为 950 元/吨的买权具有 50 元/吨的内涵价值（1 000 − 950）。“实值期权”具有内涵价值。“平值期权”内涵价值为零。“虚值期权”无内涵价值。因此，期权的内涵价值不可能小于 0，因为在买权的执行价格高于期货市价时或卖权的执行价格低于期货市价时，期权的买方可以选择不去执行期权。

时间价值指期权距到期日时间越长，大幅度价格变动的可能性越大，期权买方执行期权获利的机会也越大。与较短期的期权相比，期权买方对较长时间的期权应付出更高的权利金。

例如，一笔多头期权的期权价格为 9，敲定价格为 75，当时的期货价格为 78，那么，该笔期权的内涵价值为 3，即 78 − 75，而时间价值为 6，即 9 − 3。期权的时间价值既反映了期权交易期内的时间风险，也反映了市场价格变动程度的风险。一般而言，期权的时间价值与期权有效期的时间长短成正比。

内涵价值按期权价格与期权敲定价格的关系可以分为实值期权、虚值期权和平价期权。上文我们已经具体介绍了这三个概念，这里不再介绍，我们会在这里将实值期权、虚值期权和平价期权与看涨期权（认购期权）看跌期权（认沽期权）和双向期权之间的关系做一个总结（见表 8 − 2）。

表 8 − 2　　　　不同期权的到期价格

期权价格（未到期）	期权价格（到期）	
实值期权	内涵价值 + 时间价值	有内涵价值
虚值期权	时间价值	内涵价值为零
平价期权	时间价值	内涵价值为零

二、期权价格的影响因素（见表 8 − 3）

（一）资产标的价格

合约标的是指期权交易双方权利和义务所共同指向的对象。通常个股期权的合约标的是在交易所上市交易的单只股票或 ETF。简单来说就是指期权合约对应的标的证券是什么？具体是哪只股票？哪个股指？哪个商品期货？等等。

表 8－3　影响期权价格的因素

因素	看涨期权	看跌期权
资产标的价格	上升	下降
敲定价格	下降	上升
合约到期日	上升	上升
无风险利率	上升	下降
资产波动率	上升	上升
预计现金支付	下降	上升

（二）敲定价格

敲定价格（行权价格，strike price）也称“基本价”“合同价格”“履约价格”“履行价格”，在期权交易中，看涨期权购买者得以根据合同规定买进相关期货合约，或看跌期权购买者得以依据合约规定卖出相关期货合约的价格。这一价格确定后，不管合约标的的市场价格上涨或下跌到什么水平，只要期权权利方要求行权，期权义务方都必须以此行权价格实行交易。但如果在期权合约到期日之前买方决定放弃拥有的期权，则不发生商品的实质交割或期货合约的买卖，即不发生商品的买卖，那么敲定价格自然也不起作用了。

（三）距期权到期时间

合约到期前所剩的时间是指合约有效截止的日期，也是期权权利方可行使权利的最后日期。合约到期后自动失效，期权权利方不再享有权利，期权义务方不再承担义务。同一品种的期权合约在有效期时间长短上不尽相同，可以按周、季、年以及连续月等不同的时间期限划分。

（四）现行利率

假设我们市场上的现行利率是无风险利率，即将资金投资于某一项没有任何风险的投资对象而能得到的利息率。

无风险利率（Rho）是期权价格的影响因素之一，无风险利率（Risk－free Interest Rate）水平也会影响期权的时间价值和内在价值。当利率提高，期权的时间价值曲线右移，期权价格提高；反之，当利率下降时，期权的时间价值曲线左移，期权价格下降。不过，利率水平对期权时间价值的整体影响还是十分有限的。关键是对期权内在价值的影响，对看涨期权是正向影响，对看跌期权是反向影响。

当其他因素不发生变化时，如果无风险利率上升，标的资产价格的预期增长率可能上升，而期权买方未来可能收到的现金流的现值将下降，这两个因素都使看跌期权的价值下降。因此，无风险利率越高，看跌期权的价值越低。而对于看涨期权而言，标的资产价格的增长率上升会导致看涨期权的价值上升，而未来可能收到的现金流的现值下降会导致看涨期权的价值下降。理论证明，前一个因素对看涨期权的价值的影响大于后一个因素。因此，无风险利率越高，看涨期权的价值越高。

（五）资产的波动利率

资产价格的波动率（Vega）：资产价格的波动率是用来度量未来股票价格的不确定性的。如果股票价格的波动率越大，那么股票价格就有更大的可能性上涨或下跌。

如果波动率上涨，那无论是看涨期权，还是看跌期权，赚的话，会赚得更多，亏的话，会亏得更少。

如果波动率下跌，那无论是看涨期权，还是看跌期权，赚的话，会赚得更少，亏的话，会亏得更多。

（六）预计标的资产的现金支付

标的资产的现金支付会降低看涨期权的价格，因为现金支付使得持有标的资产比持有期权更有吸引力。对看跌期权，标的资产的现金支付会降低其价格。

三、期权定价理论

以下我们只简单介绍一下 B－S 模型，只要求了解，具体计算不作要求。

（一）基本概念

B－S 是两位经济学家 BLACK、SCHOLES（费希尔·布莱克和迈伦·斯科尔斯）名字的缩写，为了纪念他们发现该模型而用他们的名字命名。在二叉树的期权定价模型中，如果标的证券期末价格的可能性无限增多，其价格的树状结构将无限延伸，从每个节点变化到下一个节点（上涨或下跌）的时间将不断缩短，如果价格随着时间周期的缩短，其调整的幅度也逐渐缩小的话，在极限的情况下，二叉树模型对欧式权证的定价就演变为关于权证定价理论的经典模型：B－S 模型。

（二）基本假设

（1）在期权寿命期内，买方期权标的股票不发放股利，也不做其他分配。

(2) 股票或期权的买卖没有交易成本。

(3) 短期的无风险利率是已知的，并且在寿命期内保持不变。

(4) 任何证券购买者都能以短期的无风险利率借得任何数量的资金。

(5) 允许卖空，卖空者将立即得到所卖空股票当天价格的资金。

(6) 期权为欧式期权，只能在到期日执行。

(7) 所有证券交易都是连续发生的，股票价格随机游走。

(8) 股票价格服从对数正态分布。

在这里我们说一下第一个假设。

无套利定价是充分自由竞争市场上商品和服务的定价原理。任何零投入的投资只能得到零回报，任何非零投入的投资只能得到与该项投资的风险所对应的平均回报，而不能获得超额回报。

也就是说其实 B－S 基本假设就是“天下没有免费的午餐”。

(三) 一般公式

$$V(t,s) = \frac{e^{-r(T-t)}}{\sqrt{2\pi}}\int_{-\infty}^{+\infty} f\left(Xe^{\sigma\sqrt{T-t\times z}+(T-t)\left(r-\frac{\sigma^2}{2}\right)}\right) \times e^{-\frac{z2}{2}} dZ$$

其中，S 为股票价格。X 为股票的执行价格，dZ 为均值为零、方差为 dt 的无穷小的随机变化值。σ 为股票价格的波动率，r 为无风险利率，也就是证券收益率在单位时间内的标准差。

(四) B－S 模型的缺陷

首先，对于深度实值或虚值的期权，模型的定价会产生较大偏差，会高估深度虚值期权、低估深度实值期权。

其次，B－S 模型对临近到期日的期权估值存在较大误差。

最后，B－S 模型八大假设与现实存在很大差别，模型假设相比较现实过于完美。

四、期权投资策略

(一) 买入看涨期权 (Long Call)

这一策略对于投资者的吸引力在于它投入的资金量较小，以及做多看涨期权所提供的金融杠杆。投资者主要的动机是获得标的证券价格上涨所带来的回报。要获得最佳的回报，还必须选择恰当的期权（到期日和执行价格）。一般来讲，看涨期权“价外”（out－of－the－money）的程度越高，策略的看涨程度越高，因为标的股票需要更大的涨幅才能让期权达到盈亏平衡点。

（二）买入看跌期权（Long Put）

买入看跌期权而不持有标的股票是一种纯粹方向性的看空投机策略。投资者买入看跌期权的主要目的是从标的股票的价格下跌中获利。买入看跌期权可以作为卖空股票的替代，但潜在的风险较小，可以给投资者提供较大的杠杆。一般来讲，期权“价外”的程度越高，策略的看空性就越强，因为标的股票价格需要下跌更大幅度才能让期权达到盈亏平衡点。

（三）配对看跌期权（Married Put）

投资者采用配对看跌期权策略，是想要获得长期持有股票的利益（比如股息或投票权等），但又担心未知的短期下行风险。买入看跌期权同时买入标的股票是一种方向性的看涨策略。

（四）买入保护性看跌期权（Protective Put）

投资者买入看跌期权，同时持有先前买入的标的股票，这种策略就叫保护性看跌期权。采取保护性看跌期权策略的投资者持有先前买入的标的股票，通常股票已经有浮赢。他可能担心近期出现未知的下跌风险，希望保护已经获得的浮赢。

（五）卖出持股看涨期权（Covered Call）

卖出持股看涨期权策略是指投资者卖出（开立）一份看涨期权合约，同时持有标的股票同等数额的股份。卖出持股看涨期权这种策略可以在任何市况中采用，但最经常使用的情况是投资者依然看好标的股票，但感觉在期权到期之前市场可能进入小幅震荡行情。

（六）卖出现金担保看跌期权（Cash－Secured Put）

根据看跌期权合约的条款，在期权被执行的时候，期权的卖家有义务以看跌期权所设定的执行价格买入对应的标的股份。采用这种策略有两种主要意图，要么是想以低于当前市价买入标的股票，或者是希望期权到期变成“价外”、价值归零，从而保有出售期权所获得的期权费。

（七）牛市看涨期权价差（Bull Call Spread）

牛市看涨期权价差是买入某一标的股票的看涨期权，同时卖出同一标的股票、同一到期月份、执行价更高的看涨期权。投资者通常在温和看涨的市场环境中采用牛市看涨期权价差策略，希望能够从标的股票价格的小幅上涨中获利。如果投资者对股票强烈看涨，那么直接买一份简单的看涨期权通常可以获得更大利润。另外，如果投资者认为单独买入和持有看涨期权的成本太高，或者对于自己看涨市场的观点不太确定，使用这种价差还可以降低风险。

（八）熊市看跌期权价差（Bear Put Spread）

熊市看跌期权价差策略是买入某一个标的股票的看跌期权，同时卖出一份同一标的股票、同一到期月份、执行价格更低的看跌期权。投资者通常在温和看跌的市场环境中采用熊市看跌期权价差策略，希望能够从标的股票价格的小幅下跌中获利。如果投资者对股票强烈看跌，那么直接买一份简单的看跌期权通常可以获得更大利润。另外，如果投资者认为单独买入和持有看跌期权的成本太高，或者对于自己看跌市场的观点不太确定，使用这种价差还可以降低风险。

第三节

中国期权市场及产品

期权作为一种金融衍生品，对于现代社会的经济发挥其不可替代的作用。国外已经成功运营多年了，而我国的期权市场成立时间较晚，品种也比较单一，直到 2015 之后才推出了第一只 ETF 期权——上证 50ETF 期权，大连豆粕期货期权和郑州白糖期权。虽然现在的中国期权市场，有更多的期权类型，但在我们的学习中主要了解早期的三个重要期权产品。

一、上证 50ETF 期权

（一）什么是 50ETF

50ETF 作为上海市场最具代表性的蓝筹指数之一，上证 50 指数是境内首只交易型开放式指数基金（ETF）的跟踪标的。上证50ETF是一种创新型基金。

（二）什么是上证50ETF期权

50ETF期权是上交所根据50ETF为标的物推出的买卖合约，也是目前国内市场唯一可以在二级市场进行买涨买跌（认购、认沽）的投资工具。

（三）上证50ETF期权合约分类

上证50ETF期权合约按权利划分有两种类型——认购期权和认沽期权，加之四个期权月份、五个执行价格，共计四十个期权合约。

（四）上证50ETF期权的相关制度

1. 保证金制度

保证金制度是指投资者进行期权交易时用于履约而提前缴纳的资金，占期权合约价值的一定比率，上证50ETF期权约占7%的比例。那么期权的杠杆能达10倍以上，对于深度虚值的期权，可达20倍甚至更高。因为期权的买卖双方的权利和义务是不对称的特点，保证金只需要期权开仓义务仓的提供，而权力仓因为支付一定的权利金而无须提供保证金。所以，期权买方最多损失权利金，即有限的损失。

2. 涨跌幅限制

投资市场的涨跌停板制度是为了更好地保证投资者在短时间内所持有的投资产品不会出现太大的变化，让投资者在市场的变化下有足够的时间进行判断和实施对应的操作，并且与保证金制度相结合，对于保障期权市场的运转、稳定期权市场的秩序，以及发挥期权市场的功能具有十分重要的作用。认购期权最大涨幅 = max{合约标的前收盘价 ×0.5%，min[（2×合约标的前收盘价行权价格），合约标的前收盘价]×10%}。认购期权最大跌幅 = 合约标的前收盘价 ×10%。认沽期权最大涨幅 = max{行权价格 ×0.5%，min[（2×行权价格——合约标的前收盘价），合约标的前收盘价]×10%}。认沽期权最大跌幅 = 合约标的前收盘价 ×10%。可以看出，合约最大涨幅可达标的前收盘价的10%，其中虚值期权最大涨幅较小，最低可至前收盘价的0.5%。

3. 熔断制度

熔断制度，也称自动停盘机制，就是在期货交易中，当价格波幅触及所规定的点数时，交易随之停止一段时间，或交易可以继续进行，但价格幅度不能超过规定点数之外的一种交易制度。设置"熔断"机制的目的是控制交易风险。在50ETF期权交易中，如果合约在盘中的日内涨幅或者跌幅达到了50%，且价格涨跌绝对值达到或者超过该合约最小报价单位5倍的时候，才会进入熔断阶段。在熔断阶段内，投资者只能进行集合竞价，3分钟的集合竞价结束后熔断结束，投资者继续进入连续竞价阶段。

4. 做市商

做市商制度是一种市场交易制度，由具备一定实力和信誉的法人充当做市商，不断地向投资者提供买卖价格，并按其提供的价格接受投资者的买卖要求，以其自有资金和证券与投资者进行交易，从而为市场提供即时性和流动性，并通过买卖差价实现一定利润。

简单说就是：报出价格，买卖双方不必等到交易对手的出现，就能按报出价格买入或卖出。

上海证券交易所采用的是混合型做市商，即在某一个期权合约中有多个做市商负责提供报价，按照“价格优先、时间优先”的原则进行匹配。这种做市商制度可以缩小价格差距，提高成交的可能性，及时满足投资者需求。

（五）上证50ETF期权目前发展状况

截至2022年10月底，投资者超过29万户，跟A股亿万股民的数量相比，这是一个小众市场。但从成交规模来看并不小众，在刚刚过去的10月，50ETF期权日均成交量有大幅提升，日均达到220万张，比2017年同比上升201.2%。如果按照面值来看，10月日均成交面值是550.3亿元，是50ETF标的本身成交额的12倍，是上证50成份股总成交额的136%。按照上交所的数据，10月单日最高成交额（面值）是900多亿元，相当于整个A股30%的成交面值。截至2022年10月50ETF期权成交量已经是全世界单独ETF期权品种中最大的一只。从成交量来看，发展还是很快，规模也比较大。

二、大连豆粕期货期权（见表8－4）

大连豆粕期权合约于2017年3月31日在大连商品交易所（以下简称“大商所”）推出，这是大商所也是国内期货市场上市的首个商品期权品种。

（一）什么是豆粕期权合约

豆粕期权合约是指由大连商品交易所制定的、规定合约买方有权在将来某一时间段内以特定价格买入或者卖出相应豆粕期货的标准化合约。买方以支付一定数量的权利金为代价而拥有了这种权利，但不承担必须买进或卖出的义务。卖方则在收取了一定数量的权利金后，在一定期限内必须无条件服从买方的选择并履行成交时的允诺。

表 8-4　　大连商品交易所豆粕期货期权合约

交易品种	豆粕
交易单位	10 吨/手
报价单位	元（人民币）/吨
最小变动价位	1 元/吨
涨跌停板幅度	上一交易日结算价的 4%
合约月份	1 月、3 月、5 月、7 月、8 月、9 月、11 月、12 月
交易时间	每周一至周五上午 9：00—11：30，下午 13：30—15：00，以及交易所规定的其他时间
最后交易日	合约月份第 10 个交易日
最后交割日	最后交易日后第 3 个交易日
交割等级	大连商品交易所豆粕交割质量标准
交割地点	大连商品交易所指定交割仓库
最低交易保证金	合约价值的 5%
交割方式	实物交割
交易代码	M
上市交易所	大连商品交易所

资料来源：西部期货网站。

（二）大商所选择豆粕期权的原因

第一，豆粕期现货市场基础雄厚。豆粕现货市场规模大，对整个饲料行业具有重要的影响力。豆粕期货也是中国期货市场非常活跃成熟的品种，在全球农产品期货交易量排名中，连续 5 年名列第一。

第二，豆粕期货市场运行特点突出。豆粕期货市场成交活跃，价格波动幅度适中，适宜开展期权交易。

第三，豆粕期货定价和套期保值功能发挥充分。

第四，豆粕市场主体避险需求强烈，市场参与者基础较好。豆粕是油脂油料产业链中承上启下的重要品种，市场化程度高，价格波动剧烈，避险需求强烈。

（三）大连豆粕期货期权合约的相关制度

1. 在豆粕期权合约规则的设计要点方面，大商所对豆粕期权合约及规则的设计遵循三个原则

一是稳健性原则，即在各项业务安排上严格控制风险，并为上市初期的从严管理留出空间；二是可操作性原则，对于交易、行权、结算和风险管理各个业务环节都具有清晰、明确的要求，同时规则设计尽量简便、易懂，便于期货公司及客户的具体操作；三是一致性原则，期货期权是基于标的期货衍生出的工具，大商所设计期权合约规则时，对很多业务借鉴了期货交易的做法，在充分反映期权特性的基础上，尽量贴近现有期货规则，以便于市场理解和接受。

2. 交易制度

商所期权交易采用与期货市场相同的一户一码制度和撮合原则。采用集中交易方式，按照与标的期货市场一致的“价格优先、时间优先”的原则进行撮合。

3. 期权合约持仓的了结方式

（1）行权是指期权买方按照规定行使权利，以行权价格买入或者卖出标的期货合约。

（2）平仓指买入或者卖出所持期权合约的数量、标的物、月份、到期日、类型和行权价格相同，但交易方向相反的期权合约，了结权利或义务。

（3）放弃是指期权合约到期，买方放弃权利，卖方义务终结。

4. 询价

期权交易实行做市商制度，为满足市场流动性，做市商可提供双边报价。若行情中没有出现买卖报价，投资者可以进行询价，询价请求应当指明期权合约代码。交易所可以根据市场情况调整询价合约和询价时间。

5. 竞价方式

与期货交易一样期权竞价方式也采用集合竞价和连续竞价。其中集合竞价指在规定时间内对接受的买卖申报一次性集中撮合。连续竞价指对买卖申报逐笔连续撮合。

6. 撮合成交原则

期权交易期间，撮合成交原则同期货交易，即价格优先、时间优先。期权合约以涨跌停板价格成交的撮合原则为“平仓优先，时间优先”。

7. 保证金

期权买方支付权利金，不交纳期权交易保证金；期权卖方收取权利金，交纳交易保证金。

期权交易保证金公式：权利金 + max ｛标的期货合约交易保证金 - 1/2 期权虚值额，1/2 标的期货合约交易保证金｝

8. 对冲

是指当投资者希望为所持有的豆粕期货头寸对冲价格下跌风险时，运用豆粕期权进行买入看跌期权是其中一种可以对冲豆粕期货下跌风险的方法。

9. 限仓制度

资者即使有足够的资金也不会无限制地持有期权仓位。对于非套保、套利交易以及做市业务，为控制风险，期权同期货也实行限仓制度。

10. 大连豆粕期货期权目前发展状况

豆粕是我国期货市场清理整顿后推出的首个期货品种，经过持续培育，至今已成为大商所市场规模最大、产业客户参与最广泛、市场功能发挥充分的代表性品种，有力奠定和提升了大商所在国际农产品及商品衍生品市场的地位和影响力。据美国期货业协会（FIA）统计，2007 年至今，我国豆粕期货成交量在全球农产品期货期权排名中有 9 年位居榜首，特别是 2015 年以来，我国豆粕期货成交量已连续 5 年居全球农产品期货期权第一位。在市场稳健运行、产业客户和跨国粮商广泛参与背景下，豆粕期货已成为国内豆粕现货贸易定价基准和现货市场风向标，大商所油脂油料板块也成为大商所积极参与现代市场体系建设、推动农业现代化的重要依托。过去多年来，豆粕期货一直是中国期货市场最成功的品种之一：交易活跃、持仓量大、市场化程度高、与全球供需联动紧密，并且是农产品中产业企业最早开展基差交易的品种之一。

豆粕期货市场在国内发展日益成熟，其与后来上市的豆油期货合约一起，成为大豆进口和压榨企业风险管理的有效工具。国内期货市场的发展必将有助于中国农产品市场与国际市场有效链接，推动农产品市场进一步开放和国际化。成熟的期货市场对平衡、调节市场供需具有重要意义，对于稳定市场供应、保障粮食安全至关重要。

三、郑州白糖期权

（一）概述

2017 年 4 月 19 日，白糖期权在郑州商品交易所上市，成为中国期货市场首批上市的商品期权产品，也是期货市场创新服务实体经济的里程碑，开启了企业风险管理的新维度。

白糖期权合约是指由郑州商品交易所制定的、规定合约买方有权在将来某一时间段内以特定价格买入或者卖出相应白糖期货的标准化合约。买方以支付一定数量的权利金为代价而拥有了这种权利，但不承担必须买进或卖出的义务。卖方则在收取了一定数量的权利金后，在一定期限内必须无条件服从买方的选择并履行成交时的允诺。

（二）白糖期权合约通常包括以下基本要素（见表 8－5）

（1）合约类型：分为看涨期权和看跌期权两种。

（2）合约标的：白糖期权合约标的为在郑州商品交易所上市挂牌交易的白糖期货合约。

（3）合约到期日：合约到期日是合约有效期截止的日期，也可以说是期权买方可行使权利的最后日期。合约到期后自动失效，期权买方不再享有权利，期权卖方不再承担义务。

（4）行权价：行权价也称执行价或履约价，是期权买方买进或卖出合约标的的价格。

（5）合约单位：是指一张期权合约对应的合约标的数量。

（6）行权价格间距：指的是相邻两个期权行权价格的差值，一般为事先设定。

（7）交割方式：为实物交割。

表 8-5　郑州商品交易所白糖期权合约

合约标的物	白糖期货合约
合约类型	看涨期权、看跌期权
交易单位	1手（10吨）白糖期货合约
报价单位	元（人民币）/吨
最小变动价位	0.5元/吨
涨跌停板幅度	与白糖期货合约涨跌停板幅度相同
合约月份	标的期货合约中的连续两个近月，其后月份在标的期货合约结算后持仓量达到5 000手（单边）之后的第二个交易日挂牌
交易时间	每周一至周五上午9：00—11：30，下午13：30—15：00，以及交易所规定的其他交易时间
最后交易日	标的期货合约交割月份前一个月的第3个交易日，以及交易所规定的其他日期
到期日	同最后交易日
行权价格	以白糖期货前一交易日结算价为基准，按行权价格间距挂出5个实值期权、1个平值期权和5个虚值期权。行权价格≤3 000元/吨，行权价格间距为50元/吨；3 000元/吨＜行权价格≤10 000元/吨，行权价格间距为100元/吨；行权价格＞10 000元/吨，行权价格间距为200元/吨。
行权方式	美式。买方可在到期日前任一交易日的交易时间提交行权申请；买方可在到期日15：30之前提交行权申请、放弃申请
交易代码	看涨期权：SR－合约月份－C－行权价格
	看跌期权：SR－合约月份－P－行权价格
上市交易所	郑州商品交易所

（三）郑州白糖期权的相关制度

（1）保证金制度：期权交易实行交易保证金制度。单腿期权合约交易保证金收取标准为：期权合约结算价×标的期货合约交易单位＋MAX[标的期货合约交易保证金－期权虚值额的一半，标的期货合约交易保证金的一半]。

（2）涨跌停板制度：期权交易实行涨跌停板制度，期权合约涨跌停板幅度同标的期货合约涨跌停板幅度（标的期货合约上一交易日结算价乘以相应比例）一致。

（四）郑州白糖期权到目前的发展状况

白糖期权顺利上市以来，技术系统稳定，市场运行平稳，结算高效。

产业参与度明显增加。数据显示，白糖期权上市三年来市场运行基本平稳，成交、持仓规模稳步增长。据统计，截至2020年4月19日，白糖期权累计成交量1 443万手（单边，下同），近一年的日均成交量约2.6万手，相较于上市首年的1万手，增幅达160%；近一年日均持仓量近13.5万手，最高时达到18.9万手，相对于上市首年的日均6.7万手增长了两倍。

此外，白糖期权波动率“微笑”特征显现，隐含波动率基本保持在合理区间水平，主力平值隐含波动率在9%—18%区间波动，与历史波动率走势基本一致，大部分时间高出90天历史波动率2%左右，平均差值为3%，表现出投资者理性谨慎交易的特征，符合国际成熟市场运行规律。

相较期货，白糖期权可以有效降低波动率对冲成本，而且更直接，对冲风险的效率也更高。据了解，目前郑商所已经上市了包括白糖期权、棉花期权、PTA期权、甲醇期权和菜籽粕期权在内的五个期权品种，是国内上市商品期权品种最多的期货交易所。

第四节

其他衍生品市场

一、金融衍生品市场概述

（一）金融衍生品的定义

（1）金融衍生品（financial derivatives），又称“金融衍生工具”“金融衍生产品”，是20世纪七八十年代金融创新的核心。金融创新的目的之一是规避风险，由于金融市场的种种变动，使金融机构、企业和个人时时刻刻生活在价格变动的风险之中。而传统性金融产品难以规避风险，尤其是系统性风险，为迎合这一强大的市场需求，作为新兴风险管理手段的金融衍生品便应运而生。金融衍生品是从传统金融产品中衍生而来的新型金融产品，对于它的定义，国内外的学者给予了不同的描述。

美国经济学家弗兰克·J. 法博齐这样解释道：一些合同给予合同持有者某种义务或对

某一种金融产品进行买卖的选择权。这些合同的价值由其交易的金融产品的价格决定，相应地，这些合约被称为衍生产品（derivatives）。衍生金融产品包括期权合约、期货合约、远期合约、互换协议、上限与下限协议等。在另一些国外的文献资料中，关于金融衍生产品的定义更多的是根据不同对象作出不同的描述。美国财务会计委员会（FASB）将金融衍生产品定义为衍生于某基础资产，且价值有明确规定的业务或合约。巴塞尔银行监督委员会的定义是：一种合约，该合约的价值取决于一项或多项背景资产或指数价值。简单地说，金融衍生产品是从传统的金融产品衍生出来的新型的金融产品。

（2）国内学者将衍生产品定义为：金融衍生产品是指以另一金融产品的存在为前提，以这些金融产品为买卖对象，价格也由这些金融产品决定的金融产品。它由债券、股票、外汇等基础产品衍生而来，包括远期、期货、期权、互换四种基本产品和由它们通过变化、组合、合成三种方式再衍生出来的一些变种。

（3）金融衍生品，目前较为公认的定义是 1994 年 8 月国际互换和衍生产品协会所作的解释：衍生品是有关互换现金流量和旨在为交易者转移风险的双边合约。作为一种金融合约，它的价值取决于合约标的物——原生金融产品或指数的变动状况，合约到期时，交易者所欠对方的金额由基础商品、证券或指数的价格决定。

（二）金融衍生品市场的定义

金融衍生品市场（financial derivatives market，FDM），是指主体、客体、载体及监管者所构成的一个体系，即金融衍生品市场不单纯指进行期货、期权等衍生品交易的场所，同时也指由一组规则（法律、规章、政策）、一批组织（交易所、中介机构、市场参与者）和一系列产权所有者构成的一套机制。它有广义和狭义之分，前者是指由位于世界各国的金融衍生品交易中心在全球范围内及区域内所形成的交易网络，即全球性金融衍生市场和区域性金融衍生市场；后者是指某一特定金融衍生品交易所，如美国的 CME、CBOT，英国的 LIFFE，新加坡的 SIMEX 等。

金融衍生品市场既包括标准化的交易所交易，也包括非标准化的场外交易（柜台交易），即 OTC 交易。在某种程度上，金融衍生品市场作为为经济提供服务的制度，是降低交易费用的制度之一，是一种有效率并且效率不断提高的制度。它实质上是一种为市场经济高效运转提供保证的制度安排。

二、金融衍生品市场的特征

金融衍生品在金融市场上得到广泛应用，产品种类和市场规模迅速发展形成其自身的市场特征。

（1）衍生品交易的高风险性及信用风险的相对集中性。

（2）衍生品交易的杠杆性。

（3）衍生品的虚拟性。

（4）金融衍生品市场的全球性。

三、金融衍生品的分类

根据交易方法和特点的不同，全部金融衍生品可分为远期、期货、期权和互换四个大类。其他名目繁多的金融衍生品种是这四个基本类综合或混合而生成的。在前面我们已经详细介绍了期权和期货。在本节中我们会介绍一下远期合约和产品互换。

1. 远期合约

远期合约是指交易双方达成的，在将来某一特定日期按照事先商定的价格，以预先确定的方式买卖某种金融产品的合约。远期合约是20世纪80年代初兴起的一种保值工具，它是一种交易双方约定在未来的某一确定时间，以确定的价格买卖一定数量的某种金融资产的合约。合约中要规定交易的标的物、有效期和交割时的执行价格等项内容。

远期合约通常包括：①标的资产。例如，标的资产是什么，是什么类型的公债券。

②合约的买卖方。通常说的远期合约的买卖方是从标的资产的交割这个角度来说的。同意在未来某一时间按确定价格买入标的资产的交易方叫作合同的买方，也叫作多头方。同意在未来某一时间按确定价格出售标的资产的交易方为合同的卖方，也叫作空头方。

③远期交割日期。标的资产的交割日是在合约订立日的未来某一确定时间。

④标的资产的交割数量。

⑤标的资产的远期价格。远期价格是在合约中约定的标的资产在交割日的交割价格，是事先确定的标的资产的未来交割价格。如果交易的资产是货币资金，那么用利率作为合约的价格；如果交易的资产是外汇，那么用汇率作为合约的价格。

2. 互换产品

（1）互换的定义：互换是有关双方或三方约定对将来某一段时期内支付的款项进行交换的一种协议。

（2）互换的分类。

①利率互换：利率互换又称利率掉期，是指两笔货币相同、债务额相同（本金相同）、期限相同的资金，作固定利率与浮动利率的调换。这个调换是双方的，如甲方以固定利率换取乙方的浮动利率，乙方则以浮动利率换取甲方的固定利率，故称互换。

②货币互换：货币互换（又称货币掉期）是指两笔金额相同、期限相同，但货币不同的债务资金之间的调换，同时也进行不同利息额的货币调换。简单来说，利率互换是相同货币债务间的调换，而货币互换则是不同货币债务间的调换。货币互换双方互换的是货币，它们之间各自的债权债务关系并没有改变。

货币互换的优点有：可降低筹资成本，满足双方意愿，避免汇率风险。这是因为互换通过远期合同使汇率固定下来。这个互换的缺点与利率互换一样，也存在违约或不履行合同的风险，如果是这样，另一方必然因利率、汇率变动而遭受损失。

③股票互换：股票互换同其他有名义本金的互换合约一样，也是两个当事人之间达成的一种协议。协议规定，双方同意在特定的时期内，对一系列的现金支付进行交换。在典型的股票互换中，一方同意在一个固定的期限内，按照一个固定的名义本金，向对方支付相当于某一股票指数的收益的金额。作为交换，他从对方得到按照相同的名义本金计算的另一种资产的收益或利息。股票互换的原理与标准的利率互换极其相似，名义本金是不进行交换的，它只用来计算相互之间需要支付的金额。

具体是指交易双方签订互换协议，规定在一定期限内甲方周期性地向乙方支付以一定名义本金为基础的、与某种股票指数挂钩的回报。而乙方也周期性地向甲方支付基于同等名义本金的固定或浮动利率的回报，或与另一种股票指数挂钩的回报。

四、其他衍生品市场

（一）外汇市场

（1）外汇的概念。外汇（foreign exchange）这一概念有动态和静态两种表述形式，而静态的外汇又有广义和狭义之分。广义的静态外汇是指一切用外币表示的资产。这一概念通常用于各国的外汇管理法令之中。例如，我国的《外汇管理条例》规定：外汇是指下列以外币表示的可以用作国际清偿的支付手段和资产，具体包括：①外国货币，包括钞票、铸币；②外币支付凭证，包括票据、银行存款凭证、邮政储蓄凭证；③外币有价证券，包括政府债券、公司债券、股票等；④特别提款权，欧洲货币单位；⑤其他外汇资产。

狭义的静态外汇是指以外币表示的可用于进行国际结算的支付手段。按照这一概念，只有存放在国外银行的外币资金，以及将对银行存款的索取权具体化了的外币票据才构成外汇。具体来看，外汇主要包括以外币表示的银行汇票、支票、银行存款等。人们通常所说的外汇就是指这一狭义概念。

（2）外汇市场的概念。外汇市场是指由各国中央银行、外汇银行、外汇经纪人和客户组成的买卖外汇的交易系统。外汇市场不像商品市场和其他金融市场那样，一定要设立具体的交易场所，它主要是指外汇供求双方在特定的地区内，通过现代化的电讯设备及计算机网络系统来从事外汇买卖的交易活动。

按照外汇交易参与者的不同，外汇市场可以具体分为狭义的外汇市场和广义的外汇市场。狭义的外汇市场，又叫外汇批发市场，特指银行同业间的外汇交易市场，包括外汇银行之间、外汇银行与中央银行之间以及各国中央银行之间的外汇交易。广义的外汇市场，除了上述狭义的外汇市场之外，还包括银行同一般客户之间的外汇交易。

（3）外汇市场的参与者包括客户、外汇经纪人、外汇银行、中央银行及其他官方机构等。其中，在外汇市场中，凡是与外汇银行有外汇交易关系的公司或个人，都是外汇银行的客户。他们是外汇市场的主要供求者，在外汇市场上的作用和地位仅次于外汇银行。

外汇经纪人是指介于外汇银行之间、外汇银行和其他外汇市场参加者之间，为买卖双方接洽外汇交易而赚取佣金的中间商。如同外汇银行一样，外汇经纪商也必须经过所在国中央银行的核准方可参与市场。

外汇银行是指经过本国中央银行批准，可以经营外汇业务的商业银行或其他金融机构。外汇银行是外汇市场上最重要的参与者。

（4）外汇掉期，是指双方约定以一种货币交换一定数量的另一种货币，并约定在未来某日再按相反方向交换同样数量的货币的操作，有利率掉期和汇率掉期两种。

（5）掉期交易可分为以下三种形式：

①即期对远期。即期对远期即在买进或卖出一笔现汇的同时，卖出或买进相同金额该种货币的远期外汇。远期外汇的交割期限大都为 1 星期、1 个月、2 个月、3 个月、6 个月。这是掉期交易中最常见的一种形式。

这种交易形式按参加者不同又可分为两种：①纯粹的掉期交易，指交易只涉及两方，即所有外汇买卖都发生在银行与另一家银行或公司客户之间；②分散的掉期交易，指交易涉及三个参加者，即银行与一方进行即期交易的同时与另一方进行远期交易。但无论怎样，银行实际上仍然同时进行即期和远期交易，符合掉期交易的特征。进行这种交易的目的就在于避免风险，并从汇率的变动中获利。

②明日对次日。明日对次日的掉期交易即在买进或卖出一笔现汇的同时，卖出或买进同种货币的另一笔即期交易，但两笔即期交易交割日不同，一笔是在成交后的第二个营业日（明日）交割，另一笔反向交易是在成交后的第三个营业日（次日）交割。这种掉期交易主要用于银行同业的隔夜资金拆借。

一天掉期又可分为今日掉明日（today/tomorrow）、明日掉后日（tomorrow/next）和即期掉次日（spot/next）。今日掉明日掉期的第一个到期日在今天，第二个到期日在明天。

明日掉后日掉期的第一个到期日在明天，第二个到期日在后天。即期掉次日掉期的第一个到期日在即期外汇买卖起息日（即后天），第二个到期日在将来的某一天（如即期掉1个月远期，远期到期日是即期交割日之后的第30天）。

③远期对远期。远期对远期的掉期交易是指同时买进并卖出两笔相同金额、同种货币、不同交割期限的远期外汇。这种掉期形式经常被转口贸易中的中间商所使用。

该交易有两种方式，一是买进较短交割期的远期外汇（如30天），卖出较长交割期的远期外汇（如90天）；二是买进期限较长的远期外汇，而卖出期限较短的远期外汇。假如一个交易者在卖出100万30天远期美元的同时，又买进100万90天远期美元，这个交易方式即远期对远期的掉期交易。由于这一形式可以使银行及时利用较为有利的汇率时机，并从汇率的变动中获利，因此越来越受到重视与被使用。

（二）权证市场

1. 权证的定义

权证是由标的证券发行人或其以外的第三人发行的，约定持有人在规定期间内或特定到期日，有权按约定价格向发行人购买或出售标的证券，或以现金方式收取结算差价的有价证券。

2. 期权与权证的区别与联系

期权一般而言是规定普通投资者之间权利和义务的合约，而权证是一般投资者跟上市公司之间的约定。除此之外，与期权类似，权证也是一种权利的证明，赋予持有者在约定的“到期日”以约定的“行权价”买入或卖出相关资产的权利，权证持有人在到期日也是有行权的权利但非义务。

3. 权证的相关要素

（1）发行人。股本权证的发行人为标的上市公司，而衍生权证的发行人为标的公司以外的第三方，一般为大股东或券商。在后一种情况下，发行人往往需要将标的证券放于独立保管人处，作为其履行责任的担保。

（2）看涨和看跌权证。当权证持有人拥有从发行人处购买标的证券的权利时，该权证为看涨权证。反之，当权证持有人拥有向发行人出售标的证券的权利时，该权证为看跌权证。认股权证一般指看涨权证。

（3）到期日。到期日是权证持有人可行使认购（或出售）权利的最后日期。该期限过后，权证持有人便不能行使相关权利，权证的价值也变为零。

（4）执行方式。在美式执行方式下，持有人在到期日之前的任何时间内均可行使认购权，而在欧式执行方式下，持有人只有在到期日当天才可行使认购权。

（5）交割方式。交割方式包括实物交割和现金交割两种形式。其中，实物交割指投资者行使认股权利时从发行人处购入标的证券，而现金交割指投资者在行使权利时，由发行人向投资者支付市价高于执行价的差额。

（6）认股价（执行价）。认股价是发行人在发行权证时所订下的价格，持证人在行使权利时以此价格向发行人认购标的股票。

（7）权证价格。权证价格由内在价值和时间价值两部分组成。当正股股价（指标的证券市场价格）高于认股价时，内在价值为两者之差；而当正股股价低于认股价时，内在价值为零。但如果权证尚没有到期，正股股价还有机会高于认股价，因此权证仍具有市场价值，这种价值就是时间价值。

（8）认购比率。认购比率是每张权证可认购正股的股数，如认购比率为 0.1，就表示每 10 张权证可认购 1 股标的股票。

（9）杠杆比率。杠杆比率（Leverage Ratio）是正股市价与购入一股正股所需权证的市价之比，即：杠杆比率 = 正股股价/（权证价格 ÷ 认购比率）。杠杆比率可用来衡量“以小博大”的放大倍数，杠杆比率越高，投资者盈利率也越高，当然，其可能承担的亏损风险也越大。

4. 权证的分类

（1）按照交易行为划分，权证的种类可分为认购权证（买权）和认沽权证（卖权）。认购权证，指持有人有权利在某段期间内以预先约定的价格向发行人购买特定数量的标的证券，其实质是一个看涨期权；认沽权证，指持有人有权利在某段期间内以预先约定的价格向发行人出售特定数量的标的证券，其实质是一个看跌期权。

（2）按行权期限的不同，权证可以分为美式权证（American Style Warrant）、欧式权证（European Style Warrant）和百慕大式权证（Bermuda Style Warrant）。美式权证的持权证有人在权证到期日前的任何交易时间均可行使其权利，欧式权证持有人只可以在权证到期日当日行使其权利。

（3）按发行人的不同，权证又可分为两类：股本权证和备兑权证（中国香港称为衍生权证）。股本权证由上市公司发行，主要是用来融资，或者以派送形式送给现有股东。备兑权证一般由证券公司等金融机构发行。

专栏 8－1

我国权证市场的发展

中国早期权证市场起源于 20 世纪 90 年代初，在邓小平南方谈话之后，中国经济重新活跃起来，但因为种种复杂原因，经济发展出现了明显偏差，地产泡沫膨胀，通货膨胀率较高，经济过热程度明显。1993 年，国家采取了宏观调控政策，房地产开始全面崩溃，虽然全面紧缩的政策主要是针对泡沫比较严重的房地产行业，但是股市同样遭遇严峻的资金面形势，股票市场开始连续近 3 年的下跌。在这个背景下，发行权证产品有两方面的动力：一是上市公司。很多上市公司由于股价持续下跌再融资受阻，许多上市公司通过权证产品，既可以使老股东的利益得到保障，又可以实现再融资的目的。二是证券交易所拟推出权证来试图活跃交易市场的交易。因此，在这两方面因素的推进下权证产品应运而生。在权证推出的初期，市场上共有大约 14 只权证。飞乐股份的配股权证是沪市推出的第一只权证，此后有申华权证、金杯权证、福州东百、江苏悦达等股票权证。闽闽东、厦海发、吉轻工、桂柳工、闽福发等股票的权证也陆续在深市推出。在我国权证市场的初期，市场中存在诸多问题：市场还十分稚嫩，市场法律法规尚不完善，投资者的风险意识极其薄弱，伴随着高度投机，市场处于高度无序状态中。权证这种衍生工具不仅没有发挥积极的作用，反而带来了许多问题，有些权证甚至已经演变为纯粹投机的工具。1996 年 6 月，6 只权证因摘牌和不摘牌的谣言而暴涨暴跌，最终权证交易被迫停止。正如上面所述，因为当年权证产品市场混乱，权证产品事实上已经失去了本身的含义和价值，沦为投机者过度投机的工具。这也是后来 1996 年权证市场关闭的根本原因。

股权分置改革让权证在 9 年之后的 2005 年迎来了新的发展。股权分置改革时期的权证市场可以让股权作为一种股价激励方式、对价支付手段以及权证创设机制的建立，使得权证市场的应用更加广泛。这个时期的权证资金推动效应十分明显，但投资者对权证了解不够，仅仅把权证作为一种新的交易品种，而且，认沽权证作为做空工具，受到投资者追捧。到了 2008 年，中国权证市场的交易量已经达到了世界第一。但是随后由于上市公司的再融资门槛降低，上市公司通过权证融资的热情也越来越低，之后几年权证市场越来越萎缩，到了 2011 年，随着最后一只权证长虹 CWBI 的到期，本次权证市场的交易宣告结束。综合来看，这一时期权证市场有以下几个主要特征：

1. 换手率高，价格波动风险大

根据上海证券交易所提供的数据，2005 牛 1 月 30 日我国三个权证的单日成交额高达 74 亿元，几乎可与沪深两市股票成交总额 90 亿元相媲美。与此相对应的，是权证换手率高，最高的日换手率达到 645%。2007 年前三个季度，虽然权证占 A 股、基金、权证三大类产品总市值的比重还不到 1%，但其交易活跃程度却仅次于 A 股，占三大类产品交易总额的比重最高达到 37%。伴随交易投资火爆场面的是权证价格的大起大落，价格大幅脱离价值。根据上海证券交易所的统计数据，2005 年 8 月至 2007 年 9 月期间，包括所有权证在内的日间波动率均值为5.6%，日内波动率均值为9.3%，日内波动率最高值达到544%。另一个反映价格波动程度的指标是日内价格超额波动率，该指标衡量权证价格波幅超过相关股份价格波幅的程度，也就是权证的价格波动风险超过相关股份的程度，日内价格超额波动率 = 日内权证价格波幅 - 日内相关股份价格波幅。

2. 定价效率低

我国权证的交易价格长期脱离理论价值。根据上海证券交易所创新实验室所做的数据样分析，在2005年8月22日第一只权证上市至2006年8月21日整整一年间，沪深所有权证的交易数据，去除个别偏离度极端高企的数值，无创设权证样本组的收盘价与理论价值的偏离度高达121%，创设组的偏离度虽然低一些，但也达到102%，两个组别的均价与理论价值的偏离度亦相应高达124%和105%。显然，权证的定价效率很低。

3. 回转交易量大

根据上海证券交易所的统计资料，2005年8月至2007年8月两年间，所有权证的日内回转交易占交易总量比重的平均值达到50%左右，大户个人投资者基本只做日内回转交易，机构投资者的日内回转交易活跃度高过个人投资者，权证投资者的收益率与回转交易量存在正相关关系。

“权证市场是不是会消失？备兑权证时代何时到来？”成为目前投资者关注的话题。综合各方观点来看，权证品种的陆续退市并不意味着权证市场的“终点”。作为国际上最通用、最简单实用的金融衍生品，权证在中国资本市场的发展可能还将继续。只要未来与国际市场接轨的大趋势不变，权证市场也将再次迎来螺旋式发展的机会，或许就是真正的备兑权证时代。

本章小结

期权（Option）是一份具有选择权的合约，期权买方向卖方支付一定代价后，有权在某一特定日期或该日之前的任何时间以固定价格购进或售出一种资产的权利。期权价格分成两部分，即内涵价值和时间价值。期权价格分成两部分，即内涵价值和时间价值。有关期权交易的最早记载是《圣经·创世纪》中关于合同制的协议。

B - S是两位经济学家BLACK、SCHOLES（费希尔·布莱克和迈伦·斯科尔斯）名字的缩写，为了纪念他们发现该模型而用他们的名字命名。

而我国的期权市场成立时间较晚，品种也比较单一。直到2015之后才推出了第一只ETF期权——上证50ETF期权，大连豆粕期货期权和郑州白糖期权，但近几年发展前景广阔。我国的权证市场目前发展进程崎岖，但是有较大的发展空间。金融衍生品的种类也比较丰富，为我国金融市场的发展添加了浓墨重彩的一笔。

课后习题

一、选择题

1. 规避了价格意外变化带来损失，但保留了额外收益的可能的金融工具是（　　）。

A. 期货合约　　B. 期权合约　　C. 远期合约　　D. 掉期合约

2. 期权买方在期权到期前任意交易日均可以选择行权的是（　　）

A. 看涨期权　　B. 看跌期权　　C. 欧式期权　　D. 美式期权

3. 以下操作属于同一看涨或看跌方向的是（　　）。

A. 买入认购期权、备兑开仓　　B. 买入认购期权、买入认沽期权

C. 卖出认购期权、买入认沽期权　　D. 卖出认沽期权、备兑开仓

4. 根据买入和卖出的权利，期权可以分为（　　）。

A. 认购期权和欧式期权　　B. 认沽期权和欧式期权

C. 欧式期权和美式期权　　D. 认购期权和认沽期权

5. 以下陈述不正确的是（　　）。

A. 期权买方的最大损失是有限的　　B. 期权买方需要支付权利金

C. 期权卖方可以选择行权　　D. 期权卖方的最大收益是权利金

6. 王先生对甲股票特别看好，但是目前手头资金不足，则其可以进行（　　）操作。

A. 卖出认购期权　　B. 买入认沽期权

C. 保险策略　　D. 买入认购期权

7. 其他条件相同，对以下哪类期权义务方收取的保证金水平较高（　　）。

A. 平值　　B. 虚值　　C. 不确定　　D. 实值

8. 其他条件不变，若标的证券价格上涨，则认购期权义务方需要缴纳的保证金将（　　）。

A. 减少　　B. 不变　　C. 增加　　D. 不确定

9. 下列关于美式期权和欧式期权的说法，正确的是（　　）。

A. 欧式期权持有者只能在期权到期日才能执行期权

B. 欧洲期权比美式期权更灵活，为买方提供更多选择

C. 相同情况下，欧式期权的权利金比美式期权高

D. 美式期权是只能在美国行权的期权

10. 认购（沽）期权买入开仓后，其最大损失可能为（　　）。

A. 行权价格 - 权利金　　B. 行权价格 + 权利金

C. 股票价格变动差 - 权利金　　D. 亏光权利金

11. 一般来说，在其他条件不变的情况下，随着到期日的临近，期权权利金会（　　）。

A. 变大　　B. 没有影响　　C. 不确定　　D. 变小

12. 投资者买入认购期权，假设其他因素不变，下列说法正确的是（　　）。

A. 行权价格越高，损失权利金的可能性越大

B. 行权价格越高，获取收益的可能性越高

C. 行权价格越低，到期日获取收益的可能性越低

D. 行权价格越低，损失权利金的可能性越大

13. 对于还有一天到期的认购期权，标的现价 5.5 元，假设其他因素不变，下列合约最有可能被行权的是（　　）。

A. 5.5 元　　B. 6.5 元　　C. 7.5 元　　D. 4.5 元

14. 上交所股票期权交易机制是（　　）。

A. 竞价交易与做市商的混合交易制度

B. 竞价交易制度

C. 纯粹做市商制度

D. 询价制度

15. 假设乙股票的当前价格为 23 元，那么行权价为 25 元的认购期权的内在价值为（　　）。

A. 2　　B. -2　　C. 48　　D. 0

16. 假设甲股票的当前价格为 42 元，那么行权价为 40 元的认购期权权利金为 5 元，则其时间价值为（　　）。

A. 2　　B. 5　　C. 3　　D. 1

二、重要概念

期权、权利金和履约保证金、期权价格、波动率、B - S 模型。

三、简答题

1. 期权与期货的联系与区别。

2. 看涨期权与看跌期权的区别。

3. 实值期权、虚值期权与平值期权的区别及相互关系。

4. 互换产品的三种互换。
5. 波动率如何影响期权价格?
6. 外汇掉期是什么?
7. 权证的分类。
8. 什么是金融衍生品?

第九章　金融市场中的金融机构：商业银行

【教学目的与要求】

掌握商业银行的基本知识以及商业银行的资产负债表结构。理解基于资产负债表对商业银行进行业务分析的原理，以及商业银行经营绩效评估。了解商业银行的主要业务及其运作的主要内容。掌握商业银行流程管理的理论、方法和工具，了解我国商业银行的现状。

第一节

商业银行概述

一、商业银行的起源

公元前2000年古巴比伦寺院放款。公元前4世纪希腊的寺院、公共团体、私人商号开展货币兑换业务。公元前200年罗马将货币兑换业务扩展到贷放、信托等业务，同时还有明确的法律条文进行管理与监督。古罗马银行业业务的发展逐渐具有现代银行业务的雏形。

二、商业银行的基础知识

《中华人民共和国商业银行法》规定，商业银行是依照《中华人民共和国商业银行法》和《中华人民共和国公司法》设立的，吸收公众存款、发放贷款、办理清算业务的企业法人。商业银行作为唯一能提供“银行货币”（活期存款）的金融机构，是一个以盈利为目的，以金融资产和负债为经营对象的综合性、多功能的服务企业。与其他类型的金融机构不同，商业银行凭借众多的营业机构与巨大的社会影响力，可以吸收巨额的社会闲散资金，并以此开展贷款与投资业务，其整体优势和作用大大优于其他任何金融机构。同时，商业银行还接受企业开户，办理转账结算，实现支付结算的非现金周转，并据此发挥创造存款货币的作用。

商业银行具有以下特征：第一，经营大量货币性项目，必须建立健全严格的内部控制机制；第二，从事的交易种类繁多、次数频繁、金额巨大，必须建立严密的会计信息系统，并广泛使用计算机信息系统及电子资金转账系统；第三，分支机构众多、分布区域广、会计处理和控制职能分散，要求保持统一的操作规程和会计信息系统；第四，存在大量不涉及资产负债的表外业务，表外业务是有风险的经营活动，形成银行的或有资产和或有负债，其中一部分还有可能转变为银行的实有资产和实有负债，故通常要求在会计报表的附注中予以揭示；第五，高负债经营，债权人众多，与社会公众利益密切相关，受到银行监管法规的严格约束和政府有关部门的严格监管。

第二节
商业银行的资产负债表结构

为了理解银行如何运作，我们先对银行资产负债表进行分析，资产负债表具有如下特征：总资产 = 总负债 + 资本。银行的资产负债表是银行资金来源（负债）和资金用途（资产）的列表。银行通过借款和发行存款等其他负债的形式获得资金。银行用这些资金取得资产，如证券和贷款。银行通过对所持有的证券和贷款收取高于其负债成本的利率而获利。

资产负债表反映银行在某一特定日期（月末、季度末、年中或年末）财务状况的会计报表，是一个存量表。通过资产负债表，可以提供银行某一定特定日期资产的总额及其构成情况，表明银行拥有或控制的资源及分布情况；可以提供银行某一特定日期的负债总额及其结构，表明银行未来需要用多少资产或劳务清偿债务及清偿时限；可以反映所有者所拥有的权益，据以判断资本保值、增值的情况及对债务的保障程度，从而分析资产和负债的流动性，考核各项资金计划的执行结果，并为预测未来财务状况和发展前景提供重要的数据和信息（见表9－1）。

表9－1　　商业银行资产负债表结构

资产	负债
现金	存款性负债
信贷资产	非存款性负债
投资资产	股东权益
其他资产	

一、负债科目：资金来源

银行通过发行（售出）存款之类的负债来获得资金，这些资金是银行资金的来源。通过发行负债获得的资金被用来购买具有收益性的资产。

根据中资全国性大型银行的负债结构统计：各项存款依然是支撑我国大型商业银行资产运作最重要的资金来源。关于存款占资金来源总额的比例，2010年首季度为88.5%，2011年首季度为86.96%，该比例在2012年首季度逐步下降至83.61%。

商业银行资金来源渠道单一，对存款过度依赖。资金来源渠道单一使商业银行的资金结构无法实现多元化，不利于商业银行提高抗风险能力。一旦存款流失，商业银行可能面临较大的流动性风险；同时，商业银行也无法根据资产结构的调整和客户资金需求的改变而主动调整负债结构。

近年来，由于我国银行市场竞争的加剧，大型商业银行的垄断程度已明显降低。

负债科目主要有以下几种。

（一）支票存款

支票存款是允许账户所有者向第三方签发支票的银行账户。支票存款包括所有可以签发支票的账户：不计息支票账户（活期存款）、计息可转让支付命令账户以及货币市场存款账户。货币市场存款账户是在1982年的《存款机构法案》中被引入，具有和货币市场共同基金相似的特征，被归类在支票存款范畴。然而，货币市场存款账户与支票存款不同，其不受存款准备金制度（本章将要讨论）的约束。支票存款类是银行资金的重要来源，占银行负债的4%。支票存款曾是银行资金的最重要来源（在1960年所占银行负债的比例超过60%），但是随着更具吸引力的新金融工具（如货币市场存款账户）的出现，支票存款占银行总负债的比例不断下降。

支票存款和货币市场存款账户都是见票即付的，如果存款者到银行要求提款，银行必须立刻支付。同样，如果一个人收到银行开出的支票，当他出示支票时，银行必须立刻支付现金（或者将资金划入此人账户）。支票存款是存款者的资产，因为这是他财富的一部分。因为存款者可以提取现金，银行有义务支付，所以支票存款是银行的负债。支票存款通常是银行最低成本的资金来源，因为存款者自愿放弃利息收入以获得可以随时实现购买的流动资产。银行持有支票存款的成本包括利息支付和为这些账户服务所产生的费用——处理、准备和发送月结账单，提供有效率的柜员（人员或其他方面），维护办公楼和设施的分支机构，广告和市场营销以吸引顾客的存款。近年来，对存款（支票存款和非交易性存款）的利息支付大约占银行总营业费用的30%，而涉及服务账户的费用（员工薪酬、房屋租金等）大约占营业费用的50%。

（二）非交易性存款

非交易性存款是银行资金的主要来源。存款者不能对非交易性存款签发支票，但是银行对于这些存款所支付的利率要高于那些支票存款。非交易性存款有两种基本类型：储蓄存款和定期存款（也称存单）。

储蓄存款曾是非交易性存款最普遍的类型。在这些账户中，可以随时增加或提取资金，交易和利息支付在月结账单或者存款者持有的存折中记录。

定期存款有固定的期限，几个月到5年以上不等，并且对提前提取收取罚金（扣除几个月的利息）。小额定期存款（少于10万美元的存款）对于存款者来说，流动性小于存折存款，但享受更高的利率，是银行的一种成本较高的资金来源。大额定期存款的面额在10万美元以上，一般由公司和其他银行购买。大额定期存单是可转让的，像债券一样，其可以在到期前在二级市场上出售。为此，可转让大额定期存单被公司、货币市场共同基金和其他金融机构持有作为国库券和其他短期债券的替代资产。可转让大额定期存单自1961年首次出现，就成为银行资金的重要来源（12%）。

（三）借款

银行也通过向美联储、联邦住房贷款银行、其他银行和公司借款以获得资金。来自美联储的借款称作贴现贷款（discount loan，也称预付款）。银行也在联邦基金市场上从其他美国银行和金融机构借入隔夜准备金。银行借入隔夜资金以满足美联储要求的放在美联储的存款准备金头寸（联邦基金的名称有些令人困惑，因为这些贷款不是由联邦政府或者联邦储备体系发放的，而是由银行借给其他银行）。其他的借入来源是：银行母公司（银行控股公司）对银行的贷款、公司的贷款安排（如回购协议）和欧洲美元的借款（在国外银行或者美国银行的国外分支的美元存款）。借款逐渐成为银行资金的重要来源：在 1960 年，其占银行负债的 2%；现在，占银行负债的 12%。

（四）银行资本

银行资产负债表负债方的最后一项是银行资本，即银行的净值，是银行总资产和总负债的差额。银行资本是通过出售新股权（股票）或者从留存收益中获得的。银行资本是资产价值下降时的缓冲，银行资产价值的下跌可能会导致银行破产（负债超过资产，意味着银行可能面临破产）。

二、资产科目：资金运用

银行利用发行负债所获得的资金购买收益性资产。这样银行资产自然地被视为资金的用途，从这些资金上获得的利息收入使银行获利。

（一）现金资产

现金资产是所有资产中流动性最强的资产，一般包括库存现金、存放中央银行款项、存放同业款项和在途资金四部分。

（二）信贷资产

信贷资产主要包括客户贷款及垫款。

（三）投资资产

投资资产主要是指交易性金融资产。

（四）固定资产、无形资产及其他

固定资产是指为生产商品、提供劳务、出租或经营管理而持有的使用寿命超过一个会计年度的有形资产。无形资产是指企业拥有或者控制的没有实物形态的、可辨认的非货币性资产。其他资产主要包括存出保证金、应收股利、其他应收款和抵押资产等。

第三节

商业银行的基本业务

在进一步详细学习银行如何管理资产和负债以获得最大利润之前，需要了解银行的基本业务。概括地说，银行通过出售具有某组特征的负债（流动性、风险、规模和回报的特定组合）并利用这些资金购买不同特征组合的资产来赢利。这个过程通常被称为资产转换。例如，储蓄存款可以为银行对其他人发放抵押贷款提供资金。实际上，银行把储蓄存款（存款者的资产）转变为抵押贷款（银行的资产）。资产转换过程的另一种表述是银行“短借长贷”，因为银行通过吸收短期存款的资金来发放长期贷款。

银行资产转换的过程和提供一整套服务（支票清算、记账、信用分析等）就类似于公司的生产过程。如果银行以低成本提供令人满意的服务并利用其资产赚取可观收入，便会赢利，否则银行将遭受损失（见图 9 – 1）。

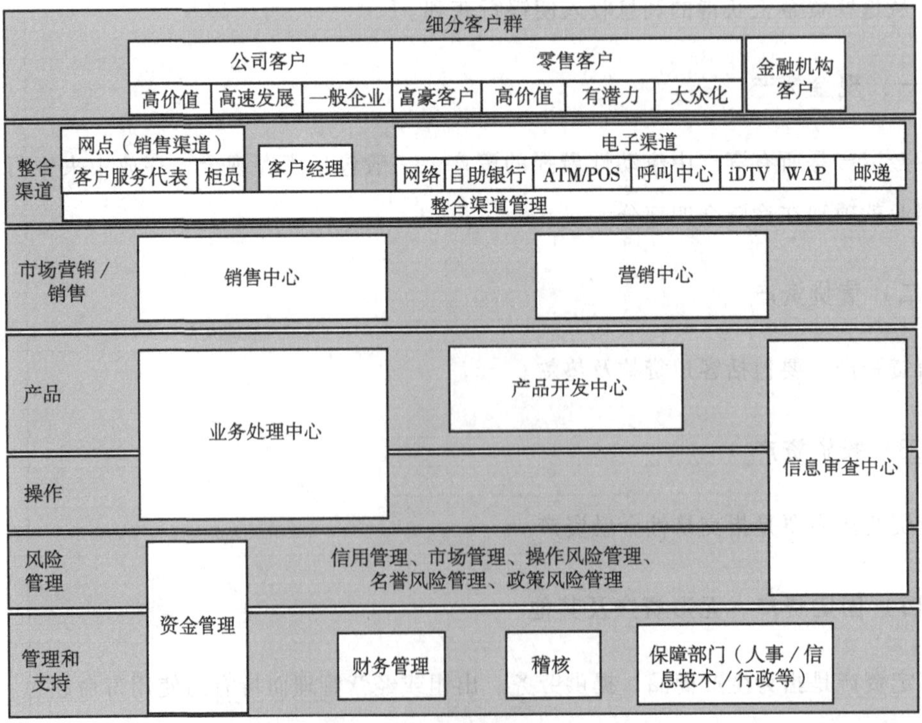

图 9 – 1　商业银行业务运作模型

一、商业银行负债业务

负债业务是形成商业银行资金来源的业务，主要包括存款业务和借款业务。其中，存款业务是银行组织资金来源最主要的方式，借款业务则包括再贴现或者向中央银行借款、同业拆借、发行金融债券、国际货币市场借款，以及结算过程中的短期资金占用等。

二、存款业务（见图 9－2）

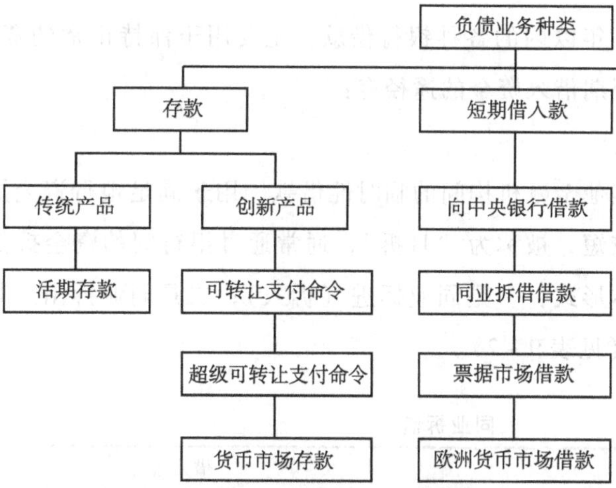

图 9－2　商业银行负债业务划分

（一）活期存款

活期存款是指不规定期限，可以随时存取现金的一种储蓄。

（二）定期存款

定期存款指存款人同银行约定存款期限，到期支取本金和利息的储蓄形式，不能签发支票，客户只有在支取现金后，才能用现金进行交易，定期存款的提前支取还要承担一定的利息损失。由于这种存款的流动性低于活期存款，相应的，利率也比较高。另外，银行还有其他类型的存款业务，常见的有整存整取、整存零取、零存整取、定活两便、通知存款等。

三、借款业务

商业银行的借款业务被称为“主动型负债”，借款业务是指商业银行以同业拆借、发行债券等各种方式从资金市场上获得资金。各种非存款资金的借入对于商业银行的业务经营具有重要作用，但由于引起借款业务不稳定性的因素较多，这种业务也加大了商业银行的经营成本以及经营资产的风险。一般来说，按照期限长短不同，商业银行的非存款资金被划分为短期借入资金和长期借入资金。

（一）短期借款业务

短期借款业务是指期限在一年以内的各种银行借款，主要用于保持正常的资金周转、满足资金的流动性需要。取得短期借入资金的途径有：

1. 同业拆借

同业拆借是指商业银行与其他金融机构间的临时性借款，用于满足银行资金周转、弥补暂时性头寸短缺，期限一般较短，被称为“日拆”，通常通过银行间的资金拆借系统完成。短期借款业务包括两种基本形式：一是同业拆进（拆入）；二是同业拆出。其中，同业拆进是银行负债的重要形式（见表9－2）。

表9－2　同业拆借

借出银行		借入银行	
资产	负债	资产	负债
同业拆借＋100	在中央银行存款－100	在中央银行存款＋100	同业拆借－100

2. 回购业务

回购业务也称证券回购或回购协议，是指银行在出售有价证券时与购买金融资产一方签订协议，约定在一定期限后按协议价格购回所售证券。因此相当于银行以所售证券为抵押获取贷款，有价证券卖出与买入之间的价格差可视为贷款利息（见表9－3）。

表9－3　回购业务

债券购买者		债券出售银行	
资产	负债	资产	负债
债券＋100	在中央银行存款－100	在中央银行存款＋100	债券－100

3. 中央银行借款

中央银行借款主要包括中央银行的再贷款和再贴现。

再贷款。再贷款是指商业银行从中央银行处获得贷款，我国中央银行再贷款主要针对国有商业银行发放。基本类型包括以下三种：年度性贷款，期限为 1 年，最长不超过 2 年；季节性贷款，期限为 2 个月，最长不超过 4 个月；日拆性贷款，期限一般为 10 天，最长不超过 20 天。

再贴现。再贴现是指商业银行把已经贴现但尚未到期的票据交给中央银行，要求中央银行给予再贴现。这是市场经济条件下，商业银行向中央银行取得资金的最主要的途径。同时，再贴现率作为基准利率，也是中央银行的主要货币政策工具之一。票据市场在我国货币市场中开始时间最早，但至今还没有发展成为真正规范意义上的一个市场（见表 9－4）。

表 9－4　　从中央银行地方分行获得贷款

借款银行		中央银行分行	
资产	负债	资产	负债
在中央银行存款 +100	应付票据 +100	贷款和预支 +100	银行准备金 +100

4. 转贴现和转抵押

转贴现是指商业银行将已贴现但未到期的票据交给其他商业银行或贴现机构给予贴现，以取得资金融通。转贴现的期限一律从贴现之日起到票据到期日止，按实际天数计算；利率可以由双方协定，也可以贴现率为基础，并参照再贴现率来确定。转贴现可以使银行随时收回资金，既能应对意外事件，也能充分使用资金，但转贴现数额需要根据银行自身的承受能力来确定。

转抵押是银行同业借款方式之一，信贷资金主要在银行体系内部发生转移，对整个社会的货币供应量影响不大。但是作为抵押贷款，转抵押也需要按照抵押贷款的要求去做，以保证信贷资金的合理运行，维护社会信用体系的健康发展。

5. 国际金融市场借款

商业银行可以通过从国际金融市场借款来弥补资金的不足。一般地，国际金融市场由短期资金市场（期限为 1 年以下）、中期资金市场（期限为 1—5 年）和长期债券市场（期限为 5 年以上）三部分组成。目前世界上规模最大、最具影响的国际金融市场是欧洲货币市场。

6. 结算过程中短期资金占用

商业银行在办理各种结算业务的过程中，会形成一些短期资金占用，这是银行短期资金来源的重要途径之一。这部分资金具有波动性大、不稳定，且短期内就会被提取或者使用等特点，因而不能作为银行稳定的资金来源使用。

（二）中长期借款业务——金融债券

商业银行中长期借款业务主要通过发行金融债券借入资金，既满足了商业银行的中长期资金需求，又有利于商业银行拓宽负债渠道，促进资金来源的多样化，并有助于增强商业银行负债的稳定性。

银行现在是盈利的，因为其持有支票存款这样的短期负债并将资金用来购买利息较高的贷款这样的长期资产。正如前面提到的，这种资产转换过程通常被描述为银行从事“短借长贷”。例如，如果贷款年利率为 10%，银行一年从贷款中赢利 9 美元。如果 100 美元的支票存款是以可转让支付命令账户形式存在，年利率为 5%，并且银行每年要花费额外的 3 美元来为这个账户服务，那么这笔存款的年费用为 8 美元。银行每年从这笔存款中赚得的利润为 1 美元，加上法定准备金赚得的一些利息。

第四节

商业银行的绩效评估与风险管理

一、银行绩效的评估

与其他工商企业的管理目标一样，银行管理的基本目标是使其所有者的财富增值达到最大化，一般来说银行管理的这一目的被解释为将银行股权的市场价值增值提高到最优水平。由于宏观经济的波动性和市场环境的变化，各种不同类型的风险使银行管理者必须在极不确定状况下追求银行股权价值最优化的目标。

（一）银行收益财务评价

我们首先讨论银行财务分析中最基本的杜邦模型（DuPont model）。

人们对企业最关心的问题是“企业的效益优劣”，即企业的盈利程度。衡量银行总体盈利程度的指标包括普通股收益率（ROE）和资产收益率（return on assets，ROA）两个重要系数。普通股收益率是银行净收益与银行普通股票面价值之商，它代表了银行每一单位的普通股股票在分红前的净收益。这一数值越大，说明银行资本的盈利程度越高。资产收益率则是银行净收益与银行总资产之商，它表示银行单位资产的净收益。该指标的数值越大，则银行资产盈利水平越高。普通股收益率等于资产收益率与普通股乘数（equity multiplier，EM）之积，而普通股乘数为银行总资产与银行普通股股票票面价值之商。

ROE = ROA × EM

其中，

ROE = 银行纳税后净收益/银行普通股股票票面价值

ROA = 银行纳税后净收益/银行总资产

EM = 银行总资产/银行普通股股票票面价值

显而易见，普通股乘数是银行资本与银行资产比率的倒数，它反映了银行资本的“杠杆”作用，即每一个单位的银行资本所能动员的产生收益的银行资产数额。

银行资产收益率可以分解为两部分：（1）利润边际额（Profit Margin，PM），即银行净收益（net income）与总收入（total revenue）之商；（2）资产使用率（Asset Utilization，AU），即银行总收入与总资产之商。用公式表示为：

PM = 银行纳税后净收益/银行总收入

AU = 银行总收入/银行总资产

因为银行净收益是银行总收入与银行成本及税收之差，利润边际额便成为衡量银行控制成本与降低缴税数额的重要指标。利润边际额数值越大，则表明银行在降低成本方面的能力越显著。利润边际额由以下四个系数决定：

利息支出系数 = 利息支出/总收入

非利息支出系数 = 非利息支出/总收入

税收系数 = 所得税/总收入

呆账准备金系数 = 呆账准备金/总收入

这四个系数反映了银行成本与税收方面的综合情况。利润边际额与这四个系数之和等于1。这四个系数数值越低，则利润边际额数值越高。利息支出由银行负债的利率高低、银行负债结构及银行负债数量等因素决定。非利息支出为银行经营支出，包括工资及雇员福利等人员性支出，房租、折旧、设备维持费等使用费用支出以及其他的成本支出。

资产使用率可以进一步分解为利息收入与总资产之比及非利息收入与总资产之比两部分：

资产使用率 = 利息收入/总资产 + 非利息收入/总资产

利息收入受到银行资产利率高低、银行资产结构以及银行收益性资产数量的影响；而非利息收入则由银行佣金收入、服务收入、证券收入及其他收入决定。因为银行的资产中有一部分是法定准备金和超额准备金，收益性资产必然小于总资产，因此，收益基础（Earnings Base，EB）便是一个衡量收益性资产的重要指标。

EB = 收益性资产/资产

除了以上系数之外，银行管理的收益分析还经常用到以下若干系数：

净利息收入边际额（Net Interest Margin，NIM）：

NIM = 净利息收入/收益性资产 = 利息收入 - 利息支出/收益性资产

这一系数表明了收益性资产的获利程度。

利息收支率差额（spread of ratios on interest earnings and interest expenses，SD）：

SD = 利息收入/收益性资产 = 利息收入/收益性资产 - 利息支出/付息性负债

这一指标旨在衡量平均收益性利率与平均支出性利率的差额水平。

经营效率（Overhead Efficiency，OE）：

OE = 非利息收入/非利息支出

它表示银行在开拓非利息收入来源与控制非利息支出方面的努力程度。

在其他因素不变的条件下，以上三个指标的数值越大，则银行的盈利率越高。

另外，银行的经营效率亦可用银行的非利息收入与非利息支出之差来表示。在通常情况下，银行的非利息收入小于非利息支出，而银行管理的目标是力图缩小这一差额。这一差额为银行负担（Bank Burden，BD）：

BD = 非利息收入 - 非利息支出

（二）银行收益再均衡

以上讨论的杜邦模型将银行的普通股收益率分解为两个组成部分的乘积，即银行的资产收益率与普通股乘数（EM）之积，而银行的资产收益率由银行的利润边际额和资产使用率决定。事实上，这种逐次分解方法极易混淆银行两种不同的管理决策——投资决策与财务决策——对银行普通股收益率的影响。一般说来，银行的投资决策是关于银行资产组合管理的，而财务金融决策则是关于不同负债与权益的最优组合管理的。因此，使用杜邦模型对银行普通股收益率进行分解不能有效地反映银行的这两种重要的管理决策及经营效果。

基于以上原因，威廉·安尔伯茨（William W. Alberts，1989）提出了关于银行普通股收益率的新分析方法。这种新方法可以帮助银行管理者确定银行不同决策的经营效果，从而较好地克服杜邦模型的弱点。这一方法将银行普通股收益率分为两个组成部分：

ROE = ROIF + ROFL

第一部分是银行的投资资金收益（Return On Invested Funds，ROIF），银行的投资资金收益集中反映了银行的生产率（banks productivity）与资产运作的效率（efficiency of banks asset operations）。第二部分是银行的金融杠杆收益（Return On Financial Leverage，ROFL），银行的金融杠杆收益充分表现了银行使用其资本的程度及这种资本使用程度的条件。

银行的投资资金收益可以定义为经营收益与总资产的商。

ROIF = 经营收益/总资产

其中，经营收益 = 总收入 - 经营支出 - 税收

银行的总收入为利息收入、服务收入及其他非利息收入的总和。银行的经营支出包括呆账准备金、工资与人事支出以及其他非利息支出，银行的税收则是税率与需纳税收入（taxable income）之积。

银行的投资资金收益的另一种计算方法是资产收益率与经营支出系数（operating expense ratio）之差：

ROIF = 资产收益率 - 经营支出系数

其中，资产收益率 = 免税收益 + 纳税后收益/总资产

经营支出系数 = (1 - 税率) × 非利息支出/总资产

银行的金融杠杆收益衡量银行以某一成本筹集资金，再将此资金投资而产生的收益对普通股收益率造成的影响。银行的资产可以表示为两部分：

总资产(投资资金) = 筹集资金 + 普通股

因此，银行的金融杠杆收益可以分解为两部分：第一部分是银行投资资金收益与纳税后筹借资金（debt fund）成本之差，亦称为杠杆差（leverage spread）。若用 t 表示税率，用 C 表示筹集资金的成本，则杠杆差可表示为［ROIF - (1 - t)C］。第二部分为筹集资金与普通股的比例或杠杆比（leverage ratio），以 L 表示。因此，金融杠杆收益可以写为：

$$ROFL = [ROIF - (1 - t)C]L$$

（三）商业银行收益与风险的综合评价：RAROC

商业银行风险管理的主要内容是风险度量、资本配置与绩效评估。通过将风险要素嵌入绩效考核中可以实现考核的准确性与科学性，从而为银行有限资源的有效配置提供准确的依据。风险调整的资本收益率（Risk - Adjusted Return On Capital，RAROC）作为对风险进行考量的一种管理方式，将银行的管理带入了全面风险管理阶段，因其在绩效评估上的准确性和科学性备受广大银行的推崇。

RAROC 的计算公式如下：

RAROC = 风险调整收益/经济资本 = (收入 - 经营成本 - 预期损失)/经济资本

其中，预期损失(EL) = 违约率(PD) × 违约损失率(LGD) × 违约风险值(EAD)

整个公式衡量的是经济资本的使用效益。分子中，预期损失被量化为当期成本，对分子的收益加以调整，直接对当期盈利进行扣减，以衡量经风险调整后的收益。其中，收益可以包括利差收益和非利息收益（如业务收费等）。经营成本是商业银行的经营管理成本。分母中以经济资本代替传统 ROE 指标中的所有者权益，其中，经济资本是银行为不可预

计的风险提取的资本，用以衡量和抵御非预期损失。与 ROE 相比，RAROC 更好地使银行的收益与所承担的风险挂钩（见表 9－5）。

表 9－5　　RAROC 与传统绩效评估手段的比较

ROE 方法			RAROC 方法		
单位	机构 A	机构 B	单位	机构 A	机构 B
贷款风险度	低	高	贷款风险度	低	高
贷款额度	1 000	1 000	贷款额度	1 000	1 000
净资产	60	60	净资产	30	70
收入	9	25	收入	9	25
资金及管理成本	2	4	资金及管理成本	2	4
风险成本	1	13	风险成本	1	13
收益	6	8	收益	6	8
ROE	10%	13.33%	RAROC	20%	11.43%

RAROC 为商业银行提供了一种技术手段，使得商业银行真正敢于理性地面对风险、承担风险，可以通过主观努力去寻求风险的平衡，达到最终控制风险的目的。就应用领域而言，在单笔业务层面上，RAROC 可用于衡量一笔业务的风险与收益是否匹配，为银行决定是否开展该笔业务以及如何进行定价提供依据。RAROC 技术促使银行更积极地通过“战略贷款”“交叉营销”等手段扩大有效业务，不单纯追求信贷总量扩张。如果单笔贷款不能满足 RAROC 目标，业务人员必须努力发掘各类有较少风险成本而且少占用经济资本的业务来改善业务的风险与收益配比关系，最后以综合 RAROC 数值达到要求的目标为标准进行决策。

二、商业银行风险管理

风险管理直接关系到商业银行的生存和发展。因而树立良好的风险管理理念，建立全面的风险管理体系，既是商业银行所有业务活动的基础，也是其可持续发展的保证。

随着金融经济体制改革的深化，一方面，我国银行业经营环境发生了实质性变化：单一的银行机构变成了多种类、多实体机构；专业银行变成了商业银行；市场竞争异常激烈；随着宏观经济条件的不断变化，国内、国际经济联系的紧密性加强，经济活动中的不确定因素增加，使得金融企业经营和决策难度加大；在银行同业竞争加剧的同时，国外金融机构又大规模介入国内市场，使竞争更加激烈；工商企业的改革使其与银行的关系发生了实质性变化。因此，在这些新情况下，我国银行从改革前不承担风险到目前同时面对国家政策风险、利率风险、工商企业的信用风险、汇率风险、投资风险、经营风险等多种风险，金融业风险在急剧扩大。另一方面，银行业在国民经济中发挥着关键性作用，成为风险的聚焦点，而银行业的风险直接影响到整个国民经济的稳定和社会的安定，成为制约金融业经营活力并影响国民经济稳定增长的一个极为重要的因素。

商业银行风险是指在货币经营和信用活动中，各种事先无法预料的因素的影响使银行的实际收益与预期收益发生背离，从而蒙受经济损失或失去获得额外收益的机会和可能。银行风险产生的原因在于银行从事货币经营和信用活动的不确定性。能否建立起科学、合理的风险管理体系直接关系到商业银行的成败得失，更直接关系到我国金融市场能否稳定繁荣和健康发展。

（一）商业银行风险管理的演进

商业银行风险管理随着金融理论和金融实践的发展而发展。从亚当·斯密的资产风险管理理论、20 世纪 60 年代的负债风险管理理论、20 世纪 70 年代的资产负债风险管理理论，到 20 世纪 80 年代的资产负债表外风险管理理论，以及金融工程学的产生、巴塞尔体系的成形，可以说，经过两个多世纪的发展，商业银行风险管理理论已经成为一个较为完整的体系。但是，银行的早期风险管理侧重于资产负债业务，缺乏量化管理，技术性和科学性不强，并且未将风险管理作为一种系统的科学管理方法加以运用。真正定量的风险管理是在衍生工具定价模型等金融技术不断取得突破的基础上发展起来的。

首先，是市场风险的量化管理，它带动了信用风险和其他风险的量化和创新，最终形成了现代金融风险管理体系。

其次，是自 1997 年以来，席卷半个地球的金融危机促使人们更加重视市场风险与信用风险的综合模型以及操作风险的量化问题，全面风险管理模式由此引起人们的重视。

（二）商业银行全面风险管理的主要概念

银行的全面风险管理应有三方面的含义：首先，它渗透到银行各项经营管理过程中。其次，银行全面风险管理必须依靠全体员工才能运行。最后，银行全面风险管理必须涵盖银行各层次的各类风险。

相对应的商业银行全面风险管理体系指的是在风险管理过程中将各种风险管理方法、手段以及理念等有机结合在一起使之形成一种有效机制，来预防、控制和处理银行面临的或已经发生的所有风险。

（三）商业银行风险管理的三个层次（见图 9－3）

第一层次：建立文化制度。在银行内部建立全面的风险管理体系，树立全面风险管理的理念，完善内部控制制度，建立风险管理的文化，使得银行风险管理深入人心，银行员工在业务过程中能自觉遵守业务标准流程，主动防范业务可能带来的风险，将银行合规文化贯穿于执行业务的始末，从源头上真正消减风险。

第二层次：采用风险缓释技术。风险缓释是指通过风险控制措施来降低风险的损失频率或影响程度。对于银行面临的预期损失，即该风险可预测且无法避免，银行需要采用诸如对冲、保险、拨备覆盖等风险缓释手段来抵减这种可预计的风险带来的损失。信用风险缓释是指商业银行运用合格的抵押、质押、净额结算、保证和信用衍生工具等转移或降低信用风险。操作风险缓释是指金融机构采取如抵押、担保、金融衍生品等风险缓释工具，或者采取保险、融资等手段实施的风险转移技术。

第三层次：计提资本。一般而言，商业银行风险可以分为两个组成部分（见图 9－3），其中一部分为预期损失，对应的为提取的准备金；另一部分为非预期损失，对应的为经济资本。在此（如 95% 或 99% 的置信区间）之外则为异常事件导致的异常损失。对于银行面临的非预期损失，即该损失无法预期，银行风险无法缓释的时候，则需要计提资本来覆盖这部分风险及其可能带来的损失。

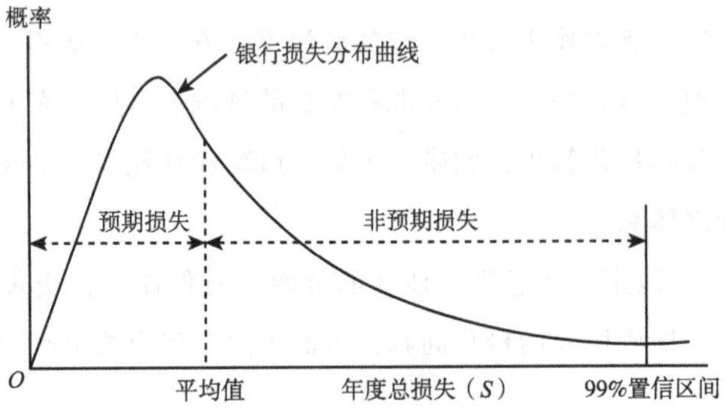

图 9－3　商业银行风险损失分布

第五节

我国商业银行的创新与发展

随着经济、金融深化发展，国外商业银行的创新与发展开始呈现新的特征：（1）银行的规模不断扩大，向巨型化发展；（2）全能化和专业化并行的发展趋势；（3）商业银行活动地域和业务领域的全球化和国际化；（4）金融创新不断加快、加强；（5）网络化的发展趋势。

一、银行的规模不断扩大，向巨型化发展

由于市场的激烈竞争和规模经济效应，国外商业银行的资产规模不断扩大，既通过银行自身力量积累逐步扩张市场，达到内涵式扩大，又通过资本市场的运作进行相应的购并活动，实现外延式扩张（见表9－6）。

表9－6　　2022年度世界银行排名前十名

排名	名称	一级资本（亿美元）
1	中国工商银行	4 400
2	中国建设银行	3 620
3	中国农业银行	3 360
4	中国银行	3 050
5	摩根大通	2 350
6	美国银行	2 000
7	花旗集团	1 670
8	汇丰控股	1 600
9	富国银行	1 580
10	三菱日联金融集团	1 440

资料来源：《英国银行家》杂志。

二、全能化和专业化并行的发展趋势

从20世纪70年代开始，特别是最近十多年来，由于经济发展的需要，同时由于商业银行业务和投资银行业务分开经营暴露出来一些弊端，西方银行业开始以各种形式的金融创新和改头换面的新金融机构形式来全方位、全能化地发展银行业务，发展成为“无所不能为、无所不去为”的“金融超市”，为客户提供“一站式”服务的金融百货公司式的综合运营模式成为银行业务的主流。现在的西方商业银行不仅有传统的存款、贷款、汇款（结算）和货币兑换业务，还有各种各样的创新业务；不仅有商业银行业务，还有证券包销、证券经纪、资产管理、财务顾问、企业并购策划等典型的投资银行业务；不仅有一般的银行业务，还有基金、信托、租赁、保险代理等各种非银行金融业务；不仅有一般的金融业务，还有为普通工商企业提供的各种类似采购、销售甚至是计算机系统建设之类的经济业务；不仅有普通的经济业务，还有一些诸如社会保障、助残等社会工作。例如，花旗

集团的业务架构如表9－7所示。

表9－7　全面多元化时期花旗集团的业务架构

全球消费集团	公司与投资银行业务	全球资产管理	替代投资	总部其他业务和部门
· 信用卡 万事达卡、VISA卡、大来卡、专有标签卡 · 消费者融资 不动产贷款 个人借款 汽车借款 · 零售银行 零售银行分行 中小市场商业银行 投资服务 退休服务 不动产借款 个人借款 消费金融	· 资本市场 投资银行 长期借款和权益市场 短期借款 · 交易服务 现金管理 商业服务 保管和基金服务 清算服务 代理和信托服务	· 中介业务 顾问业务 财务计划 经纪业务 · 花旗投资研究 权益和固定收益研究 · 私人银行 财富管理服务	· 私人股权 · 对冲基金 · 不动产投资 · 结构性产品 · 管理期货	· 财政 · 系统运行和技术支持 · 公司费用 · 持续经营

然而，在全能化的发展趋势中，一批专业化银行也随着金融创新的推进而诞生，这些银行都将某一特殊金融服务从传统的银行价值链中分离出来，通过专业化的运营能力降低资本需求和运营成本，凭借创新的金融手段转移、分散风险，以提高资本杠杆，实现更高的资本回报和更快的规模扩张。新兴的专业化银行通过电子化和中间服务实现了轻资产运营，提高了资产回报率；通过证券化等金融创新手段转移、分散风险，降低风险资本的占用率，从而提高风险资本的杠杆率，实现以最少的资本运作最大量的资产，以单一业务的规模效应对抗综合性银行多业务的范围经济。

三、商业银行活动地域和业务领域的全球化和国际化

最近30多年来，在世界经济一体化和金融自由化的推动下，西方商业银行大举向海外进军，在海外开设分行和办事处等机构，开始了轰轰烈烈的海外扩张，出现了活动地域和业务领域的全球化和国际化。例如，花旗银行的重点海外收购情况如表9－8所示。

表9－8　花旗银行重点海外收购概览

时间	目标	地区	价格（百万美元）	收购股权（%）	目标行业
1998年5月	Banca Confia	墨西哥	199	100	商业银行
2000年2月	Diners Club of Japan	日本	382	50	专业服务机构

续表

时间	目标	地区	价格（百万美元）	收购股权（%）	目标行业
2000 年 3 月	Siembra（Banco Bilbao Vizcaya）	阿根廷	280	50	保险
2000 年 7 月	Bank Handlowy Warszawie SA	波兰	243	21.8	商业银行
2001 年 1 月	Genear AFJP	阿根廷	220	100	保险
2001 年 8 月	墨西哥国民银行（Banamex）	墨西哥	12 500	99.86	商业银行
2003 年 7 月	裕宝联合银行	德国	439	4.8	商业银行
2006 年 4 月	Credicard SA	巴西	131	50	信贷机构
2006 年 6 月	HDFC	印度	650	9.27	其他金融机构
2006 年 12 月	广东发展银行	中国	732	20	商业银行
2007 年 1 月	AKbank TAS	土耳其	3 095	20	商业银行

四、金融创新不断加快、加强

金融创新贯穿于全球金融业发展的全过程，可以说，一部全球金融发展史就是一部金融创新史。由于社会的进步、对新的金融产品和服务的需求不断增加以及回避金融管制的需要，商业银行必须通过创新去求生存、求发展。

国外商业银行的金融创新内容主要包括银行业务创新和管理再造。

商业银行业务创新包括负债业务的创新、资产业务的创新和表外业务的创新。

商业银行的管理再造以客户为中心，以市场为导向，强调内部业务条线的系统营销、管理和核算，打造流程银行。

负债业务的创新首先是从存款开始的，其基本出发点是尽可能多地增加存款客户和存款总额，基本做法是通过设立新的账户，并赋予新账户综合功能，付给存款人相应的高息，同时又不直接与利率管制政策冲突。国外商业银行在吸收存款方面做了存款品种创新、利率创新、支付手段创新、服务方式创新和经营理念创新等工作。资产业务的创新主要体现在贷款形式的创新、进军投资银行业务领域和将证券和贷款业务融为一体三个方面，在分散风险、降低风险的同时尽可能增加收入来源渠道和利润总量。其中，就贷款形式创新而言，在企业贷款和消费贷款的基础上，商业银行又开设了一些新的贷款方式，如浮动利率贷款和资产担保贷款等；最近 30 多年来，国外商业银行逐步涉足投资银行领域，包括买卖国库券、债券投资、股票投资以及各种衍生产品交易等；在贷款出售与贷款证券化方面，国外商业银行创设了新的以贷款为抵押发行证券的方式，如资产担保证券（asset - backed securities）、抵押担保证券（mortgage - backed securities）。表外业务的创新主要包括两个方面：其一，创设和从事金融衍生产品交易，如金融期货、期权、货币互换、利率互换、股权互换和远期利率协议等与银行业务相关的主要价格载体——利率和汇率直接或者间接相关的项目；其二，将银行的表内业务表外化，即变银行的实际资产和负债为或有资产和或有负债，甚至使部分项目从银行的资产负债表上彻底消失，如贷款承诺、备用信用证的使用等。

五、网络化的发展趋势

自20世纪90年代起，人类步入信息革命时代，信息技术每天都在改变我们的生活。近年来，银行面临着越来越高的营业成本，因此纷纷转向自动化并安装复杂的电子系统取代订单、人工产品和输送系统，银行业也融入了信息技术发展的潮流。世界各大商业银行强化了信息技术的投入，普及了自动机系统，开拓了家居电子银行服务，发展了电子货币，构思了电子货币联网系统等，信息技术的应用越来越决定着银行经营的成败。人们越来越多地使用个人计算机、手机和借贷卡来管理金融账户，而“虚拟银行”也遍布世界，通过网络提供服务。

六、中国商业银行的发展与创新

中国银行业发展依然存在着问题与不足。

第一，同质化经营严重，经营特色不突出。首先，战略趋同，没有充分考虑自身的经营特点、市场竞争态势和业务发展前景；其次，目标市场趋同，业务以贷款和传统中间业务为主，财富管理、交易银行以及投资银行业务等新业务发展相对滞后；再次，区域发展趋同，银行不论规模大小都热衷于扩张，特别集中在珠三角、长三角和环渤海等发达地区；最后，收入结构趋同，尽管近几年来非利息收入占比由不及10%提高到了15%左右，但仍未从根本上改变以利息收入为主的收入结构。

第二，尚未完全实现“以客户为中心”，服务体系、服务能力有待提升。业务流程、组织流程、管理流程以及企业文化理念尚未完全转变，客户体验有待进一步改善，由“部门银行”向“流程银行”的转型仍处于探索之中。

第三，管理方式粗放，经营效能仍有巨大提升空间。近几年来，中国银行业的管理水平有了较大的提升，但依赖规模扩张、粗放经营的特征依然明显：产品创新能力相对薄弱，新兴业务拓展乏力；渠道服务效率不高，客户管理精准化程度不高；风险管理能力滞后，资本管理能力有待提高；运营保障缺乏弹性，效率不高；等等。面对日趋激烈的市场竞争与监管约束，外延、粗放的管理模式已越来越难适应，亟须改变。

第四，金融体系不完善，对中小企业和“三农”等金融服务还存在薄弱环节。中小企业和“三农”金融服务的网点覆盖面还不够全面，仍然存在一定的空白，小企业专营机构需要进一步向社区、县域和大的集镇等基层延伸，农村中小型金融机构需要进一步强化“三农”的市场定位，下沉经营管理重心。

随着中国经济金融进入一个新的阶段，中国银行业发展将面临新的机遇与挑战。

第一，中国经济发展潜力巨大，银行业务空间依然广阔。虽然受到人口红利逐渐消退、综合成本上升、发达国家经济前景暗淡、外需放缓等的影响，中国的经济增长将有所放缓，但中国仍处于工业化、信息化、城市化的加速期，“工业化创造供给、城市化创造需求”的增长模式依然具有潜力。

第二，中国经济结构转型，蕴藏着巨大的金融新需求。“十二五”规划中明确提出了以加快转变经济发展方式为主线。中国经济结构转型蕴藏着巨大的金融新需求：一是随着内需的启动、居民消费理念的逐渐变化，银行的消费信贷、资产管理与信用卡业务将进入发展的黄金时期；二是农业、服务业以及节能环保、文化传媒等战略性新兴行业的金融需求将更加旺盛，低碳经济、循环经济、民生工程等领域蕴涵广阔的业务空间；三是中西部、环渤海以及东北地区的经济地位将更加突出，对金融服务的需求日益增加。

第三，中国企业“走出去”和人民币国际化进程加速，境外金融业务大有可为。中国已经成为全球生产、流通市场的重要参与者，随着全球产业链的发展，境内企业融入海外市场的程度加深，企业“走出去”步伐将明显加快。随着中国综合国力的进一步增强，境外人民币存贷款、结算、托管等的业务需求势必快速增长，为中国银行业带来新机遇。

第四，信息技术日新月异，银行业面临的机遇大于挑战。以互联化、数字化、智能化为主要特征的信息技术创新呈现出深度融合、广泛应用和快速变化的特征，正深刻地影响人们的生产生活形态以及商业模式，加速了金融脱媒，给银行带来了重大挑战。

第五，金融市场快速发展，为综合化经营提供了良好环境。

就挑战而言，金融脱媒日益深化，直接融资挤压业务空间。随着直接融资的发展，商业银行的资产和负债业务将受到金融脱媒的严峻考验，存款和贷款都可能会被直接融资市场所分流。

经营环境的深刻变革要求中国银行业加快转型，不断提升综合竞争力和服务实体经济的能力。第一，形成差异化竞争格局，更好地服务于实体经济。第二，构建资本节约型发展模式，降低资本消耗。第三，发展国际化经营，适应企业的“走出去”需求。

专栏 9 –1

《巴塞尔新资本协议》与商业银行监管

1987 年国际清算银行通过了《巴塞尔资本协议》，并于 1988 年颁布。该协议主要有四部分内容：资本的分类，风险权重的计算标准，资本与资产的标准比例和过渡期的实施安排，以及各国监管当局自由决定的范围。体现协议核心思想的是前两项，即资本的分类和风险权重的计量标准。该协议以统一的计算方法和标准，打破常规，从银行资本值及资本对风险资产比率的角度评价银行的实力和抵御风险的能力，即由重视资产总值转为重视资本与资产的比率，由扩张性战略转为更谨慎的经营策略，由注重银行的盈利性转为较多地考虑流动性和安全性。它有助于商业银行在平等的基础上进行竞争，为国际银行监管和协调提供了极大的方便，确保了国际银行体系在国际债务危机和金融风潮中能平稳顺利运营（见图 9 –4）。

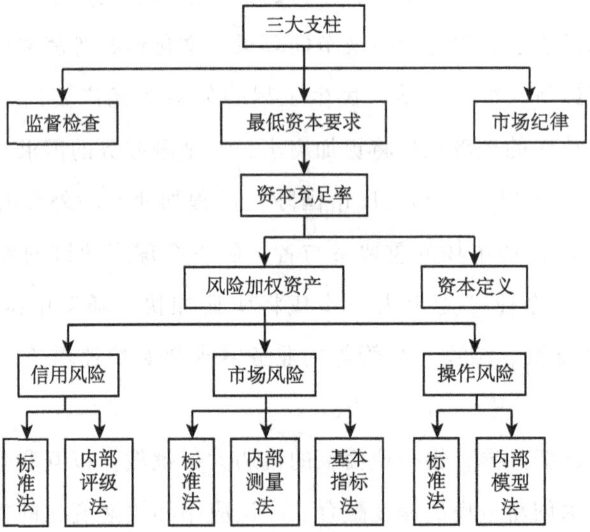

图 9 –4 《巴塞尔新资本协议》基本构架图

第一支柱——最低资本要求。新协议在第一支柱中考虑了信用风险、市场风险和操作风险，并为计量风险提供了几种备选方案。关于信用风险的计量，新协议提出了两种基本方法。第一种是标准法，第二种是内部评级法。内部评级法又分为初级法和高级法。对于风险管理水平较低一些的银行，新协议建议其采用标准法来计量风险，计算银行资本充足率。根据标准法的要求，银行将采用外部信用评级机构的评级结果来确定各项资产的信用风险权重。当银行的内部风险管理系统和信息披露达到一系列严格的标准后，银行可采用内部评级法。内部评级法允许银行使用自己测算的风险要素计算法定资本要求。其中，初级法仅允许银行测算与每个借款人相关的违约概率，其他数值由监管部门提供，高级法则允许银行测算其他必需的数值。类似的，在计量市场风险和操作风险方面，委员会也提供了不同层次的方案以备选择。

第二支柱——监管部门的监督检查。委员会认为，监管当局的监督检查是最低资本要求和市场纪律的重要补充。具体包括：（1）监管当局监督检查的四大原则。原则一：银行应具备与其风险状况相适应的评估总量资本的一整套程序，以及维持资本水平的战略。原则二：监管当局应检查和评价银行内部资本充足率的评估情况及其战略，以及银行监测和确保满足监管资本比率的能力。若对最终结果不满意，监管当局应采取适当的监管措施。原则三：监管当局应希望银行的资本高于最低监管资本比率，并应有能力要求银行持有高于最低标准的资本。原则四：监管当局应争取及早干预，从而避免银行的资本低于抵御风险所需的最低水平，如果资本得不到保护或恢复，则须迅速采取补救措施。（2）监管当局检查各项最低标准的遵守情况。银行要披露计算信用及操作风险最低资本的内部方法的特点。作为监管当局检查内容之一，监管当局必须确保上述条件自始至终得以满足。委员会认为，对最低标准和资格条件的检查是第二支柱下监管检查的有机组成部分。（3）监管当局监督检查的其他内容包括监督检查的透明度以及对银行账簿利率风险的处理。

第三支柱——市场纪律。委员会强调，市场纪律具有强化资本监管，帮助监管当局提高金融体系安全性、稳健性的潜在作用。新协议在适用范围、资本构成、风险暴露的评估和管理程序，以及资本充足率四个领域制定了更为具体的定量及定性的信息披露内容。监管当局应评价银行的披露体系并采取适当的措施。新协议还将披露划分为核心披露与补充披露。委员会建议，复杂的国际活跃银行要全面公开披露核心及补充信息。关于披露频率，委员会认为最好每半年一次，对于过时的、失去意义的披露信息，如风险暴露，最好每季度一次。不经常披露信息的银行要公开解释其政策。委员会鼓励利用电子等手段提供的机会，多渠道地披露信息。

1.《巴塞尔协议Ⅲ》对商业银行监管的深化

2010年9月15日，巴塞尔委员会主席卡如纳先生在西班牙首都马德里召开的第三次桑坦德国际银行会议上正式提出了《巴塞尔协议Ⅲ》，它是对目前银行资本与流动性标准（简称《巴塞尔协议Ⅱ》或《新资本协议》）的一次全面且综合的修正。各国中央银行和监管部门希望这些改革能促使银行减少高风险业务，同时确保银行持有足够的准备金，能够不依靠政府救助独自应对今后可能发生的金融危机。

2010年，随着国内外市场环境的变化，中国商业银行所面临的金融监管越来越严格，自身风险管理体系建设进一步加强。一方面，监管部门开始推进《巴塞尔协议Ⅱ》和《巴塞尔协议Ⅲ》同步实施，这使得国内商业银行的重要监管指标和监管要求进一步提高。另一方面，为了应对国内宏观经济环境和市场竞争，国内商业银行进一步完善自身的风险管理体系，提高风险管理水平。

2.《巴塞尔协议》

《巴塞尔协议》是巴塞尔委员会制定的在全球范围内主要的银行资本和风险监管标准。巴塞尔委员会由来自各个国家的银行监管当局组成，是国际清算银行的四个常务委员会之一。由巴塞尔委员会公布的准则规定的资本要求被称为以风险为基础的资本要求。1988年7月，颁布第一个准则文件，称《1988资本一致方针》，又称《巴塞尔协议》。主要目的是建立防止信用风险的最低资本要求。1996年，《巴塞尔协议》作了修正，扩大了范围，包括了基于市场风险的以风险为基础的资本要求。1998年，巴塞尔委员会讨论了操作风险作为潜在金融风险的重要性，并在2001年公布了许多准则和报告来解决操作风险。2004年6月，颁布新的资本要求准则，称《巴塞尔协议》。目的是通过引入与银行所面临风险更加一致的以风险为基础的资本要求，来对《巴塞尔协议》进行改进。《巴塞尔协议》鼓励银行不仅要识别当前的风险，而且要识别将来的风险，并且改进现有的风险管理体系来管理这些风险，即《巴塞尔协议》力求建立一个更为前瞻性的资本监管方法。巴塞尔协议的三个支柱包括：最低风险资本要求、资本充足率监管和内部评估过程的市场监管。

本章小结

商业银行业务模型架构了商业银行服务的客户群及其细分，由外而内分别是：渠道、营销、产品、操作、风险管理，以及管理和支持。其中，管理和支持模块主要包括资金管理、财务管理、稽核，以及相关保障，如人力资源、信息科技以及行政服务等。

商业银行通过流程管理与再造，以客户为中心来建立业务体系，并确立了扁平化、集中化、垂直化、专业化的组织架构，且事业部制成为主流架构模式。再造后的银行绩效得到显著改善，实现机构扁平化并重塑聚焦客户的企业文化。

商业银行业务模式的建设不仅仅是对业务流程的优化乃至再造，而是真正意义上从客户角度出发重构银行运作体系和组织架构，从而以一个浑然一体、相互配合、相互协同的组织来为客户提供更好的服务。组织架构设计的主要理念包括：以客户为导向的战略重构；事业部式的组织模式；后台运营集中化。

在新《巴塞尔协议》的指引下，商业银行致力于提高银行运转的安全性。外部监管规则对银行风险管理产生了决定性影响，促使银行管理架构建立了约束机制和激励风险管理的指标体系，同时，资本充足率的要求大大促进了银行内部风险模型的发展，使风险得到更为精确的定义，更为完善的风险量化的方法也得以出现，并引出了风险资本的概念，即弥补银行非预期损失或异常损失的必需资本。

银行的运营需要 IT 服务管理部门从系统运行、可靠性和应变能力等方面给予有效的支撑。信息技术从传统的后台服务支持角色发展成为商业银行重要的竞争优势，IT 技术应用也已经从简单的软硬件投入向 ERP（企业资源计划）层级发展，银行业务与 IT 技术已经得到有效融合。

课后习题

简答题

1. 商业银行的起源是增益的？商业银行具有哪些特征？
2. 简述商业银行的资产负债表结构。
3. 商业银行的基本业务有哪些？
4. 商业银行的绩效评估可以从哪几个方面来进行？有哪些评价方法？
5. 商业银行全面风险管理的含义？
6. 为何要对商业银行进行监管？《巴塞尔协议》是如何演进的？
7. 结合目前我国的现状以及个人经历简述目前我国商业银行的发展与创新。

第十章　金融市场中的金融机构：证券类金融机构

【教学目的与要求】

1. 了解证券公司的概念及其行业组成
2. 掌握证券公司的主要业务及其基本流程
3. 了解证券公司的运营管理模式
4. 了解证券公司的组织结构
5. 掌握证券公司的风险类型、风险控制指标和相应监管要求
6. 了解证券公司的国外经验，以及我国证券公司的创新和发展方向

第一节　证券类金融机构概述

一、证券类金融机构的分类

证券类金融机构是证券市场运转的动力所在，主要可以分为证券市场投资者（包括私募股权投资基金、证券投资基金等）、证券市场中介组织（包括投资银行、证券服务机构等）、自律性组织（包括证券业协会等）和监管机构（包括证券交易监督委员会等）四大类。

（一）证券市场投资者

证券市场的投资者既是资金供给者，也是金融产品的购买者。投资者可以分为个人投资者和机构投资者。机构投资者包括证券投资基金、私募股权投资基金、证券自营商、商业银行、企业等机构，相比个人投资者有资金、信息、人力等优势。部分机构投资者，如证券投资基金、私募股权投资基金、证券自营商等都属于证券类金融机构范畴。

私募股权投资基金（Private Equity Fund）是指以非上市股权为投资对象的私募基金。详情如表 10－1 所示。

表 10－1　私募股权投资基金概况

基金类别	基金类型	投资方向	投资风格	风险收益特征	主要代表
风险投资基金	种子期基金 初创期基金 成长期基金 Pre－IPO 基金	主要投资于中小型、未上市的成长企业	分散投资、参股为主	高风险、高收益	高盛、摩根士丹利、IDG、软银、红杉鼎晖、联想
并购重组基金	MBO 基金 LBO 基金 重组基金	以收购成熟企业为主，单体投资规模通常很大	控股或参股	风险、收益中等	高盛、贝恩、凯雷、KKR、黑石、弘毅、鼎晖
资产类基金	基础设施基金房地产投资基金融资租赁基金	主要投资于基础设施、收益型房地产等	具有稳定现金流的资产	低风险、稳定收益	麦格理、高盛、EOP 领汇、越秀 REIT
其他 PE 基金	问题债务基金 PIPE 夹层基金 问题债务基金	PIPE：上市公司非公开发行的股权夹层基金：优先股和次级债等 问题债务基金：不良债权			夹层基金：高盛、黑石、鼎晖、中信产业基金

资料来源：何小锋、黄嵩著，《投资银行学》。

风险投资基金一般通过组合投资来分散风险，投资于具有优秀管理层和优良管理制度的公司。与“个人分散性”和“非专业管理的机构性”两种类型的风险投资相比，风险投资基金存在以下优势：

（1）风险投资基金具有较大的资金规模，因而能够通过组合投资分散和规避投资风险；

（2）实现了专家管理，因而有利于提高运作效率；

（3）实现了专家管理的机构化，从而有利于市场对其进行及时评价和监督。

风险投资基金的运作包括以下几个步骤：

（1）根据市场前景、公司管理层的素质、公司的发展阶段、投资的规模等多个方面的标准选择投资对象。

（2）交易构造。与创业企业之间经过协商金融工具的选择、交易价格的确定等事项达成一系列协议。

（3）风险投资基金介入被投资企业后，会在一定程度上参与公司的管理，参与程度各有不同，有的偏好于依赖管理层报告和定期视察，有的愿意发挥更积极的作用。

（4）风险投资基金会在一定时间退出，退出的方式主要有首次公开发行、出售股权、被投资企业回购股份等等。如果投资失败，破产清算也是一种退出方式。

（二）证券市场中介组织

证券市场中介组织是指为证券的发行与交易提供服务的各类组织，是连接证券投资人与筹资人的重要的联系纽带。一般而言，证券市场中介组织指投资银行和其他证券服务组织，具体包括：(1）证券经营组织。主要有证券承销商、证券经纪商等；（2）证券服务机构。主要有投资咨询机构，财务顾问机构、资信评级机构、资产评估机构、会计师事务所、律师事务所等；(3）证券登记结算机构。其中，投资银行业务范围广泛，包括证券承销、证券经纪、资产管理、兼并收购等，是重要的中介组织。

1. 证券服务机构

证券服务机构是指依法设立的从事证券服务业务的法人机构。证券服务机构包括投资咨询机构、财务顾问机构、资信评级机构、资产评估机构、会计师事务所、律师事务所等从事证券服务业务的机构。

根据我国有关法规的规定，证券服务机构的设立需要按照工商管理法规的要求办理注册，从事证券服务业务必须得到中国证监会和有关主管部门的批准。投资咨询机构、财务顾问机构、资信评级机构、资产评估机构、会计师事务所从事证券服务业务，必须经我国的证券监督管理机构和有关主管部门批准。投资咨询机构、财务顾问机构、资信评级机构从事证券服务业务的人员，必须具备证券专业知识和证券从业资格。

2. 证券登记结算机构

证券登记结算机构是为证券交易提供集中登记、存管与结算服务，不以营利为目的的法人。

集中登记：对投资者证券账户的开立、挂失等证券账户管理登记；上市证券的发行登记；上市证券非流通股份的抵押、冻结以及法人股、国家股股权的转让过户登记和证券持有人名册登记等。

存管：上市证券的股份管理，证券存管与转存管，受发行人的委托派发证券权益等。

结算服务：指证券交易所上市证券交易的清算和交收，包括证券交易的清算过户、证券交易的资金交收和新股网上发行的资金清算等。

根据我国相关法规的规定，设立证券登记结算机构必须经我国的证券监督管理机构批准，并应当具备下列条件：（1）自有资金不少于人民币2亿元；（2）具有证券登记、存管和结算服务所必需的场所和设施；（3）主要管理人员和从业人员必须具有证券从业资格；（4）国务院证券监督管理机构规定的其他条件。

（三）证券市场监管机构

在我国，对证券市场进行监管的组织主要是中国证券监督管理委员会。经授权，中国证监会的派出组织也可在一定范围内行使监管职能。广义上，证券市场监管机构包括证券交易所和自律性组织。

证券交易所是为证券集中交易提供场所和设施，组织和监督证券交易，实行自律管理的法人。其主要职责在于提供交易场所和设施、制定交易规则、监管在该交易所上市的证券及参与者交易行为的合规性、合法性，确保市场的公开、公平、公正。证券交易所有会员制证券交易所和公司制证券交易所两种形式。我国的证券交易所是会员制证券交易所，是不以营利为目的的法人。

自律性组织一般是指行业协会。它是政府监管部门与证券经营组织之间的“桥梁”，促进证券业的发展，维护投资者的合法权益，完善了证券市场体系。我国证券业自律性组织是中国证券业协会。中国证券业协会属于非营利性社会团体法人，接受中国证监会和民政部的业务指导和监督管理。

二、证券类金融机构的功能

（一）媒介资金供需

证券类金融机构有效地沟通了证券市场上的资金盈余者和资金短缺者。证券发行公司发行证券的目的在于筹集到公司所需的资金，一般都是以长期投资为主要目的并伴以数量巨大的特点，可以选择间接发行或者直接发行。发行公司从相关的成本和风险角度出发，一般采用间接方式发行证券，即发行过程涉及三方：投资者、筹资者与中介人。在证券发行过程中，证券类金融机构作为中介组织，不仅帮助资金需求者寻找资金来源，也帮助资金盈余者寻求投资机会；不仅如此，实力雄厚的证券类金融机构（如证券交易所、投资银行等）具备十分便利的发行证券条件，可以聚集分散的资金，形成企业发展所需长期资金，实现有效资源配置，为社会创造价值。

（二）构造证券市场

证券市场的金融机构可以活跃交易主体、促进信息披露充分、让价格机制灵敏和促进金融产品多样化。证券类金融机构为建设高效率、低成本和规范化的证券市场作出重要贡献。

在证券一级市场上，投资银行等机构为资金供给者选择合适的投资机会，为资金需求者找到资本来源，促进了长期资本形成，加快了产业投资的速度，提高了资金运作效率。

在证券二级市场上，证券经纪商是主要中介人，证券自营商和证券投资基金是主要参与者，助力提高市场流动性、活跃市场交易。

在财务顾问服务方面，投资银行、证券咨询服务机构为投资者提供了专业化的理财顾问服务，既分散了投资风险，也起到了维护证券市场理性发展的作用。

（三）优化资源配置

证券类金融机构通过发行和交易证券、管理证券投资基金、提供兼并收购等服务，在促进资源在整个经济体系中的合理运用和有效配置方面发挥着重要作用。

（1）通过证券发行，实现资金的有效配置。证券评级机构可以通过对不同企业和不同项目融资的收益和风险的判断，对其进行不同的评级，从而引导社会资金流向，促进社会资金的有效配置。

（2）证券投资基金通过有效的投资管理，实现资金的有效配置。证券投资基金聚集众多的闲散资金，投资于股市、债市、货币市场及特定行业等，为具有良好发展前景、业绩优良的企业提供资金支持，也有利于社会投资结构和规模的调节，提高社会的投资效益。

（3）投资银行、并购重组基金等在兼并收购和资产重组方面，更是为企业提供了多种金融中介服务，促进了存量资源的再配置，不仅提高了资本运营效率，而且对规范上市公司治理和加强竞争起到了积极作用。

（4）促进产业结构升级在经济发展的过程中，市场的高度社会化必定会导致产业的集中和垄断，而产业的集中和垄断反过来又促进了生产社会化向更高层次发展，从而实现产业结构的升级，推动经济的前进。一方面，投资银行等机构通过推动企业兼并与收购，促进了产业结构的调整；另一方面，风险投资基金的发展，又促进高新科技企业的发展，实现产业结构的升级换代。可见，证券类金融机构在产业结构升级中又起到了十分关键的作用。

第二节

证券公司

一、证券公司概述

在我国，证券公司（securities company）是指依照《中华人民共和国公司法》（以下简称《公司法》）和《中华人民共和国证券法》（以下简称《证券法》）的规定设立的，并经国务院证券监督管理机构审查批准而成立的专门经营证券业务，具有独立法人地位的有限责任公司或者股份有限公司。其中，证券业务包括证券承销与保荐、证券经纪、证券自营、与证券交易和证券投资活动有关的财务顾问、证券资产管理、证券投资咨询等。

为了准确理解证券公司的定义，需把握以下几点。

第一，证券公司几乎涉及所有金融市场业务，但大多数证券公司只能将其服务集中于某一个或某几个领域，只有少数规模较大的证券公司能够提供全方位服务。

第二，证券公司常与投资银行（investment bank）的定义同时出现，二者既有紧密联系，同时又存在区别。根据中国证券业协会的定义，狭义的投资银行只限于从事一级市场上的承销、保荐、并购和融资的财务顾问业务；广义的投资银行则从事众多的资本市场业务，包括公司融资、并购财务顾问、股票和债券等金融产品的销售和交易、资产管理和风险投资业务等。由此可见，证券公司的定义与广义的投资银行的定义较为一致，但由于实务中常采用狭义的投资银行定义，因此本书将沿袭这一做法。在本书中，除非特别说明，投资银行只是证券公司的一个部门或者机构，负责证券公司在一级市场上的承销、保荐、并购财务顾问业务。

第三，证券公司与商业银行等其他金融机构在经济中的作用不同。以商业银行为例，证券公司与商业银行的共同点在于它们都是资金供给者（比如家庭）和需求者（比如企业）的媒介，都有助于资金在供给者和使用者之间以较低的成本和最大的效率进行转移。但商业银行在融资过程中具有资金需求者和供给者的双重身份，对于存款人来说，它是资金的需求方，对于贷款人来说，它是资金的供给方。存款人和贷款人并不直接发生权利与义务，而是通过商业银行间接发生关系。投资银行的主要作用是为资金供需双方提供咨询、策划，以及为投融资成功提供法律上和技术上的支持，向投资者推荐股票或债券，也为投资者寻找合适的投资机会。一般情况下，投资银行不介入投资者和筹资者的权利和义务中，投资者与筹资者直接拥有相应的权利和承担相应的义务，例如，投资者通过认购股票投资于企业，投资者直接与企业发生财产的权利与义务关系，而投资银行不介入其中。

第四，在其他国家，证券公司的称谓和业务范围可能与我国存在差异。例如，在美国，证券公司与投资银行是同一概念，两者经常交替使用。美国证券公司（或者投资银行）除开展证券承销、证券经纪、证券交易、并购财务顾问等业务之外，还从事做市等其他业务，这与我国有所不同。在英国，证券公司通常被称作商人银行（merchant bank），它们与商业银行一道经营证券承销、证券交易、并购财务顾问等业务。在欧洲大陆（以德国为代表），一般采用投资银行的称谓，并且由于实行商业银行和投资银行混业经营的制度，投资银行只是全能银行（universal bank）的一个部门。

二、中国证券公司的行业规模与评级

（一）中国证券公司的行业规模

从 1987 年深圳经济特区证券公司成立至今，我国证券公司经历了从无到有、从小到大的发展历程。根据中国证券业协会的统计，至 2012 年年底，我国共有证券公司 114 家，行业总资产达到 1.72 万亿元，净资产达到 6 943.46 亿元，净资本达到 4 970.99 亿元，全年实现营业收入 1 294.71 亿元，净利润 329.30 亿元。虽然这一规模相对于美国等成熟市场而言仍然较小，但相比于 20 多年前，我国证券公司已经得到了飞速发展，并成为推动我国证券市场快速发展的一支重要力量（见表 10－2）。

表 10－2　证券公司 2021 年度净资产排名　单位：万元

序号	证券公司	净资产
1	中信证券	18 007 526
2	海通证券	14 736 151
3	华泰证券	13 726 012
4	国泰君安	13 631 048
5	招商证券	10 723 865
6	申万宏源	10 119 460
7	广发证券	9 718 024
8	银河证券	9 655 822
9	国信证券	9 432 901
10	中信建投	7 644 092

数据来源：中国证券业协会。

（二）中国证券公司的评级

按照证券公司的风险管理能力、市场竞争力和持续合规状况，证监会将证券公司分为A（AAA、AA、A）、B（BBB、BB、B）、C（CCC、CC、C）、D、E等5大类11个级别，并对不同类别的证券公司实施区别对待的监管政策。其中，A类公司风险管理能力在行业内最高，能较好地控制新业务、新产品方面的风险；B类公司风险管理能力在行业内较高，在市场变化中能较好地控制业务扩张的风险；C类公司风险管理能力与其现有业务相匹配；D类公司风险管理能力低，潜在风险可能超过公司的可承受范围；E类公司潜在风险已经变为现实风险，已被采取风险处置措施（见表10－3）。

表10－3　　　　中国证券公司的评级

级别	公司名称
AAA	无
AA	安信证券、东方证券、中金公司、华泰证券、平安证券、银河证券、招商证券、中信建投、中信证券、光大证券、广发证券、国泰君安、国信证券、申万宏源、兴业证券
A	北京高华、财达证券、财通证券、长城证券、长江证券、东方财富、东莞证券、东海证券、东吴证券、东兴证券、方正证券、国金证券、国开证券、华安证券、华宝证券、华创证券、国元证券、华林证券、华西证券、华鑫证券、南京证券、瑞信方正、瑞银证券、山西证券、开源证券、首创证券、五矿证券、西部证券、西南证券、浙商证券、中航证券、天风证券、中泰证券、中天国富、中银国际

数据来源：中国证券监督委员会。

三、证券公司的业务

在证券公司的三张财务报表中，利润表最能反映证券公司正在从事的主要业务，而资产负债表则体现了证券公司的资金来源和资金运用特征及其与商业银行等其他金融机构的区别等。

（一）证券公司典型的利润表结构的解读（见表10－4）

表10－4　　　　利润表及现金流量表相关科目变动分析表　　　　单位：元 币种：人民币

科目	本期数	上年同期数	变动比例（%）	主要变动原因
利息净收入	5 337 491 785.16	2 586 965 689.29	106.32	融出资金利息收入增加
公允价值变动收益	5 306 729 885.74	－6 391 105 422.48	不适用	证券市场波动导致金融工具公允价值变动

续表

科目	本期数	上年同期数	变动比例（%）	主要变动原因
汇兑收益	-138 198 767.78	-329 368 300.02	不适用	汇率变动
资产处置收益	38 375 544.18	66 078.78	57 975.44	非流动资产处置收益增加
其他收益	227 485 585.30	170 516 855.74	33.41	与公司日常活动相关的政府补助收益增加
其他业务收入	12 931 996 658.78	6 698 087 738.91	93.07	下属子公司大宗商品贸易销售收入增加
业务及管理费	28 128 885 863.18	20 144 546 139.07	39.64	职工费用、基金销售及管理费用增加
其他资产减值损失	2 604 632 315.52	495 080 905.51	426.10	计提商誉及无形资产减值损失
信用减值损失	899 083 696.99	6 580 656 569.18	-86.34	买入返售金融资产计提信用减值损失减少
其他业务成本	12 042 455 762.70	6 125 946 297.13	96.58	下属子公司大宗商品贸易销售成本增加
营业外支出	607 693 016.81	246 611 221.58	146.42	未决诉讼及商业纠纷增加所致
所得税费用	7 888 714 419.11	4 953 916 724.67	59.24	税前利润增加所致
其他综合收益的税后净额	-1 089 657 186.67	-668 241 580.46	不适用	其他权益工具投资减少所致
经营活动产生的现金流量净额	28 458 125 358.77	101 825 030 335.14	-72.05	为交易目的而持有的金额资产及代理买卖证券款的净流出同比增加

数据来源：中信证券股份有限公司2021年年度报告。

从表10-4中可以看出，代理买卖证券业务净收入、证券承销业务净收入、基金管理费收入和投资收益构成中信证券最主要的收入来源，受托客户资产管理业务净收入的比重则较小。事实上，表10-4只是粗略的，还有很多占比较小的业务收入没有被反映在其中，而是被放在“附注”中。其他证券公司的业务可能与中信证券略有不同，所使用的业务名称也可能存在差异，但总体而言，这些业务大都可以被归结为以下几类：证券承销与保荐、证券经纪、证券自营、资产管理、兼并和收购、债券回购、融资融券、证券交易与登记结算等。虽然不同证券公司的各项业务在收入结构中所占比重存在差异，但总体上，证券承销与保荐、证券经纪和证券自营业务一直是我国证券公司最主要的收入来源，而资产管理、兼并和收购业务则只占据很小的比重。

（二）证券公司典型的资产负债表结构的解读（见表 10－5）

表 10－5　　资产、负债情况分析表　　单位：元 币种：人民币

项目名称	本期期末数	本期期末数占总资产的比例（%）	上期期末数	上期期末数占总资产的比例（%）	本期期末金额较上期期末变动比例（%）	情况说明
衍生金融资产	31 000 576 285.16	2.42	20 157 990 448.68	1.91	53.79	衍生金融工具规模及公允价值变动
存出保证金	55 183 603 624.27	4.32	3 877 774 046.76	0.37	1 323.07	下属子公司已被合约占用的保证金规模变动
其他债权投资	69 091 927 800.12	5.40	49 400 900 096.32	4.69	39.86	其他债权投资规模增加
其他权益工具投资	164 813 439.95	0.01	16 635 500 511.08	1.58	－99.01	其他权益工具投资减少所致
在建工程	1 178 523 715.68	0.09	482 344 110.41	0.05	144.33	中信金融中心工程款项增加
其他资产	6 074 264 963.00	0.48	14 434 530 119.63	1.37	－57.92	国债充抵保证金变动所致
短期借款	7 261 986 937.35	0.57	5 010 371 216.16	0.48	44.94	短期借款规模增加
拆入资金	50 683 601 222.25	3.96	10 504 114 828.52	1.00	382.51	拆入资金规模增加
代理承销证券款	711 227 237.17	0.06	1 071 235 143.49	0.10	－33.61	未结算代理承销款减少
应交税费	5 066 550 758.81	0.40	7 381 981 338.20	0.70	－31.37	应交企业所得税减少
应付款项	175 904 691 716.03	13.76	118 947 545 790.80	11.30	47.88	应付客户保证金及经纪商款项增加
预计负债	954 228 059.23	0.07	305 979 812.67	0.03	211.86	融券业务计提减值增加、未决诉讼及商业纠纷增加所致
长期借款	457 865 655.70	0.04	893 535 664.41	0.08	－48.76	长期借款规模减小
合同负债	172 928 729.49	0.01	2 194 220 628.36	0.21	－92.12	大宗商品预收款减少
其他权益工具	10 767 729 386.84	0.84	—	0.00	100.00	公司发行永续债
其他综合收益	－753 204 611.85	不适用	316 814 211.81	0.03	不适用	其他权益工具投资减少所致

数据来源：中信证券股份有限公司 2021 年年度报告。

表 10－5 是中信证券公司 2021 年的资产负债表。其中，负债又分为长期负债和短期负债，长期负债主要包括应付债券、递延所得税负债和其他长期负债三个会计科目，短期

负债则涵盖短期借款、拆入资金、交易性金融负债、衍生性金融负债、卖出回购金融产品款、代理买卖证券款、代理承销证券款、应付职工薪酬、应交税费、应付利息、预计负债等众多会计科目。从2007年开始，我国证券公司资产负债表的编制不再严格按照资产的流动性进行反映，不再对流动资产进行汇总计算，但受传统习惯的影响，资产一栏的会计科目仍大致按流动性强弱排列。具体而言，应收利息之前的会计科目都属于流动资产，存出保证金、可供出售金融产品、持有至到期金融产品、长期股权投资等科目则视情况而定，只有在一个会计年度内可以变现的才属于流动资产，比如，持有至到期的投资如果投资期限短于一年则属于流动资产。

证券公司的资产包括货币资金、金融产品、非流动资产，负债包括短期负债、长期负债和股东权益。

证券公司资金来源的具体组成包括以下几点：

（1）负债占总资产的比重比较高，这是因为证券公司的日常经营具有高杠杆的特点，面临比较高的财务风险。正如后面的阅读材料所说明的，在大部分年份里，我国证券公司的资产负债率要高于表10－5中中信证券公司的资产负债率，并且在美国等成熟股票市场上，证券经纪和交易商的资产负债率甚至更高。

（2）在负债中，绝大部分又是短期负债，这与商业银行等其他金融机构有所不同。这是因为证券公司主要为资金供需双方提供咨询、策划服务，以及为投融资成功提供法律上和技术上的支持，向投资者推介股票或债券，为投资者寻找合适的投资机会，因而代理买卖证券款、代理承销证券款等构成了证券公司主要的短期资金来源。

证券公司资产运用的主要途径是货币资金和金融产品，其中，金融产品包括交易性金融产品、衍生金融产品、可供出售的金融产品、持有至到期金融产品等，这与商业银行等其他金融机构完全相同。在货币资金和金融产品两种资金的运用途径中，货币资金占证券公司总资产的比重又要高得多，这是因为我国投资者买入证券时必须全额支付所需款项，并且证券公司不可以随意挪用客户的交易保证金，另外，货币资金中还包括一般风险准备专户款项等使用受限制的资金。上述制度保障了客户的资金安全，同时又使证券公司的资产保持高度流动性，但也可能影响证券公司的盈利能力，正是基于这个原因，近年来货币资金占总资产的比重有所下降，而金融产品占总资产的比重明显上升。

（三）证券保荐与承销业务

证券保荐与承销（securities underwriting business）是证券公司在一级市场从事的主要业务。根据证监会的规定，从2004年开始，企业首次公开发行股票、上市公司再次发行股票（包括向非特定对象公开发行和向特定对象非公开发行）和可转换债券应当聘请具有保荐资格的证券公司保荐。此外，如果是公开发行，本次发行的证券必须由依法设立的证券公司承销，即发行人聘请证券公司帮助其设计证券，并委托其将证券分销给投资者，证券公司从中赚取佣金。实践中，对于同一次发行，主承销商通常由其保荐机构担任，当发行规模较大时也可以由其保荐机构与其他证券公司共同担任。

1. 准备阶段

证券公司首先要进行尽职调查（due diligence investigation），即对发行人、市场的有关情况及有关文件进行核查、验证，以找出发行人存在的问题。然后在此基础上制订改制重组方案，改制重组的目的是帮助发行人规范治理结构。如果发行人是有限责任公司、国有独资企业、国有事业单位或者非公司制企业，证券公司应当帮助其改制设立股份有限公司。在提出发行申请前，证券公司还应当对发行人进行上市辅导，以确保公司上市后能规范操作，保障投资者利益。根据证监会的规定，辅导期限至少不低于一年。

2. 申报与核准阶段

证券公司应按照要求帮助发行人制作招股说明书、募集资金运用的有关文件、股份有限公司的设立文件及章程等申报材料，出具保荐文件，并向中国证监会申报。证监会对发行人所披露信息的真实性给予判断，在此基础上作出予以核准和不予以核准的决定，自核准发行之日起6个月内，发行人应当发行股票，否则核准文件失效，需重新经证监会核准才可发行股票。

3. 发行实施阶段

证券公司通过路演（road show）向投资者或者证券分析师推介发行人，创造对新股的市场需求，同时根据反馈得到的信息来确定股票的合理发行数量和价格。新股发行申请经证监会核准后，证券公司应帮助发行人制作并提交招股说明书的最后文本，并负责组建承销团（underwriter syndicate）。承销团中的主承销商通常就由该证券公司（保荐机构）担任，当发行规模较大时也可以由该证券公司与其他证券公司共同担任。根据承销团承担风险和收取佣金的方式不同，承销方式可区分为包销、代销、余额包销三种。上述程序均完成之后，股票即可于事先确定的日期发行和上市，在此过程中，证券公司不仅负责发布发行结果、将所筹资金转交给发行人、办理股份登记，还要承担上市后稳定价格的义务。

4. 持续督导阶段

根据证监会的有关规定，在股票发行当年及其后两年，证券公司仍担负审核发行人财务报告的职责，若这一期间发行人的经营业绩严重下滑，证券公司应当承担相应责任（见图10-1）。

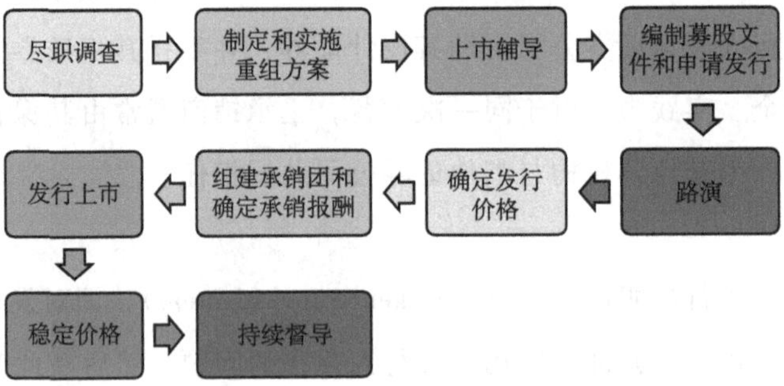

图 10－1　证券保荐和承销业务流程

（四）证券经纪业务

证券经纪业务（securities brokerage business）是指证券公司通过其设立的证券营业部，接受客户委托，按照客户要求代理买卖证券的业务。在证券市场中，一般投资者不能直接进入证券交易所买卖证券，只能委托在交易所拥有交易席位的证券公司代理交易，因此，证券公司在二级市场中具有重要地位，证券经纪业务是证券公司的一项主要业务。

如图 10－2 所示，证券经纪业务的一般流程为：（1）在证券公司处开设资金账户；（2）向证券公司下达委托指令；（3）证券公司代表客户在证券交易所内竞价成交；（4）交易完成后进行证券的清算和过户。

图 10－2　证券经纪业务流程

（五）证券自营业务

证券自营业务（securities proprietary business）是证券公司在二级市场从事的另一项主要业务，是指证券公司用自有资金和依法筹集的资金，用以自己的名义开设的证券账户买卖有价证券，获取盈利的行为（中国证券业协会，2011）。证券自营业务与证券经纪业务的根本区别在于：前者是通过低买高卖获利，证券公司动用一定的资金，并承担相应的投资风险；后者并不以自有资金进行交易，只是代理客户买卖证券，从中赚取佣金。并且，在实践中，证券自营业务和经纪业务采取严格分开的原则，由证券公司的不同部门负责，证券公司对自营业务建立严格的风险监控体系。值得指出的是，在证券承销过程中，如果证券公司和发行人签订的是包销协议，也可能因为发行结束时未能全额售出所有证券而产生自营买入行为。

自营业务一般涉及证券公司的自营部门、研究部门、投资决策委员会、资金部门、财务部门、风险控制委员会等内部机构，自营业务的流程一般包括如下几个阶段（见图 10－3）：

（1）研究开发项目阶段。研究开发项目是自营业务的起始阶段，是证券公司研究部门的主要工作，即研究部门通过对市场进行分析，形成关于投资品种、持仓比例、持仓结构及投资组合建议的研究报告，向投资决策委员会提供决策依据。

（2）决策选择项目阶段。即证券公司投资决策委员会根据研究部门提交的研究报告或投资建议书，制定自营业务的投资原则、确定投资规模和制订投资计划，作出重大投资决策的阶段。

（3）投资方案与资金安排阶段。即自营部门根据投资决策委员会的项目投资决策，制订具体的投资计划和实施方案，资金部门安排相应的配套资金，做好操作准备的阶段。

（4）项目操作实施阶段。即自营部门根据投资方案和市场情况进行项目实施和具体操作的阶段，这是自营业务的执行过程，也是自营业务成败的关键环节。

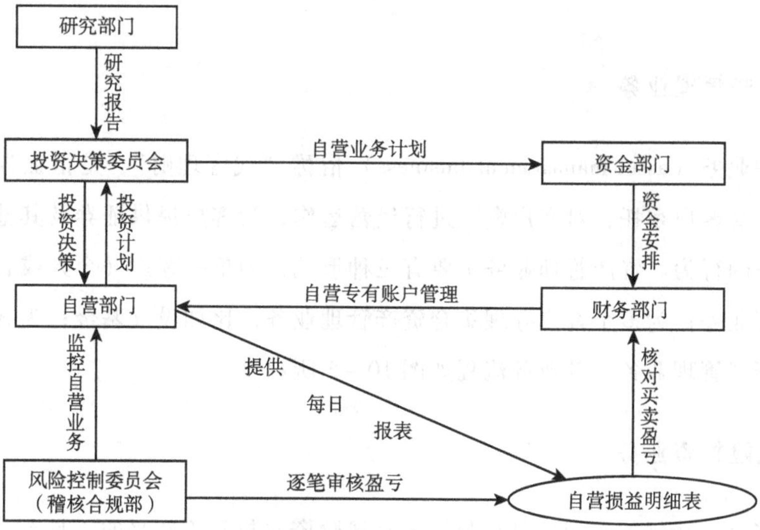

图 10－3　经济自营业务流程

（5）项目结算总结阶段。即投资项目结束后，对整个自营项目进行统计核算、总结分析的阶段，是自营业务的收官阶段。

（六）兼并和收购业务

企业兼并和收购（merge and acquisition），简称并购，是一项十分复杂、专业性很强的工作，在此过程中，证券公司向交易双方提供咨询和服务。图 10－4 反映了证券公司在企业并购操作中的业务流程：

（1）根据客户战略需要为其物色或者筛选合适的目标企业；

（2）从资产、负债、财务、经营、战略和法律等多个角度对目标企业进行尽职调查；

（3）在确定并购协同效应大小的基础上对目标企业进行价值评估和风险评估；

（4）确定具体交易方案，对并购协议的条款提出建议，协助客户签署有关协议；

（5）为客户制订一套系统、全面的整合计划，包括人力资源整合、企业文化整合、战略目标整合等多个方面。

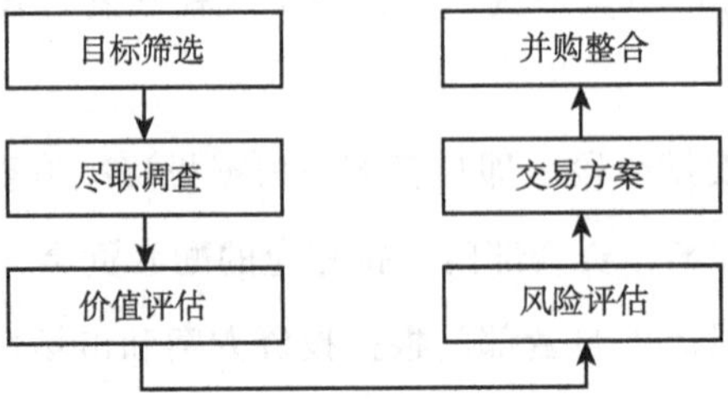

图 10－4　证券公司并购业务流程

（七）资产管理业务

资产管理业务（asset management business）俗称“代客理财”，是指证券公司作为资产管理人，接受客户委托，对客户资产进行经营运作，为客户提供证券及其他金融产品的投资管理服务的行为。资产管理业务主要有三种形式：为单一客户（个人或者机构）办理定向资产管理业务；为多个客户办理集合资产管理业务，比如设立基金；为客户办理特定目的的专项资产管理业务。其业务流程如图 10－5 所示。

（八）风险投资业务

风险投资（venture capital）是指投资人将风险资本投资于新兴的、具有高速成长潜力的、蕴藏着巨大收益的、未上市的高科技、高风险企业，并通过退出机制获得收益的一种

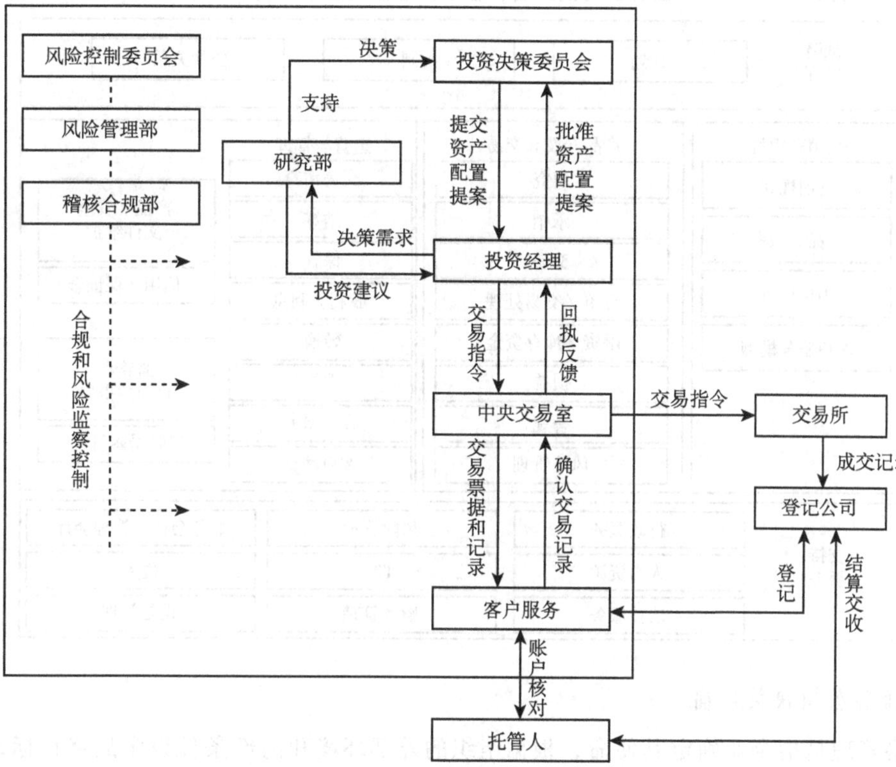

图 10-5 资产管理业务流程

投资行为。风险投资具有风险高、单项投资成功率低的特性，投资人只有顺利退出才能获得回报，目前风险投资的退出方式主要有四种：公开上市、股权回购、兼并收购、破产清算。在国外，证券公司（投资银行）是风险投资领域最重要的中介机构，但在我国，现阶段证券公司开展风险投资业务仍然受到严格管制，是否允许证券公司参与风险投资业务，以及以何种形式参与，是证监会一直关注的问题（见图 10-6 和表 10-6）。

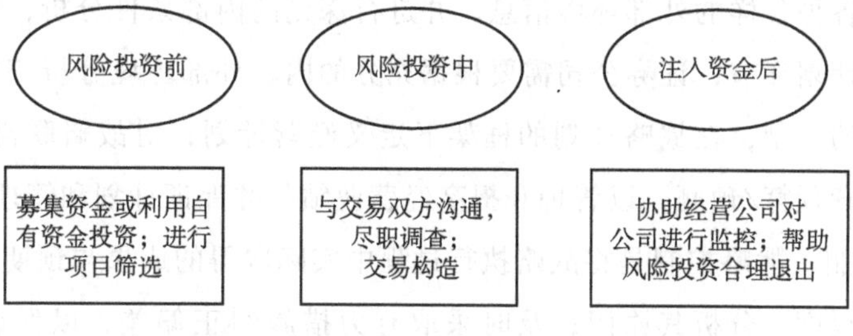

图 10-6 证券公司在风险投资中的作用

表 10－6　　　证券公司的运营：基于价值链模型的剖析

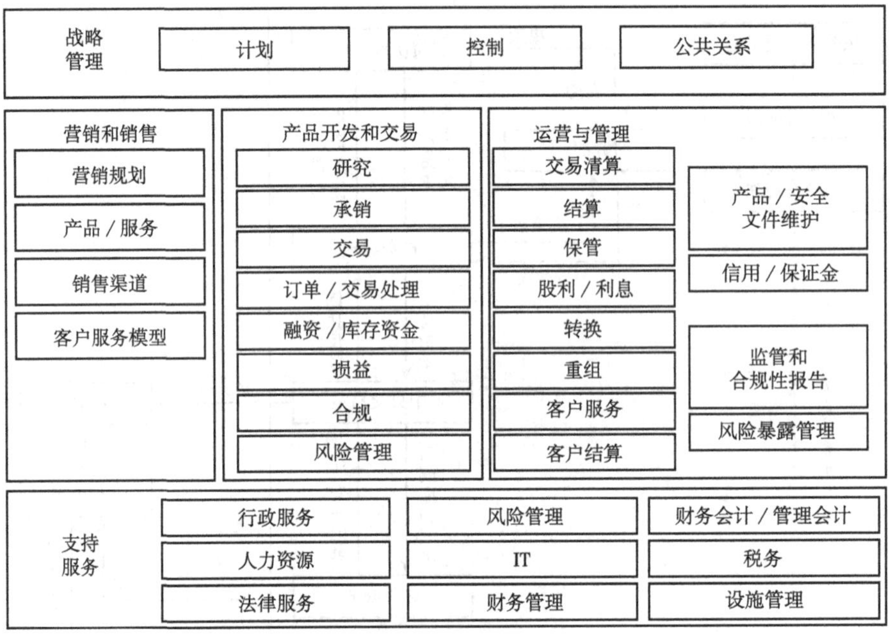

1. 证券公司决策层面

战略管理是指企业确定其使命，根据组织的外部环境和内部条件设定战略目标，为保证目标的正确落实而谋划，并依靠企业内部力量将这种谋划付诸实施，以及在实施过程中进行控制的一个动态管理过程。战略管理大师迈克尔·波特认为，一项有效的战略管理必须具备五个关键点：独特的价值取向、为客户精心设计的价值链、清晰的取舍、互动性、持久性。从证券公司的角度出发，我们将其战略管理分为计划、控制、公共关系三个方面。

（1）战略计划。战略计划的依据分为外部环境分析和内部条件分析两大部分。外部环境分析：深入细致分析企业的外部环境是正确制定战略的重要基础，为此，要及时收集和准确把握企业的各种各样的外部环境信息，并进行深刻的内部条件分析，明确公司的优势和薄弱环节。在计划环节，证券公司需要根据充分的内、外部环境分析完成公司战略的模型化和战略计划的编制；在战略计划的框架下定义经营计划；对战略联盟/收购的机会进行评价；完成经营预算/预测，以管理和提高经营业绩，并保证计划和管理的质量。

（2）战略控制。战略控制是将战略执行过程中实际取得的成果与预期的战略目标进行比较，评价达标程度，分析其原因；及时采取有力措施纠正偏差，以保证战略目标的实现。证券企业对战略的控制更多地体现在公司的监管上，良好的控制离不开对外部环境的时刻关注，并及时形成管理报告和外部报告；同时由于证券企业的特殊性，还需要管理全公司范围的灾难恢复计划，并建立和管理侦查舞弊的结构体系。

（3）公共关系管理。证券公司通过公共关系管理，赢得与其有关的政府、股东、公司客户以及公司内部人员的理解和支持，以尽可能协调它们自己的政策和做法，依靠有计划的、广泛的信息传播，赢得更有效的合作，更好地实现它们的共同利益。

2. 证券公司运营层面

现代运营管理涵盖的范围越来越大，已从传统的制造业企业扩大到非制造业企业。其研究内容已不局限于生产过程的计划、组织与控制，而是扩大到包括运营战略的制定、运营系统的设计以及运营系统的运行等多个层次的内容。把运营战略、新产品开发、产品设计、采购供应、生产制造、产品配送直至售后服务看作一个完整的“价值链”，对其进行集成管理。

证券公司价值链的核心部分分为营销和销售管理、产品开发和交易管理和运营管理三部分，三者成为证券公司运营的核心价值支柱，良好的运营支撑公司稳定发展。

（1）营销和销售管理。对证券公司来说，营销主要包括了策略和产品服务设计部分。根据战略层面指引、明确市场需求，确定潜在客户，观察和预测客户的行为和需要形成产品/服务策略。建立整体营销策略之后需要建立地区市场策略和销售计划，辅助以广告和推销，在定位市场中建立品牌价值，而在产品服务设计环节需要抛弃过时的产品/服务、追求新产品/产品改进。明确产品负责人，改变提供的产品和服务或启动变化的产品和服务，并时刻监测产品和服务的业绩。

销售，一般特指卖的环节，或者特指营销中卖的部分。在销售前段，销售人员确定预期客户，分析客户的盈利能力，发展与现有客户和目标客户的关系，将客户的需要和产品及服务进行配比，为客户制订融资计划。在销售过程中或者后段，则需要和客户一起检查应用产品和服务的结果，追踪记录客户对服务的满意度，和客户一起分析新的投资机会。

（2）产品开发和交易管理。产品开发和交易管理构成证券公司的核心业务。在上文中剖析的证券保荐与承销业务、证券经纪业务、证券自营业务、兼并和收购顾问业务、资产管理业务、风险投资业务以及券商研究业务都在这个板块。

产品开发应选择那些能够顺应并且满足客户需求的产品样式，同时设计并开发出的产品能够为企业带来收益和利润，使企业一直保持市场的竞争优势。产品开发是金融机构赖以生存的基础，这是市场经济的铁律。证券公司在产品设计过程中需要做好研究工作，收集宏观经济信息、行业特定信息、产品/市场特定信息、特定公司的信息，关注法制环境；建立预测机制、确定投资机会、形成研究机会，并在内部和外部传播信息。

承销是证券公司提供的主要服务之一。证券公司的交易管理分为交易事中管理、交易事后管理、交易风险管理三大模块。交易事中管理包括交易决定流程和订单/交易处理流程，主要关注交易的有效性和收益性。交易事后管理包括融资/库存资金管理和损益管理，主要是对交易结束后资金的运营效率进行深化分析。交易风险管理包括合规和风险管理，主要关注交易过程中的风险控制。

交易决定流程包括观察机会、提交要求/得到产品部件、管理存货、评价短期研究和市场数据、和负责人交流、作出交易决定六个步骤。订单/交易处理流程包括输入订单、进行交易、记录交易、进行产品控制、向清算代理人提交交易信息、增加或更正交易数据、从清算公司得到比较数据七个步骤。交易决定流程和订单/交易处理流程的有效管理有利于交易事中管理价值链价值的顺利实现。

融资/库存资金管理包括管理结算、管理出纳和清算资金、管理资金来源、得到/退回经营资金和管理损益。管理损益包括头寸实时记录、监测证券价格、编制/报告损益。

合规控制包括保持合规管理系统、进行法规符合性的自我评价、监督法规性检查、处理法规方面的查询/责备。风险管理包括管理融资风险、管理公司风险、税务合规性的计划、管理财务会计程序和政策、进行内部和外部的审计等。值得注意的是，产品开发和交易管理环节中的风险管理与支持服务中的风险管理的区别在于支持服务中的风险管理的范围更加广泛，主要针对证券公司整体，而产品开发和交易管理中的风险管理仅针对交易过程，更具有某项业务针对性。

（3）运营管理。运营管理是业务运营层面比较琐碎却必不可少的环节，从某种程度上说，运营管理保障了所有交易的效率，贯穿每个交易流程，它不仅是运营层面的支柱模块，也是整个运营层面的矩阵点，每个点的管理都至关重要。从整体上看，运营管理包括交易清算、结算、保管股利利息、转移、重组、客户服务、客户结算、产品/安全主文件维护、信用/保证金、法规遵守和报告、暴露管理等12项内容，其复杂之处在于对证券公司的每项业务来说都可能涉及上述管理过程，并需要根据不同的业务性质调整每项具体的管理参数，提交不同的文档资料。虽然业务参数不同，但每项业务所涉及的经营管理框架是相似的。

3. 证券公司支持服务层面

支持服务层面是企业整体系统运转的基石，对证券公司来说，支持服务层面包含行政服务、人力资源、风险管理、财务管理、财务会计/管理会计、资金管理、法律服务、税务、IT、设施管理、责任管理等方面。其中，风险管理、IT、财务会计/管理会计、责任管理和资金管理与一般企业支持服务管理有所区别，我们一一展开讨论。

（1）风险管理。支持服务层面的风险管理是综合了战略层面、运营层面风险管理的基础建设，将日常风险落到实处，例如，通过检查客户/柜台方的可接受性建立限制，这种风险管理是条件触发性的系统管理模式，在实际运用之前就已经进行了大量的正反向测试。同时，对证券企业来说，风险管理也是实时的，以控制市场风险暴露。

（2）IT。证券公司的IT管理主要分为三大类：信息管理、数据中心管理及电信管理。

其中，信息管理比重较大，现代金融企业的发展离不开信息管理的支持，一切数据运转都需要通过软件实现，因此对证券公司来说，IT 支持保障的任务艰巨。综合来看，信息管理的主要任务包括制定 IT 策略、变革 IT 架构、开发 IT 产品并管理 IT 运作等；数据中心管理的主要任务包括监管数据中心的运行与业务执行的过程和业务处理等；电信管理的主要任务包括确定电信需求、管理供应商关系等。

（3）财务会计/管理会计。财务会计和管理会计分别从内、外角度为企业提供对决策有用的信息，有助于提高企业透明度，规范企业行为；有助于企业加强经营管理，提高经济效益，促进企业可持续发展；同时也有助于考核企业管理层经济责任的履行情况。因此，财务会计/管理会计对证券企业来说是一项重要的基础性工作。

（4）责任管理。在企业管理过程中，明确岗位职责是确保工作有序开展的重要前提，同时也是企业管理规范化的重要内容。责任管理正是通过对企业内部职责进行划分、明确定义职责、指定职责的负责人，通过职责负责人进行任务分派，通过邮件和短信方式及时通知，使得企业内部职责范畴的事务得到统一规划和监督管理，有效地解决了企业职责不明确、做事推脱、效率低下的问题。在证券企业的实践中，责任管理是嵌入企业运营的每个业务流程之中的，管理者要建立目标，管理整个流程中的各个环节。需要随时调整业务的暴露程度，针对性地更正错误并处理失误。

（5）资金管理。资金管理的主要任务是管理公司的资金，对证券公司而言，资金管理需要做到确定融资需求，必要时发行债券或商业票据并对外部债务提供必要的服务。对证券企业来说，资金管理同样涉及以下风险：（1）筹资决策不当，引发资本结构不合理或无效融资，可能导致企业筹资成本过高或债务危机；（2）投资决策失误，引发盲目扩张或丧失发展机遇，可能导致资金链断裂或资金使用效益低下；（3）资金调度不合理、营运不畅，可能导致企业陷入财务困境或资金冗余；（4）资金活动管控不严，可能导致资金被挪用、侵占、抽逃或遭受欺诈。对证券公司来说，资金是企业运转的生命力，因此，资金管理者要增强资金管理意识，全面提升企业资金管理水平，强化财务监督，拓宽融资渠道，并积极与 IT 部门相配合，利用计算机技术，保证资金管理安全。

四、证券公司的组织结构

具体到证券公司，组织结构是指证券公司在实现其经营目标的过程中，连接公司内部成员和各部门的方式以及这种方式所呈现的形态。设立相应的组织结构，证券公司一方面是为了实现公司的业务运营和盈利目标；另一方面则是为了实施自上而下的内部控制，以控制风险、确保公司平稳发展。在现实中，不同规模、业务和战略取向的证券公司有不同的组织结构，不同时期的证券公司也具有不同的组织架构，但这些形式上千差万别的组织结构又有一些共性。

（一）证券公司的职能型组织结构

若证券公司规模较小、业务较为单一，此时组织结构也相应较为简单，按照职能分为内部管理部门和业务部门，即所谓的职能型组织结构。内部管理部门有行政、财务、电脑等部门，业务部门则包括投资银行、经纪业务、资产管理及研究发展部（见图 10－7）。职能型组织结构最大的优点是职能明确，在职能型组织结构下，每一部门均有明确的职能，每一个人都能了解其本身的任务。职能型组织是一种具有高度稳定性的组织，但也容易使得职能型组织中的人员，甚至包括职能部门的管理人员在内形成本位主义。另外，职能型组织缺乏弹性，这种组织不能激发员工接受新观念与新的工作方式。

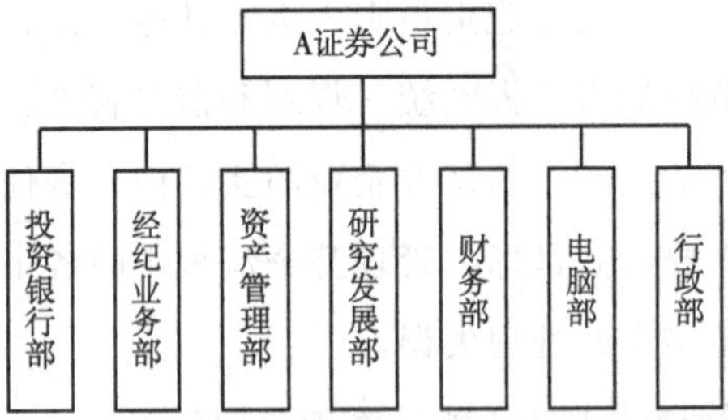

图 10－7　证券公司的职能型组织结构

（二）证券公司的分公司型和事业部型组织结构

证券公司的规模如果超过中型以上，则职能型组织结构就不能适应，证券公司的组织结构于是发生了多个方向的变化：一是按地域设立分公司（见图 10－8），二是按业务及产品范围设立事业部（见图 10－9）。

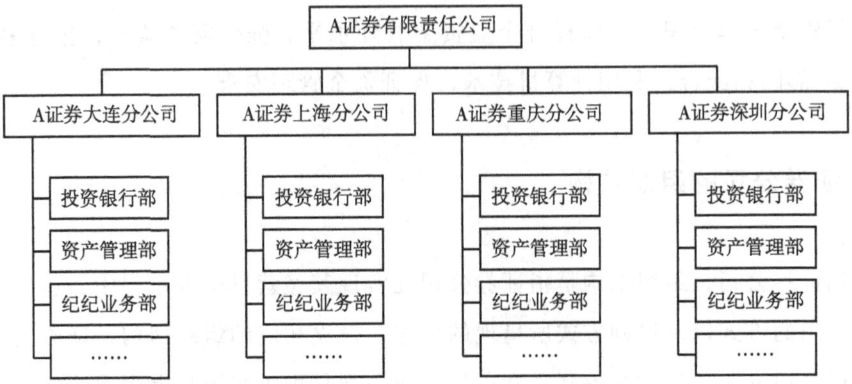

图 10－8　证券公司的分公司型组织结构

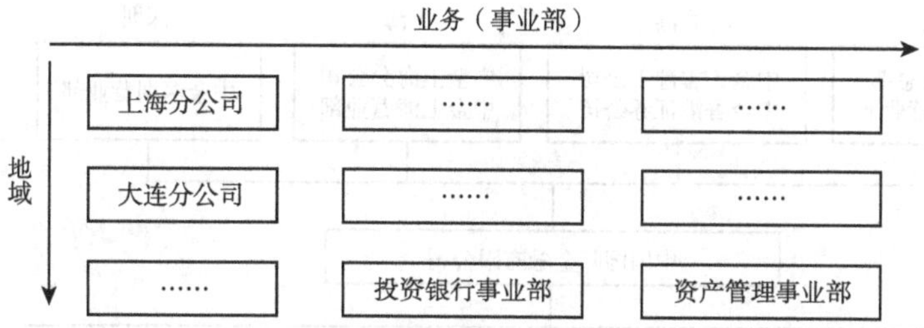

图 10－9　证券公司分公司型组织结构与事业部型组织结构的结合

（三）证券公司的控股公司型组织结构

当证券公司向巨型化发展之后，其组织结构更加复杂化，公司的内部组织外部化，某些部分就成为独立的企业，向控股公司型演化，成了“金融航母”。事业部型组织结构原是为了解决企业的规模问题而设计的。但各事业部的规模通常有适当的限度，在企业规模方面也有其限制条件。在公司业务发展、规模变大之后，事业部就会变得臃肿，一个事业部的规模太大了，其所属的职能部门将超过其能有效执行其职能的限度，则该事业部将变得笨重、迟钝，而不能执行其任务。解决的办法是使某些部分成为独立的企业，即内部组织外部化，事业部型组织结构向控股公司型演化，由公司拥有或控股若干个子公司，公司的业务在每个子公司之间进行分配。事实上，国际上大型的证券公司都是混合式地采取各种组织结构，如同时采取子公司和分公司两种形式，并在控股公司下采取事业部制，而在事业部制下采取职能部门制（见图 10－10）。

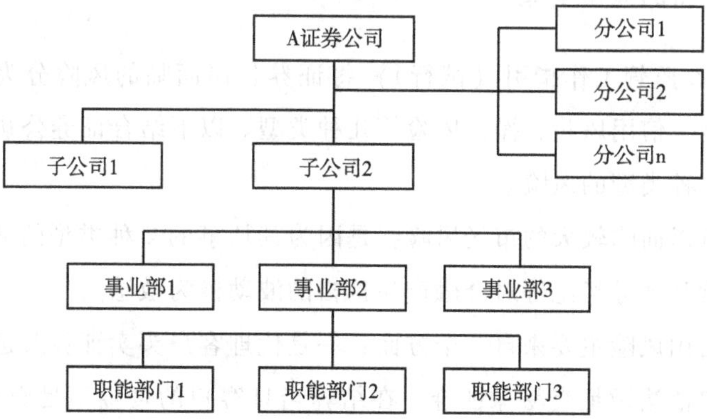

控股公司型组织结构

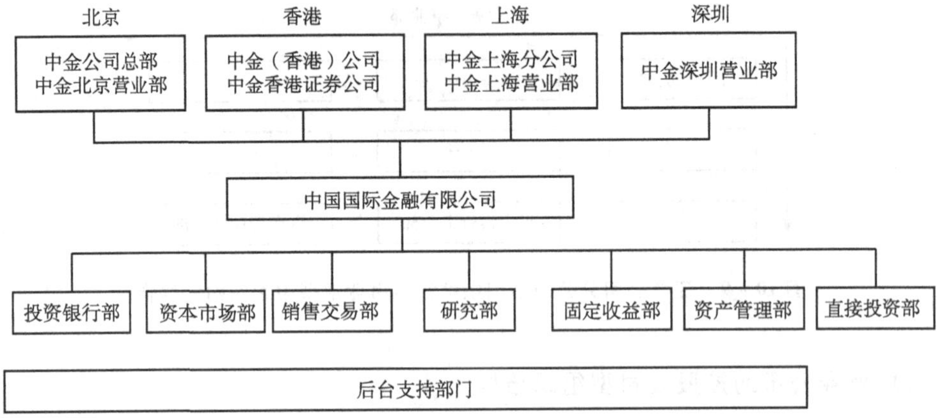

图 10-10　中金公司的组织结构实例

五、证券公司的风险管理：基于分类监管框架

证券保荐和承销、证券经纪、证券自营、资产管理、并购咨询等业务为证券公司带来了高收益，但高收益往往与高风险相伴而生。在 2008 年次贷危机中，雷曼兄弟、美林银行和贝尔斯登等数家国际著名投资银行（证券公司）便因为在次级住房抵押贷款交易中遭受巨额亏损而纷纷倒闭或被收购。由此可见，对证券公司面临的风险进行正确有效的识别、衡量和控制，不仅关乎证券公司的成功运营，对整个金融体系甚至经济体系的安全同样具有十分重要的意义。

（一）证券公司的风险类型

《证券公司分类监管工作指引（试行）》将证券公司面临的风险分为流动性风险、合规风险、市场风险、信用风险、操作风险等几种类型。以下结合证券公司的主要业务介绍为什么会面临这几种类型的风险。

证券公司之所以面临较大的市场风险，是因为其从事的多种类型的业务——证券保荐和承销、证券自营和证券经纪等对金融产品价格的波动极为敏感。

证券公司的信用风险主要来自三个方面：一是代理客户买卖证券及进行期货交易，若没有提前要求客户依法缴足交易保证金，在结算当日客户的资金不足交易所需的情况下，或客户资金由于其他原因出现缺口，公司有责任代客户进行结算而造成损失。二是融资融券业务的信用风险，指由于融资融券客户违约给公司带来损失的风险。三是债券投资的违约风险，即所投资债券之发行人或交易对手出现违约、拒绝支付到期本息，导致资产损失和收益变化的风险。

操作风险是证券公司面临的另一种主要风险，大多数操作风险危害并不大，但在一些极端情形下，操作风险会给证券公司带来巨额损失，甚至导致其破产。

就流动性风险而言，相比于国外成熟资本市场，我国证券公司面临较大的筹资流动性风险。这是因为，证券公司的资金主要来源于证券经纪、证券自营、证券保荐和承销等业务的收入，或者来自股东权益，通过长期借款或者长期债券获取的资金非常有限，当证券公司面临资金周转困难时，增资扩股几乎是证券公司化险为夷的唯一方式，但受我国股票发行审核制度的制约，证券公司增资扩股大都只能采用私募发行的方式。私募发行有融资规模小、融资成本高的缺点，因而当市场行情低迷时，我国证券公司可能因为筹资流动性不足遭受损失。

除前面几种风险外，证券公司还可能面临合规风险。

（二）证券公司的风险控制指标

为了加强对证券公司的风险监管，督促证券公司加强内部控制、防范风险，我国证监会建立了以净资本为核心的风险控制指标体系。其中，净资本是指根据证券公司的业务范围和公司资产负债的流动性特点，在净资产的基础上对资产负债等项目和有关业务进行风险调整后得出的综合性的风险控制指标。

净资本的基本计算公式为：

净资本＝净资产－金融产品的风险调整－其他资产的风险调整－或有负债的风险调整－/＋中国证监会认定或核准的其他调整项目

第一，证监会对公式中包含的资产负债项目和有关业务进行了细分。比如，金融产品被细分为股票、货币市场基金、证券投资基金、固定收益类证券、可转换债券、权证投资、利率互换公允价值变动收益形成的资产等12类，其他资产被细分为拆出资金、融出资金、融出证券、买入反售金融产品（未逾期）、应收利息、存出保证金、投资性房地产等21类。

第二，证监会为各类细分的项目和业务分别确定了相应的风险调整系数（或者称风险权重），各类资产的期末余额乘以相应风险权重即为该类资产应该扣减的风险调整值。从表10－9中可以看出，股票类金融产品中上证180指数成份股的风险权重被设定为5%，ST股票的风险权重被设定为50%。其中，值得特别提出的是，证监会规定证券公司集中持有的股票应当按40%的比例扣除风险，这说明风险权重的设置考虑了股票的流动性风险。

第三，证监会认定或者核准了其一些可以被计入净资本的情况。证券公司借入次级债务的，可以在计算净资本时将所借入的次级债务按照一定比例计入净资本。除此之外，证券公司向股东或其关联企业借入的、期限在5年以上并具有次级债务性质的长期借款，也可以在计算净资本时将所借入的长期借款按照一定比例计入净资本。

六、国外经验及我国证券公司的创新与发展

（一）国外证券公司的业务

国外证券公司（投资银行）主要从事七种业务：投资业务、投资银行业务、做市业务（market making business）、交易业务、现金管理业务（cash management business）、并购业务和其他业务。其中，投资业务、投资银行业务、交易业务、并购业务分别与国内证券公司的资产管理业务、投资银行业务、自营业务和并购咨询业务对应，只有做市业务和现金管理业务是独有的做市业务。

1. 做市业务

做市业务是指投资银行为某种资产创造出一个二级市场。除了充当政府一级交易商以及公司债券和股票的承销商之外，投资银行还必须为这些金融工具提供一个二级市场。做市业务既可以通过充当交易代理的形式来完成，也可以通过充当交易主体的形式来完成。代理交易是指替客户买卖，比如，以股票经纪商或交易商的身份向客户收取一笔业务费或佣金。

2. 现金管理业务

证券公司和投资银行可以向个人投资者提供一种类似于（但不是）银行存款的账户——现金管理账户（Cash Management Accounts，CMAs）；然而，《1999年金融服务现代化法案》通过之后，它们自身便可以提供存款账户了。这些账户中的大多数都允许客户以某种共同基金账户（比如，货币市场共同基金）为基础而签发支票。这些账户还可以直接或间接获得联邦存款保险公司存款保险的保护。《1999年金融服务现代化法案》通过之前，现金管理账户是证券行业提供商业银行业务的重要手段。

（二）国外证券公司的发展趋势

（1）在细分市场的基础上形成了日益复杂的金融生态环境。

（2）固定收益业务增长超过股票业务增长。

（3）另类资产管理（alternative asset management）业务发展迅速。

（4）端到端业务模式形成内部合力，在价值链各环节充分创造价值。

（5）后台运营成为核心竞争力，IT价值不断显现。

（三）国内外对比及我国证券公司的创新与发展

1. 业务结构的创新与发展

由于证券市场发展阶段、金融监管体制等多方面的限制，我国证券公司长期以来处于

一种结构单一、竞争同质的发展状态。

2. 组织结构的创新与发展

目前我国大部分证券公司采用的是传统的按部门或区域划分的集权式直线型组织结构，这一模式的弊端主要在于各项业务的客户相互分割，难以有效实现公司客户资源的共享。

第三节

投资银行

一、投资银行概述

（一）投资银行的定义

投资银行是主要从事证券发行、承销、交易、兼并与收购、基金管理、衍生金融、风险投资、投资分析等业务的非银行金融机构，是资本市场上非常重要的金融中介。

在我国，那些具备证券承销资格的综合类证券经营机构被称为“投资银行”。

投资银行区别于其他相关行业的显著特点是：其一，它属于金融服务业，这是区别于一般性咨询、中介服务业的标志；其二，它主要服务于资本市场，这是区别于商业银行的标志；其三，它是智力密集型行业，这是区别于其他专业性金融服务机构的标志。

（二）投资银行的类型

投资银行的类型主要有四种：专业型投资银行、大型金融控股公司、全能型银行、跨国公司。

独立型的专业性投资银行并不提供全面的投资银行业务，而是专注于为某个特定行业提供投资银行服务，或专注于某一类投资银行业务。种类型的机构比较多，遍布世界各地，他们有各自擅长的业务方向，如美国小型投资银行 Greenhill 公司、国内的海际大和与摩根斯坦利华鑫等均属于此类。

金融控股公司是指对两个或两个以上不同类型金融机构拥有实质控制权，自身仅开展股权投资管理，不直接从事商业性经营活动的有限责任公司或者股份有限公司。金融控股公司是提供一站式金融服务的“金融超市”，除了投资银行业务之外，还提供银行包括商业银行业务在内的其他金融业务。这些公司有专门的部门或下属公司从事投资银行业务。

我国金融业属于分业经营管理体制，但中信集团、光大集团、平安集团属于典型的金融控股公司。汇丰、摩根大通、瑞银等都是金融控股公司的典型代表。

全能型银行提供全面的投资银行业务，但不提供投资银行业务以外的其他金融业务，不属于金融控股公司的一部分。全能银行亦称“综合银行”，不受金融业务分工限制，可以经营所有种类货币信用业务。其主要业务有：(1) 全面的存款业务。它可以开办活期、定期、储蓄和其他不同种类的存款。(2) 全面的贷款业务。它可以自由发放不同目的、不同期限、不同方式的贷款。(3) 全面的证券业务。它可以买卖各类有价证券，并能经营黄金业务。(4) 全面的支付结算业务。(5) 全面的信托业务。它承接信托投资、财产保管、代理保险、设备租赁、信息咨询及代理保管证券、代理收付证券本息。全能银行业务范围较广，能同时为顾客提供多种服务，经营成本低，在保障资金的盈利性、安全性和流动性方面有独特优势，故已成为各国银行发展的一种趋势。德国的全能银行在世界上是最典型的。

(三) 投资银行的组织形式

20 世纪 70 年代前，投资银行主要是合伙制。在合伙制投资银行中，人的因素十分重要。一般来说，合伙制投资银行中的合伙人是那些在投资银行业务方面具有较高声望和地位的专业人士。

20 世纪 80 年代以来，投资银行发展由有限合伙制转变为公司制，并先后上市。公司制投资银行（尤其是上市的投资银行）与合伙制投资银行相比，增强了筹资能力；避免了所有权与管理权不分的弊端，使公司更为稳定；推动并加速投资银行间的兼并浪潮，优化了投资银行业的资源配置。

在投资银行的组织形态上，各国的规定不尽相同。目前，世界上只有比利时、丹麦等少数国家的投资银行仍限于合伙制；德国和荷兰虽然在法律上允许有不同的组织形态，但事实上只有合伙制；新加坡、巴西等国则只允许采取股份公司制的形式。从投资银行业比较发达的美、欧、日等国家和地区来看，公司制是具有典型意义的投资银行组织形式。我国法规规定，证券公司的组织形式必须是有限责任公司或者股份有限公司，不得采取合伙及其他非法人组织形式。

(四) 主要业务范围

投资银行是一个不断发展的行业，随着经济的发展，其业务范围也不断扩大。现代投资银行已经突破了证券发行与承销、证券交易经纪等传统业务框架，企业并购、项目融资、风险投资、财务顾问、投资咨询、基金管理、资产证券化、金融衍生产品等业务已成为投资银行的重要业务。

美国金融学专家罗伯特·库恩对其进行了如下划分。

（1）最广义：经营华尔街全部金融市场业务的机构，包括证券、保险和不动产经营。

（2）较广义：经营全部资本市场业务的机构，即中长期资金融通，包括证券承销、私募发行、公司筹资、并购重组、风险投资和基金管理等业务，证券零售、抵押银行和保险、不动产则不包括在内。

（3）较狭义：经营部分资本市场业务的机构，着重证券承销、并购业务，而风险投资、基金管理等不包括在内。

（4）最狭义：最传统业务的机构，仅包括一级市场证券承销、资金筹措和二级市场交易的金融机构。

1. 证券承销业务

证券承销是投资银行最本源、最基础的业务活动，是投资银行帮助公司或者政府机构等融资的主要手段之一。投资银行承销的职权范围很广，包括本国中央政府、地方政府、政府机构发行的债券，企业发行的股票和债券，外国政府和公司在本国和世界发行的证券，国际金融机构（世界银行、亚洲开发银行）发行的证券等。当公司上市首次发行新股或上市公司发行股票（如配股、增发和发行可转换债券）时，投资银行可以以包销、代销等形式进行证券承销。股票承销一般包括发行准备、尽职调查与辅导、申请文件的制作、向有关证券交易管理部门申报、申请文件的审核、路演询价定价、发行上市等几个步骤。

通常的承销方式有如下四种：

（1）包销。证券包销是指投资银行将发行人的证券按照协议全部购入或者在承销期结束后将售后剩余证券全部自行购入的承销方式，前者为全额包销，后者为余额包销。这时发行人不承担风险，风险转嫁到了投资银行的身上。

（2）投标承购。投资银行通过参加投标承购证券，再将其销售给投资者，该种方式在债券（特别是国债发行）中较为常见。它通常是在投资银行处于被动竞争较强的情况下进行的。采用这种发行方式的证券通常都是信用较高、颇受投资者欢迎的债券。

（3）代销。证券代销是指投资银行代发行人发售证券，在承销期结束后，将未售出的证券全部退还给发行人的承销方式。这一般是由于投资银行认为该证券的信用等级较低，承销风险大而形成的。这时投资银行只接受发行者的委托，代理其销售证券，如在规定的期限计划内发行的证券没有全部销售出去，则将剩余部分返回证券发行者，发行风险由发行者自己负担。

（4）赞助推销。当发行公司增资扩股时，其主要对象是现有股东，但又不能确保现有股东均认购其证券，为防止难以及时筹集到所需资金，甚至引起本公司股票价格下跌，发行公司一般都要委托投资银行办理对现有股东发行新股的工作，从而将风险转嫁给投资银行。

2. 代理买卖证券业务

代理买卖证券业务是指证券公司接受客户委托代客户买卖有价证券的业务。在证券经纪业务中，投资银行按照客户的指令进行交易，只收取一定比例的佣金作为业务收入，不承担投资风险。证券经纪业务分为柜台代理买卖证券业务和通过证券交易所代理买卖证券业务。目前，我国公开发行并上市的股票、公司债券及权证等证券，在证券交易所以公开的集中交易方式进行，因此，我国证券公司从事的经纪业务以通过证券交易所代理买卖证券业务为主。根据《证券公司监督管理条例》的规定，证券公司从事证券经纪业务时，可以委托证券公司以外的人员作为证券经纪人，代理其进行客户招揽、客户服务及产品销售等活动。证券经纪人应当具有证券业从业资格。证券经纪人应当在证券公司的授权范围内从事业务，并应当向客户出示证券经纪人证书。

3. 基金管理业务

基金是一种重要的投资工具，它由基金发起人组织，吸收大量投资者的零散资金，聘请有专门知识和投资经验的专家进行投资并取得收益。投资银行与基金有着密切的联系。首先，投资银行可以作为基金的发起人，发起和建立基金；其次，投资银行可作为基金管理者管理基金；最后，投资银行可以作为基金的承销人，帮助基金发行人向投资者发售受益凭证。

4. 公司理财业务

公司理财实际上是投资银行作为客户的金融顾问或经营管理顾问而提供咨询、策划或操作。它分为两类：第一类是根据公司、个人或政府的要求，对某个行业、某种市场、某种产品或证券进行深入的研究与分析，提供较为全面的、长期的决策分析资料；第二类是在企业经营遇到困难时，帮助企业出谋划策，提出应变措施，如制定发展战略、重建财务制度、出售转让子公司等。

5. 投资咨询业务

投资咨询业务是指从事证券投资咨询业务的机构及其咨询人员为证券投资人或客户提供证券投资分析、预测或建议等有偿咨询服务的活动。投资建议服务内容包括投资的品种选择、投资组合以及理财规划建议等。投资银行的财务顾问业务是投资银行所承担的对公司尤其是上市公司的一系列证券市场业务的策划和咨询业务的总称。主要指投资银行在公司的股份制改造、上市、在二级市场再筹资以及发生兼并收购、出售资产等重大交易活动时提供的专业性财务意见。投资银行的投资咨询业务是连接一级和二级市场、沟通证券市场投资者、经营者和证券发行者的纽带和桥梁。习惯上常将投资咨询业务的范畴定位在对参与二级市场投资者提供投资意见和管理服务。

6. 资产证券化业务

资产证券化是指经过投资银行把某公司的一定资产作为担保而进行的证券发行，是一种与传统债券筹资十分不同的新型融资方式。进行资产转化的公司称为资产证券发起人。发起人将持有的各种流动性较差的金融资产如住房抵押贷款、信用卡应收款等，分类整理为一批资产组合，出售给特定的交易组织即金融资产的买方（主要是投资银行），再由特定的交易组织以买下的金融资产为担保发行证券支持资产，用于收回购买资金。这一系列过程就称为资产证券化。资产证券化的证券即资产证券为各类债务性债券，主要有商业票据、中期债券、信托凭证、优先股票等形式。资产证券的购买者与持有人在证券到期时可获本金、利息的偿付。证券偿付资金来源于担保资产所创造的现金流量，即资产债务人偿还的到期本金与利息。如果担保资产违约拒付，资产证券的清偿也仅限于被证券化资产的数额，而金融资产的发起人或购买人无超过该资产限额的清偿义务。

7. 金融创新业务

根据特性不同，金融创新工具即衍生工具一般分为三类：期货类、期权类、调期类。使用衍生工具的策略有三种，即套利保值、增加回报和改进有价证券的投资管理。通过金融创新工具的设立与交易，投资银行进一步拓展了投资银行的业务空间和资本收益。首先，投资银行作为经纪商代理客户买卖这类金融工具并收取佣金；其次，投资银行也可以获得一定的价差收入，因为投资银行往往首先作为客户的对方进行衍生工具的买卖，然后寻找另一客户作相反的抵补交易；最后，这些金融创新工具还可以帮助投资银行进行风险控制，免受损失。金融创新也打破了原有机构中银行和非银行、商业银行和投资银行之间的界限和传统的市场划分，加剧了金融市场的竞争。

8. 风险投资业务

风险投资又称创业投资，是指对新兴公司在创业期和拓展期进行的资金融通，表现为风险大、收益高。新兴公司一般是指运用新技术或新发明、生产新产品、具有很大的市场潜力、可以获得远高于平均利润的利润但充满了极大风险的公司。由于高风险，普通投资者往往都不愿涉足，但这类公司又最需要资金的支持，因而为投资银行提供了广阔的市场空间。投资银行涉足风险投资有不同的层次：第一，采用私募的方式为这些公司筹集资本；第二，对于某些潜力巨大的公司有时也进行直接投资，成为其股东；第三，更多的投资银行是设立“风险基金”或“创业基金”向这些公司提供资金来源。

二、我国投资银行存在的问题

（1）资产规模偏小，行业集中度不足。中国投资银行在资本实力、资产总额方面同国际知名投资银行相比差距较大。按照赫芬达尔指数（一种测量产业集中度的综合指数），2012 年年底，中国证券业的 HHI 指数仅为 248，表明中国证券行业仍然高度分散。在国际成熟市场上，证券公司都经历了一个由小型化、分散化逐步向大型化、全能化发展演变的过程。据统计，美国大型证券公司经过并购重组后数量大幅减少，前十大证券公司资本总额占全行业资本总额的比例由 20 世纪 70 年代初的 1/3 上升到 21 世纪初的 3/4。在日本，证券公司数由 1949 年的 1 127 家减少到 1997 年的 232 家，至今仅存约 10 家大型证券公司，全国 80% 以上的证券交易是通过前几大证券公司进行的。与境外的著名投资银行数千亿美元的规模相比，中国投资银行业仍然还是相去甚远。

（2）业务范围相对比较狭窄，盈利模式同质。在业务开拓方面，国外投资银行积极开发设计新金融品种以满足不同客户的需要，同时可获得较高收入。而中国投资银行业务极其狭窄，目前中国投资银行机构大多只从事投资银行本源业务即证券承销和经纪，少数大投资银行虽涉足较多业务，但因经验不足、专业人才队伍不够完善，使得自身业务的发展受到一定的限制。大部分证券公司经营模式单一，现有经纪业务在盈利中占比过高，盈利模式同质化程度过高，对客户和产品服务也缺乏分层和多样化服务。

（3）证券公司治理结构和内部控制机制不完善。证券公司的股权结构不合理，存在两种极端情况：相当一部分证券公司股权结构单一，大股东控制管理层的现象较为突出：另一些证券公司股权结构又过于分散，单个股东持股比例均较小，股东会、董事会对管理层的约束作用不足，容易产生内部人控制的问题。

（4）整体创新能力不足。目前证券公司在产品创新、业务创新、组织创新等方面受到较多限制，整体创新能力不足。一方面，证券公司创新活动受到一些体制和市场环境的制约，创新过程较长，不确定性因素较多，在一定程度上影响了公司创新的动力和投入；另一方面，部分证券公司在创新活动中未能有效控制可能产生的风险，也在一定程度上增加了创新活动的成本。

三、投资银行业的发展趋势

（一）经营模式全能化

全能化趋势又叫混业化趋势，是指投资银行通过整合商业银行、保险公司、信托公司等各类金融机构，开展多元化的业务，日益向大型和超大型金融集团发展的趋势。全球金融自由化的浪潮改变着传统的金融结构，要求银行和证券业在面向用户的情况下开放彼此业务领域。

历史上，美国、日本等国家形成的证券业与银行业严格分离的分业监管模式为减少银行风险、维护证券市场的正常秩序、促进金融和经济的安全稳定曾作出过重大贡献。但进入 20 世纪 80 年代以来，传统的业务分工已经不能再适应两者各自所面临的激烈竞争。银行业与投资银行业在大力拓展新业务领域的同时，交叉经营日益增大，这既是竞争的需要，也是金融业不断完善、发展的要求。

金融工具的创新使得许多原有的分业监管措施失去了意义，商业银行与投资银行业务范围的划分变得越来越模糊。商业银行与投资银行不断通过金融创新绕过法律的约束，侵入对方的业务领域，形成了“你中有我，我中有你”的现实局面。在上述背景的影响下，投资银行和商业银行混业经营成为潮流，投资银行与商业银行在交叉经营的背景下，优势互补，联系更为紧密。

（二）经营范围全球化

20世纪60年代以后，特别是80年代以来，随着经济全球化进程的不断强化和加速，金融和贸易的自由化日益成为各国经济国际化和自由化的先学，在这种背景下，投资银行也不断走向国际化，在全球范围内广泛开展业务。全球化的趋势主要源于以下几点。

1. 经济全球化、贸易全球化推动

20世纪下半叶，随着国际贸易的迅速增长和生产的国际化，资本流动的规模越来越大，客观上要求金融实现国际化和自由化。特别是从70年代末开始，许多国家相继拆除了金融壁垒，使投资银行的进出相对十分便利。各国金融管制的放松，对金融机构跨国经营的限制减少，促进了国际资本的流动和金融市场的国际化，作为金融中介的投资银行自然也开始走向国际化。

2. 资本市场发展的不平衡

资本市场发展的不平衡性和差异性必然带来投资收益的不平衡，也带来巨大的贸易和投资机会，作为资本市场上最活跃的服务机构，投资银行必定会寻找获利的机会。由于各国经济周期和政策偏好不同、各国货币金融政策存在很大差异，造成各国汇率和利率设定的特征不同，这就为投资银行提供了套利的机会。

3. 现代企业具有全方位的需求

现代企业越来越需要投资银行为其提供全方位、一体化、多功能的服务，只有规模庞大、实力雄厚的全球投资银行才能满足它们的需求。大型的跨国集团可能需要投资银行参与它们的并购战略，帮助其设计和实施巨额融资方案，为企业提供资金。另外，跨国集团的国际筹资活动中很大一部分是债券筹资，这就要求有国际化背景的投资银行为其提供服务。因此，全球性的大型投资银行应运而生，具有广阔的全球业务网络、巨额的资本和经验丰富的专业人员，成为投资银行国际化经营的生力军。

在全球化经营中，投资银行可以突破狭小的国内市场的限制，获得更广泛的市场空间，从而获得更多的利益。通过各地的分支机构网络，投资银行可以方便地获得更准确、及时、廉价的信息，提高投资银行的服务质量和竞争能力。同时国际化经营可以进行不同的投资组合，也相应降低了投资银行的经营风险。

（三）经营方式专业化

现代的投资银行向两种趋势发展。

一是大型投资银行，其业务面涉及广泛，不但经营传统的证券发行与承销业务、证券经纪业务、证券自营业务，而且还开展了公司理财、资金管理和投资咨询等业务。大型投资银行资金雄厚、技术全面，在世界金融市场有卓著的声誉，并与各国政府和大公司保持着良好的关系。它们靠提供多样化服务来应对竞争对手，进行更大的投资以增加市场占有率，获得规模收益。同其他行业中一定时期就会出现的并购一样，近年来金融业的合营与兼并趋势愈演愈烈，其规模之大、影响之广盛况空前。在防范金融风险已成为金融市场重要课题的今天，资本雄厚、经营有方、业务多样的大型投资银行更容易抵御风险。

二是业务的专业化发展。经营多元化也会导致缺乏专业领域的优势，同时会导致固定成本的增加。而且经营多元化及跨国经营会带来相应的管理难题。因此，许多投资银行正在走重点发展、特色经营的道路。根据自身的优势和不足以及各项业务的进入成本和投资回报，相应调整向不同业务领域的投入，以达到最佳业务构成。即使是那些超大型投资银行，如高盛公司、美林公司等，它们在业务上也有所侧重。例如，美林公司擅长于组织项目融资、产权交易；高盛公司在从事财务顾问方面具有优势，并在外国企业、政府融资领域独树一帜；摩根士丹利公司在基金管理和二级市场上有优势等。

第四节 证券投资基金

一、证券投资基金概述及其特点

证券投资基金是一种利益共享、风险共担的集合投资方式，即通过公开发行基金份额，集中投资者的资金，由基金托管人托管，由基金管理人管理，以集合投资的方式进行证券投资。

证券投资基金主要有以下六个特点。

（一）集合理财，专业管理

基金将众多投资者的资金集中起来，委托基金管理人进行投资，有利于发挥资金的规模优势、降低投资成本，是一种集合理财行为。基金管理人一般拥有大量专业的投资研究人员和完善的投资决策机制，投资者将资金交给基金管理人管理，能够享受专业化的投资管理服务。

（二）组合投资，分散风险

在投资活动中，风险和收益总是并存的，而通过分散的多样化投资能够降低投资风险。但是，中小投资者由于资金实力有限，很难实现分散的多样化投资。而投资基金通过汇集众多投资者的小额资金，形成雄厚的资金实力，可以进行科学的组合，进行分散投资，实现资产组合的多样化，从而降低了投资风险。因此，组合投资、分散风险是证券投资基金的一大特色。

（三）利益共享，风险共担

证券投资基金投资收益在扣除基金应承担的费用后，盈余全部归基金投资者所有。基金投资者依其所持基金份额的多少享受证券投资基金的收益，也承担亏损的风险。基金管理人，托管人只能按照规定收取一定的管理费、托管费，并不得参与基金收益的分配。

（四）独立托管，资产安全

资产托管是基金运作的基本制度。基金管理人负责基金的投资运作，但不保管基金财产。基金财产由完全独立于管理人的托管人负责保管，以确保基金资产的安全。

（五）买卖方便，易于变现

基金的买卖程序简便，投资者易于投资和变现。一般而言，对开放式基金，投资者既可以向基金管理人直接申购或赎回基金，也可以通过商业银行、证券公司等代理销售机构申购或赎回。封闭式基金一般在证券交易所上市交易，买卖程序与股票相似，投资者可通过交易所买卖封闭式基金。

（六）监管严格，信息透明

为确实保护投资者利益，各国证券监管机构均对基金业实行严格的监管，并强制基金进行较为充分的信息披露，以便于投资者了解信息和进行投资决策。

二、证券投资基金的分类

根据不同的标准，证券投资基金可以进行不同的分类，这里介绍几种主要的分类。

（一）开放式基金和封闭式基金

开放式基金是指投资者可以随时向基金管理人或其代理销售机构申购或赎回，因而规模不是固定不变的证券投资基金。封闭式基金是相对于开放式基金而言的，是指在发行完毕后和规定的期限内，基金规模固定不变的投资基金。开放式基金和封闭式基金的主要区别如下：

1. 存续期限不同

开放式基金没有固定期限，投资者在开放日可随时向基金管理人赎回基金；封闭式基金均有明确的存续期限，一般为10年或15年，在此期限内已发行的基金份额不能被赎回。

2. 规模可变性不同

开放式基金通常无发行规模限制，投资者可以随时提出认购或赎回申请，基金规模因此增加或减少；而封闭式基金在招募说明书中列明其基金规模，发行后在存续期内总额固定，未经法定程序认可不能再增加发行或减少基金份额。

3. 交易方式不同

开放式基金只有一级市场，没有二级市场，不挂牌上市交易。首次发行结束后只能通过柜台办理申购或赎回；封闭式基金既有一级市场，又有二级市场，首次发行结束后即正式挂牌上市交易，可以在交易所二级市场流通转让。

4. 可赎回性不同

开放式基金具有法定的可赎回性。投资者可以在首次发行结束一段时间后（我国规定该期限最长不得超过3个月），在每一个开放日随时提出赎回申请。封闭式基金在封闭期间不能赎回，虽然挂牌上市的基金可以通过证券交易所进行转让交易，但是总的基金份额都保持不变。

5. 交易价格计算标准不同

开放式基金的申购价一般是基金单位净值加一定的购买费，赎回价是基金单位资产净值减一定的赎回费，与市场供求情况的相关性不大，因此其价格取决于基金的资产净值，反映资产净值的真实变化。封闭式基金的交易价格容易受市场供求关系影响，常出现溢价或折价交易现象，其价格波动并不必然反映基金的资产净值变化。

6. 投资策略不同

为了应对投资者随时赎回兑现，开放式基金必须在投资组合上保留一部分现金和变现能力强的资产。由于封闭式基金不能随时被赎回，其募集到的资金可全部用于投资，这样基金管理公司便可据以制定长期的投资策略。

（二）公司型基金和契约型基金

根据组织形式的不同，证券投资基金可分为公司型基金和契约型基金。契约型基金是基金投资者和基金管理人、基金托管人订立基金合同而组建的投资基金。基金管理公司依据法律，法规和基金合同负责基金的经营和管理操作；基金托管人负责保管基金资产，执行管理人的有关指令，办理基金名下的资金往来；投资者通过购买基金份额，享有基金投资收益。英国、日本、中国香港和中国台湾地区的基金多是契约型基金。我国《基金法》所规定的基金即为契约型基金。公司型基金是具有共同投资目标的投资者参照公司的组织架构，组成以营利为目的、投资于特定对象（如各种有价证券、货币）的股份制投资公司。这种基金通过发行股份的方式筹集资金，是具有法人资格的经济实体。基金持有人既是基金投资者又是公司股东，按照公司章程的规定，享受权利，履行义务。公司型基金成立后，通常委托特定的基金管理公司运用基金资产进行投资并管理基金资产，基金资产的保管则委托另一个金融机构，该机构的主要职责是保管基金资产并执行基金管理人指令，二者权责分明。基金资产独立于基金管理人和托管人的资产之外，即使受托的金融保管机构破产，受托保管的基金资产也不在清算之列。美国的基金多为公司型基金。

契约型基金与公司型基金的主要区别有以下几点：第一，法律依据不同。契约型基金是依照基金合同组建的，体现了信托关系，基金按照基金合同来运作；公司型基金是依照公司的组织结构组建的，依据公司章程来经营。第二，法律地位不同。契约型基金不具有法人资格，而公司型基金本身就是具有法人资格的股份有限公司。第三，投资者的地位不同。契约型基金的投资者是信托关系下的受益人，公司型基金的投资者则是公司的股东

（三）股票基金、债券基金、货币市场基金和混合基金

根据投资对象的不同，证券投资基金可分为股票基金、债券基金、货币市场基金和混合基金。

股票基金是以股票为投资对象的证券投资基金，是证券投资金的主要种类。依据中国证监会颁布的《证券投资基金运作管理办法》的规定，60%以上的资产投资于股票的基金为股票基金。

债券基金是一种以债券为投资对象的证券投资基金，它通过集中众多投资者的资金，

购买债券进行组合投资，寻求较为稳定的收益。按照《证券投资基金运作管理办法》的规定，80%以上的资产投资于债券的基金为债券基金。债券基金的波动性通常要小于股票基金，因此一般为风险承受能力较低的投资者所喜爱。

货币市场基金是指仅投资于货币市场工具的基金。根据中国证监会、中国人民银行颁布的《货币市场基金管理暂行规定》，其投资范围包括：现金；一年以内（含一年）的中央银行票据；中国证监会、中国人民银行认可的其他具有良好流动性的货币市场工具。混合基金是同时投资于股票、债券、货币市场工具或其他金融产品的基金。按照中国证监会颁布的《证券投资基金投资管理办法》的规定，投资于股票、债券、货币市场工具，并且股票投资和债券投资的比例与股票基金和债券基金不一致的，为混合基金。

三、我国证券投资基金业发展概况

我国基金业的发展可以分为三个历史阶段：20世纪80年代末至1997年11月14日《证券投资基金管理暂行办法》颁布之前的早期探索阶段、《证券投资基金管理暂行办法》颁布实施以后至2004年6月1日《证券投资基金法》实施前的试点发展阶段与《证券投资基金法》实施以来的快速发展阶段。

（一）早期探索阶段

1987年，中国新技术创业投资公司与汇丰集团、渣打集团在中国香港联合设立了中国置业基金，首期筹资3 900万元人民币，直接投资于以珠江三角洲为中心的周边乡镇企业，并随即在香港联合交易所上市。这标志着中资金融机构开始正式涉足投资基金业务。1992年11月，淄博乡镇企业投资基金（简称“淄博基金”）经中国人民银行总行批准正式设立。淄博基金的设立揭开了投资基金业在内地发展的序幕，并在1993年上半年引发了短暂的中国投资基金发展的热潮。

相对于1998年《证券投资基金管理暂行办法》实施以后发展起来的新的证券投资基金（简称“新基金”），人们习惯上将1997年以前设立的基金称为“老基金”。截至1997年年底，老基金的数量共有75只，筹资规模在58亿元人民币左右。

老基金存在的问题主要表现在以下三个方面：一是缺乏基本的法律规范，普遍存在法律关系不清、无法可依、监管不力的问题；二是受地方政府要求服务地方经济需要的引导以及当时境内证券市场规模狭小的限制，老基金并不以上市证券为基本投资方向，而是大量投向了房地产企业等产业部门，因此它们实际上是一种直接投资基金，而非严格意义上的证券投资基金；三是这些老基金深受房地产市场降温、实业投资无法变现以及贷款资产无法回收的困扰，资产质量普遍较低。总体而言，这一阶段中国基金业的发展带有很大的探索性与自发性。

（二）发展试点阶段

1997 年 11 月 14 日，国务院证券监督管理委员会颁布了《证券投资基金管理暂行办法》，这是我国首次颁布的规范证券投资基金运作的行政法规，为我国基金业的规范发展奠定了规制基础。由此，中国基金业的发展进入了规范化的试点发展阶段。在此阶段，我国基金业在发展上主要表现出以下几个方面的特点：

（1）基金在规范化运作方面得到了很大的提高。在此阶段，监管部门在基金管理公司和基金的设立上实行了严格的审批制度，对基金管理公司的设立规定了较高的准入门槛，明确了基金托管人在基金运作中的作用，建立了较为严格的信息披露制度。这些措施的实行，在一定程度上确保了基金的社会公信力，促进了我国基金业的规范发展。

（2）在封闭式基金成功试点的基础上成功推出开放式基金，使我国的基金运作水平实现历史性跨越。1998 年 3 月 27 日，经中国证监会批准，新成立的南方基金管理公司和国泰基金管理公司分别发起设立了两只规模均为 20 亿元的封闭式基金——基金开元和基金金泰，由此拉开了中国证券投资基金试点的序幕。在封闭式基金成功试点的基础上，2000 年 10 月 8 日中国证监会发布了《开放式证券投资基金试点办法》。2001 年 9 月，我国第一只开放式基金华安创新诞生，使我国基金业发展实现了从封闭式基金到开放式基金的历史性跨越。此后，开放式基金逐渐取代封闭式基金成为中国基金市场发展的方向。

（3）对老基金进行了全面规范清理，绝大多数老基金通过资产置换、合并等方式被改造成为新的证券投资基金。在 1999 年 10 月下旬，10 只老基金最先经资产置换后合并改制成 4 只证券投资基金，随后其他老基金也被陆续改制成为新基金。老基金的全面清理规范，解决了基金业发展的历史遗留问题。

（4）监管部门出台了一系列鼓励基金业发展的政策措施，例如，向基金进行新股配售，此举提高了基金的收益水平，增强了基金对投资者的吸引力，对基金业的发展起到了重要的促进作用。允许保险公司通过购买基金间接进行股票投资，使保险公司成为基金的最大机构投资者，也有力地支持了基金业在试点时期的规模扩张。

（5）开放式基金的发展为基金产品的创新开辟了新的天地。在开放式基金推出之前，我国共有 47 只封闭式基金。2002 年 8 月，我国封闭式基金的数量增加到 54 只。其后由于封闭式基金一直处于高折价交易状态，封闭式基金的发展因此陷入停滞状态。与此相反，开放式基金的推出为我国基金业的产品开创了新的天地，我国的基金品种日益丰富。这一阶段具有代表性的基金创新品种有：2002 年 8 月推出的第一只以债券投资为主的债券基金——南方宝元债券基金，2003 年 3 月推出的我国第一只系列基金——招商安泰系列基金，2003 年 5 月推出的我国第一只具有保本特色的基金——南方避险增值基金，2003 年 12 月推出的我国第一只货币性市场基金——华安现金富利基金等。

（三）快速发展阶段

2004 年 6 月 1 日开始实施的《证券投资基金法》，为我国基金业的发展奠定了重要的法律基础，标志着我国基金业的发展进入了一个新的发展阶段。我国基金业在发展上出现了以下一些新的变化：

（1）基金业监管的法律体系日益完善。为配合《证券投资基金法》的实施，中国证监会相继出台了包括《证券投资基金管理公司管理法》《证券投资基金运作管理办法》《证券投资基金销售管理办法》等法规，使得我国基金业监管法律体系日趋完善。

（2）基金品种日益丰富，开放式基金取代封闭式基金成为市场发展的主流。《证券投资基金法》实施以来，我国基金市场产品创新活动日趋活跃，具有代表性的基金创新产品。其中，包括：2004 年 10 月成立的国内第一只上市开放式基金（LOF）——南方积极配置基金，20041 年年底推出的国内首只交易型开放式指数基金（ETF）——华夏上证 50ETF，2007 年 9 月推出的首只 QDI 基金——南方全球精选基金 QDI 基金等。层出不穷的基金产品创新极大地推动了我国基金业的发展。

（3）基金公司业务开始走向多元化，出现了一批规模较大的基金管理公司。目前，我国的基金管理公司除了募集、管理基金外，已被允许开展社保基金管理、企业年金管理、QDII 基金管理以及特定客户资产管理等其他委托理财业务，基金管理公司的业务正在日益走向多元化。随着市场的发展，市场上也涌现出一批管理资产规模较大的基金管理公司。截至 2022 年，公募基金数量 10 263 只基金规模 26.59 万亿元。从分类型基金上看，公募基金的扩张主要得益于货币基金规模的增长。

（4）基金业市场营销和服务创新日益活跃。基金业市场化程度的提高直接推动了基金管理人营销和服务意识的增强。例如，在申购费用模式上，客户可以选择前端收费模式或后端收费模式；在交易方式上，可以采用电话委托、ATM、网上委托等。定期定额投资计划、红利再投资这些在成熟市场较为普通的服务项目，也越来越多地为我国基金管理公司所采用。

（5）基金行业对外开放程度不断提高。基金行业的对外开放主要体现在三个方面：一是合资基金管理公司不断增加，推动了国内基金业的发展和成熟。二是合格境内机构投资者（QDI）的推出，使我国基金行业开始进入国际投资市场。三是自 2008 年 4 月后部分基金管理公司开始到香港设立分公司，从事资产管理相关业务。

四、证券投资基金的发展特点

证券投资基金在当前的发展中，呈现出以下特点。

（一）美国占据主导地位，其他国家和地区发展迅猛

目前，美国的证券投资基金资产总值占世界半数以上，对全球证券投资基金的发展有着重要的示范性影响。除欧洲、美国、日本外，澳大利亚、拉丁美洲、亚洲新兴国家和地区，如中国香港、中国台湾等地区以及新加坡、韩国等国家的证券投资基金发展也很快。随着数量、品种、规模的大幅度增长，证券投资基金日益成为各国或各地区资本市场的重要力量，市场地位和影响不断提高。

（二）开放式基金成为证券投资基金的主流产品

20 世纪 80 年代以来，开放式基金的数量和规模增加幅度最大，目前已成为证券投资基金中的主流产品。探究其中的原因，开放式基金更加市场化的运作机制和制度安排是非常重要的因素之一，其灵活独特的赎回机制适应了市场竞争的客观需要，是金融创新顺应市场发展潮流的集中体现和必然结果。事实证明，开放式基金更加全面的客户服务和更加充分的信息披露，已经获得了基金投资者的广泛青睐。

（三）基金市场竞争加剧，行业集中趋势突出

在证券投资基金的发展过程中，基金市场行业集中趋势明显，资产规模位居前列的少数最大的基金管理公司所占的市场份额不断扩大。随着市场竞争的加剧，许多基金管理公司不得不走上兼并、收购的道路，这反过来进一步加剧了基金市场的集中趋势。

（四）基金资产的资金来源发生了重大变化

个人投资者一直是传统上的证券投资基金的主要投资者，但目前已有越来越多的机构投资者，特别是退休基金成为基金的重要资金来源。比如，美国允许雇主发起的养老金计划和个人税收优惠储蓄计划以共同基金为投资对象。在近 10 年中，美国共同基金业的迅速发展壮大与退休养老金快速增加紧密相关。

专栏 10－1

基础设施公募 REITs

公募 REITs 产品在 2021 年横空出世，可谓是基金行业产品创新的划时代“大步”，一类新品种正式登上历史舞台。早在 2020 年 4 月 30 日，国家发展改革委联合中国证监会发布《关于推进基础设施领域不动产投资信托基金（REITs）试点相关工作的通知》之后，国内公募 REITs 序幕正式拉开。

1. 基础设施公募 REITs 定义

我国公开募集基础设施证券投资基金（以下简称“基础设施公募 REITs”）是指依法向社会投资者公开募集资金形成基金财产，通过基础设施资产支持证券等特殊目的载体持有基础设施项目，由基金管理人等主动管理运营上述基础设施项目，并将产生的绝大部分收益分配给投资者的标准化金融产品。按照规定，我国基础设施公募 REITs 在证券交易所上市交易。

基础设施资产支持证券是指依据《证券公司及基金管理公司子公司资产证券化业务管理规定》等有关规定，以基础设施项目产生的现金流为偿付来源，以基础设施资产支持专项计划为载体，向投资者发行的代表基础设施财产或财产权益份额的有价证券。基础设施项目主要包括仓储物流，收费公路、机场港口等交通设施，水电气热等市政设施，污染治理、信息网络、产业园区等其他基础设施。

2. 基础设施公募 REITs 意义

基础设施公募 REITs 是国际通行的配置资产，具有流动性较高、收益相对稳定、安全性较强等特点，能有效盘活存量资产，填补当前金融产品空白，拓宽社会资本投资渠道，提升直接融资比重，增强资本市场服务实体经济质效。短期看有利于广泛筹集项目资本金，降低债务风险，是稳投资、补短板的有效政策工具；长期看有利于完善储蓄转化投资机制，降低实体经济杠杆，推动基础设施投融资市场化、规范化健康发展。

3. 基础设施公募 REITs 架构特点

（1）80%以上基金资产投资于基础设施资产支持证券，并持有其全部份额；基金通过基础设施资产支持证券持有基础设施项目公司全部股权。

（2）基金通过资产支持证券和项目公司等特殊目的载体取得基础设施项目完全所有权或经营权利。

（3）基金管理人主动运营管理基础设施项目，以获取基础设施项目租金、收费等稳定现金流为主要目的。

（4）采取封闭式运作，收益分配比例不低于合并后基金年度可供分配金额的 90%。

4. 基础设施公募 REITs 产品特点

基础设施公募 REITs 是并列于股票、债券、基金和衍生品的证券品种，产品具备以下特点。

一是公募 REITs 可盘活存量资产，提升基础设施资产估值，获得流动性溢价，同时提供增量投资资金，改善负债水平，降低企业杠杆率，助力企业“轻资产”运营模式转型，更好地推动资本市场服务实体经济。

二是公募 REITs 产品将 90% 的基金年度可分配利润用于分配，高比例分红，同时由于基础设施项目权属清晰，现金流持续、稳定，投资回报良好，填补了当前金融产品的空白，丰富了投资品种，便利投资者投资于流动性较弱的基础设施项目。

三是公募 REITs 产品规则透明健全，比照公开发行证券要求建立上市审查制度，制定了完备的发售、上市、交易、收购、信息披露、退市等具体业务规则。基础设施项目可借助资本市场公开、透明机制，通过资本市场融资，引导金融资金参与实体项目建设，实现高质量发展。

5. 上交所私募 REITs 实践

上交所积极探索实践，初步构建了类型丰富、运行稳健的私募 REITs 市场。截至 2020 年底，上交所私募 REITs 产品已经覆盖高速公路、仓储物流、产业园区、租赁住房、商业物业等多种不动产类型；推出了首单基础设施私募 REITs，引领了境内市场储架式产品、可扩募产品等多轮创新，为试点公募 REITs 积累了丰富的实践经验。

此外，上交所基金市场规模占比超过交易所市场的 70%，品种覆盖股票、债券、黄金、货币等多种资产类别，连接场内、场外，跨越境内、境外。上交所 ABS 资产类型覆盖应收账款、融资租赁、消费金融、基础设施等全部大类基础资产，发行规模超过 3 万亿元，市场规模约占交易所市场的 70%。

本章小结

证券公司可以从事多种金融市场业务，包括证券经纪业务、证券自营业务、证券保荐与承销业务、财务顾问、证券资产管理、证券投资咨询等。证券公司与商业银行等其他金融机构的不同之处主要在于，其一般不介入投资者的权利和义务。

证券保荐与承销是证券公司在一级市场从事的主要业务，证券经纪和证券自营是证券公司在二级市场从事的主要业务。除此之外，越来越多的证券公司开始开展兼并和收购、资产管理、风险投资等新型业务，但这些业务对证券公司规模和专业能力的要求较高，目前仍处于探索阶段。

证券公司可能面临市场风险、信用风险、流动性风险、操作风险和合规风险等多种不同类型的风险，其中，市场风险和合规风险是最主要的风险。证监会建立了以净资本为核心的风险控制指标体系，规定所有证券公司均需严格按照要求计算净资本，并达到最低资本充足率要求。

我国大部分证券公司采用传统的按部门或区域划分的集权式直线型组织结构，这一模式的弊端在于各项业务的客户相互分割，难以有效实现公司客户资源的共享。未来，我国证券公司可借鉴国外证券公司的实践，将"以客户为核心"的理念融入现有组织结构的改造。

业务结构单一、创新业务所占比例很小是我国证券公司业务存在的一个主要问题，未来证券公司应当努力创造适合市场需要、受市场欢迎的业务品种，同时积极培养核心业务，实施差别服务与特色服务，通过差异化战略来塑造自身的品牌特色。

课后习题

一、重要概念

证券类金融机构、证券公司、投资银行、证券投资基金

二、简答题

1. 证券公司与商业银行等金融机构最本质的区别是什么？

2. 我国证券公司最主要的三种业务是什么？试画出这三种业务的基本流程。

3. 我国证券公司的典型组织架构包括哪些？

4. 证券投资基金的主要分类方式有哪些？在快速发展阶段，该类机构表现出哪些特点？

5. 投资银行的主要业务范围有哪些？我国投资银行业现存的主要问题有哪些？

6. 证券类金融机构的功能有哪些？

第十一章 保险公司

【教学目的与要求】

1. 保险公司的基本知识
2. 保险公司的资产负债表及剖析
3. 保险公司的业务模型及其分析
4. 保险公司的组织结构
5. 保险公司的风险管理
6. 保险公司的创新和发展

第一节 保险公司

截至2021年12月31日，根据保险业协会数据，我国有350家保险公司，其中，财产保险公司85家，人身保险公司92家，再保险公司14家，资产管理公司15家，保险中介机构73家，地方保险协会（含中介协会）44家，保险相关机构14家。

一、保险公司概述

根据《中华人民共和国保险法》，保险是指投保人根据合同约定，向保险人支付保险费，保险人对于合同约定的可能发生的事故及因其发生所造成的财产损失承担赔偿保险金的责任，或者当被保险人死亡、伤残、疾病或者达到合同约定的年龄、期限等条件时承担给付保险金责任的商业保险行为。

1995 年 6 月 30 日第八届全国人民代表大会常务委员会第十四次会议通过，2002 年 10 月 28 日第九届全国人民代表大会常务委员会第三十次会议《关于修改〈中华人民共和国保险法〉的决定》修正，2009 年 2 月 28 日第十一届全国人民代表大会常务委员会第七次会议修订，修订后的《中华人民共和国保险法》自 2009 年 10 月 1 日起施行。

简单来说，保险就是把抽象的意外具象化，把意外作为一种可购买的产品。保险就是为了避免未来意外发生的重大损失，将对未来发生的意外风险进行购买，来提供未来发生意外时进行经济分摊补偿损失的一种经济保障。而保险公司就是以此为基础成立的公司。

二、保险公司的功能

（一）经济补偿和风险保障的功能

保险公司通过向众多的投保个人和单位收取保险费，建立保险基金，以有效的方式运作基金，来为不幸遭受损失的被保险人提供经济保障、分摊损失。比如日常生活中的汽车保险，它是指对机动车辆由于自然灾害或意外事故所造成的人身伤亡或财产损失负赔偿责任的一种商业保险，它从普通的意外剐蹭检修到相关责任险等方方面面来减少意外带来的经济损失。

（二）储蓄投资的功能

投保人通过购买相关险种的保险可以进行个人的储蓄和资产投资。保险公司可以通过组织社会闲散资金，积聚起巨额的损失保障基金，这些基金在赔偿支付之前，可用于各种实业投资和金融证券投资来使保险资金保值、增值。如常见的两全寿险、养老金、教育金保险，除了基本的保障功能外，还有储蓄功能，如果在保险期内不出事，在约定时间，保险公司会返还一笔钱给保险受益人，就好像逐年零存保费，到期后进行整取，与银行的零存整取相类似。

（三）防灾防损功能

保险公司不仅分担风险，在日常经营中，保险公司还充分发挥其防灾防损的职能，积极地参与各项防灾防损工作。因为保险公司在承保、理赔等日常业务中与各种灾害事故接触，掌握了各种灾害事故的统计资料，对灾害事故的原因也有一定的分析和研究，积累了丰富的防灾防损经验，保险公司可以通过提供业务经营或费率减免等手段来促使和鼓励投保单位和个人加强防灾防损工作。

三、保险公司的分类

（一）根据保险公司风险转移的层次进行分类

根据保险公司的风险转移层次，可以将保险公司分为（原）保险公司和再保险公司。

（原）保险公司强调为普通公众提供保险服务，接受投保人转移的风险，属于风险的初次转移。

再保险公司则承保（原）保险公司出于法律或经营需要而转移的那些直接业务。再保险（reinsurance）也称分保或“保险的保险”，指保险人将自己所承担的保险责任，部分地转嫁给其他保险人承保的业务。换言之，再保险公司的客户通常是（原）保险公司，再保险公司接受（原）保险公司转移的风险，属于风险的再次转移。

（二）根据保险公司提供保险的类型进行分类

根据保险公司的业务类型，可以将保险公司分为人身保险公司（也称“寿险公司”）和财产保险公司（简称“产险公司”）。

人身保险公司通常经营人寿保险、健康保险以及意外伤害保险，这些保险所保障的是人的寿命和身体，一旦被保险人遭受伤害或死亡，或者生存到保险期满之后，人身保险公司必须承担给付保险金的责任。人寿保险承保的内容包括意外死亡、疾病和退休。

相比之下，财产保险公司通常经营财产保险和意外伤害保险。其中，财产保险保障的对象是被保险人的财产，以自然灾害及意外事件造成的财产损失为保险责任。财产保险承保的内容包括与事故相关的人身伤害和债务、盗窃、火灾以及其他灾难。本章将从人身保险公司和财产保险公司两个角度分别讨论保险公司的主营业务和运营方式。

总的来说，对它们二者的区分主要是看保险针对的对象是谁，是人的人身安全还是人的财产安全。

第二节

保险公司的业务体系

保险公司作为自主经营、独立核算、自负盈亏的市场竞争主体，其财务管理是保险公司经营管理过程中的重要环节。基于财务报表的对保险公司财务状况和经营成果的分析，可以反映出保险公司的经营全貌，包括保险公司各类保险产品的保险费收入及比重、保险公司资金的来源及运用等等，从而使我们能够更好地了解保险公司的业务体系。

一、人身保险公司的主要业务

（一）资产方面

资产金额排前三位的分别为持有至到期投资、可供出售金融资产、定期存款，三者之和占据了平安人寿保险公司资产总额的四分之三以上。可以发现，这三类资产均属于长期投资这一类，表明在平安人寿的资产配置中，长期投资占据了很大比重。结合人寿保险公司的经营特征，不难想出产生这种现象的原因。人寿保险以人的生命表为依据来计算所收取保险费的数额，故其所得的保险费收入必须满足长期的赔偿给付，由于货币存在时间价值，所以人寿保险的资产中长期投资比重较大。

（二）负债方面

平安人寿保险公司的负债中金额最大的两项分别为寿险责任准备金和保户储金及投资款。寿险责任准备金是指保险公司为将来要发生的保险责任而提存的资金。寿险公司80%—90%的负债都为寿险责任准备金负债，这些准备金大小在精算假设上的轻微变化或在准备金评估方法上的变化都会对某个时期的收入和公司的价值产生极大的影响。保户储金及投资款体现了人寿保险具有理财的特征。

二、人身保险公司的主要业务

（一）人寿保险的概述与分类

定义：人寿保险是以被保险人的寿命为保险标的，以被保险人的生存或死亡为保险事故的人身保险。

人寿保险产品按照设计类型分为普通型人寿保险和新型人寿保险。

按照保险责任分类，普通型人寿保险又分为定期寿险、终身寿险、两全保险和年金保险。

定期寿险是指以死亡为给付保险金条件，且保险期限为固定年限的人寿保险。具体而言，定期寿险在合同中规定一定时期为保险有效期，若被保险人在约定时期内死亡，保险人即给付受益人约定数额的保险金；如果被保险人在保险期限届满时仍然生存，契约即行终止，保险人无给付义务，亦不退还已收的保险费。定期寿险的保险期限有10年、15年、20年，或到50岁、60岁等约定年龄等多项选择。定期寿险具有“低保费、高保障”的优点，保险金的给付将免纳所得税和遗产税。我国市场上的保险产品主要分为储蓄型和保障型，储蓄型保险兼具储蓄和保障功能，具有增值收益的特点。而根据保险金额在整个保险期间是否发生变化为依据，可以将其分为定期定额寿险、递减定期寿险和递增定期寿险三种。

终身寿险是指以死亡为给付保险金条件，且保险期限为终身的人寿保险。终身寿险是一种不定期的死亡保险，即保险合同中并不规定期限，自合同有效之日起，至被保险人死亡为止。也就是保险人对被保险人要终身负责，无论被保险人何时死亡，保险人都有给付保险金的义务。只要被保险人按期交纳保险费，保险人无权拒绝续保。按交保险费的方式不同，终身保险分为终身交费之终身保险、定期交费之终身保险和一次交费的终身保险三种。终身寿险可以在被保险人生存期间部分退保，领取部分现金价值，可以解决养老问题。

两全保险也称生死合险，是指在保险期间内以死亡或生存为给付保险金条件的人寿保险，是将定期死亡保险和生存保险（生存保险是指以被保险人在保险期满时仍生存为给付保险金条件的人寿保险）结合起来的保险形式，即被保险人在保险合同规定的年限内死亡或合同规定时点仍生存，保险人按照合同承担给付保险金责任的生存和死亡混合组成的保险。两全保险的业务种类很多，主要有普通两全保险，即无论被保险人在保险有效期死亡或生存至保险期满，保险人都给付保险金。双倍两全保险，即被保险人如果在保险期间届满时生存，保险人给付一倍的保险金，若被保险人在保险有效期内死亡，保险人给付两倍的保险金。养老附加定期保险，即被保险人如果在保险期间届满时生存，保险人给付一倍保险金额的保险金；如果被保险人在保险期间内死亡，保险人按照生存保险金的若干倍给付保险金。联合两全保险，即由两人或两人以上联合投保的两全保险。在保险期内，联合被保险人中的任何一人死亡时，保险人给付全部保险金，保险即终止；如果在保险期限内，联合被保险人中无一人死亡，保险期限届满时保险人也给付保险金，保险金由全体被保险人共同受领。

年金保险是指以生存与否为给付保险金条件，按约定分期给付保险金，且分期给付保险金的间隔不超过一年（含一年）的人寿保险，保障被保险人在年老或丧失劳动能力时能获得经济收益。年金保险按给付保险金的限期不同，分为三种：(1) 终身年金保险，亦称“养老年金保险”，或“养老金保险”。一般投保人是单位或团体，被保险人是该单位或团体的在职人员。按保险合同规定，投保人汇总交付保险费，直到被保险人到达规定退休年龄；保险人对已退休的被保险人按期或一次给付保险金，当被保险人死亡或已一次给付全部保险金，保险终止。（2）定期年金保险，按保险合同规定，投保人或被保险人在合同期内交纳保险费，保险人以被保险人在合同规定的期限内生存为条件，承担给付保险金的责任，规定的期限届满或被保险人死亡，保险终止。（3）联合年金保险，以两人或两人以上的家庭成员为保险对象，投保人或被保险人交付保险费后，保险人以被保险人共同生存为条件给付保险金，若其中一人死亡，保险终止。另一种形式是，当被保险人全部死亡，保险才终止，这称为联合最后生存年金保险。年金保险可由政府通过立法形式办理，属于社会福利保险，也可由保险公司，通过签订保险合同办理。

新型人寿保险又分为分红寿险、投资连结保险或万能保险等。

分红寿险是指保险公司将其实际经营成果优于定价假设的盈余，按一定比例向保单持有人进行分配的人寿保险产品。这里的保单持有人是指按照保险合同，享有保险合同利益及红利请求权的人。

投资连结保险是指包含保险保障功能并至少在一个投资账户拥有一定资产价值的人身保险产品。投资连结保险的投资账户必须是资产单独管理的资金账户。投保人可以选择其投资账户，投资风险完全由投保人承担。投资连结保险是一种融保险与投资功能于一身的新险种。设有保证收益账户、发展账户和基金账户等多个账户。每个账户的投资组合不同，收益率就不同，投资风险也不同。由于投资账户不承诺投资回报，保险公司在收取资产管理费后，将所有的投资收益和投资损失由客户承担。充分利用专家理财（行内有人称之为请专家为自己打工）的优势，客户在获得高收益的同时也承担投资损失的风险。因此投资连结保险适合于具有理性的投资理念、追求资产高收益同时又具有较高风险承受能力的投保人。

万能保险是一种缴费灵活、保额可调整、非约束性的寿险。保单持有人在缴纳一定量的首期保险费后，也可以按自己的意愿选择任何时候缴纳任何数量的保险费，只要保单的现金价值足以支付保单的相关费用，有时甚至可以不再缴费。而且保单持有人可以在具备可保性的前提下，提高保额，也可以根据自己的需要降低保额。

（二）意外伤害险

意外伤害险是指以意外伤害而致身故或残疾为给付保险金条件的人身保险。意外伤害险有三层含义：第一，必须有客观的意外事故发生，且事故原因是意外的、偶然的、不可预见的；第二，被保险人必须有因客观事故造成人身死亡或残疾的结果；第三，意外事故的发生和被保险人遭受人身伤亡的结果，两者之间有着内在的、必然的联系，即意外事故的发生是被保险人遭受伤害的原因，而被保险人遭受伤害是意外事故发生的后果。

按照投保人数划分，意外伤害险可以分为个人意外伤害险和团体意外伤害险两大类。

个人意外伤害险的分类方式较多，按投保动因可分为自愿意外伤害险和强制意外伤害险；按保险危险分为普通意外伤害险和特定意外伤害险；按保险期间分为一年期意外伤害险、极短期意外伤害险和多年期意外伤害险；按险种结构分为单纯意外伤害险和附加意外伤害险。

团体意外伤害险是以团体方式投保的人身意外伤害险，其保险责任、给付方式均与个人投保的意外伤害险相同。

（三）健康险

健康险是以被保险人的身体为保险标的，使被保险人在疾病或意外事故所致伤害时发生的费用或损失获得补偿的一种保险。

按照承保对象不同，健康险可以分为个人健康保险和团体健康保险。

1. 个人健康保险

个人健康保险是指以单个自然人作为投保对象的健康保险。一般保险公司经营的个人健康保险的险种按照保险责任分类，健康险可以分为医疗保险、疾病保险、失能收入损失保险和护理保险等。

医疗保险是指以保险合同约定的医疗行为的发生为给付保险金条件的，为被保险人接受诊疗期间的医疗费用支出提供保障的保险。

疾病保险是指以保险合同约定的疾病的发生为给付保险金条件的保险。

失能收入损失保险是指以因保险合同约定的疾病或者意外伤害导致工作能力丧失为给付保险金条件的，为被保险人在一定时期内收入减少或者中断提供保障的保险。

护理保险是指以因保险合同约定的日常生活能力障碍引发护理需要为给付保险金条件的，为被保险人的护理支出提供保障的保险。

2. 团体健康保险

团体健康保险是指以团体或其雇主作为投保人，同保险人签订保险合同，以其所属员工作为保险人，约定由团体雇主独自缴付保险费，或由雇主与团体员工分摊保险费，当被保险人因疾病或分娩住院时，由保险人负责给付其住院期间的治疗费用、住院费用、看护费用，以及在被保险人由于疾病或分娩导致残疾时，由保险人负责给付残疾保险金的一种团体保险。团体健康保险一般分为团体医疗费用保险、团体补充医疗保险、团体特种医疗费用保险。

三、财产保险公司的主要业务

（1）资产方面。平安财产保险公司资产金额排前三位的分别是定期存款、持有至到期投资、可供出售金融资产，三者之和占据了平安财产保险公司总资产的50%以上。可以发现，这三类资产均属于长期投资这一类，这表明在平安财产保险公司的资产配置中，长期投资占据了很大的比重。与前面讨论的人身保险公司类似，这种现象的产生与财产保险公司的经营特征密切相关。由于财产保险是对居民财产的安全予以保障，其给付赔偿只能依照以往的经验来确定大致的概率，所以在资产配置中偏向于定期存款这种流动性相对而言较好的长期投资。

（2）负债方面。平安财产保险公司的负债中金额最大的两项分别是未到期责任准备金和未决赔款准备金。未到期责任准备金指公司一年以内的财产险、意外伤害险、健康险业务，按规定本期保险责任尚未到期，应从属于下一年度的部分保险费中提取出来形成的准备金。未决赔款准备金，是指保险公司在会计年度决算以前发生保险责任而未赔偿或未给付的保险金。

财产保险公司的主要业务包括如下几个方面。

（一）财产损失保险

（1）企业财产保险。企业财产保险是适用于各种企业、社团、机关和事业单位的一种财产保险，主要承担因火灾或其他自然灾难和意外事故造成被保险人的财产损失。目前，我国企业财产保险产品有企业财产保险基本险、企业财产保险综合险、财产险和财产一切险。

（2）家庭财产保险。该险种是适用于我国城乡居民家庭的一种财产保险，其承保责任范围与企业财产保险综合险基本相同。常用险种有：普通家庭财产保险、家庭财产两全保险、投资保障型家庭财产保险及各种附加险。

（3）运输工具保险。该险种承担自然灾害和意外事故造成的运输工具的损失及第三者损失赔偿责任。常用险种有：机动车辆保险、船舶保险和飞机保险。

（4）货物运输保险。该险种承担货物在运输中因遭受自然灾害和意外事故而形成的损失。常用险种有：国内水路、陆路货物运输保险，国内航空货物运输保险，海洋货物运输保险及各种附加险和特约保险等。

（5）工程保险。该险种主要承保各项工程由于不可预料的事故造成的损失、费用和责任。常用险种有：建筑工程一切险和安装工程一切险等。

（6）特殊风险保险。这是根据特殊行业设计的各种保险，承保对象带有较强的专业性。常用险种有航天保险、核电站保险和海洋石油开发保险等。

（7）农业保险。承保种植业、养殖业、饲养业、捕捞业在生产过程中因自然灾害和意外事故造成的损失。常见险种有：种植业保险和养殖业保险等。

（二）责任保险

责任保险是以被保险人的民事损失赔偿责任为保险标的的保险。责任保险仅承保被保险人的过失侵权民事责任，对故意行为造成的损害不负责任，除特别约定外，通常不包括合同违约责任。责任保险既可以在各种财产保险之上附加承保，如建筑工程第三者责任保险、船舶碰撞责任保险等，也可以单独承保，如公共责任保险、产品责任保险、雇主责任保险和职业责任保险等。

（三）信用保险和保证保险

（1）信用保险。该保险是以信用风险为保险标的的保险。具体来说，是权利人要求保险人承保对方信用的一种保险，如出口信用保险，主要承保出口商因买方不履行贸易合同的义务而遭受的经济损失。

（2）保证保险。该保险承保的也是信用保险。具体来说，是被保证人根据权利人的要求投保自己信用的一种保险。常见险种有：合同保证保险、产品保证保险、雇员忠诚保证保险等。

第三节
保险公司的运营管理

一、保险公司概述

保险管理是通过一定程序和方式对保险企业的各项经济活动进行组织、协调和监督的过程。目的在于以尽量少的劳动耗费，取得最佳的经济效益和社会效益。包括行政管理和业务管理两大类。（1）行政管理指通过一定的保险行政管理机构，依据保险立法对保险经营活动进行约束和控制，具有强制性和直接性，如厘定保险条款、核发营业证书、拟订保险法规和管理办法、处理保险合同纠纷等。(2) 业务管理指按照经济规律的客观要求，运用经济杠杆和现代科学手段对保险企业经营活动进行引导、协调和组织的过程，是保险管理的中心环节。包括展业、承保、财务、理赔和信息管理等。广义上的业务管理还包括风险管理在内。

保险行业是一个流程导向性行业，诸如营销、核保、理赔、精算、财务管理、风险管理等业务领域都有大量的业务流程和管理规范。在保险公司业务模型中，保险公司也是由业务运作板块和管理支持板块构成的。

保险公司的经营管理活动是保险公司组织结构设计的基础。保险公司从事风险管理业务，需要进行程度较高的专业化分工。其主要经营管理活动包括：产品开发、市场营销和销售、承保、再保险、客户服务、投资、理赔，以及其他支持性经营管理活动。大体而言，保险公司基于这些基本经营管理活动所设置的部门可以分为三类：前台部门、中台部门和后台部门。前台部门负责业务发展和客户开发，包括营销管理部门和销售部门。中台部门管理运营环节，为前台部门提供支持服务，对业务风险进行管控，为客户提供售后服务，具体包括产品开发部门、客户服务部门、核保部门、再保险部门、理赔部门等。后台部门为整个公司提供支持性服务，具体包括办公室或行政部、人力资源部、财务会计部、信息科技部、法律部、企划部等。保险公司前台部门和中台部门的设置充分体现出保险行业的经营管理特色和各家保险公司的发展战略。

二、保险公司业务模型

（一）保险公司的业务运作

保险公司的业务运作以利润创造为导向，其核心包括：市场与客户分析、产品开发、市场营销与销售、契约与核保、保全、客户服务、理赔、再保险、投资管理等模块。

（二）市场与客户分析

市场与客户分析是保险公司运作的出发点，也是关键点。任何有效率的保险业务营销都应以精心的客户分析为基础。越来越多的公司认为它们对客户和客户的需求已相当熟悉，然而熟悉充其量只是针对过去或现在的特定市场、特定客户群而言的，在全球经济、政治、科技瞬息万变的今天，目标客户时刻发生着深刻变化。

（三）保险产品开发

保险产品开发是指保险公司基于自身发展和保险市场需求及其变化状况的需要，而创造新产品或对现有产品进行改良、组合，以适应市场需要、提高自身竞争能力的过程或行为。

三、保险产品的内涵与外延

在实施具体的产品开发步骤之前，必须把握对产品开发最终成果，即对新产品的内容构成的理解。与核心产品、有形产品、延伸产品相对应，产品开发的内容可以分为产品的基本属性设计、产品的基本要素设计、产品的外延设计等三个方面。

（一）产品的基本属性设计

产品的基本属性设计的内容主要是客户所需要的核心利益，也就是产品最为基础的使用价值。对于财产保险而言，主要满足客户规避各种可保风险所致的财产及相关利益损失等方面的需求；对于人身保险而言，各种产品主要是满足客户保障、养老、健康、伤残等方面的需求。保险产品的核心价值在于能够通过经济补偿与保险金给付提供以上各方面的财务保障。

（二）产品的基本要素设计

由于产品所能为客户提供的核心利益必须要通过适当的产品形式，因此产品开发除了要定位产品的基本属性之外，还需要围绕着基本属性设计出产品的各种构成要素。

我国《保险法》规定保险合同应当包括下列事项：（1）保险人名称和住所；（2）投保人，被保险人名称和住所，以及人身保险的受益人的名称和住所；（3）保险标的；（4）保险责任和责任免除；（5）保险期间和保险责任开始时间；（6）保险价值；（7）保险金额；（8）保险费以及支付办法；（9）保险金赔偿或者给付办法；（10）违约责任和争议处理；（11）订立合同的年、月、日。

（三）产品的外延设计

任何一种新产品的推出，都必须有适当的外延设计，以提高产品的知名度与吸引力。产品的外延设计主要是指产品的品牌与形象设计，还包括其他与产品相关的服务项目，如风险咨询、防灾防损等附加值服务。下面主要介绍产品的名称选择、形象设计、宣传支持等内容。

四、保险产品开发的通常程序

尽管各国保险公司甚至一个国家不同保险公司的保险产品开发均有自己的特色，但就通常程序而言，主要包括下列六个步骤：保险市场调查、可行性分析、保险产品设计、保险产品鉴定、保险产品报批、正式进入市场。

总之，上述程序是保险产品开发的通常程序，对于各保险公司而言，其具体步骤与内容可能有所差异。例如，有的公司设有专门的市场调查部门和险种开发部门，拥有一支专门的险种设计队伍；有的公司则由展业或承保部门负责开发；有的公司借助代理人的力量；还有的只是借鉴其他保险公司的条款开展业务。

五、费率厘定

（一）保险费和保险费率

保险费（保费）是投保人为获得保险保障而缴纳给保险人的费用。保险人依靠其所收取的保险费建立保险基金，对被保险人因保险事故而遭受的损失进行经济补偿。因此，缴付保险费是投保人的基本义务，只有在投保人履行了约定缴费义务的前提下，保险人才能承担保险合同载明的保险责任。保险费由纯保险费和附加保险费构成。纯保险费主要用于支付保险赔款或给付保险金。附加保险费主要用于保险业务的各项营业支出，包括营业税、代理手续费、企业管理费、工资及工资附加费和固定资产折旧等。

保险费率又称保险价格，是保险费与保险金额的比例，通常以每百元或每千元保险金额应缴纳的保险费来表示。作为保险价格的保险费率是不同于其他商品的价格的，因为保险人制定费率时主要依据过去的损失和费用统计记录，而不是已保保险标的的损失资料。

同样，保险费率也由纯费率与附加费率两部分组成。纯费率又称净费率，是用来支付赔款或给付保险金的费率。财产保险纯费率的计算依据是保额损失率，人寿保险纯费率的计算依据是利率和死亡率。附加费率是附加保险费与保险金额的比率。把纯费率和附加费率加总起来，就构成保险费率，即营业费率。

（二）财产保险的保险费厘定原理

财产保险费率的厘定是以保险损失概率为基础的。通过对保险损失概率和均方差的计算求出纯费率，然后再计算附加费率，最后将纯费率和附加费率相加得出营业费率。

依照费率厘定的原则，保险纯费率应当与保险事故发生的概率和保险事故发生后的赔付金额有关。因此，确定纯费率，一方面要研究有效索赔的概率，也就是未来保额损失的可能性，即保额损失概率；另一方面要研究优先索赔的金额。我们通常按照统计学的原理，利用过去的数据来推断这两方面的指标，并由此得出有效索赔额，即平均保额损失率。然后，用其近似地估计未来单位保额的有效索赔额，进而确定纯费率。

附加保险费率主要是根据保险公司的营业费用确定的。财产保险公司的营业费用主要包括：按保险费的一定比例支付的业务费、企业管理费、代理手续费及缴纳的税金；支付的职工工资及附加费用。附加保险费率还可以用纯保险费率的一定比例来表示，如规定附加保险费率为纯保险费率的20%。

（三）人寿保险的保险费厘定原理

人寿保险费由纯保险费和附加保险费两部分组成。以预定死亡率和预定利率为基础计算的保险费称为纯保险费。纯保险费是保险金给付的财务来源，纯保险费总额与保险金给付总额应达到平衡。附加保险费主要是指用于保险经营过程中的一切费用开支。纯保险费和附加保险费构成的保险费也称为营业保险费。营业保险费是保险经营过程中保险人向投保人实际收取的保险费。

人寿保险费制定的基本原则是等价交换、收支平衡。此基本原则既适用于纯保险费的制定，也适用于营业保险费的制定。人寿保险纯保险费制定的直接依据是：纯保险费收入的现值等于未来支付保险金的现值。营业保险费制定的直接依据是：营业保险费的现值等于纯保险费的现值与所有费用的现值之和。

六、市场营销与销售

保险市场营销是以保险市场为起点和终点的活动，它的对象是目标市场的准保户。保险市场营销的目标不仅是推销保险商品获得利润，而且还是提高保险企业在市场上的地位或占有率，在社会上树立良好的信誉。保险市场营销研究的内容可包括保险市场营销的管理、保险市场营销环境的分析、保险市场营销目标的选择和保险市场营销策略的制定等。

保险公司的市场营销与销售主要指将研发的产品销售给目标客户的过程，核心环节是分销渠道的设计。目前，我国保险公司销售管理存在的主要问题是分销系统不健全、销售形式单一、过分依赖代理人（代理人素质较低、流动性太大）、销售人员管理制度贯彻执行不够等。对保险公司而言，有效的市场营销首先要确定主导产品，进而确定目标客户，最后通过分销渠道销售出去，核心是分销渠道的建设。

七、契约与核保

保险契约，即保险合同，也就是通常说的保单。保单一般分为续保保单和新契约保单。

保险核保是保险公司对投保人的投保申请进行审查、核定和选择风险的过程。保险核保是保险承保的前提，是保险人处理业务的第一步，是保障保险公司稳定经营的条件。可由保险代理人或专职核保人员选用事前选择或事后选择两种方式完成。核保人员须详尽占有资料，包括来自投保书的陈述，代理人或经纪人的意见，实地调查报告，与投保人有关的银行、信用公司和雇主提供的资料等。还须注意避免道德危险和心理危险因素的发生，妥善处理来自政府强制保险的压力、推销与核保间的矛盾，处理好不良危险。对过分不良的危险，应当拒保；对高于一般的危险，应提高费率或向投保人提出改进建议，使其改进后承保。

契约与核保是指保险人对投保申请进行审核，决定是否接受这一承保风险，并在接受承保风险的情况下，确定保险费率的过程。在核保过程中，核保人员会根据标的物的不同风险类别给予不同的保险费率，保证业务质量和保险经营的稳定性。核保是承保业务中的核心业务，而承保部分又是保险公司控制风险、提高保险资产质量最为关键的一个步骤。保险人承保的目的主要有三个：一是安全地分散风险；二是降低成本获得利益；三是保证所有的保单持有人之间的公平。同时，承保也是保险经营的一个重要环节。

八、承保

承保的决定是在审核投保申请、适当控制保险责任、分析评估保险风险的基础上作出的。承保的程序包括接受投保申请、审核检验、接受业务和缮制单证等步骤。在实际操作中，承保也就是保单承保，指接受新保单，决定是否承保该保单、保额是多少，并收取首期保险费的过程。其输入的是新的投保请求：销售人员向客户卖保险，达成销售意向后，将填制一份保单，并提交相关的材料，如体检表、无疾病证明、身份证等。此时，保单以及相关材料将提交给新契约承保的人员，这些人员将完成核保，以确定是否承保及保险费是多少，并将承保结果告知客户，给用户送通知书。

九、保全

一般认为，保全是指寿险公司为履行保险给付责任或者保持保险合同的准确性和有效性，根据合同条款的约定及客户的要求而提供的一系列服务。准确地说，寿险公司的保全有广义和狭义之分。广义的保全，指寿险公司在保险合同成立后，根据合同条款的约定及客户的申请，为履行保险给付责任或保持保险合同的准确性和有效性而提供的前提服务、核心服务、基本服务、附加服务等非公共服务。前提服务，是指寿险公司提供的续期收费服务；核心服务，是指寿险公司提供的理赔和给付服务；基本服务，是指寿险公司对保单提供的变更类、退保类、管理服务类服务；附加服务，是指寿险公司提供的咨询申诉、热线电话、电子商务等服务。狭义的保全，指寿险公司在保险合同成立后，根据合同条款的约定及客户的申请，为履行保险给付责任或保持保险合同的准确性和有效性而提供的非理赔核心服务和基本服务的非公共服务。

十、客户服务

客户服务是保险公司业务运作流程中的重要环节，对客户满意度和忠诚度有直接影响，客户服务水平也因此成为保险公司竞争力的重要体现。目前，我国保险公司客户服务流程存在的主要问题有：客户服务制度不健全，服务标准与处理程序混乱，与销售、核保核赔等部门的部分功能交叉重叠，对客户服务质量缺乏统一的考评指标等。在具体业务操作上表现为合同处理（承保、保单维护、保单结束工作）、损失处理、客户咨询等由不同部门负责办理，这样的流程不符合流程简化原则，存在烦琐复杂、推诿扯皮、效率低、客户和业务员意见大等问题。

十一、理赔

（一）保险理赔的概念

保险理赔，是指在保险标的发生保险事故而使被保险人财产受到损失或生命受到损害时，或保单约定的其他保险事故出现而需要给付保险金时，保险公司根据合同规定，履行赔偿或给付责任的行为，是直接体现保险职能和履行保险责任的工作。《中华人民共和国保险法》第二十二条、第二十三条规定，保险事故发生后，依照保险合同请求保险人赔偿或者给付保险金时，投保人、被保险人或者受益人应当向保险人提供其所能提供的与确认保险理赔事故的性质、原因、损失程度等有关的证明和资料。保险人依照保险合同的约定，认为有关的证明和资料不完整的，应当通知投保人、被保险人或者受益人提供有关的补充证明和资料。保险人收到被保险人或者受益人的赔偿或者给付保险金的请求后，应当及时作出核定；对属于保险责任的，在与被保险人或者受益人达成有关赔偿或者给付保险金额的协议后的十日内，履行赔偿或者给付保险金的义务。保险合同对保险金额及赔偿或者给付期限有约定的，保险人应当依照保险合同的约定，履行赔偿或者给付保险金的义务。

理赔是保险公司执行保险合同、履行保险义务、承担保险责任的具体体现。一方面，理赔工作做得好，被保人的损失才可能得到应有的补偿，保险的职能作用才可能发挥，社会再生产的顺利运行和人民生活的正常安定才可能得到保障，保险公司的信誉才可能提高；另一方面，通过保险理赔，可以检验承保业务的质量，暴露防灾防损工作中的薄弱环节，便于公司进一步掌握灾害事故发生的规律，总结和吸取经验教训，进一步改进和提高公司的经营管理工作。

（二）保险理赔的程序

保险理赔的程序包括接受损失通知书、审核保险责任、进行损失调查、赔偿给付保险金、损余处理及代位追偿等步骤。实务操作中，理赔流程一开始输入的是客户的理赔申请：客户向公司投保时，有相应的权益要求，当客户的对应权益发生损害时，将向公司提出理赔申请，并提供相关的材料、证明等。此时，理赔申请将调度到对应的员工，该员工进行调查、取证、核赔，以确定是否给付、给付金额是多少。在核赔的过程中，可能需要调查、协谈这些辅助手段来确定最终的给付金额。为了保证核赔的质量，还需要一些抽检。最终，给客户发送给付通知，并转账给客户。

保险公司的保险理赔流程如图 11 －1 所示。

十二、再保险

再保险亦称“分保”。保险人在原保险合同的基础上，通过签订分保合同，将其所承保的部分风险和责任向其他保险人进行保险的行为。再保险的基础是原保险，再保险的产生正是基于原保险人经营中分散风险的需要。在再保险交易中，分出业务的公司称为原保险人或分出公司，接受业务的公司称为再保险人或分保接受人或分入公司。再保险转嫁风险责任支付的保费称分保费或再保险费；原保险人在招揽业务过程中支出了一定的费用，由再保险人支付给原保险人的费用报酬称分保佣金或分保手续费。再保险可分为比例再保险和非比例再保险。比例再保险是原保险人与再保险人之间订立再保险合同，按照保险金额，约定比例，分担责任。对于约定比例内的保险业务，原保险人有义务及时分出，再保险人有义务接受，双方都无选择权。比例再保险分为成数再保险、溢额再保险、成数和溢额混合再保险。非比例再保险分为超额赔款再保险和超过赔付率再保险。

建立灵活、有效的再保险机制是提高保险公司承保能力、分散经营风险、提高经营能力与经营效益的重要保障。保险公司的再保险工作重点主要有两个方面。

一是在保险公司内部建立具有市场化特征的再保险机制。对于总分制保险公司而言，通过设计并实施系统内巨灾超赔保障制度和建立总、分公司间垂直分保关系，运用再保险技术手段，充分发挥公司整体经营平衡能力，有效化解分公司作为经营个体所无法承受的

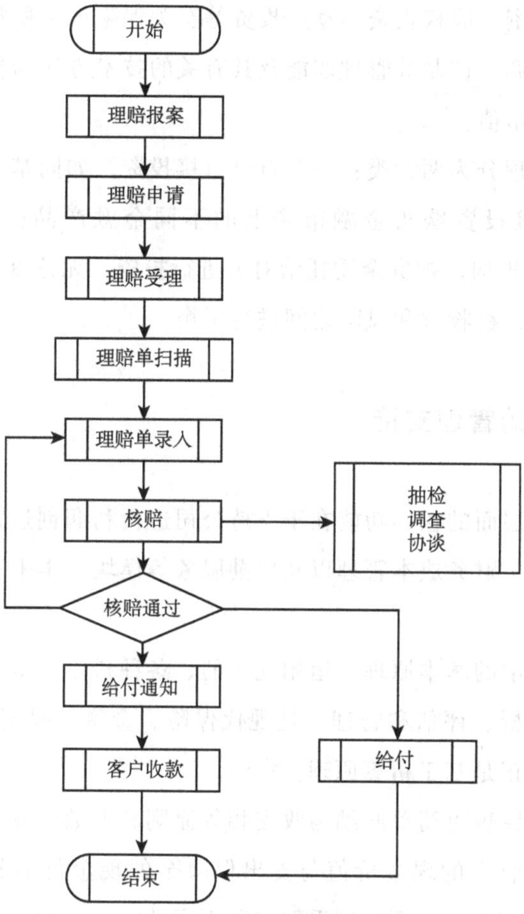

图 11－1 保险理赔流程

风险责任。在严格风险管理与控制的基础上，对分公司的承保能力、市场竞争能力提供支持，为其经营结果的相对稳定提供保障。

二是对外建立自动保障能力强、具有国际性特点的风险分散体系。通过设计并运用合同分保、临时分保、巨灾超赔分保等不同的分保形式，聚集国内外再保险承保能力。对于集团公司而言，还可以发挥集团优势，为扩大公司承保能力及整体经营的稳定与发展提供可靠、持续的保障。同时，在再保险的逐步国际化运营中，吸纳先进的承保技术与新的再保险方式，努力缩短与国际保险技术的差距，加快公司与国际保险市场接轨的进程，提高公司的核心竞争力。

十三、投资管理与资金运用

保险投资管理是指保险投资管理机构或责任人依据保险公司财务结构优化对协议存

款、债券投资、基金投资、股权投资不动产投资等有关保险投资所提出的要求，积极主动地运用计划、组织、协调、控制等管理职能及其有关的技术方法与措施，尽可能地保持和促使保险资金的保值或增值。

保险公司的投资管理分为两大类：一是自己直接投资，如同基金公司、证券公司或其他类型的金融机构直接投资购买金融市场上的不同金融产品；二是作为买方（buyer side），选择合适的金融机构，把资金委托给对方进行投资。无论哪种方式，都需要综合运用各种金融理论和方法，在收益和风险之间进行平衡。

十四、保险公司的管理支持

保险公司管理支持层面的核心功能在于支持公司进行利润创造，其核心包括精算与风险管理、信息技术管理、财务成本管理以及后勤服务等模块。本书主要介绍精算与风险管理和信息技术管理。

精算就是依据经济学的基本原理，运用现代的、各种科学有效的方法，对各种经济活动中未来的风险进行分析、评估和管理，是现代保险、金融、投资实现稳健经营的基础。保险公司运作的基础也正是基于精算原理。

保险精算最基本的原理可简单归纳为收支相等原则和大数法则。所谓收支相等原则就是使保险期内纯保险费收入的现金价值与支出保险金的现金价值相等。由于寿险的长期性，在计算时要考虑利率因素，可分别采取三种不同的方式：（1）根据保险末期的保险费收入的本利和（终值）及支付保险金的本利和（终值）保持平衡来计算；（2）根据保险合同成立时的保险费收入的现值和支付保险金的现值相等来计算；（3）根据在其他某一时点的保险费收入和支付保险金的“本利和”或“现值”相等来计算。大数法则即对于大量的随机现象（事件），由于偶然性相互抵消所呈现的必然数量规律的一系列定理的统称。常见的大数法则有三个：切比雪夫（Chebyshev）大数法则、贝努利（Bernoulli）大数法则、泊松（Poisson）大数法则。

保险精算主要分为寿险精算和非寿险精算两类。

寿险精算是以概率论和数理统计为工具研究人寿保险的寿命分布规律、寿险出险规律、寿险产品的定价、责任准备金的计算、保单现金价值的估计等问题。在寿险精算中，利率和死亡率的测算是厘定寿险成本的两个基本问题。由于利率一般是由国家控制的，所以在相当长的时期里利率并不是保险精算所关注的主要问题，而死亡率的测算即生命表的建立成为寿险精算的核心工作，现在仍然是精算研究的课题。

非寿险精算研究除人寿以外的保险标的的出险规律、出险事故损失额度的分布规律、保险人承担风险的平均损失及其分布规律、保险费的厘定和责任准备金的提存等问题。非寿险精算始终把损失发生的频率、损失发生的规模以及对损失的控制作为研究重心。现在，非寿险精算已经发展出两个重要分支：一是损失分布理论；二是风险理论。

第四节

保险公司的组织结构

组织结构设计是保险公司运营管理的一个重要组成部分，在很大程度上决定了保险公司的运营管理效率。保险公司的组织结构是指保险公司为了达到有效经营管理的目的，确定各个职能部门、职能部门员工的职责以及不同职责间的相互关系，使所有参加者既有明确的分工，又能通力合作的一种形式。组织结构的内容包括部门设置、岗位设置、业务流程设计、决策权分配和管理报告关系，其中，部门设置是组织结构设计的核心。

一、国外保险公司的组织结构特点

1. 建立基于客户类型的组织结构。
2. 对承保、理赔等职能领域实施集中式管理。
3. 更为广泛地运用信息技术，优化经营管理流程，提高经营管理效率。
4. 明晰公司的战略定位，基于公司的战略需求设计组织结构。
5. 因地因时制宜，加强变革管理。

二、保险公司的组织结构设计

职能型组织结构是指公司中从事相似职能的员工组成一个部门，它以职能为导向加以扩展。职能型组织结构是最为传统的保险公司组织结构，主要通过精细化和专业化取得效率（见图 11－2 和图 11－3）。

以紫金财产保险有限公司为例，公司目前采取的是准事业部制垂直控制的组织结构，如图 11－4 所示。首先对分支机构进行权限上收，分公司相关渠道部门直接接受总公司渠道部门领导，管理结构基本上为垂直管控，分公司负责人主要发挥协调职能。公司内部分为销售管理中心、产品经营中心、区域督导中心、运营管理中心、投资管理中心、后援中

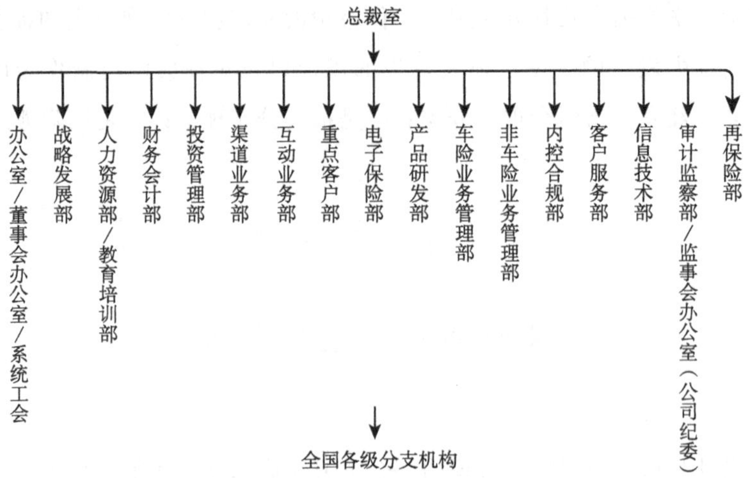

图 11－2　X 人寿财产保险有限公司组织结构

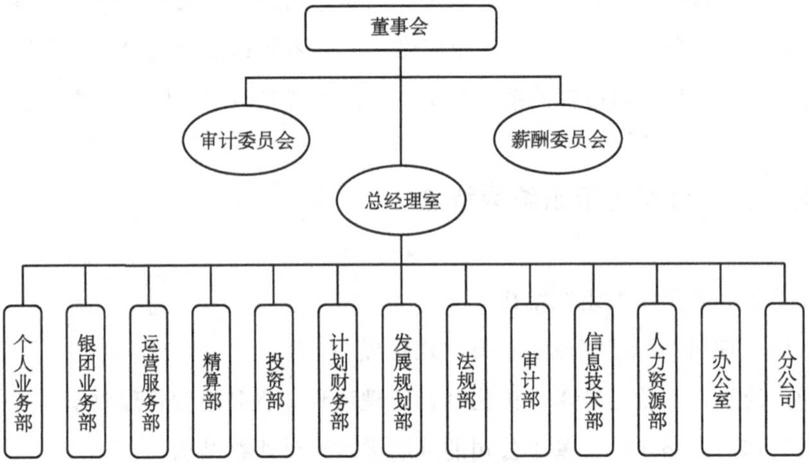

图 11－3　Y 人寿保险有限公司组织结构

心以及道路救助基金服务中心七大中心。销售管理中心细分为渠道管理部、销售管理部和营业总部，渠道管理部和营业总部按照准事业部制进一步细分，是紫金财产保险有限公司在管理精细化方面的有益尝试，有利于优化成本支出、培养销售队伍，而且保险销售环节是控制成本和提升优质业务产能的关键。

保险公司前台部门的设置是组织结构设计的关键，充分体现出各家公司的发展战略和发展阶段。各家公司往往依照以下三类标准设置前台部门。

第一，依照不同的客户类型，保险公司可以设置个人业务部和团体业务部。

第二，依照不同渠道设置部门。

第三，依照不同产品设置部门。

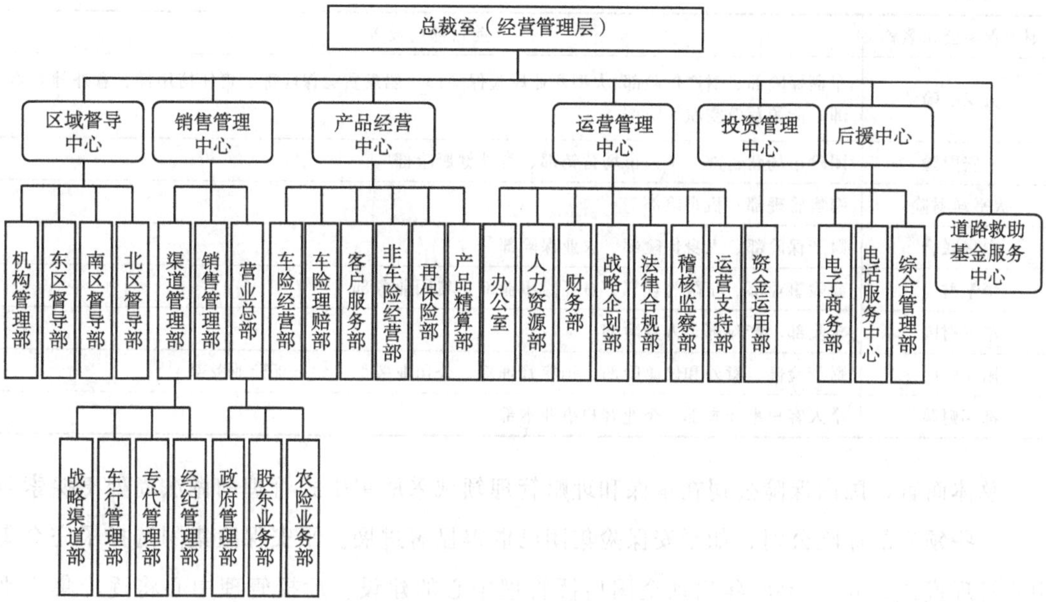

图 11－4　A 财产保险有限公司组织结构

国内人寿保险公司已普遍依据客户类型设置了业务部门，大多数寿险公司都设有个险业务部和团险业务部。另外，鉴于银行保险渠道的重要性，大多数国内寿险公司都设立了银行保险部（见表 11－1）。

表 11－1　　　　国内主要寿险公司前台部门设置情况

寿险公司名称	前台部门设置
中国人寿	个险销售部、团险销售部、中介代理部
平安寿险	营销部、团险事业部、银保事业部
太平洋寿险	个人业务部、团体业务部、银行保险部
泰康人寿	营销部、团险部、银保部
新华人寿	个人业务管理部、团体业务管理部、银行代理业务管理部
太平人寿	个人业务部、团体业务部、银行保险部
生命人寿	营销部、团险部、银代部

中台部门设置需要解决以下关键问题：第一，中台部门能否在各职能领域建立专长和技能优势，向客户和前台部门提供优质服务并有效控制经营风险；第二，中台部门能否在各职能领域实现规模经济，降低经营成本；第三，中台部门的设置能否降低前台部门和中台部门间的协调成本，提高市场反应速度（见表 11－2）。

表 11－2　　保险公司中台部门设置

财产保险公司名称	前台部门设置
人保财险	车辆保险部、财产保险部/大型商业风险保险部、船舶货运保险部、责任信用部、意外健康险部、能源及航空航天险部
平安财险	团险市场营销部、个人市场营销部、意外健康险部
太平洋财险	销售管理部、机车险部
中华联合	财产保险部、人身保险部、农业保险部
华泰财险	商险事业部、车险管理部、责任险事业部、集团业务部
华安财险	车险部、产险部、人身险部
阳光财险	财产险部、意外和健康险部、销售管理部、公司业务部、银行保险业务部
都邦财险	个人客户事业本部、企业客户事业本部

总体而言，国内保险公司在承保和理赔管理领域采取集中式管理的做法尚处于探索阶段，一些领先的保险公司，如平安保险集团已取得显著进展。平安保险集团选择了完全集中式管理模式，并于 2004 年启动全国后援管理中心的建设，后援管理中心将逐步集中平安保险集团 3000 多个分支机构的运营管理职能。截至 2006 年底，平安保险的后援中心已经完成全部个人寿险业务和银行保险业务的核保和理赔集中，完成 60% 的财产保险业务的理赔集中，车险核保自动化比率达到 50%。其他国内大型保险集团，包括太保集团、中国保险集团、中国人寿也纷纷开始建设全国后援管理中心。

第五节

保险公司的风险管理

《保险公司风险管理指引（试行）》规定：保险公司应当识别和评估经营过程中面临的各类主要风险，包括保险风险、市场风险、信用风险和操作风险等。保险风险指由于对死亡率、疾病率、赔付率、退保率等判断不正确导致产品定价错误或者准备金提取不足、再保险安排不当、非预期重大理赔等造成损失的可能性。市场风险是指由于利率、汇率、股票价格和商品价格等市场价格的不利变动而造成的损失，以及由于重大危机造成业务收入无法弥补费用的可能性。信用风险是指由于债务人或者交易对手不能履行合同义务，或者信用状况的不利变动而造成损失的可能性。操作风险指由于操作流程不完善、人为过错和信息系统故障等原因导致损失的可能性。此外，保险公司还应当对战略规划失误和公司治理结构不完善等给公司带来不利影响的其他风险予以关注。

一、保险公司的风险分类

（一）操作风险

操作风险是因为人的因素、流程的因素、系统的因素或者外部事件冲击产生的可能损失。保险公司的操作风险主要体现在人的因素、流程的因素以及外部事件冲击上。

1. 人的因素引起的操作风险

人的因素引起的操作风险是指由于投保人、被保险人、受益人以及保险公司的从业人员的人为因素而导致的风险。

（1）道德风险。道德风险是一种与人的道德品质有关的无形的风险，它主要是由于被保险人、投保人或者受益人为了谋取保险金故意制造保险事故而导致的风险。

（2）心理风险。心理风险是与人的心理素质有关的无形的风险，它指投保人或被保险人在参加保险以后产生了松懈的心理，不再小心防范可能面临的自然风险和社会风险，或者在保险事故发生时，不积极采取施救措施，任凭损失扩大。

（3）逆选择风险。逆选择风险是指保险标的的损失概率高于保险公司平均损失概率的风险。

2. 流程管理不善的因素引起的操作风险

（1）承保风险。承保风险主要指保险公司缺乏严密的核保流程和制度，缺乏完善的核保管理系统，对保险标的没有进行严格的风险选择和承保控制而给保险公司带来的潜在风险。

（2）理赔风险。理赔风险指由于保险公司在理赔过程中缺少有效的核赔手段和对各种骗赔行为的鉴别而导致的风险。

（3）退保风险。退保风险是指被保险人在保单保险期满之前退保而给保险公司带来的风险。

3. 外部事件冲击引起的操作风险

外部事件冲击对保险公司而言主要是产生巨灾风险。

（二）合规风险

合规风险对保险公司而言主要体现在监管政策变化带来的潜在影响上，也可以称之为政策性风险，即指一个国家政策变化、经济发展策略和相关法律调整，特别是国家对保险公司政策的变化而影响到保险公司的业务经营的风险。

二、保险公司的风险管理

就遵循的原则而言，包括三个方面：

（1）全面管理与重点监控相统一的原则。保险公司应当建立覆盖所有业务流程和操作环节，能够对风险进行持续监控、定期评估和准确预警的全面风险管理体系，同时要根据公司实际有针对性地实施重点风险监控，及时发现、防范和化解对公司经营有重要影响的风险。

（2）独立与集中，分工与协作相统一的原则。

（3）充分有效与成本控制相统一的原则。

（一）风险管理组织

建立由董事会负最终责任、管理层直接领导，以风险管理机构为依托，相关职能部门密切配合，覆盖所有业务单位的风险管理组织体系。在董事会下设立风险管理委员会，负责风险管理工作。保险公司董事会风险管理委员会应当全面了解公司面临的各项重大风险及其管理状况、监督风险管理体系运行的有效性。保险公司可以设立由相关高级管理人员或者部门负责人组成的综合协调机构，由总经理或者总经理指定的高级管理人员担任负责人。保险公司应当设立风险管理部门或者指定工作部门具体负责风险管理相关事务工作。

（二）风险评估

保险公司应当识别和评估经营过程中面临的各类主要风险。保险公司风险管理部门应当与各职能部门和业务单位建立信息共享机制，广泛搜集、整理与风险管理相关的内外部信息，为风险评估奠定相应的信息基础。在广泛收集信息的基础上，对经营活动和业务流程进行风险评估。风险评估包括风险识别、风险分析、风险评价三个步骤。

（三）风险控制

风险控制包括明确风险管理总体策略、制订风险解决方案和组织实施方案等内容。制定风险管理总体策略是指保险公司根据自身发展战略和条件，明确风险管理重点，确定风险限额，选择风险管理工具以及配置风险管理资源等的总体安排。根据风险发生的可能性和对经营目标的影响程度，对各项风险进行分析比较，确定风险管理的重点。确定风险限额是指保险公司根据自身财务状况、经营需要和各类保险业务的特点，在平衡风险与收益的基础上，确定愿意承担哪些风险及所能承受的最高风险水平，并据此确定风险的预警线。针对不同类型的风险，可以选择风险规避、降低、转移或者自留等风险管理工具，确保把风险控制在风险限额以内。根据风险管理总体策略，针对各类重大风险制订风险解决方案。风险解决方案主要包括解决该项风险所要达到的具体目标、所涉及的管理及业务流程、所需的条件和资源、所采取的具体措施及风险管理工具等内容。

三、风险管理的监督与改进

对风险管理的流程及其有效性进行检验评估，并根据评估结果及时改进。各职能部门和业务单位应当定期对其风险管理工作进行自查，并将自查报告报送风险管理部门。风险管理部门应当定期对各职能部门和业务单位的风险管理工作进行检查评估，并提出改进的建议和措施。风险管理部门应当每年至少一次向管理层和董事会提交风险评估报告。董事会或者其风险管理委员会可以聘请中介机构对保险公司的风险管理工作进行评价，并出具评估报告。

四、保险公司的风险监管要求

（一）偿付能力评估

偿付能力评估就是对每个保险公司的偿付能力是否充足进行的评估、检测，偿付能力评估主要包括以下两个方面：

（1）预防性的保险偿付能力指标监督管理。

（2）强制性的保险偿付能力额度监督管理。

（二）偿付能力监督管理体系

美国的偿付能力监督管理体系是较为典型的，包括三个部分：风险监督管理信息系统（IRIS）、财务分析和偿付能力跟踪系统（FAST）和法定风险准备金监控（RBC）。

本章小结

现代经济社会中，保险公司在社会经济主体中占有重要地位，保险公司经营的稳健与否与社会的安定密切相关。本章对保险公司的概念、功能、分类，财产保险和寿险两类公司业务类型，保险公司业务模型，保险公司组织架构和风险管理进行了剖析，以期读者能够更深入地了解保险公司的业务体系和运营体系。

课后习题

简答题

1. 保险公司的主要功能有哪些？
2. 保险公司有哪些分类？
3. 人寿保险有哪些分类？
4. 保险公司的产品开发程序有哪些？
5. 保险公司的再保险工作重点主要有哪两个方面？
6. 保险公司的投资管理分为哪两大类？
7. 中台部门设置需要解决哪些关键问题？
8. 遵循保险风险管理的原则包括哪三个方面？
9. 实现保险业的全面转型升级、科学发展具体体现在哪几个方面？

第十二章　其他金融机构

【教学目的与要求】

通过本章学习，全面了解证券投资基金公司、期货经纪机构和信托业的构成、基本概念、准入条件，基金公司、期货公司和信托公司的发展现状、主要收入来源及其业务转变等。

第一节　基金公司

一、基金公司概述

《中华人民共和国证券投资基金法》（以下简称《基金法》）规定，所有经批准设立的基金，应当委托基金管理公司作为基金管理人管理和运用基金资产。基金管理人是指凭借专业的知识和经验，运用所管理基金的资产，根据法律、法规及基金章程或基金契约的规定，按照科学的投资组合原理进行投资决策，谋求基金资产的不断增值，并为投资者带来更多收益的机构。由于我国绝大多数基金属于专门投资于股票、债券等有价证券的证券投资基金，因此本章主要介绍这类基金的管理公司，简称证券投资基金公司（见表 12－1）。

表 12－1　　2021 年资产规模排名前十的证券投资基金公司

总资产排名	公司名称	总资产（亿元）
1	易方达基金	15 732.94
2	广发基金	13 221.55
3	天弘基金	11 277.92
4	华夏基金	11 248.04
5	博时基金	10 817.84
6	南方基金	10 105.58
7	富国基金	9 019.82
8	鹏华基金	8 879.40
9	汇添富基金	8 507.94
10	工银瑞信基金	8 249.82

数据来源：中国基金业协会。

二、证券投资基金业务

证券投资基金业务是基金管理公司最核心的一项业务，主要包括基金的募集与销售、基金的投资管理和基金的营运服务。

（1）基金的募集与销售。能否将基金成功推向市场并不断扩大基金的财产规模，对基金公司的经营有着重要意义。为成功进行基金的募集与销售，基金公司必须在市场调研的基础上进行基金产品的开发，设计出能够满足不同投资者需要的基金产品。

（2）基金的投资管理。基金的投资管理是基金公司最核心的一项业务，基金公司之间的竞争在很大程度上取决于投资管理能力的高低。因此，努力为投资者提供与市场上同类产品相比具有竞争力的投资回报，就成为基金公司工作的重中之重。

（3）基金的营运服务。基金的营运服务是基金投资管理与市场营销工作的后台保障，通常包括基金注册登记、核算与估值、基金清算和信息披露等业务。基金营运在很大程度上反映了基金公司对投资者服务的质量，对基金公司整个业务的发展起着重要的支持作用。

（一）特定客户资产管理业务

特定客户资产管理业务，又称专户理财业务，是指基金公司向特定客户募集资金或者接受特定客户财产委托担任资产管理人，由商业银行担任资产托管人，为实现资产委托人的利益最大化，运用委托财产进行证券投资的活动。

（二）投资咨询服务

2006 年 2 月，中国证监会基金部发布的《关于基金公司向特定客户对象提供投资咨询服务有关问题的通知》规定，基金公司不需要报经中国证监会审批，可以直接向合格的境外机构投资者、境内保险公司及其他依法设立运作的机构等特定对象提供投资咨询服务。基金公司向特定对象提供的投资咨询服务不得有下列行为：

（1）侵害基金份额持有人和其他客户的合法权益。

（2）承诺投资收益。

（3）与投资咨询客户约定分享投资收益或者分担投资损失。

（4）通过广告等公开方式招揽投资咨询客户。

（5）代理投资咨询客户从事证券投资。

（三）全国社会保险基金管理业务及企业年金管理业务

根据《全国社会保险基金投资管理暂行办法》和《企业年金基金管理试行办法》，基金公司可以作为投资管理人管理社会保险基金和企业年金。目前，部分取得投资管理人资格的基金公司已经开展了管理社会保险基金和企业年金的业务。

三、证券投资基金的种类、发行及交易

证券投资基金，是指通过发售基金份额募集资金，形成独立的基金财产，由基金管理人管理、基金托管人托管，以资产组合方式进行证券投资，基金份额持有人按其所持份额享受收益和承担风险的投资工具。

（一）证券投资基金的种类

1. 按照基金单位是否可以增加或赎回基金份额，分为开放式基金和封闭式基金（见表 12－2）

采用封闭式运作方式的基金（以下简称“封闭式基金”）是指经核准的基金份额总额在基金合同期限内固定不变，基金份额可以在依法设立的证券交易场所交易，但基金份额持有人不得申请赎回的基金。

表 12－2 封闭式基金与开放式基金的比较

	封闭式基金	开放式基金
基金规模	发行规模固定不变	发行规模可随时增减
存续期	有固定的存续期	没有固定的存续期
交易地点	上市，交易所买卖	不上市，销售柜台买卖
定价方法	根据交易所价格计算	通常不上市，销售柜台买卖
投资策略	规模、存续期固定，可以制定长期投资策略	必须保留一定比例的现金以备投资人随时赎回，一般投资于变现能力强的资产
适合投资的市场	封闭而资金流动性不高的初级发展阶段市场	规模较大、流动性较高、管理规范的市场
总规模	几年来规模逐渐缩小	规模较大，是基金业的发展趋势

采用开放式运作方式的基金（以下简称“开放式基金”）是指基金份额总额不固定，基金份额可以在基金合同约定的时间和场所申购或者赎回的基金。

2. 根据投资对象的不同，分为债券基金、股票基金、货币市场基金、混合基金

债券基金是以债券（国债、地方政府债券、金融债、企业债、公司债等）为主要投资对象的基金，但也不排除持有一定数量（如 20% 以下）的非债券证券。债券基金具有流动性强、安全性高、投资风险小、回报稳定的特点。

股票基金是以已经上市的股票为主要投资对象的基金，但也不排除持有一定数量（如 20% 以下）的非股票证券。相比于债券基金，股票基金的期望回报率较高，但风险也相应比较高。根据所投资的股票种类的不同，可以进一步将股票基金细分为积极成长型基金、成长型基金、成长和收入型基金等多种类别。

货币市场基金是指在货币市场上，以短期有价证券作为投资对象的一种基金，该基金主要投资于短期货币工具，如国库券、政府短期债券、商业票据、银行可转让存单等短期有价证券。由于货币市场是一个风险低、流动性高的市场，因此货币市场基金具有收益稳定、流动性强、购买限额低、资本安全性高的特点。

根据中国证监会对基金的分类标准，混合基金是指投资于股票、债券和货币市场工具，但股票投资和债券投资的比例不符合股票基金、债券基金规定的基金。混合基金同时以股票、债券等为投资对象，以期通过在不同资产类别上的投资实现收益与风险之间的平衡。

3. 特殊类型基金：伞形基金、基金中的基金、保本基金、ETF、LOF

伞形基金是指多个基金共用一个基金合同，子基金独立运作，子基金之间可以相互转换的一种基金结构形式。在法律上，伞形基金并不具备独立的法律地位，各个子基金却具有相对独立性。

基金中的基金是指以其他证券投资基金为投资对象的基金，其投资组合由其他证券投资基金组成。由于基金中的基金可以视为由双重专家经营，并经过双重分散风险，因而安全性较高，但不利之处在于，它使得投资者承担了双重投资成本。

保本基金是指通过采用投资组合保险技术，保证投资者在投资到期时至少能够获得投资本金或一定回报的证券投资基金。为了能够做到本金安全或实现最低回报，保本基金通常会将大部分资金投资于到期日与基金相同的债券；同时，为了提高收益水平，保本基金会将其余部分投资于股票、衍生工具等高风险资产上。保本基金的投资目标是，在锁定目标下跌风险的同时力争有机会获得潜在的高回报。

交易所交易基金（ETF）的基金单位既可以随时创设与赎回，又可以在交易所挂牌上市交易。这类基金通过复制指数以及一揽子证券与基金单位之间自由交换的运作方式，保证投资资产净值与指数同步波动。同时，通过二级市场挂牌交易与一级市场申购、赎回之间的套利，保证交易价格贴近净值，从而使得交易价格与资产净值一同跟踪市场。为达到这一投资功能，客观上要求 ETF 与标的指数的收益率非常接近，或者说使 ETF 与标的指数之间的跟踪误差足够小。作为一种既可以上市交易，又能以实有证券方式申购和赎回的基金，ETF 兼具开放式基金和封闭式基金的优点，既适合长期投资者，也适合短期投资人士与临时性现金管理者（见图 12－1）。

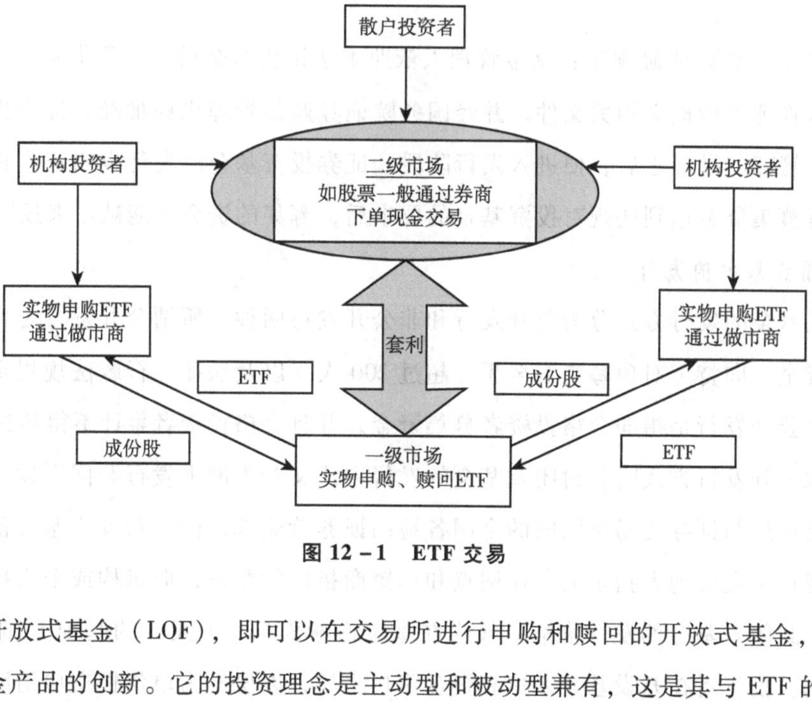

图 12－1 ETF 交易

上市开放式基金（LOF），即可以在交易所进行申购和赎回的开放式基金，是对开放式投资基金产品的创新。它的投资理念是主动型和被动型兼有，这是其与 ETF 的最大区别（见表 12－3），后者是一种被动型基金产品。LOF 一方面可以像开放式基金一样，通过银行等代销机构在场外按基金份额净值进行申购、赎回；另一方面可以像封闭式基金那样，通过交易所系统发行并上市交易。场外市场与场内市场的基金份额分别被注册登记在场外系统与场内系统，并可以通过跨系统转托管实现基金份额在银行等代销机构（场外）的申购、赎回和在交易所（场内）买卖两种交易方式。

表 12-3　　ETF 与 LOF 的区别

	ETF	LOF
申购、赎回的标的不同	ETF 是基金份额与一揽子股票的交易	LOF 是基金份额与现金的交易
申购、赎回的限制不同	ETF 要求的数额较大，在 100 万份以上	LOF 在申购、赎回上没有特别要求
基金投资策略不同	ETF 通常采用完全被动式管理方法，以拟合某一指数为目标	LOF 既可以采用主动方式，也可以采用被动方式
报价频率	在二级市场的净值报价上，ETF 每 15 秒提供一个基金净值报价	LOF 通常一天只提供一个或几个基金净值报价
套利机制不同	ETF 可实时套利	LOF 在套利上没有 ETF 方便，需要承担较大的套利风险

（二）证券投资基金的发行

我国《基金法》明确规定：基金管理人依照本法销售基金份额、募集基金，应向国务院证券监督管理机构提交相关文件，并经国务院证券监督管理机构批准。证券投资基金的设立获得主管部门批准之后，便进入发行阶段。证券投资基金的发行也叫证券投资基金的募集，只有募集资金达到法规对投资基金的要求后，募集的资金才能被用来投资。

1. 封闭式基金的发行

封闭式基金的发行方式分为公开发行和非公开发行两种。所谓公开发行是指向不特定对象募集资金、向特定对象募集资金累计超过 200 人，以及法律、行政法规规定的其他情形。所谓非公开发行是指向合格投资者募集资金，并且合格投资者累计不得超过 200 人。

当采取公开发行方式时，封闭式基金的发售方式又分为网上发行和网下发行两种。网上发行是指通过与证券交易所联网的全国各地的证券营业部，向公众发售基金份额。网下发行是指通过基金管理人指定的营业网点和承销商指定的账户，向机构或个人投资者发售基金份额。封闭式基金的发行价格一般为在基金份额面值（1 元）的基础上加计 0.01 元的发售费用。投资者在开设基金账户和资金账户之后，以份额为单位提交申请购买的基金数量。

2. 开放式基金的发行

投资者在开放式基金募集期间购买基金单位的行为被称为认购。投资者认购开放式基金，分为开户、认购、确认三个步骤。其中，开户是指投资者购买基金之前须先开立基金账户和资金账户，确认是指投资者的认购申请得到注册登记机构的确认之后方有效，否则认购申请无效，认购资金将退回资金账户。

开放式基金采取金额认购的方式，即投资者在办理认购时，认购申请上不是直接填写需要认购多少基金份额，而是填写需要认购多少金额的基金份额，在基金认购结束后，再按基金份额的认购价格转换为投资者应得的基金份额。开放式基金的收费模式有两种，一种是前端收费模式，另一种是后端收费模式，前者指投资者在购买开放式基金时就支付申购费的付费方式，后者则是等到卖出时才支付申购费的付费方式。某些基金甚至规定，如果投资人能在持有基金超过一定期限后再卖出，后端收费可以完全免除。基金公司的认购费用计算公式如下：

净认购金额 = 认购金额/(1 + 认购费率)

认购费用 = 净认购金额 × 认购费率

认购份额 = (认购金额 - 认购费用)/基金份额面值

（三）证券投资基金的交易

1. 封闭式基金的上市与交易

经基金管理人申请，中国证监会核准，封闭式基金的基金份额可以在证券交易所上市交易。投资者买卖基金时要开立基金账户，若持有沪深股票账户也可以进行封闭式基金的买卖。封闭式基金的买卖同其他股票的买卖所遵守的规定基本一致，投资者只需要像买卖股票那样买卖封闭式基金就可以了。稍有不同的是，封闭式基金的报价单位为 0.001 元，同时封闭式基金的交易成本较低，并且不收取印花税。封闭式基金的交易价格除受到基金净值的影响外，还受到市场供求关系和市场环境的影响。

2. 开放式基金的申购和赎回

在开放式基金成立之后，投资者通过销售机构申请向基金公司购买基金单位的过程称为申购。一般只要基金存在，就一直处于申购阶段，但根据《证券投资基金运作管理办法》的规定，开放式基金合同生效初期，可以在基金合同和招募说明书规定的期限内只接受申购，不办理赎回，但该期限不得超过 3 个月。封闭期结束后，开放式基金进入日常申购、赎回期，基金管理人应当在每个工作日办理基金份额的申购、赎回业务。申购采用“未知价”原则并按照“金额申购方式”进行，即以申请日的基金单位资产净值为基础进行交易。申购费用、净申购金额、申购份额的计算公式如下：

申购费用 = 申购金额 × 申购费率

净申购金额 = 申购金额 - 申购费用

申购份额 = 申购金额/申请日基金单位资产净值

赎回是指基金存续期间已持有基金单位的投资人要求基金管理人赎回其持有的基金单位的行为。基金的赎回以书面方式或经认可的其他方式进行。赎回采用“未知价”原则并按照“份额赎回方式”进行，即以申请日的基金单位资产净值为基础进行交易。赎回费用、赎回金额的计算公式如下：

赎回费用 = 赎回当日基金单位资产净值 × 赎回份额 × 赎回费率

赎回金额 = 赎回当日基金单位资产净值 × 赎回份额 - 赎回费用

其中，赎回费率随赎回基金份额持有年限的递增而递减，直至为0。出现巨额赎回时，基金管理人可以根据基金当时资产组合状况决定接受全额赎回或者部分延期赎回。

四、证券投资基金公司的风险管理

市场风险是证券投资基金公司面临的主要风险，这是因为证券投资基金主要通过投资股票和债券等有价证券获利，证券价格的波动是证券公司主要的风险来源。对市场风险进行防范与管理的关键在于在基金公司开展投资活动时建立一套从风险识别到风险测量，最后到风险控制的规范体系，并要求各个部门严格按照这个系统进行投资活动（见图12-2）。

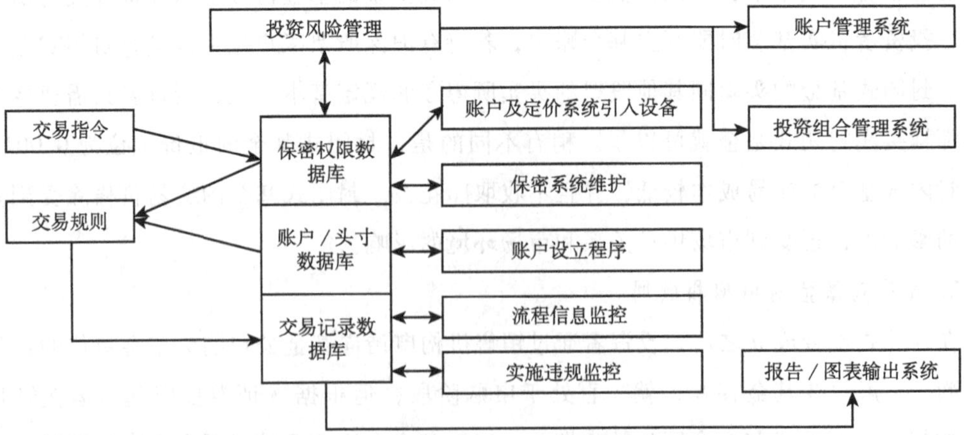

图12-2　证券投资基金投资风险管理系统

证券投资基金的流动性风险主要体现在，当投资者大额赎回的时候，可能因为资产不能迅速变现或变现成本很高而给基金带来损失的可能性。为了控制流动性风险，要求在现金、债券和股票之间合理分配资产，以及管理好持仓股票的流动性。具体可以采取以下几种方法：(1) 保留一定的高流动性现金资产，以备需要的时候随时变现，应付客户的赎回请求。(2) 证券回购。在应对突发性临时大规模赎回请求时，仅靠基金投资组合中的现金资产是不够的，必要时可以与银行或者其他金融机构签订证券回购协议，待赎回风波过去后，再购回证券。(3) 融资。基金出现临时性流动性困难时，可以向银行或者其他金融机构办理抵押贷款，以获得现金应付赎回请求。(4) 利用衍生工具来防止流动性不足。比如，如果基金经理预计在未来的某个时间段内将会有一定数量的赎回请求，但是该经理也担心未来这段时间内股票市场价格下降，而他不得不卖出更大份额的股票来应付赎回要求，为了防止这种股票价格下降的风险，该经理可以卖出一定数量的股指期货。

除上述风险外，证券投资基金公司还面临操作风险。基金公司一般通过制定若干内部控制制度来防范操作风险，这些内部控制制度包括如下四类：(1) 环境控制。环境控制主要指公司在参照国际通行惯例的基础上建立符合公司发展需要的内部组织结构和运行规则，管理层树立牢固的风险管理理念，并将这一理念传达给每个员工。(2) 内部会计控制。内部会计控制是保证交易被正确记录，会计信息被真实、完全、及时反映的系统，其基本控制措施包括复核制度、凭证处理、会计账务处理、定期稽核。(3) 操作控制。建立标准的业务操作程序和业务流程，参与部门、人员经业务授权后按照标准操作程序进行操作；将基金资产的运用和公司自有资产的运用严格隔离；将所管理的不同基金的资产、操作严格分离；将基金资产的投资决策和交易、清算后台严格分离；等等。(4) 内部组织控制。建立以岗位目标责任制为基础的第一道监控防线；建立相关部门、相关岗位之间相互监督的第二道监控防线；建立以督察员、减产稽核部对各岗位、各部门、各项业务全面实施监督反馈的第三道监控防线。

五、证券投资基金公司的创新与发展

(一) 国外证券投资基金发展趋势

证券投资基金在美国通常被称为共同基金，美国共同基金的发展趋势主要呈现以下几个特征：(1) 行业集中度持续走高。(2) 资金持续流出共同基金业。(3) 指数型基金需求强劲。(4) 基金费率持续走低。

(二) 我国证券投资基金的发展与创新

通常情况下，分级基金是通过对基金收益分配的安排，将基金份额分成预期收益与风险不同的两类份额，并将其中一类或两类份额进行上市交易的结构化证券投资基金（见

表 12 - 4)。一类是预期风险和收益均较低，且优先享受收益分配的部分，在此称为“A 类份额”；另一类是预期风险和收益均较高，且次优先享受收益分配的部分，在此称为“B 类份额”。类似于其他结构化产品，B 类份额一般“借用”A 类份额的资金来放大收益，而具备一定的杠杆特性，也正是因为“借用”了资金，B 类份额一般又会支付 A 类份额一定基准的“利息”。

表 12 - 4　　我国分级基金发展概览

基金名称	基金份额结构	基金公司	设立日期
瑞福分级	瑞福优先（开放式）、瑞福进取（封闭式）	国投瑞银	2007 年 7 月 17 日
长盛同庆分级	同庆 A、同庆 B	长盛	2009 年 5 月 12 日
瑞和 300 分级	瑞和 300（基础）、瑞和小康、瑞和远见	国投瑞银	2009 年 10 月 14 日
国泰估值分级	估值优先、估值进取	国泰	2010 年 2 月 10 日
德盛双禧分级	双禧 100 份额（基础）、双禧 A、双禧 B	国联安	2010 年 4 月 16 日
兴全合润分级	兴全合润分级（基础）、合润 A 和合润 B	兴全全球	2010 年 4 月 22 日
银华深证 100 分级	银华深证 100（基础）、银华稳进和银华税进	银华	2010 年 9 月 9 日
富国汇利分级	汇利 A、汇利 B	富国	2010 年 9 月 9 日
大成景丰分级	景丰 A、景丰 B	大成景丰	2010 年 10 月 15 日

我国当前已设立的分级基金均通过改变传统的收益分配模式，使得一只基金在不改变整体风险、收益属性的情况下，同时具有二类或三类风险、收益属性不同的份额，满足不同风险偏好投资者的投资需求。以下是几种不同的分级基金的分类方式：

(1) 从运行机制看，可以分为封闭式、开放式分级基金。其中，封闭式分级基金一般将基金分成两类份额；在封闭期内，所分成的两类份额或其中一类分别上市交易，但不能申购、赎回；封闭期到期时，两类份额将按照起初约定的收益分配规则进行收益分配（如长盛同庆分级）。而开放式分级基金则可以分为场内与场外两部分，共三类份额；场外仅存在基础份额，与普通开放式基金无异；场内又可以分为低风险和高风险两类份额（如德盛双禧 100 分级）。

(2) 从类型看，可分为股票型和债券型分级基金。目前，债券型分级基金包括富国汇利、大成景丰和天弘添利。其中，富国汇利和天弘添利属于纯债券型基金，大成景丰属于偏债券型基金。其余创新分级基金均是股票型分级基金。

（3）从投资管理方式看，可以分为主动管理式和被动管理式分级基金。目前11只分级基金中，有5只基金采用被动的投资管理方式，分别是瑞和300分级基金、德盛双禧中证100分级、银华深证100分级、申万深成分级。

（4）从份额配比看，目前分级基金低风险份额（A）与高风险份额（B）的配比一般为5∶5、4∶6和7∶3。份额配比的不同，直接导致初始杠杆的不同。一般来说，低风险份额占比越高，说明享受基金上涨收益或承担下跌损失的高风险份额就越少，其净值收益率变化幅度越大，杠杆倍数越高。

（5）从低风险份额的收益分配方式看，可以分为低风险份额在一定条件下参与超额收益分配，如瑞福分级、长盛同庆、国泰估值优势；低风险份额不参与超额收益分配，如双禧100、银华深证100；低风险份额与高风险份额杠杆互换，如瑞和300。

（6）从是否存在份额配对转换机制看，国泰估值分级、瑞福分级、长盛同庆、富国汇利、大成景丰、天弘添利没有份额配对转换机制；瑞和300分级、德盛双禧100分级、兴业合润分级、银华深证100分级、申万深成分级有份额配对转换机制。份额配对转换机制可以有效降低基金份额二级市场价格的折/溢价程度，并为投资者提供套利机会。

第二节

期货经纪机构

一、期货经纪公司的定义

期货公司是指依法设立的、接受客户的委托、按照客户的指令、以自己的名义为客户进行期货交易并收取交易手续费的中介组织，其交易结果由客户承担。由于期货交易所对会员实行总数控制。只有成为交易所的会员，才能取得场内交易席位，在期货交易所进行交易；非会员则须通过期货中介机构进行交易。因此，期货公司是场外期货交易者与期货交易所之间的桥梁和纽带，属于非银行金融服务机构。其主要职能包括：根据客户指令代理买卖期货合约、办理结算和交割手续；对客户账户进行管理，控制客户交易风险；为客户提供期货市场信息，进行期货交易咨询，充当客户的交易顾问等（见表12－5和表12－6）。

表 12-5　　净资本排名前十的期货公司

序号	公司名称	净资本（亿元）
1	永安期货有限公司	22.5
2	国泰君安期货有限公司	22
3	中信期货有限公司	20.8
4	海通期货有限公司	20.1
5	华信万达期货有限公司	19.8
6	华泰期货有限公司	18.4
7	五矿经易期货有限公司	16.9
8	中粮期货有限公司	16
9	银河期货有限公司	15.8
10	中国国际期货有限公司	13.9

数据来源：中国期货业协会。

表 12-6　　2022 年期货公司评级达到 AA 级以上的公司

序号	公司名称	2022 年级别
1	国泰君安期货有限公司	AA
2	银河期货经纪有限公司	AA
3	永安期货有限公司	AA
4	中信期货有限公司	AA
5	东证期货有限公司	AA
6	华泰期货有限公司	AA
7	南华期货有限公司	AA
8	中粮期货有限公司	AA
9	中信建投期货有限公司	AA
10	申银万国期货有限公司	AA
11	中泰期货有限公司	AA
12	浙商期货有限公司	AA
13	海通期货有限公司	AA
14	广发期货有限公司	AA
15	新湖期货有限公司	AA
16	光大期货有限公司	AA
17	招商期货有限公司	AA
18	国投安信期货有限公司	AA

数据来源：中国期货业协会。

根据期货公司的发展路径，当前国内期货公司依托发展背景和资源优势，一般可以分为券商控股类、有现货背景的专业类、传统类以及典型区域性特征的期货公司。

（一）券商控股类期货公司

股指期货的正式推出为券商系期货公司带来了市场机遇。

（二）有现货背景的专业类期货公司

这类期货公司的股东在一些行业具有影响力，如粮油、化工、矿产等。

（三）实力雄厚的传统类期货公司

这类期货公司既无券商背景，也无十分雄厚的现货商背景，长期以来凭借自身的品牌优势在商品期货领域发展壮大，代理量位居前列，在业界影响力较大。

（四）典型区域性特征的专业期货公司

我国地域广阔，区域发展差异性较大，形成了一些产业集群带，如大豆、天然橡胶等，需要有专业的期货公司提供服务。这类期货公司坚持服务本地企业，不断发掘区域经济的特点，发展区域性产品。它们通过利用地方政府的支持和政策，建立长期稳定的业务关系，成为具有区域性特征的专业性金融服务机构。代表性期货公司有锦泰期货、广州期货、广永期货有限公司等。

二、期货经纪公司的业务

期货公司一般以经纪业务为主，还有自营、结算、期货资产管理、境外期货等业务。

期货公司经纪业务是指期货公司代理客户进行交易，并收取一定比率手续费的中间业务。

期货公司自营业务是指期货公司用自有资金和依法筹集的资金，用自己的名义开设的账户直接参与期货市场交易的行为。

期货公司结算业务是指期货公司以结算会员的身份到期货交易所为自己的会员进行结算的业务。

期货资产管理业务是指期货公司接受单一客户或特定多个客户的书面委托，根据相关法律规定和合同约定，运用客户委托的资产进行投资，并按照合同约定收取费用或者报酬的业务活动。

境外期货业务是指在除中国以外的期货交易市场做套期保值、投机等行为的期货交易。

三、期货公司的风险管理

（一）期货市场的风险

期货市场的高风险源于三个方面：第一，期货市场集中交易的方式和价格变动的连续性，使期货市场有可能出现在极短的时间内浓缩了现货市场在一个相当长的时段里所发生的价格波动，剧烈的价格震荡孕育着巨大的市场风险。第二，期货市场实施交易保证金制度，其高杠杆效用是加大市场风险的内在动因，另外，期货的风险加大，投资者在交易中出现“穿仓”现象的可能性也会增大，而“穿仓”现象必将给作为名义上的市场交易者和风险承担者的期货公司带来巨大的损失风险。第三，期货市场允许投机者合法进入，这也是造成市场风险的重要原因。尽管在正常状态下，投机者充当了价格风险的承担者和市场的润滑剂的角色，但在利益驱动下，它们往往成为市场风险的制造者。因此，为了使期货公司能健康稳健地发展，对期货公司进行风险控制十分必要。

（二）期货公司的风险资本准备

期货公司应当按照证监会规定的标准计算各项业务的风险资本准备和公司的风险资本准备。各项业务的风险资本准备由各项业务的规模乘以一定比例（即风险系数）或按一定标准进行计算，加总各项业务的风险资本准备，得到期货公司的风险资本准备。不同类别的期货公司应当按照最近一期分类评价结果对应的分类计算系数乘以基准比例计算风险资本准备。

期货公司的风险监管指标包括期货公司净资本、净资本与公司风险资本准备的比例、净资本与净资产的比例、流动资产与流动负债的比例、负债与净资产的比例、规定的最低限额的结算准备金要求等衡量期货公司财务安全的监管指标。期货公司除了要满足财务风险指标的要求外，对行业风险、市场风险、信用风险指标也要根据公司实际情况，设置相应的监管要求，进行风险监控。其中，净资本的计算公式为：

净资本 = 净资产 - 资产调整值 + 负债调整值 - 客户未足额追加的保证金

-/+其他调整项

（三）风险资本准备的计算

(1) 期货公司经营境内经纪业务的，应当按客户境内权益总额的一定比例计算风险资本准备，基准比例为4%。其中，从事全面结算业务的期货公司，按其客户权益总额与其代理结算的非结算会员权益或者非结算会员客户权益之和计算风险资本准备。

（2）期货公司经营境外期货经纪业务的，应当按客户用于境外期货交易的权益总额的一定比例计算风险资本准备，基准比例为6%。

（3）期货公司经营资产管理业务的，应当按资产管理业务规模的一定比例计算风险资本准备，其中，定向资产管理业务基准比例为3%，集合资产管理业务基准比例为4%。资产管理业务规模，按面值与资产净值孰高原则计算。

（4）期货公司设立营业部等分支机构的，应当按每一家300万元的标准计算分支机构风险资本准备。总部承担对外营业职能的，按营业部标准计算风险资本准备。

四、期货经纪公司的设立条件

在中国境内，期货经纪公司是依照《中华人民共和国公司法》和2016年2月国务院令第三次修订的《期货交易管理条例》规定设立的经营期货业务的金融机构。设立期货公司，应当在公司登记机关登记注册，并经国务院期货监督管理机构批准。未经国务院期货监督管理机构批准，任何单位或者个人不得设立或者变相设立期货公司，经营期货业务。期货行业曾在我国发展迅猛，但是随之产生的问题更不可轻视，为了加强期货行业和对期货公司的规范管理和指导，《期货公司管理办法》已经于2007年3月28日在中国证券监督管理委员会第203次主席办公会议上被审议通过，自2007年4月15日起开始施行。这有利于国家金融市场的规范和稳定，同时也有利于期货公司风险控制。

《期货交易管理条例》第十六条明确规定了如下设立条件：

第一，注册资本金不低于人民币3 000万元；

第二，董事、监事、高级管理人员具备任职资格，从业人员具有期货从业资格；

第三，有符合法律、行政法规规定的公司章程；

第四，主要股东以及实际控制人具有持续盈利能力，信誉良好，最近3年无重大违法、违规记录；

第五，有合格的经营场所和业务设施；

第六，有健全的风险管理和内部控制制度；

第七，国务院期货监督管理机构规定的其他条件。

除了第十六条规定的条件外，2007年颁布的《期货公司管训办法》还规定了应当具备如下条件：（1）具有期货从业人员资格的人员不少于15人；（2）具备任职资格的高级管理人员不少于3人；（3）对持有5%以上股权的股东进行特别的规定。另外，《期货交易管理条例》第十七条规定了期货公司业务实行许可制度，由国务院期货监督管理机构按照其商品期货、金融期货业务种类颁发许可证。期货公司除申请经营境内期货经纪业务外，还可以申请经营境外期货经纪、期货投资咨询以及国务院期货监督管理机构规定的其他期货业务。

五、中国国内期货经纪公司的历史、现状、展望

在我国现阶段，期货经纪公司是指依法设立的，接受客户委托并按照客户指令以自己名义为客户进行期货交易并收取交易和交割手续费的中介组织。期货经纪业作为期货市场体系中的基本环节和重要纽带，为我国期货市场的迅速起步、不断推广和逐步规范作出过重要贡献。

（一）我国期货经纪公司的发展回顾

回顾中国期货市场发展历史，按关键性转折点划分可分为四个发展阶段：

（1）初创探索阶段（1988—1993 年）：1990 年 10 月 12 日，郑州粮食批发市场经国务院批准正式成立，以现货交易为基础，同时引入期货交易机制，标志着中国商品期货市场的诞生。1991 年 6 月 10 日，深圳有色金属交易所宣告成立，并于 1992 年 1 月 18 日正式开业。同年 5 月 28 日，上海金属交易所开业。1992 年 9 月，我国第一家期货经纪公司——广东万通期货经纪公司成立。12 月，中国国际期货有限公司成立。但由于对期货市场的功能、风险认识不足，法规监管严重滞后，到 1993 年下半年，全国各类期货交易所达 50 多家，期货经纪机构数百家，期货市场一度陷入无序状态，并发生多起期货市场风险事件，直接影响期货市场功能的发挥。

（2）治理整顿阶段（1993—2000 年）：1993 年 11 月，国务院发布《关于坚决制止期货市场盲目发展的通知》，通知提出“规范起步、加强立法、一切经过试验和从严控制”的原则，标志着第一轮治理整顿的开始，该治理整顿以清理期货交易所为主，最终 15 家交易所作为试点被保留下来。1998 年 8 月，国务院发布《关于进一步整顿和规范期货市场的通知》，开始了第二轮治理整顿。

1999 年期货交易所数量再次精简合并为 3 家，分别是郑商所、大商所和上期所，期货品种也由 35 个降至 12 个；同时对期货代理机构进行清理整顿，1995 年底，330 家期货经纪公司经重新审核获得“期货经纪业务许可证”，期货代理机构数量大幅减少。1999 年，《期货交易管理暂行条例》《期货交易所管理办法》《期货经纪公司管理办法》等一系列法律法规被先后颁布，期货经纪公司的准入门槛提高，最低注册资本金要求不得低于 3 000 万元人民币。2000 年中期协成立，标志着中国期货行业自律管理组织的诞生，从而将新的

自律机制引入监管体系。

（3）稳步规范发展阶段（2000—2013年）：进入21世纪，“稳步规范发展”成为中国期货市场发展的主题。随着中国证监会行政监督管理、中期协自律管理和期货交易所自律管理构成的三级监管体制和相关法规体系不断完善，中国期货市场逐步走向法治化和规范化的发展道路。

2006年3月，经国务院同意，中国证监会决定设立中国期货保证金监控中心，并于2015年4月更名为中国期货市场监控中心有限责任公司，作为期货保证金安全存管机构，该监控中心在有效降低保证金被挪用风险、保证期货交易资金安全以及维护投资者利益方面发挥了重要作用。2006年9月，中金所在上海挂牌成立，并于2010年4月推出沪深300股票指数期货，这对于丰富金融产品、开辟投资渠道、完善资本市场体系、发挥资本市场功能以及深化金融体制改革具有重要意义，也标志着中国期货市场进入了商品期货与金融期货共同发展的新阶段。

（4）创新发展及对外开放阶段（2014年至今）：2014年5月，国务院出台了《关于进一步促进资本市场健康发展的若干意见》，对资本市场改革进行了顶层设计和战略规划，标志着中国期货市场进入了创新发展的新阶段。9月，中国证监会发布《关于进一步推进期货经营机构创新发展的意见》，指出要充分发挥期货经营机构在服务实体经济风险管理、价格发现和增加投资、激发市场活力等方面的重要作用。同月召开首届期货创新大会，期货公司的风险管理、资产管理等创新业务全面展开。

近年来，期货市场对外开放迈出实质性步伐。继原油期货作为首个对外开放品种成功上市后，铁矿石期货正式引入境外交易者，成为我国首个已有期货国际化的品种。PTA期货作为全球唯一的聚酯类期货品种正式引入境外交易者，市场运行平稳。2018年8月，国务院公布《外商投资期货公司管理办法》，期货服务业对外开放政策正式落地，期货公司“引进来”“走出去”同步推进。

截至2020年12月，中国证监会与全球66个国家和地区的证券（期货）监管机构签署超60份期货监管合作备忘录，是国际证监会组织（IOSCO）的正式会员，上交所、深交所、中金所、中国结算、投保基金公司、中国证券业协会、中国证券投资基金业协会是IOSCO的附属会员。另外，期货交易所境外布局逐步深化，中国证监会指导交易所积极推进境外注册工作，便利境外投资者参与；推进交易所合格对手方（QCCP）评估认定；能源中心和大商所在香港证监会注册为自动化交易服务（ATS）提供者，便利当地投资者直接参与境内特定品种的交易。

（二）我国期货经纪公司的现状分析

在期货行业发展初期，国内期货公司数量相对较多，但规模小、收益低、竞争力较差，因此，在2010年前后出现了兼并潮。各期货公司通过兼并重组实现优势互补和扩充实力。国内期货公司数量由2007年的177家降至2016年的149家，此后市场格局基本稳定，直到2021年2月港信期货成立，才变为150家，截至2022年4月末，全国共有150家期货公司，分布在31个辖区。2022年4月交易额40.77万亿元，交易量4.69亿手，营业收入26.55亿元，净利润4.89亿元。2022年9月2日，中国证监会公布2022年期货公司分类评价结果：AA类期货公司数量为18家，A类期货公司共54家，B类期货公司共76家。排在A类以上的前87家期货经纪公司主要有以下四方面的特点。

其一是券商系期货公司的实力和竞争优势非常明显。前18家AA类期货公司绝大多数都属于“券商系”期货公司，截至2022年上半年，注册资本达到30亿元及以上的期货公司共有5家，分别是中信期货、银河期货、国泰君安期货、招商期货和东证期货。其二是央企控股期货公司实力优势明显。目前27家央企控股期货公司在2022年上半年整体保持增长趋势，其中，永安期货、中信期货、中粮期货、五矿经易和国泰君安净利润居前五位，都属于A类以上期货公司。其三是地域优势。一般经济较为发达的地区的期货公司，其客户量和手续费收入都会比较好。比如北上广深及江浙等沿海发达地区的期货公司优势明显。其四是行业优势。具有行业优势的期货经纪公司更多体现的是特色化服务优势，一般此类期货经纪公司的控股方或股东结构中某些股东有行业背景，比如“中粮系”、金瑞期货等。

中国期货业协会的最新数据显示，截至2021年年底，国内期货公司综合看来有主要以下特点：

（1）行业净利润持续攀升。随着中国期货公司营业收入的增加，利润也随之增长，2021年中国期货公司营业利润达175.65亿元，较2020年增加了66.17亿元，同比增长60.44%，其中净利润为137.05亿元。

（2）手续费收入创新高。2021年全行业手续费收入水平达到314.98亿元，同比增长55.89%。

（3）客户权益持续上升再创高。2021年期货客户权益1.18万亿元，较2021年初增长了43.65%，全社会各类企业、机构、投资者关注期货市场、运用期货市场管理风险和投资的行为大幅上升。

（4）近年净资本水平大幅提高。2021年全行业净资本水平达到1 614.46亿元，同比增长19.56%。

（5）品种创新持续推进，期货期权产品体系更加完善。2021年，中国期货市场全年一共上市了4个品种，包括2个期货品种、2个期权品种。其中，上期所下属上海国际能源交易中心上市了原油期权，郑商所上市了花生期货，大商所上市了生猪期货和棕榈油期权。

截至2021年年底，中国期货与衍生品市场上市品种数量达到94个，其中商品类84个（期货64个、期权20个），金融类10个（期货6个、期权4个）。

目前，制约期货行业发展的内外部条件仍然存在。主要有以下四方面：其一是交易品种太少。我国期货市场品种稀少，长期以来已经成为制约期货市场发展的障碍。除了部分农产品和原材料期货品种外，占全球市场80%的金融期货在我国的交易规模基本上还是一片空白。而能够为期货投资套期保值、规避风险的期权产品更是十分稀少。其二是投机氛围过于浓厚。大部分市场参与者在期货交易的过程中，往往抱着一种投机心理。以至于在需要参与市场进行套期保值的企业中，也有很多从事投机交易的。例如就出现了有些粮油加工企业，在期货市场却成为做空的大户这一奇葩现象。其三是期货专业人才匮乏，期货公司投资管理水平亟须提高。与发达国家相比，我国期货市场建立时间不长，因而期货公司运营的专业化管理水平还不高，相应的管理制度和专业化的经纪人队伍也未能建立起来。在此情况下，期货投资的许多操作程序还需投资者自己完成，这样必然会给投资带来很大的盲目性，并增加了投资风险。其四是风险管理工具较少。当前，我国期货市场仅有期货交易一种机制，不能满足投资者的需求。许多参与套期保值的企业反映，由于目前我国期货市场缺乏期权等二次风险管理工具，交易手段仅局限于多、空两种期货合约的买卖。

（三）中国期货公司的分类监管

为有效实施对期货公司的监督管理，引导期货公司进一步深化中介职能定位，促进期货公司持续规范健康发展和做优做强，全面提升期货行业服务国民经济能力，2011年4月15日，中国证券监督管理委员会发布了《期货公司分类监管规定》201139号，自公布之日起施行。根据其中第二十五条规定，根据期货公司评价计分的高低，将期货公司分为A（AAA、AA、A）、B（BBB、BB、B）、C（CCC、CC，C）、D、E 5类11个级别。其中标准为：

（1）A类公司风险管理能力、市场竞争力、培育和发展机构投资者状况、持续合规状况的综合评价在行业内最高，能够较好地控制业务风险；

（2）B类公司风险管理能力、市场竞争力、培育和发展机构投资者状况、持续合规状况的综合评价在行业内较高，能够控制业务风险；

（3）C类公司风险管理能力、市场竞争力、培育和发展机构投资者状况、持续合规状况的综合评价在行业内一般，风险管理能力与业务规模基本匹配；

（4）D类公司风险管理能力、市场竞争力、培育和发展机构投资者状况、持续合规状况的综合评价在行业内较低，潜在风险可能超过公司可承受范围；

（5）E 类公司潜在风险已经变为现实风险，已被采取风险处置措施。

根据此规定，期货公司分类评价采取期货公司自评、中国证监会派出机构初审委员会复核和评审、中国证监会确认评价结果的方法。期货公司分类评价每年进 1 次。

2022 年 9 月 2 日，中国证监会公布 2022 年期货公司分类评价结果：AA 类期货公司数量为 18 家，A 类期货公司共 54 家，B 类期货公司共 76 家。其中，获评 A 级公司共 36 家，较 2021 年大增 14 家；B 级公司共 76 家，较 2021 年减少 19 家。

FCM（futures commission merchant）即期货经纪商，最主要的期货经纪机构，是期货中介机构的核心，相当于我国的期货公司。

FB（floor broker）即场内经纪人，在交易池内替经纪公司或客户执行期货交易指令。

FT（floor trader）即场内交易商，与 FB 不同，它们在交易池内只替自己所属的公司做交易。

IB（introducing broker）即介绍人，可以开发客户和接受交易指令，不能接受客户的资金，通过 FCM（期货经纪商）进行结算。

AP（associated person）即相关联系的人，从事所属的 FCM、IB、CPO 和 CTA 等机构的业务开发、客户代理等工作的个人。

CPO（commodity pool operator）即商品汇集经营者，向个人筹集资金组成期货基金。

CTA（commodity trading advisors）即商品交易顾问，提供期货交易建议、管理和指导账户、发表评论、提供电话咨询、提供交易系统等；不能接受客户的资金，通过期货经纪商进行结算。

（四）期货公司的创新发展

1. 西方发达国家期货公司的发展

作为期货市场重要的中介机构，期货公司主要开展为投资者提供交易通道、清算、风险管理等服务。欧美成熟市场的期货公司已有近 200 年的历史，但真正意义上的现代期货公司是伴随着金融期货的出现而产生的。具体有以下特点：

（1）具有现货背景的期货公司独领风骚。

（2）金融期货促进金融背景的期货公司发展。

（3）并购狂潮成就期货帝国。

（4）电子网络交易带来新挑战。

2. 我国期货公司的创新与发展

很长一段时间，中国期货行业都面临着期货公司数量多、同质化竞争现象严重、业务许可范围狭小、利润来源少、高端人才稀缺、服务能力弱等发展困境。而2010年以来，期货行业整体实现了较快发展，期货公司并购行为不断发生，规模稳步扩大，券商积极参股，高素质人才集聚，期货行业优化结构、做优做强、创新发展的内外部驱动力日益增强。

第三节

信托公司

一、信托的内涵

《中华人民共和国信托法》（以下简称《信托法》）第二条规定，信托是指委托人基于对受托人的信任，将其财产权委托给受托人，由受托人按委托人的意愿以自己的名义，为受益人的利益或者特定目的，进行管理或者处分资产的行为。简单来说，信托是“受人之托，代人理财”，它作为一种严格受法律保障的财产管理制度，通过基本的三方关系即委托人、受托人和受益人更安全、更高效地转移或管理财产，从而满足人们在处置财产方面的不同需求。

（一）信托公司中资金的运用

信托公司通过发行信托计划募集资金后，需要将资金加以运用，投资于实体企业或金融产品。信托资金的运作方式主要包括债权模式、股权模式、介于二者之间的夹层模式。此外，信托公司还可以投资于某种特定的权益（比如，特定资产收益权）。

1. 债权模式

信托资金运用的债权模式，主要是指信托公司通过发行信托产品募集资金后，以向特定企业发放信托贷款的形式运用资金的一种模式。此外，信托资金先投资融资企业的股权（或其他某种权益），约定一定期限后，由企业的大股东（或第三方）以固定的价格进行回购，也属于债权模式。

在此类以债权方式运用信托资金的业务中，通常由信托公司发行信托计划募集资金，并负责审查和确定贷款的对象、用途、期限、利率和抵质押担保方式等，并负责贷后管理。

在以债权模式运用信托资金的信托产品中，只要抵质押物充足，落实好担保手续，并监控好资金，专款专用于有较高投资回报率的项目，一般情况下风险是可控的。而此类信托产品的收益率远远高于同类理财产品，受到投资者的追捧。

2. 股权模式

信托资金运用的股权模式，主要是指信托公司通过发行信托产品募集资金后，入股企业，并行使股东权利。

相比债权投资，股权投资的优势在于：信托公司一般能够派员工加入公司董事会，深度影响公司的战略，并监督公司的日常运营。且股权投资的收益上不封顶，如果所投资的企业经营状况良好或实现上市，其收益将会远远超过债权模式。但是，在清偿顺序上，股权劣于债权，因而，信托资金所投资的企业若经营不善，甚至破产，信托资金可能面临较大损失甚至有血本无归的可能。采用股权投资方式运用信托资金的信托产品，适合那些想获取高回报并愿承担较高投资风险的投资者。

3. 夹层模式

信托资金运用的夹层模式，是指采用介于纯粹的股权投资和纯粹的债权投资之间的方式进行投资。例如，信托公司可以以债权投资方式进入被投资企业，但约定在一定条件下，债权可以转换为股权；或者信托公司可以以股权投资方式进入被投资企业，但约定了一系列优先分红和投资本金保障机制等。

夹层模式最大的优势在于其具有灵活性。在实务操作中，被投资企业对资金的需求、其既有的股权状况和现实的风险状况，都决定了可能无法直接匹配单一的股权或债权融资模式。

信托资金运用的收益权投资模式，是指信托资金投资于某项财产的收益权，而不是该项财产的全部权利。

《中华人民共和国物权法》规定，物权是指权利人依法对特定的物享有直接支配和排他的权利，包括所有权、用益物权和担保物权。所有权人对自己的不动产或者动产，依法享有占有、使用、收益和处分的权利。

在诸种权利中，收益权与该项财产能产生的现金流直接相关联。信托资金只投资于收益权，只要保证基础财产不灭失、可控制，并不影响信托资金的投资回报。

（二）信托公司的业务

信托公司的业务主要包括信托业务、固有业务和其他业务。

1. 信托业务

信托公司的信托业务是其主营业务，指信托公司以营业和收取报酬为目的，以受托人身份承诺信托和处理信托事务的经营行为。可经营的信托业务包括资金信托、动产信托、不动产信托、有价证券信托、其他财产或财产权信托等。

信托公司可以根据市场需要，按照信托目的、信托财产的种类或者对信托财产管理方式的不同设置信托业务的品种。按投资范围，信托可分为货币信贷市场投资、资本市场投资、权益投资；投资方式又涵盖债权、股权，介于二者之间的夹层，以及各种财产的收益权。按信托资金投资标的的不同，信托产品可分为基础设施项目融资信托产品、房地产信托产品、证券投资信托产品、矿产能源信托产品、私募股权投资（PE）信托产品等。

在实务操作中，对于集合资金信托业务，信托公司所起的主导作用非常明显和突出，集合信托产品多为信托公司自主开发的产品，信托公司在产品交易结构设计、投资项目选择等方面具有较大的决定权。信托产品设计常用的工具和理念包括以下几个方面：

（1）结构化信托。结构化信托，是指信托公司根据投资者不同的风险偏好，对信托受益权进行分层设置，按照分层设置中的优先与劣后安排进行收益分配，使具有不同风险承担能力和意愿的投资者通过投资不同层级的收益权来获取不同的收益并承担相应风险的集合资金信托业务。

（2）资产证券化。任何稳定可靠的现金流都可以打包出售，这是资产证券化的理念。资产证券化思路在信托产品设计中大量使用，其主要模式是财产权、信托收益权的份额化、流动化。

（3）信托和其他投资载体的综合运用。信托能够根据投资需要，与各类金融投资产品综合使用。以广泛使用的“信托＋有限合伙”为例，该模式兼具门槛较低、优势互补和节税等优势，一般应用于PE类信托产品和地产基金产品中。

（4）TOT投资模式。TOT是信托中的信托（trust of trust）的缩写和简称，是指信托公司发行信托计划（母信托），将募集的资金投入该公司或其他信托公司发行的其他信托计划（子信托），通过子信托间接投资于金融、基础设施、房地产等领域。

（5）单一工具的运用，如贷款、股权、权益、购买债券等。除了前述较为综合性的产品外，信托产品也可以通过单一金融产品（如贷款、股权、权益、购买债券等）进行投资运作。信托产品设计的核心是风险的认知和控制，并获得与风险相匹配的收益。

2. 固有业务

信托公司的固有业务是指信托公司运用资本金的业务。根据《信托公司管理办法》，信托公司固有业务项下可以开展存放同业、拆放同业、贷款、租赁、投资等业务。其中，投资业务限定为金融类公司股权投资、金融产品投资和自用固定资产投资，信托公司不得以固有财产进行实业投资。

3. 其他业务

信托公司的其他业务主要包括以下三类。第一类，投资基金业务：作为投资基金或者基金管理公司的发起人从事投资基金业务。第二类，投资银行业务：经营企业资产的重组、购并、项目融资、公司理财、财务顾问等中介业务；受托经营国务院有关部门批准的证券承销业务。第三类，中间业务：居间业务，咨询、资信调查等业务，代保管及保管箱业务等。

（三）信托公司的风险管理

随着信托公司固有风险的加速上升，监管机构意识到风险管理是信托公司经营的核心部分之一。执行风险管理的目标是使风险达到长期稳定的状态并提高经营效率，从而使公司价值最大化。要达到这个目标，信托公司必须准确地平衡风险与收益，有效地分配资源。

从信托的本质和信托公司的特点及业务类型来看，信托公司的风险主要由操作风险、市场风险、信用风险、声誉风险等构成。

1. 操作风险

信托公司的操作风险主要来源于以下两方面：一是信托市场外部监管较弱和内控制度不完善，这种弱监管和不完善的内控制度间接纵容了信托不规范、不合理、不合法的操作；二是专业人员缺乏操作信托项目的必备经验和能力而导致运作不利。

2. 市场风险

由于信托业横跨货币市场、资本市场和产业市场，各个市场的波动都会给信托业带来影响，信托机构时刻面临利率、汇率、商品价格、证券价格、不动产价格以及其他因素变动导致的市场风险。但是，在缺少负债业务和信用创造能力的前提下，信托公司自有资产规模增长和风险暴露有限。而以信托工具使用为特征的集合管理资金信托业务，信托财产的市场风险最终将由受益人一方承担，市场风险在信托公司的日常经营活动中相比其他机构而言较弱化。

3. 信用风险

信托公司的信用风险来自其信托产品。信托产品是一种委托关系，这种委托关系本身就存在信用风险，同时，在信托财产的经营管理过程中还会产生新的委托关系，从而又会产生新的信用风险。具体而言，信托公司的信用风险主要来自以下几个方面：一是在业务运作前，信托财产的实际使用方（融资方）为了融得资金甚至会骗取信托财产，向信托投资公司提供虚假的融资方案与证明材料等而造成信托财产的损失；二是在运作过程中，信托财产的实际使用方或控制方违反信托合同约定，乱使用信托资金，造成信托财产的损失；三是在业务运作结束后，信托财产的实际使用方或控制方违反信托合同的约定，拒绝向信托投资公司返还信托财产及收益，或担保方拒绝兑现担保承诺等，造成信托财产损失。

4. 声誉风险

信托公司的声誉风险可定义为由于信托公司发生声誉危机事件，导致公众对其作出负面评价，使委托人、受益人、监管机构对其失去信心的可能性。由于信托业是一个以信用为生的行业，信用是信托公司立身的根本，声誉是信托公司生存的基础。信托公司的声誉风险产生的原因主要有四个方面：一是信托公司内部出现声誉危机事件而引发声誉风险；二是经营管理过程中出现各种纠纷及法律诉讼等声誉危机事件而引发声誉风险；三是行业内个别信托公司出现声誉危机事件而引发业内其他信托公司的声誉风险；四是媒体对敏感话题的不当报道而引发信托公司的声誉风险。

除上述四种风险外，信托公司的风险还包括合规风险和政策风险。政策风险对于信托这样一个跨行业的金融机构而言影响很大。国家政策影响着投融资规模、产业结构以及产业和区域的发展，给信托公司造成间接影响。同时，中央银行的信贷政策和货币政策也会对信托投资产生直接的影响。

（四）信托公司的监管指标及要求

用资本金对金融行业的核心风险进行监管和控制，是我国金融行业监管手段发展的趋势。根据《信托公司管理办法》，中国银行业监督管理委员会对信托公司实行净资本管理。《信托公司净资本管理办法》进一步细化了信托公司的净资本管理，与以往的监管政策不同，它是一个动态管理工具。其核心是两个指标：净资本与风险资本。其主要目的之一就是防范兑付风险，即业务开展要在信托公司资本实力允许的范围之内，防止出现不能兑付客户本金和收益的情况。

1. 净资本

净资本是指根据信托公司的业务范围和公司资产结构的特点，在净资产的基础上对各固定资产项目、表外项目和其他有关业务进行风险调整后得出的综合性风险控制指标。信托公司净资本的基本计算公式为：

净资本 = 净资产 − 各类资产的风险扣除项 − 或有负债的风险扣除项
　　　　− 中国银行业监督管理委员会认定的其他风险扣除项

信托公司在计算净资本时，应当将在不同科目中核算的同类资产合并计算，按照资产的属性统一进行风险调整，并注意以下几点说明：

首先，金融产品投资应当根据金融产品的类别和流动性特点按照规定的系数进行调整，信托公司是以固有资金投资集合资金信托计划或其他理财产品的，应当根据承担的风险相应进行风险调整；股权投资应当根据股权的类别和流动性特点按照规定的系数进行风险调整；贷款等债权类资产应当根据到期日的长短和可回收情况按照规定的系数进行风险调整。对于资产的分类中同时符合两个或两个以上分类标准的，应当采用最高的扣除比例进行调整。其次，对于或有事项，信托公司在计算净资本时应当根据出现损失的可能性按照规定的系数进行风险调整。最后，对期末或有事项的性质（如未决诉讼、未决仲裁、对外担保等）、涉及金额、形成原因、进展情况、可能发生的损失和预计损失的会计处理情况等在净资本计算表的附注中予以充分披露。

2. 风险资本

风险资本是指信托公司按照一定标准计算并配置给某项业务用于应对潜在风险的资本。其基本计算公式为：

风险资本 = 固有业务风险资本 + 信托业务风险资本 + 其他业务风险资本

其中，固有业务风险资本 = 固有业务各项资产净值 × 风险系数

信托业务风险资本 = 信托业务各项资产余额 × 风险系数

其他业务风险资本 = 其他各项业务余额 × 风险系数

对于风险资本的计算，主要有以下几点说明：

首先，对信托公司风险资本实施分类管理。评级结果为 3 级及以下的信托公司风险资本计算系数为标准系数。评级结果为 1 级和 2 级的信托公司风险资本计算系数在标准系数基础上下浮 20%。

其次，银信合作业务全部视为集合资金信托业务来计提风险资本。银信合作业务以及受益权发生转让导致受益人超过两人（含两人）的信托业务，按照集合资金信托业务计算风险资本，同时对于银信合作业务中信托贷款业务、受让信贷/票据资产业务的风险资本计算系数为 9%。

最后，限制信托公司的固有业务。将固有业务单独计提风险资本系数，其中，固定收益、证券投资和贷款类的风险资本系数分别为 5%、10% 和 10%。相对信托业务来说，固有业务的风险资本系数明显要高出很多，显示监管层“促使信托公司回归信托主业、加快信托业务发展”的一贯监管方针。

3. 信托公司的风险控制监管要求

根据《信托公司净资本管理办法》的要求，我国信托公司必须按照规定的净资本计算公式和风险资本计算公式编制净资本计算表、风险资本计算表和风险控制指标监管报表，并且须达到银监会设定的一系列监管要求：第一，信托公司净资本的绝对规模不得低于 2 亿元人民币。第二，所有证券公司的净资本不得低于净资产的 40% 以及净资本/各项业务

风险资本之和不得低于100%。第三，信托公司可以根据自身实际情况，在不低于银监会规定标准的基础上，确定相应的风险控制指标要求。

进入20世纪80年代之后，随着经济全球化和资本经营国际化进程的加快以及诸多国家对金融管制的放松，发达国家信托业制度和业务也发生了很大的变化，出现了一些新的动向。

（五）信托公司的国际经验

进入20世纪80年代之后，随着经济全球化和资本经营国际化进程的加快以及诸多国家对金融管制的放松，发达国家信托业制度和业务也发生了很大的变化，出现了一些新的动向。

1. 信托职能不断深化、多元化

发达国家在继续强调信托财产管理职能的同时，对信托的其他职能也愈加重视，除基本职能外，其他职能主要有三项：

第一，融资职能。日本在第二次世界大战后建立的信托银行制度，增加了信托机构的融资职能，一方面加大其吸收社会游资的力度，成为国内大众重要的储蓄机构；另一方面也为日本的产业和证券市场发展提供有力的资金支持。

第二，投资职能。不同的项目有不同的资金需求，有些建设周期长、收益稳定的项目银行不愿意对其贷款，一般的投资公司也会因回报周期太长而放弃，这却适合信托资金投资，如国外油田、天然气的开采很多就利用了信托资金。

第三，金融服务职能。在传统的代理证券业务、基金业务、代收款业务的基础上，一些发达国家的信托机构将金融服务推广到纳税、保险、保管、租赁、会计、经纪人及投资咨询服务领域，使信托投资渗透到国家的一切经济生活之中，使信托派生出各种各样的社会职能，其中最主要的有三项：一是通过信托资金的运作，发挥投资和融资功能，促进经济发展；二是通过公益信托的运作，促进社会公益事业发展；三是通过雇员受益信托的运作，配合国家福利政策推行社会福利计划，发挥其保障社会安全与稳定的功能。

2. 信托机构与其他金融机构逐步同质化

由于信托市场的日益国际化，国外信托机构与国内其他金融机构业务交叉、机构交叉，二者的紧密融合使信托机构这一独立的金融机构概念含糊不清。无论是在美国还是在日本，银行兼营信托业务和信托机构从事银行业务十分普遍，有的是银行内部有信托，有的是信托银行化。尽管在银行内部或信托机构内部，银行与信托这两个部门是明确分开的，二者在性质和业务重点上也不相同，内部结算各成体系，但界限已经越来越模糊。此外，信托与证券的结合也是前所未有的紧密，两者在证券业务上表现为既竞争又合作的关系。不少国家在信托机构经营证券业务方面几乎没有什么法律限制。信托投资分担证券业务的倾向明显，证券投资业务日益扩大，在一定程度上适应了国民储蓄形式逐渐从存款和信托转向证券的趋势。此外，年金信托化和年金保险化的界限也越来越模糊。

3. 信托投资业务日趋全球化

1984 年日本与美国达成协议，日本向美国及其他西方国家银行开放日本的信托市场。随后不久，美国摩根银行、花旗银行，英国巴克莱银行，瑞士联合银行等被批准在日本开展信托业务。与此同时，西方国家也向日本的银行开放其国内信托市场，促进了日本和欧洲国家信托业的交流和发展。这种信托投资业务的国际化刺激了各国同行新业务的开发，各国信托业的经营经验日益成为共享的财富，同时信托业的国际竞争也日益加剧。

4. 信托品种日益创新

从国外的实践看，信托品种一直随着社会环境的变迁而不断创新。从信托的利用者看，早期信托的主要利用者是个人，但发展到现代，公司企业早已是信托的重要利用者。早期信托曾被视为富人的投资品，而今信托已走进寻常百姓家，成为中小资产者投资理财的工具、退休养老的手段。从应用领域看，信托已被应用于社会生活的各个领域，如在家庭领域被用作继承和积累家产、管理遗产、照顾贵族生活、保护隐私等的工具与手段，在商业领域还被用作中小投资者的投资工具（投资基金）、方便企业融资的手段（公司债信托、动产信托、贷款信托）、经营企业的方式（表决权信托、商务管理信托）等等；而且不仅在社会公益领域广为运用（公益信托），也广泛用于社会福利领域（年金信托），甚至在政治领域被用作一种防范权钱交易、维护政治清廉的工具（全权信托、盲目信托）。

5. 信托业务逐渐电子化

随着互联网时代的到来，发达国家的信托公司纷纷开设了网上服务，像电子银行、B 对 B 电子商务、网络银行等。通过互联网，这些信托公司能为顾客提供金融调研、在线个人理财工具、利率、股市查询以及金融信息等。展望未来的发达国家金融信托业务，它们将把注意力更多地集中于客户的需求，维持与客户的关系，提供电子化、高技术的产品和服务以满足客户需求。

6. 信托财产日益集中，并购重组频繁

发达国家的信托业在不断发展的过程中日益集中，如英国的法人信托主要集中在 4 家银行手中，日本的信托业一直集中在主要的 7 家信托银行手中。美国百家大商业银行的信托持有了银行全部信托财产的 4/5，美国的信托业务基本上由大的商业银行设立的信托部所垄断。近年来，发达国家的信托业有通过并购重组走向更加集中的趋势，如东京三菱银行和三菱信托银行合并。

7. 养老保险金信托呈逐年增长的趋势

在政府的推动下，西方国家的职业年金计划得到了迅速发展，目前，经济合作与发展组织（OECD）成员已有1/3的雇员自愿参加了补充养老保险。美国、英国等西方发达国家，养老基金占GDP的比例高达70%左右，尤其是美国，其企业年金滚存积累额已经超过6万亿美元。像养老基金这种公共性很强的资产，由于“信托方式”是理念上对其进行管理和运营的最合适形式，因此，随着养老基金的增长，发达国家的养老基金信托呈逐年增长的趋势。到2000年末，日本养老基金信托在各种信托财产中所占比例已达到13%。

二、信托的构成要素

（一）信托行为

信托是依照一定的目的，将财产委托他人代为管理和处分的活动。信托行为是合法设定信托而发生的法律行为。通过信托行为，各方当事人之间可以建立起信托关系确定各方的权利与义务。

信托行为是指以信托为目的的法律行为。信托约定（信托关系文件）是信托行为的依据，即信托关系的成立必须有相应的信托关系文件作保证。信托行为的发生必须由委托人和受托人进行约定。

（二）信托主体

信托主体包括：委托人、受托人以及受益人。

委托人是信托的创设者，他应当是具有完全民事行为能力的自然人、法人或者依法成立的其他组织。委托人提供信托财产，确定谁是受益人以及受益人享有的受益权，指定受托人，并有权监督受托人实施信托。

受托人承担着管理和处分信托财产的责任，应当是具有完全民事行为能力的自然人或者法人。受托人必须恪尽职守，履行诚实、信用、谨慎、有效管理的义务；必须为受托人的最大利益，依照信托文件和法律的规定管理和处分信托事务。

受益人是在信托中享有信托受益权的人，可以是自然人、法人或者依法成立的其他组织，也可以是未出生的胎儿。公益信托的受益人则是社会公众，或者一定范围内的公众。

（三）信托客体

信托客体主要是指信托财产。

信托财产是指受托人承诺信托而取得的财产，以及因管理、运用、处分该财产而取得的财产。通常我们将前者称为信托财产，将后者称为信托收益，信托财产和信托收益是广义的信托财产。信托财产特性主要表现为独立性，具体包括三个方面：(1) 信托财产与委托人的自有财产和受托人的固有财产相区别，因此信托财产的安全较有保证。(2) 信托设立后，信托财产脱离委托人的控制，由具有理财经验的受托人对其进行有效管理，进而较好地实现信托财产的保值增值。(3) 受托人因信托财产的管理、运用或其他情形而取得的财产都归入信托财产。受托人不享有信托利益。

为了保证信托财产的独立性，信托财产必须与受托人自己的固有财产及其他信托财产分别管理。只有分别管理，才能保障各个受益人的利益。

三、信托公司的设立与经营

在我国，信托公司是指按照《中华人民共和国公司法》和《信托公司管理办法》设立的，主要以营业和收取报酬为目的，以受托人身份承诺信托事务的非银行金融机构。

(一) 信托公司的设立

设立信托公司，应当采取有限责任公司或者股份有限公司的形式，在满足设立条件的基础上，经中国银行业监督管理委员会（现银保监会）批准，并领取金融许可证。中国银行业监督管理委员会（现银保监会）依照法律法规和审慎监管原则对信托公司的设立申请进行审查。目前，信托公司注册资本最低限额为 3 亿元人民币或等值的可自由兑换货币，注册资本为实缴货币资本。

(二) 信托公司的经营业务

中国银监会于 2007 年下发了《信托公司管理办法》，办法明确了信托公司可以申请经营下列部分或者全部本外币业务：(1) 资金信托；(2) 动产信托；(3) 不动产信托；(4) 有价证券信托；(5) 其他财产或财产权信托；(6) 作为投资基金或者基金管理公司的发起人从事投资基金业务；(7) 经营企业资产的重组、购并及项目融资、公司理财、财务顾问等业务；(8) 受托经营国务院有关部门批准的证券营销业务；(9) 办理居间、咨询、资信调查等业务；(10) 代保管及保管箱业务；(11) 法律法规规定或中国银行业监督管理委员会批准的其他业务。

此外，信托公司可以根据《中华人民共和国信托法》等有关规定开展公益信托活动。

由此可见，我国信托机构目前办理的信托业务按内容大体分为四大类：资金信托业务、财产信托业务、投行业务与其他类业务，财产信托又包括动产信托、不动产信托、有价证券信托与其他财产或财产权信托；投行业务包括投资基金、并购重组、公司理财、证券承销等业务；其他类业务主要有代理、咨询、担保、公益信托等业务。

信托公司可以根据市场需要，按照信托目的、信托财产的种类或者对信托财产管理方式的不同设置信托业务品种。信托公司管理运用或处分信托财产时，可以依照信托文件的约定，采取投资、出售、存放同业、买入返售、租赁、贷款等方式进行。

与此同时，信托公司经营存在部分明确的限制主要包括以下几方面：不得以卖出回购方式管理运用信托财产；不得开展除同业拆入业务以外的其他负债业务，且同业拆入余额不得超过其净资产的 20%；对外担保余额不得超过其净资产的 50%。

信托公司固有业务（即自营业务）项下可以开展存放同业、拆放同业、贷款、租赁、投资等业务。其中的投资业务限定为金融类公司股权投资、金融产品投资和自用固定资产投资。但不得以固定资产进行实业投资。

（三）经营规则

1. 维护受益人最大利益

信托公司管理运用或者处分信托财产，必须恪尽职守，履行诚实、信用、谨慎、有效管理的义务，维护受益人的最大利益。在处理信托事务时应当避免利益冲突，在无法避免时，应向委托人、受益人予以充分的信息披露，或拒绝从事该项业务。

2. 亲力亲为

信托公司应当亲自处理信托事务。信托文件另有约定或有不得已事由时，可委托他人代为处理，但信托公司应尽足够的监督义务，并对他人处理信托事务的行为承担责任。

3. 依法保密

信托公司对委托人、受益人以及所处理信托事务的情况和资料负有依法保密的义务，但法律法规另有规定或者信托文件另有约定的除外。

4. 信息披露

信托公司应当妥善保存处理信托事务的完整记录，定期向委托人、受益人报告信托财产及其管理运用、处分及收支的情况。委托人、受益人有权向信托公司了解对其信托财产的管理运用、处分及收支情况，并要求信托公司作出说明。

信托公司开展关联交易，应以公平的市场价格进行，逐笔回中国银行业监督管理委员会事前报告，并按照有关规定进行信息披露。

5. 独立性原则

信托公司应当对信托财产与其固有财产分别管理、分别记账，并对不同委托人的信托财产分别管理、分别记账。对信托业务与非信托业务分别核算，并对每项信托业务单独核算。

在机构设置上，信托公司的信托业务部门应当独立于公司的其他部门，其人员不得与公司其他部门的人员相互兼职，业务信息不得与公司的其他部门共享。

四、中国信托业的发展

伴随1979年我国第一家信托公司——中国国际信托投资公司的创办，我国信托业从无到有、从小到大，发展跌宕起伏，走过了四十多年的坎坷历程。

（一）1979—2000年：偏离信托主业时期

（1）未经营真正的信托业务。因为我国当时没有建立信托制度，信托公司即使想开展业务也无法实现。故这一时期的信托公司什么都做，就是不做信托，也有人将其称为“金融百货公司”。这一时期，信托公司主要定位于银行体系之外融通资金。目的为在高度集权的计划经济、传统的金融体制之外，引入具有一定市场调节功能的新型因素，推动经济体制、金融体制的改革，主要职责是充当政府对外融资的窗口，为中央和地方筹措银行计划体系之外的建设资金，促进国家经济和部门经济的快速发展。

（2）面临的风险主要是政策性风险。信托公司的恢复和发展处于我国经济体制剧烈变革和转型时期，成为我国改革开放的对外窗口和金融创新的试验田，其外部市场环境、法律环境、监管环境均不成熟，信托公司的发展属于“摸着石头过河”。这一时期，信托公司主要定位于承受部分计划经济时期的政府投融资职能，其承担的增量改革、局部试验使命使得其功能定位不断调整，加上局部改革带来的综合配套制度不完善，机构、业务乃至行业发展经常受到政策调整的影响，面临了巨大的政策性风险。

（3）五次因宏观政策调整而被清理整顿。因为服务国家经济建设，其资金投放难免与宏观政策发生偏移，并由此在宏观调控中受到纠偏和整顿，导致了在1982年至1999年期间，国家先后五次对信托公司开展清理整顿规范工作，其中以从1999年开始的第五次清理整顿工作最为彻底和有效。加之这一时期不少信托公司内部管理混乱，导致不良资产率较高，被人称为“坏孩子”。需要注意的是，其后亦有整顿，但无法与这五次相提并论。

（二）1994—2001年：制定并出台《信托法》

为了促进我国信托业的规范发展，同时出于以下原因，八届全国人大常委会将《信托法》列入了五年立法规划：一是适应建设中国特色社会主义的需要，为市场经济提供灵活多样的法律工具。信托制度经过数百年的演进和发展，已证明在财产管理、资金融通、投资理财和社会公益等方面具有独特的功能，它对财产的移转及管理的巧妙设计，适用性极强，具有多样化的社会功能，迎合了经济发展的客观需求。二是基于江平、谢怀轼和魏家驹等几位法学界著名教授的提议。针对当时频繁的国有资产海外流失现象，魏家驹教授认为，国有资产在海外投资，多以个人名义注册登记，依该国法律个人即成为该财产的合法所有人，一旦发生该人卷逃国有资产的情况，我国难以追究其法律责任。引入信托制度，国家作为委托人把财产委托给个人管理，个人在国外以受托人的身份从事经营活动，国家享有信托受益权和信托财产的归属权，这样就可以防止发生个人侵吞国有财产的情形。

根据立法规划的安排，《信托法》由全国人大财经委组织起草。1993 年 8 月，由全国人大财经委、中国人民银行、中国政法大学、中国社科院等单位人员和专家学者参加，组成了《信托法》起草组，其中工作小组组长王连洲，成员主要包括何宝玉、曹守晔、牛成立、孙书元、周小明、蔡概还等。经过努力，起草组搜集、翻译和整理了大量有关国家信托制度的资料，先后在北京、天津、上海、辽宁、山东、江苏、广西等地召开研讨会和座谈会，赴加拿大、美国、英国、荷兰、日本和中国香港等国家和地区进行了实地考察，广泛听取了国务院有关部门、大专院校、银行系统、法院系统、信托公司以及有关专家学者的意见。在此基础上，起草组数易其稿，形成了《中华人民共和国信托法（草案）》。该草案经全国人大常委会三次审议，于 2001 年 4 月 28 日九届全国人大常委会第 21 次会议审议并通过，并于同年 10 月 1 日正式施行。

《信托法》的制定，旨在确立一种民事信托关系，填补我国信托立法方面的空白。信托的基本关系得以确立后，根据这种关系进行的各种信托活动才有法可依，继而进一步制定信托业法和有关单行的法律法规。《信托法》的出台，标志着我国从此确立了信托制度，信托活动的规范发展走上了法治化的轨道。同时，它也为我国营业信托的发展提供了理论基础和法律依据，对完善我国社会主义市场经济法律体系，具有非常重要的意义。

（三）2001—2009 年：主要经营固有业务时期

（1）主要开展固有业务。这一时期尚不具备大规模开展信托业务的条件，同时信托公司的固有业务几乎没有投资限制，导致信托公司纷纷投身实业，其收入主要来源于固有业务，少数信托公司管理的信托财产规模为零。据不完全统计，截至 2006 年年末，信托公司固有资产 677. 25 亿元，固有业务收入占比高达 95. 26%。因为这一时期信托公司没有延续 2001 年以前的业务发展模式，彻底做了整体转型，因此摆脱了全行业同时被清理整顿的怪圈。

（2）信托业务开始粉墨登场，部分信托公司在尝试开展信托业务。2001 年《信托法》的出台，使信托制度在我国得到正式的确立，一些信托公司开始尝试按照信托原理开展信托业务。据不完全统计，截至 2006 年年末，信托公司信托资产规模为 3 617.04 亿元。但令人遗憾的是，这一时期信托业务的最主要种类是贷款信托，也就是说信托财产的运用方式基本上都是贷款，信托公司开展的业务明显带有银行的影子，在信托监管与贷款业务、回归信托本源等方面产生了不可调和的矛盾。

（3）面临的风险主要是关联交易风险。因为对信托业务的关联交易限制不严，导致部分信托公司股东和高管利用信托公司作为融资平台，通过向关联方贷款、收购关联方资产或以关联方财产及财产权发行信托计划等多种花样，为自己、股东或实际控制人融通资金，进行不正当利益输送，损害投资人权益，并由此陆续引发 6 家信托公司在这一阶段停业整顿或破产。

（四）2010 年至今：主要经营信托业务时期

（1）以经营信托业务为主。2007 年《信托公司管理办法》《信托公司集合资金信托计划管理办法》的发布实施，限制信托公司的固有业务，全面引导信托公司回归信托主业，促使信托公司定位于主营信托业务的金融机构，并由此进入了一个全新的高速增长时期。2010 年年底，信托公司信托业务报酬收入首次超过固有业务收入。当年信托全行业经营收入 283.95 亿元，信托业务收入 166.86 亿元，占比达 58.76%，首次超过了固有业务收入。其后，信托公司的信托业务收入不断增加，主营信托业务的盈利模式得到不断强化，信托公司作为专业受托理财机构的市场地位得以确立。据统计，截至 2022 年 6 月底，我国 68 家信托公司受托管理资产规模为 21.11 万亿元，固有资产规模达 8 687.46 亿元。

（2）以投资类信托业务为主。投资类信托自 2018 年以来一直持续增长，四年间规模总计增长 37.80%，占比总计提升了 17.87 个百分点，2021 年年底投资类信托规模已增至 8.50 万亿元，占比增至 41.38%，已经成为主动管理信托中的主导产品。

（3）以信用风险为主。这是以经营融资类信托业务为主的必然结果，并由此引发刚性兑付的风险。信托公司在展业过程中，主要评审信托产品的信用风险，并通过内外部增信等多种手段控制信用风险。

展望未来，我国信托业仍将坚持主营信托业务的定位，并将出现以下新的特征：一是不再以融资类信托业务为主，主要风险类型也不再是信用风险。伴随利率市场化、科技金融等的发展，信托作为资金中介的作用将弱化。二是形成了专业的资产管理能力。信托公司苦练内功，形成专业的资管能力，具体包括战略规划能力、人才研发能力、资产管理能力、风险管理能力、IT 建设能力和品牌建设能力等。三是面临的主要风险是受托管理责任风险。这是信托公司风险管理最具特色的一点，受托管理责任风险成为信托公司面临的最主要风险类型，信托公司在展业过程中，需要重视履行受托责任，加强对受托责任风险的管理。

本章小结

证券投资基金业务是基金管理公司最核心的一项业务，主要包括基金的募集与销售、基金的投资管理和营运服务。特定客户资产管理业务是指基金公司向特定客户募集资金或者接受特定客户财产委托担任资产管理人，由商业银行担任资产托管人，为资产委托人的利益最大化，运用委托财产进行证券投资的活动。

证券投资基金有不同的划分方法。按照基金单位是否可以增加或赎回，分为开放式基金和封闭式基金；按照投资对象的不同，分为债券基金、股票基金、货币市场基金、混合基金；以及特殊类型基金，如伞形基金、基金中的基金、保本基金、ETF、LOF。

市场风险、流动性风险和操作风险是证券投资基金公司面临的主要风险。基金公司一般通过制定若干内部控制制度来防范操作风险。

期货公司一般以经纪业务为主，还有自营、结算、期货资产管理、境外期货等业务。期货公司所面临的风险类型与其他金融机构有一致性。为推动期货公司稳健经营、防范行业系统性风险，2013 年，证监会正式公布了《期货公司风险监管指标管理办法》及《关于期货公司风险资本准备计算标准的规定》。

信托是“受人之托，代人理财”，作为一种严格受法律保障的财产管理制度，通过基本的三方关系，即委托人、受托人和受益人，更安全、更高效地转移或管理财产，从而满足人们管理和处置财产方面的不同需求。

从信托的本质和信托公司的特点及业务类型来看，信托公司的风险主要由操作风险、市场风险、信用风险、声誉风险等构成。用资本金对金融行业的核心风险进行监管和控制，是我国金融行业监管手段发展的趋势。

课后习题

简答题

1. 证券投资基金公司的业务主要有哪几类？每一种业务具体包括哪些方面？

2. 什么叫证券投资基金？证券投资基金的分类标准有哪些？不同的分类标准下证券

投资基金可以分为哪些类型？

3. 请具体描述一下证券投资基金发行和交易的流程。

4. 请简单描述一下国外证券投资基金的发展趋势以及我国国内证券投资基金未来的发展方向。

5. 期货公司主要有哪几类？举例描述一下每一类期货公司的特点。

6. 期货公司的业务主要包括哪些方面？这些业务有什么特点？

7. 阅读相关的材料，简单描述一下国内外期货公司的发展趋势。

8. 信托公司的资金运用方式有哪几类？具体的运用方式有哪些？

9. 信托公司的业务主要包括哪些种类？具体的业务模式分别是什么？

10. 信托公司面临的风险包括哪些？信托公司的风险监管指标主要有哪些？具体是如何计算的？

第十三章　金融市场监管

【教学目的与要求】

通过学习本章的内容，熟悉金融监管法律体系，从中国金融监管体系的发展历程和中国金融监督体系的现状，理解金融监管法的内涵，掌握金融监管法的内涵。理解宏观审慎管理的概念，熟悉宏观审慎管理的理论知识，了解其在国际社会和中国环境下的应用。掌握金融监管含义和目标，熟悉金融监管的原则，了解金融监管的主要模式以及管理弊端。

第一节

中国金融监管的法律体系

一、金融监管法律体系概述

（一）金融监管体系

金融监管体系是一个国家或地区具有金融监管职能的职能机构组成的有机整体。一般包括金融监管机构、金融监管法律、金融监管内容和方法等。其中金融监管机构是金融监管体系的主要方面。金融监管机构，除了中央银行（或其他金融监管当局）外，还包括各金融机构内部稽核审计部门、金融同业自律组织（如行业协会）以及社会中介组织（如会计师事务所）。其中，中央银行或其他金融监管当局通常在一个国家或地区的金融监管组织机构中居于核心位置。世界各国的金融监管体系呈现出多样化的特征，它的形成与本国法律的规定和历史文化传统有着密切的关系。从发展趋势看，各国金融监管机构的设置在朝着比较独立和超脱的方向变化。

金融监管是国家法律授权的部门（往往授予中央银行或者特定的金融监管当局），为了维护金融机构的安全和信誉，保护银行安全、稳健运行，维护公平竞争的市场环境，依法对银行实行监管和管理权限的行政行为。一个独立、高效的金融监管体系和一套完整且健全的金融监管制度，对于防范和化解金融风险、保证金融业稳健运行和实现货币政策目标有重要的现实意义。

（二）金融监管法

金融监管法是指金融监管机构对金融市场、金融机构及其行为实施监督和管理的法律规范的总称。金融监管法随着金融活动和金融监管实践的不断发展而逐步形成并完善。

1. 金融监管法的特点

（1）金融监管法是强行法。在金融监管活动中。监管主体与被监管主体之间的地位不平等。具体表现为前者对后者实行强制监管。后者对前者必须服从，这体现了国家对金融业的适度干预。

（2）金融监管法是行为法。金融监管法本质上是国家对金融活动监督和管理的规范。监管主体主要通过做出法定的监管行为来完成监管活动，因此，金融监管法具有行为法的属性。

（3）金融监管法是实体法与程序法的结合。在金融监管法中，监管主体明确金融监管目标、确定金融监管机构的地位及职责、规范金融监管方式和手段、规定金融违法行为的惩处措施，这些规定将实体性规范与程序性规范进行有机结合，体现了实体法与程序法并重。

2. 金融监管法的目标

（1）维护金融体系的安全与稳定。金融是现代经济的核心。金融监管的首要任务是使整个金融体系处于稳定运行状态。这就需要金融监管有效调动资源，消除危及金融安全的不稳定因素，防止其演变为金融危机。

（2）保护存款人、投资者和其他社会公众的利益。金融业是以信用为基础的行业。存款人、投资者和其他社会公众对金融业的信心是其实现可持续发展的重要保证。但由于金融业存在信息不对称现象。存款人、投资者和其他社会公众的利益容易被侵犯，确立此项原则有利于降低金融业的道德风险和系统风险。

（3）促进金融市场公平竞争，提高金融机构经营效益。以市场竞争为基础的金融市场蕴涵着较大的市场风险，很容易发生恶性竞争，从而导致金融业不稳定。虽然监管并不能绝对消除风险，但当金融机构不能满足金融业审慎要求时，监管当局采取措施，确实能达到规范金融机构竞争、提高金融机构经营效益和保持金融市场有序运转的目的。

3. 金融监管法的原则

（1）依法监管原则。依法监管原则是指金融监管机构在履行监管职责时，必须依据有关法律、行政法规和规章进行，其监管行为不得与上述法律、法规及规章相抵触。主要包括两方面内容：一方面，金融监管机构地位的确立和监管权力的取得来源于法律；另一方面，金融监管机构必须依法行使监管权。

（2）审慎监管原则。又称持续性监管原则。是指在金融机构获得市场准入、开始业务经营后，金融监管机构对其日常业务经营情况进行持续的监管。审慎经营主要包括风险管理、内部控制、资本充足率、资产质量、损失准备金、风险集中、关联交易、资产流动性等内容，金融机构应当严格遵守审慎经营规则。审慎监管包括合规性监管和风险性监管两方面。随着金融创新业务日益增多，合规性监管不能及时全面反映金融业风险，以风险性监管为基础的审慎监管原则逐渐为人们认同。

（3）预警与处罚并重原则。金融监管的主要任务就是及时、准确地判断和预警金融风险的状况及深度。在金融监管过程中，注意预警与处罚并重，要做到在金融机构出现问题和发生危机之前及时预警，发现问题则及时采取有效措施，加大处罚力度，防止风险和危机的进一步扩大和恶化，化解系统性风险。

4. 金融监管法的意义

金融监管法通过对金融机构的准入、经营行为、退出机制以及金融监管机构的职能、权限的规定来对整个金融市场进行调节。有学者认为，金融监管法最终能够达到如下调控目的：其一，确认金融机构的法律地位，建立、健全金融机构组织体系；其二，培育和完善金融市场体系，规范金融市场行为，协调、确保金融市场各参与者的合法权益，提高资金运营效益，实现资金融通的个体效益和社会整体效益目标；其三，确定金融宏观调控目标，规范金融调控、管理、监督行为，完善金融宏观调控、监督体系。这三个方面的目的实际上正是金融监管立法的意义所在，从另一个方面也可以说，只有建立了完备的金融监管法，才能够保证上述三方面目的的实现。

二、中国金融监管体系的发展历程

（一）起步阶段：金融监管的缺失（1949—1978 年）

1949 年新中国成立前后，中国人民银行、中国农业银行和中国建设银行相继成立。此后，在计划经济体制下，随着职能的调整，几家银行经历了多次的合并与分立。这样的经济体制背景与金融组织结构，构成了中国金融业与金融监管发展的基础，也逐步形成了计划经济体制下特有的监管体系。当时的中国金融市场完全以银行为主，主要经营活动是计划拨款、贷款和存款，基本不涉及证券、保险和外汇等业务。当时的中国人民银行集货币政策、金融经营和组织管理等多项职能于一身，它对于金融体系的监管也是计划和行政性质的。可以说，在当时的计划经济体制下，事实上并不存在现代通行的“金融监管”概念，金融体系的运作与管理机制也与市场经济截然不同。因此，准确地说，当时的中国金融市场并不存在金融监管制度，只有金融管理体制。当然，在当时的经济体制与金融发展水平条件下，这样一种以中国人民银行为单一主体的金融集中管理体制，保证了当时一个崭新国家的金融体系的统一与高效，也为其日后以央行监管为主导的金融监管提供了一定的经验、组织机构和人员方面的储备。

（二）过渡阶段：金融监管的确立（1979—1991 年）

中国自 1978 年底开始实行改革开放政策，逐步确立社会主义市场经济体制。这大大促进了中国金融业的发展，并对金融市场体制和机制提出了更高的要求。当时最突出的变化是政府相继恢复或新设了几大专业银行，以及保险、信托、证券等行业的金融机构，并为规范其经营行为出台了一些行政性规章制度。这一阶段，随着专业性金融机构从中国人民银行中独立出来，对于它们经营行为的规范也由内部管理变为外部监管。中国人民银行被正式确立为中央银行，并且成为相对独立、全面、统一的监管机构，中国的金融监管体制和机制正式确立。但是这种监管仍然主要依赖于行政性规章和直接指令式管理。这种监管体系中各主体的地位和权力依托于行政体系，而不是由明确的法律授权形成的。

（三）发展阶段：分业监管的确立（1992—2003 年）

1992 年召开的中国共产党十四大明确提出，中国经济体制改革的目标是建立社会主义市场经济体制，从而为中国的金融体制改革奠定了基础，也催生了证监会、保监会及银监会等专业监管机构。证券法、保险法、银行法等基本法律相继诞生，分业监管体制也逐步确立。在这一阶段，以证监会、保监会、银监会分业监管的体系逐步形成，中国人民银行全分离出日常、具体的金融监管权后，主要承担货币政策，也担负支付清算、外汇管理、征信和反洗钱等基本制度和金融基础设施建设，对维持金融市场秩序和市场稳定起主导作用。金融监管步入法治化阶段，基本金融法律体系得以确立和完善。

（四）完善阶段：机构监管的完善（2004—2017 年）

2004 年以来，中国金融分业监管的体制得到进一步巩固与完善，监管协调与国际合作也有了新的发展。在全球金融危机之后，加强宏观审慎监管的尝试和其他改革探索也在逐步推进。这一阶段的中国金融监管改革与发展，与迎接金融全球化、金融创新、综合化经营以及金融危机的挑战密切相关。在此阶段内，“一行三会”分业监管体制在以下几方面得到进一步的发展和完善：一是法律体系进一步完善，对《证券法》《公司法》等多部法律进行了修订；二是加强监管执法和丰富监管内容，对现场检查、行政许可、行政处罚、行政复议等行为进行了规范，并加强了对金融创新和部分跨金融领域经营的监管；三是金融监管机构之间加强了协调配合，监管机构之间建立起联席会议制度；四是审慎性监管和功能型监管已被提到监管当局的监管改革议事日程上。

（五）变革阶段：功能监管的尝试（2018 年至今）

为有效防范系统性金融风险、进一步加强金融监管协调，2017 年召开的第五次全国金融工作会议提出成立“国务院金融稳定发展委员会”，作为维护国家金融安全的常设执行机构，统筹协调金融监管政策间、部门间及其与其他相关政策的配合。同时，按照国务院机构改革方案的要求，将银监会与保监会进行合并，这是统筹协调银行和保险领域监管的最有效和最直接的方法，也在一定程度上适应金融业发展的新需要。除此之外，保留证监会的相对独立也有进一步鼓励和支持直接融资市场发展之意。在新的“一行两会”框架下，中国人民银行的货币政策和宏观审慎政策双支柱调控框架将更加清晰，更多地担负起宏观审慎管理、金融控股公司和系统重要性机构、金融基础设施建设、基础法律法规体系及全口径统计分析等工作。各地相继成立的地方金融监管局也将承担起对“7 + 4”类机构以及一些新兴金融业态的监管工作。

三、中国金融监督体系的现状

中国人民银行作为我国金融业的监管当局，与中国证监会、保监会密切合作，在金融风险的防范和控制中发挥着重要的作用。近年来，金融法规的建设、金融监管机构的调整、监管队伍的部署、监管手段的开发，都表明我国的金融监管能力得到了很大提高，具体表现为：

（1）制定了较为完善的法律制度。作为金融监管法律依据的是《中国人民银行法》《商业银行法》《票据法》《保险法》《证券法》等金融法规已先后出台，并逐步形成较为完善的金融法律法规体系。

（2）监管目标已明确，即维护金融体系的安全与稳定，确保金融机构的稳健经营并促其健康发展。而且，中国人民银行借鉴国际上通行的《巴赛尔协议》，对我国商业银行日常经营活动进行风险管理。

（3）建立和完善了各种监管制度。中国人民银行已健全了由现场监管和非现场监管组成的监管体系，完善了金融机构报表转收、资产负债比例管理等一系列监管制度，对金融机构的整体素质和经营管理水平提出了全面要求，通过定期考核和检查，及时发现问题，防范和化解金融风险。

（4）贯彻了平等竞争原则。金融监管对象包括所有商业银行和政策性银行，也包括城市信用社和农村信用合作社，还包括国有银行、非银行金融机构以及金融市场，独资商业银行和其他股份制商业银行，也包括国内的外资和中外合资商业银行。克服了过去那种片面管理或限制部分银行机构，忽视市场广泛开展所造成的不平等竞争现象。

（5）金融监管队伍的建设正在加强，人员素质正在提高。建立和完善了金融监管人员的培训制度、资格考试和任职制度、监管岗位工作人员的奖惩制度，不断提高监管人员的业务管理水平。

尽管中国人民银行以及证监会、保监会做了大量工作，也防范和化解了不少金融矛盾和问题，但从近几年的金融运行效果来看，我国金融监管的绩效有待提高，一些消极金融现象屡禁不止，时有反复。如证券回购、高利吸存、账外账、假数据、非法金融活动、违章违规行为十分猖獗，不良资产比例居高不下，非法融资现象严重，支付风波时有发生。因此，改变目前较为低效的金融监管现状，面临的任务和形势艰巨而迫切。从现行的金融监管体制运行的实践看，金融监管不是加强了，反而削弱了。以中国人民银行为例，改革后，全国只在20个省（区）的省（区）会城市设立了金融监管办事处，仅配备35名监管人员，而且在各种制度规定上对其独立开展监管工作多有约束，金融监管的主动性、时效性和有效性都无法保证。这种金融监管体制，从理论上讲没有确保金融监管所必需的专门机构和人员，没有坚实的思想基础，又缺乏可靠的组织措施，从实践运作中看，存在的矛盾和问题仍然没有解决，相反，还可能发生新的矛盾。新旧矛盾纠缠不清，导致金融监管步履艰难。

在新冠疫情下，国家也一直在更新合适的金融监管政策。为更好发挥金融对疫情防控工作和实体经济的支持作用，中国人民银行等五部门联合出台30条措施，引导金融机构加大对疫情防控领域，受疫情影响较大地区、行业和企业，以及社会和民生领域的信贷支持力度。

中国人民银行、财政部、银保监会、证监会、外汇局联合出台的《关于进一步强化金融支持防控新型冠状病毒感染肺炎疫情的通知》（以下简称《通知》）要求，实施好逆周期调节，针对疫情防控需要和节后资金到期较多等情况，通过公开市场操作、常备借贷便利、再贷款、再贴现等多种货币政策工具，提供充足流动性，保持金融市场流动性合理充裕，促进货币信贷合理增长。

根据《通知》，要引导金融机构加大对疫情防控领域，受疫情影响较大地区、行业和企业，以及社会和民生领域的信贷支持力度，对相关行业以及有发展前景但暂遇困难的企业特别是小微企业不盲目抽贷、断贷、压贷。要提高审批效率，降低贷款成本，完善续贷安排，增加信用贷款和中长期贷款，帮助企业渡过难关。

《通知》提出，在疫情防控期间，对生产、运输、销售重要医用、生活物资的骨干企业实行名单制管理，对名单内的企业，由中国人民银行通过低成本专项再贷款、中央财政贴息的方式提供优惠利率的信贷支持。完善受疫情影响的社会民生领域的金融服务，提高疫情期间金融服务的效率。适当放宽资本市场相关业务办理时限，灵活妥善调整企业信息披露等监管事项，减免疫情严重地区公司上市等部分费用。

《通知》指出，金融系统要合理调配金融资源，保障现金供应充足；维护支付清算顺畅运行，保障救援和捐赠资金及时划拨到位；畅通国库紧急拨款通道，确保疫情防控资金准确拨付；引导企业和居民线上办理金融业务，维护企业和个人的征信权益和金融消费权益，保证人民群众日常金融服务畅通。

《通知》提出，金融监管部门要对受疫情影响的监管事项作出妥善安排，免除企业的后顾之忧；金融基础设施要对受疫情影响较大的地区开设“绿色通道”，降低收费标准，提高服务效率，维护金融市场平稳有序运行。金融机构要简化外汇及跨境人民币业务流程，提高办理效率，便利防疫物资进口和接受捐赠资金，满足疫情防控需要。

中国人民银行表示，疫情对中国经济的影响是暂时的，中国经济长期向好、高质量增长的基本面没有变化。从内外部环境看，经济发展中的积极因素正在增多，经济内在的韧性增强，这些都对金融市场稳定运行形成支撑。要秉持长期投资、价值投资理念，总结借鉴历史经验，避免非理性情绪对金融市场造成不必要的影响。

第二节

金融监管模式

一、金融监管的含义

金融监管或称金融监督管理，是指一国的管理部门为达到稳定货币、维护金融业正常秩序等目的。依法对金融机构及其经营活动实施外部监督、稽核检查和对其违法违规行为进行处罚等一系列行为。

按过程上划分，各国的金融监管制度的基本内容包括事前、事中、事后三方面。

事前监管为预防性措施，主要聚焦源头控制，是指在商业活动开始以前政府就开始监管，很显然在人家还没开始商业活动你就要去监管的话，那就要求这种监管是有预见性的、标准一致的，它是适用于所有参与者的，而且是可执行的。

事中监管为援救性措施，主要聚焦投资控制和资金管理。是为了及时发现问题，纠正偏差，在行政机关和国家公务员实施行政行为的过程中，对其行为的正确性和规范性实施的监督。许多国家的金融监管当局担当最后贷款人的职责，对遇到困难临时性清偿困难的商业银行提供紧急资金援助，帮助它们渡过暂时的流动性困难，避免倒闭事件发生。为防止商业银行过分依赖最后贷款人而不负责任地扩大资产业务，最后贷款人确切职能一般不予公布。

事后监督主要聚焦审核与绩效评价，是为了总结经验教训，在行政机关和国家公务员的行政行为实施完毕以后，对其行为的正确性和有效性实施的监督。

金融监管，首先是对银行的监督的必要性。一是银行提供期限的转换功能；二是银行是整个支付体系的重要组成部分；三是银行的信用创造和流动性创造功能。

二、金融监管的目标

金融监管的目标可分为一般目标和具体目标。

世界各国都认为，一般目标应该是促成建立和维护一个稳定、健全和高效的金融体系，保证金融机构和金融市场健康发展，从而保护金融活动各方特别是存款人的利益，推动经济和金融发展。世界大多数国家的具体监管目标体现在各国的银行法或证券法等金融法规上。目前各国无论采用哪一种监管组织体制，监管的目标基本是一致的，通常称作三大目标体系：第一，维护金融业的安全与稳定；第二，保护公众的利益；第三，维持金融业的运作秩序和公平竞争。

我国现阶段的金融监管目标可概括为：（1）一般目标：防范和化解金融风险，维护金融体系的稳定与安全；保护公平竞争和金融效率的提高，保证中国金融业的稳健运行和货币政策的有效实施。（2）具体目标：经营的安全性、竞争的公平性和政策的一致性。①经营的安全性包括两个方面：保护存款人和其他债权人的合法权益，规范金融机构的行为，提高信贷资产质量。②竞争的公平性是指通过中央银行的监管，创造一个平等合作、有序竞争的金融环境，保证金融机构之间的适度竞争。③政策的一致性是指通过监管，使金融机构的经营行为与中央银行的货币政策目标保持一致。通过金融监管，促进和保证整个金融业和社会主义市场经济的健康发展。

三、金融监管的原则

所谓金融监管原则，即在政府金融监管机构以及金融机构内部监管机构的金融监管活动中，始终应当遵循的价值追求和最低行为准则。金融监管原则大体包括如下几个方面。

（一）依法原则

依法监管原则又称合法性原则，是指金融监管必须依据法律、法规进行。监管的主体、监管的职责权限、监管措施等均由金融监管法规法和相关行政法律、法规规定，监管活动均应依法进行。金融监管必须依据现行的法律法规，保持监管的严肃性、权威性、强制性和一贯性。

（二）“三公”原则

“三公”即公平、公正、公开。是保护投资者合法利益不受侵犯的基本原则，也是保护投资者利益的基础。公开原则，又称信息公开原则。公开原则通常包括两个方面，为证券信息的初期披露和持续披露。公平原则。证券市场的公平原则，要求证券发行、交易活动中的所有参与者都有平等的法律地位，各自的合法权益能够得到公平的保护。公正原则是针对证券监管机构的监管行为而言的，它要求证券监督管理部门在公开、公平原则基础上，对一切被监管对象给以公正待遇。金融监管对象，无论其性质、规模或者背景如何，都必须在统一标准下展开合理竞争。对于金融监管当局来说，也要按照统一的监管标准和监管方式对它们实施监管，这样才能从根本上规范金融机构的市场行为，保证金融市场良好有序进行。

（三）效率原则

效率原则是指金融监管应当提高金融体系的整体效率，不得压制金融创新与金融竞争。同时，金融监管当局合理配置和利用监管资源以降低成本，减少社会支出，从而节约社会公共资源。

（四）独立性原则

银行业监督管理机构及其从事管理监督管理工作的人员依法履行监督管理职责，受法律保护，地方政府、各级政府部门、社会团体和个人不得干涉。

（五）协调性原则

一般来说，承担监管职责的主要是一国的监管当局、中央银行以及政府有关部门。各个监管主体要在监管目标理念、方式手段、人员素质等各方面努力提高自身的监管能力和水平，否则将难以实现更高层次上监管协调。另外，可以探索在比金融监管主体更高的层次上，由国家出面组织成立专门机构或指定专门部门负责管理各监管主体日常的监管协调工作，以及在必要时担任最高指挥官和最终决策官的角色。

金融监管协调的工作机制是各金融监管主体针对协调工作制定出的完熟、系统的制度或规定性安排。目前，世界各国对于金融监管协调机制的建立、健全尚处于探索实践阶段，建立有效的金融监管协调机制要结合本国具体的国情和金融监管体制。

不同金融发展阶段的国家可以采取不同的协调机制。同时，各国之间也要通过相互学习借鉴来完善本国的监管协调机制。

随着金融混业经营和金融自由化、国际化的迅速发展，各国原有的金融监管法律、法规已不能适应新的金融发展要求，要建立起良好的金融监管协调机制，必须尽快改革、充实现有的法律体系和相关制度规定，建立完善的金融监管协调法律框架，以便为监管协调提供可靠的法律依据和保障。

四、金融监管的主要模式

金融监管模式是一国关于金融监管机构和金融监管法规的体制安排。

金融监管模式按监管主体的多少可分为单一监管体制和多头监管体制；按照监管在中央和地方的不同，可分为分式监管体制和集权式监管体制；不完全集中统一的监管体制可分为“牵头式”和“双峰式”两类监管体制。

（1）单一监管体制是一家金融监管机关对金融业实施高度集中的监管体制，单一监管体制下的监管机关通常是各国的中央银行，也有另设独立监管机关的。目前，实施单一监管机关的代表性国家有英国、瑞士等。

（2）多头监管体制是根据从事金融业务的不同机构主体及业务范围不同，由不同的监管机构分别实施监管的体制。代表国家有中国、美国等。

实行分权式监管机制的国家一般为联邦国家，主要特点表现为联邦和州（省）都有权对相对应的金融机构来实施监督。代表国家有美国、加拿大等。

（3）实施集权式监管体制的国家监管权限仅集中于中央。一般来说，该体制以财政部、中央银行或监管当局为监管主体。代表国家有日本、法国等。

（4）牵头式监管体制，是在分业兼管机构上设置一个牵头监管机构，负责不同监管机构之间的协调工作。巴西建立了典型的“牵头式”监管体制。

（5）双峰式监管体制，依据金融监管目标设置两头监管机构。一类机构专门对金融机构和金融市场进行审慎监管，以控制金融业的系统风险。另一类机构专门对金融机构进行合规性管理和保护消费者利益的管理。代表国家为澳大利亚。

五、我国金融监管的现状以及挑战

中国的金融市场随着国民经济的发展而不断完善与拓展，当前，我国各个行业之间的经济发展趋于独立，因此行业间的风险也随之扩大。为保证我国经济的稳定发展，我国对金融市场的监管也成了重要的举措与保障。目前，我国的金融市场开始实行行业分管的分支监管模式，以此减轻混业发展所面临的风险。

自 2001 年中国加入 WTO 后，金融市场紧跟国际步伐。近年来国内经济发展不断攀升新的制高点，国内的金融体系也开始调整完善。由此可见，社会经济反映了金融市场体系的出色与否，而金融市场也是经济发展的一个强效推动因素。但目前我国金融体系仍旧存在不少问题，伴随问题的滞后堆积、扩大，必定造成我国金融市场发展的滞后。当前金融业占有我国经济的重要市场份额，我国金融业也在积极与国际市场进行进一步的融合。

（一）当前我国金融市场监管现状

随着当前金融监管体制与模式的变革，近年国内金融传统的监管体制受经济市场发展趋势所影响，监管体制开始由行业的确切组织转化为混合型监管模式，这也意味着金融业的传统监管模式面临改革。金融监管的组织结构由单一的行业经济制度走向综合性的混业体制，风险也随之增大。而金融监管模式与体制的改革，将使得国内的银行、证券、保险等领域形成统一监管，分业监管成为过去式，金融市场的混业化发展模式受行业经营的影响也会越来越大。

金融市场的发展离不开我国的进出口贸易行业，该行业是我国经济发展的重要助力。而随着进出口贸易的往来愈加频繁，与国际的交流合作成为常态。由此，为了有利于我国经济市场与西方国家接轨并行，国内的金融行业在法律规范方面开始相应向国际平台靠拢，国内金融法规逐步走向国际化。但由于多年来的发展体系的形成，我国与西方国家在社会文化、经济制度、法律形式等方面都还存在着一定的差异，导致我国金融市场在国际化的道路上并不顺利，国内金融市场与国际金融还有待进一步的融合。

（二）我国金融监管存在的问题

1. 监管目的性不强

在金融市场的发展过程中，监管的存在无论是以工会的组织形式，还是法规的准绳形式，都有其存在的必然理由。而如今，中国的金融市场在监管行为的实施中，无法得到有效的反馈很大程度是由于监管的目标没有得到切实的明确。缺乏清晰的监管目标，金融市场发展进程中监管的各种政策也只是“治标不治本”。西方的国家中，对于金融监管的形式及策略各有差异，但就其监管的目的性而言，大多树立了清晰的监管目标。其中，发达经济的国家在金融监管的目的明确上处理得相当严谨，从金融监管工会与金融机构管理条例两方面对市场的金融体系进行夯实。

2. 监管存在依附性

根据金融市场监管的核心理论，有效地对市场的金融体系进行监管就势必需要监管的形式具有独立的可操控性，这也是健全金融内部管理结构的充要条件。从我国当下的宏观经济来看，相应的金融基础设施正在不断的完善进程中，因此，各种经济政策对于金融监管的部门组织未必能起到预期的作用。同时，在市场的传统约束力下，金融市场的监管方式大多需要凭借相应的辅助程序才能发挥出效力。由此可见，当下国内在金融体系的监管方面虽然足以稳健成长，但自供力量还比较欠缺，在操作的自主权利上还具有很大的提升空间。

3. 监管制度过于守旧

当下，我国金融体系的监管措施一直未能得到有效的重视，而监管措施的弱化对于金融市场的发展无疑存有潜在的成长风险。从中国金融市场的行政管理层面来分析，监管的手段基本是以计划性的行政方式进行开展，如监管命令、违规处罚等外部监管形式，而缺乏金融体系自身应当具备的自我约束意识。换言之，如今我国的金融监管措施处于一种本末倒置的状态，原本应成为核心监管手段的自身约束意识被忽视，造成监管方式大多依靠外部监管。同时，在金融监管的法律规范中，具体的实施规定也太过笼统，没有明确的执行监督作用，在我国当前的金融监管措施上，金融机构监管的措施效率不言而喻。

六、我国金融体制改革的方式

（一）加强监管功能性

金融市场的稳定发展离不开内部管理的协调举措，功能化的监管行为才更适应当下经济市场的成长趋势。银行机构占有金融市场的重要地位，如果以银行方面作为执行先驱，落实开展金融市场协调机制的结构化，各相关部门如银监会、证监会、保监会加强监管，并促进其功能化的协调运营，这一举措的实施也将减轻我国金融市场发展压力。同时，金融监管功能性的加强解决了金融资源配合的问题，这对于我国金融市场的分业化管理也存在着积极意义。

（二）完善金融监管法

我国应尽快结合当下金融市场的发展现状，推出金融监管的有效政策，而其中的政策首要是金融监管法律条例的完善。目前，中国金融市场的监管法规涉及的范围比较广，但究其实施细则，依然存在许多机制上的不健全。以国内的金融清算为例，机构在合并或分立的情况下，通常会出现原因不明的状况，进而导致金融清算形式的程序不够严密。因此，金融监管法律的完善才能更大程度地保障债券参与人员的切身利益。

（三）更新现有监管模式

按照如今的经济发展常态，大部分国家都逐步建立起本国自成一派的金融监管模式，其中发达国家对金融市场发展所可能存在的风险尤其敏感，危机意识更为强烈。就我国目前的监管模式而言，基本延续着传统金融市场的粗放化成长状态。因此，在对金融领域最新的信息进行接触的同时持观望状，导致先进的金融技术与产品也无法得到有效的吸收采纳。由此，中国的金融市场要想得到高效可靠的发展，就需要对现有的监管模式进行更新，从而在高效规避市场风险的同时吸收最新的技术与信息。

（四）加强监管主体自身建设

金融主体结构的建设是保证其市场蓬勃发展的根基。当下国内主要的金融主体根据权利职能划分为四类，即中国人民银行、银监会、保监会、证监会。其中，中国人民银行代表着国家金融部门的核心职能组织。而随着我国加入 WTO，金融市场监管方面开始得到关注，政府着手提升国内的监管专业水平，目的则是打破监管的发展格局、改进现有的监管制度。而针对金融监管主体而言，加强监管主体自身的监管意识将对主体的权利进行完善，也杜绝了监管主体的边缘化干预。

（五）发挥社会监督效力

金融行业的发展本质是服务于社会大众。社会中存在的金融性中介机构作为社会中的公众金融组织，在监督的效力上具有实时性与针对性，如果正确利用也将使金融市场体系得到更全面的监管，提升金融内部的自律性。因此，通过行业内部的交流联系对金融监管体系进行直观的刺激，更有利于金融市场的健康发展，加强社会与行业的往来交流，同时也降低了国家在金融市场上的监督成本。

（六）增进国际金融的交流

纵观贸易经济市场，金融行业由于延续着大部分的传统运营策略，在国际平台上还稍逊一筹。我国金融市场步入国际平台，单从监管层面而言，对国内金融体系的成长来说无疑具有高效性。国际平台意味着更大的成长空间与更广的业务范围，在打开我国金融业务渠道的同时，更能提升行业的眼界。而随着金融市场体系的不断完善，社会经济的资源利用也将得到更有效的分配，国内金融市场的资源配比最终会因利用率的提升而得到长足发展。综上所述，增进国际金融的交流是提升金融监管水平极为高明的手段。

第三节

宏观审慎管理

主要经济体和国际组织都在积极探索、拓展新的宏观调控和系统风险管理工具，比较有代表性的就是宏观审慎管理。

一、概念和目标

宏观审慎管理是国际金融危机后提出的，核心是从宏观的、逆周期的视角采取措施，防范由金融体系顺周期波动和跨部门传染导致的系统性风险，维护货币和金融体系的稳定。宏观审慎管理是与微观审慎管理相对应的一个概念，是对微观审慎监管的升华。微观审慎管理更关注个体金融机构的安全与稳定，宏观审慎管理则更关注整个金融系统的稳定。作为危机后国际金融管理改革的核心内容，国际社会强化宏观审慎政策的努力已取得积极进展，初步形成了可操作的政策框架。

二、理论研究

一是基于金融危机后全球金融治理的制度框架。

二是不能满足于现今国际社会相关的治理政策，而应以更积极的姿态，呼吁并参与改善国际货币体系的一系列行动，约束美元对内政策目标和作为国际货币应尽义务的不对称行为，寻求大国货币间的汇率稳定机制。

三是充分认识现今国际社会“宏观审慎管理”框架不全面、不彻底的情况，认识到改善国际货币体系是一个渐进的长期复杂过程，尽可能处理好自己的对外经济政策，包括汇率、资本管理政策，努力构筑防范外部冲击的“防火墙”。必须认识到，如今关于全球金融治理的制度框架，是权威的，但未必是全面的，是针对自己国家所迫切需要的。

四是鉴于不同国情下宏观审慎管理应有的不同思考，特别是在中国资本管制尚未完全放开、中国经济又存在相对较高潜在增长率的前提下，要尽可能保护好、运用好金融资源，以推动经济的增长。危机后发达经济体正需要去杠杆化、缩减信用。而中国正处于鼓励金融创新的发展时期，正酝酿让金融机构参与商品、能源、股权、信用等衍生品交易。因此，要保持清醒认识：中国既不要引领世界金融监管的潮流，也不要简单尾随成熟市场经济国家的做法。一定要学会“以我为主”式的思考。当然在国内流动性过多、难以调控的特殊时期，不排除可以采取对信用杠杆放大进行暂时性的强约束制度。

五是在宏观审慎管理职权分工上，中国人民银行与银监会都应认识到，宏观审慎管理政策既不同于日常的货币政策，也不同于日常的对微观机构的金融监管政策。因此，保证中国金融体系的稳定，既需要银监会的一系列对单个金融机构的审慎监管，也需要包括逆周期政策在内的利率政策、汇率政策、资本管理政策等央行政策的配合。基于中国“一行三会”的监管格局，有必要在此基础上，成立一个宏观审慎管理小组或机构，汇总搜集相关数据，研究制定具体的相机抉择目标和政策指标，参与在宏观审慎管理上的国际合作等，统一向国务院决策负责。

三、宏观审慎管理局

党的十九大报告提出“健全货币政策和宏观审慎政策的双支柱调控框架”。2019 年 2 月，中央机构编制委员会办公室公布《中国人民银行职能配置、内设机构和人员编制规定》，明确设立宏观审慎管理局。宏观审慎管理局牵头建立宏观审慎政策框架和基本制度，以及系统重要性金融机构评估、识别和处置机制。牵头金融控股公司等金融集团和系统重要性金融机构基本规则拟订、监测分析、并表监管；牵头外汇市场宏观审慎管理，研究、评估人民币汇率政策；拟订并实施跨境人民币业务制度，推动人民币跨境及国际使用，实施跨境资金逆周期调节；协调在、离岸人民币市场发展；推动央行间货币合作，牵头提出人民币资本项目可兑换政策建议。

宏观审慎管理局下设综合处、宏观审慎处、系统重要性金融机构处、金融控股公司处、跨境人民币业务处、货币合作处。

四、各国进展

在政策工具方面，二十国集团（G20）于2010年年末批准了《巴塞尔协议Ⅲ》的基本框架，包含了加强宏观审慎管理、增强逆风向调节的诸多进展。一是在最低监管资本要求之上增加基于宏观审慎的资本要求，要求银行保留2.5%的资本留存缓冲，以更好地应对经济和金融冲击。各国可根据“信用（贷）/GDP”超出其趋势值的程度等要求银行增加0—2.5%的逆周期资本缓冲，以保护银行体系免受信贷激增所带来的冲击，起到逆周期调节的作用。系统重要性银行还应在上述最低资本要求的基础上具备更强的吸收损失能力。二是加强对流动性和杠杆率的要求。提出了流动性覆盖比率（LCR）和净稳定融资比率（NSFR）两个标准，以提升金融机构管理流动性风险的能力。作为最低资本要求的补充，新的杠杆率测算纳入了表外风险，以一级资本占表内资产、表外风险敞口和衍生品总风险暴露来计算杠杆水平。

在国际金融管理改革实践方面，表现出由中央银行主导宏观审慎政策的趋势。根据金融改革法案，美国建立了金融稳定监督委员会，负责识别和防范系统性风险。法案强化了美联储对系统重要性金融机构的监管，授权美联储负责对大型、复杂金融机构实施监管，并对金融市场清算、支付、结算体系进行监管，发现、衡量并化解系统性金融风险。英国政府授权英格兰银行负责宏观审慎管理，通过在英格兰银行内设立金融政策委员会来制定宏观审慎政策，并把金融监管权从金融服务局转移到央行。英国将金融监管职责重新归入中央银行，表明其金融管理理念发生了重要变化。2011年9月新修订的《韩国银行法》也进一步强化了韩国银行的宏观审慎职能，赋予其维护金融稳定的必要工具和手段。日本银行通过多种方式履行宏观审慎职能，包括定期评估金融体系稳定性，将宏观审慎管理与微观层面的现场检查、非现场监测相结合，发挥最后贷款人职能，为金融机构提供必要的流动性支持，从宏观审慎视角出发制定货币政策，监测支付结算体系等。国际清算银行（BIS）在有关央行治理和金融稳定的报告中指出，宏观审慎职责更适于划归央行，这主要是因为央行更适于承担宏观和系统性分析责任。国际货币基金组织（IMF）首席经济学家布兰查德在反思宏观政策框架的报告中也指出，中央银行具有理想的能力来监测宏观经济的变化，同时由于货币政策可能对杠杆和风险行为产生影响，因此也有必要把宏观审慎职责集中在中央银行。

作为G20成员，中国正在着力加强和完善宏观审慎政策框架。“十二五”规划明确提出"构建逆周期的金融宏观审慎管理制度框架"。当前，中国实行数量型和价格型相结合的金融宏观调控模式，中央银行既重视利率等价格型指标变化，也重视货币信贷增长状况，并运用信贷政策、差别准备金、调整按揭成数等手段加强宏观审慎管理，注重通过窗口指导等方式加强风险提示，取得了较好效果。2008 年国际金融危机爆发后，按照中央有关健全宏观审慎政策框架的部署，中国人民银行从 2009 年年中即开始研究进一步强化宏观审慎管理的政策措施，2011 年通过引入差别准备金动态调整措施，把货币信贷和流动性管理的总量调节与强化宏观审慎政策结合起来，有效地促进了货币信贷平稳增长，提升了金融机构的稳健性。下一阶段，将在借鉴国际金融危机教训和国际上有效做法的基础上，结合中国国情，进一步健全宏观审慎政策框架，建立宏观审慎管理和微观审慎监管协调配合、互为补充的体制机制，发挥中央银行在加强逆周期宏观审慎管理中的主导作用，不断完善相关管理手段。

五、健全宏观审慎管理体系

2008 年国际金融危机后，国际社会从"逆周期、防传染"的视角，重新检视和强化金融监管安排，完善分析框架和监管工具，强化宏观审慎管理在某种意义上已成为全球性共识。健全宏观审慎管理体系，避免金融风险跨机构、跨市场传染，加强对系统重要性金融机构的统筹监管，逐步将主要金融活动、金融市场、金融机构和金融基础设施纳入宏观审慎管理。

从全球看，近年来，主要经济体货币政策超常宽松、政府部门过度举债、资产市场泡沫化严重、金融产品复杂化等问题反复引发金融隐忧。例如，近期英国政府减税计划引起金融市场大幅震荡，英格兰银行被迫暂缓收紧货币政策来稳定金融市场。

我国在宏观审慎管理方面取得了积极进展，例如，2020 年 9 月，发布了《关于建立逆周期资本缓冲机制的通知》；2021 年 12 月，发布了《宏观审慎政策指引（试行）》（以下简称《指引》），等等。《指引》从我国实际出发，明确了建立健全我国宏观审慎政策框架的要素。主要包括：一是界定了宏观审慎政策相关概念，包括宏观审慎政策框架、系统性金融风险、宏观审慎管理工作机制等；二是阐述了宏观审慎政策框架的主要内容，包括宏观审慎政策目标、系统性金融风险评估、宏观审慎政策工具、传导机制和治理机制等；三是提出了实施好宏观审慎政策所需的支持保障和政策协调要求。

发布《指引》是建立健全我国宏观审慎政策框架的重要举措，有助于构建运行顺畅的宏观审慎治理机制，推动形成统筹协调的系统性金融风险防范化解体系，促进金融体系健康发展。下一步，人民银行将按照《指引》构建的总体框架，认真履行宏观审慎管理牵头职责，不断完善宏观审慎政策框架，推动宏观审慎政策落地见效，守住不发生系统性金融风险底线。中央银行如何有效实施宏观审慎管理，如何与货币政策良好配合形成双支柱宏观政策框架，仍然是一个值得探索的前沿课题。

本章小结

本章介绍了中国的金融监管的法律体系、金融监管的模式以及宏观审慎管理，分别从三方面分析本章的核心内容。

金融监管体系是一个国家或地区具有金融监管职能的职能机构组成的有机整体。一般包括金融监管机构、金融监管法律、金融监管内容和方法等。在本章中，我们介绍了金融机构法律体系和金融监管法的特点、目标、原则和意义，金融监管体系的五个主要发展过程以及中国金融监管体系的现状。

金融监管模式是指一国关于金融监管机构和金融监管法规的体制安排。金融监管或称金融监督管理，一国的管理部门借此达到稳定货币、维护金融业正常秩序等目的。这些内容都十分重要，所以本章介绍了金融监管的目标以及原则。此外还有金融监管的主要模式。金融监管模式按监管主体的多少可分为单一监管体制和多头监管体制；按照监管在中央和地方的不同，可分为分式监管体制和集权式监管体制；不完全集中统一的监管体制可分为“牵头式”和“双峰式”两类监管体制。本章最后还介绍了我国金融监管的现状以及面临的一系列挑战，并且提出了合理可行的改革方式。

2008 年金融危机爆发以来，主要经济体和国际组织都在积极探索、拓展新的宏观调控和系统风险管理工具，比较有代表性的就是宏观审慎管理。宏观审慎管理是在 2008 年国际金融危机后提出的，核心是从宏观的、逆周期的视角采取措施，防范由金融体系顺周期波动和跨部门传染导致的系统性风险，维护货币和金融体系的稳定。宏观审慎管理是与微观审慎管理相对应的一个概念，是对微观审慎监管的升华。

课后习题

简答题

1. 什么是金融监管？金融监管的主要模式是什么？
2. 什么是金融监管法，金融监管法的特点和目标是什么？
3. 结合中国目前金融监管现状，你认为中国金融监管目前最大的挑战是什么？

参考文献

［1］周辰．法治护航，探索建立国际金融市场“上海标准”［N］．文汇报，2023－02－28（002）．DOI：10.28814/n.cnki.nwehu.2023.000703.

［2］中国人民银行成都分行营业管理部课题组，周飞．数字化视角下农村金融市场结构重塑与优化［J］．西南金融，2023（01）：71－86.

［3］赵晨希．金融数学对现代金融市场的影响及应用研究［J］．商展经济，2022（23）：96－98.DOI：10.19995/j.cnki.CN10－1617/F7.2022.23.096.

［4］陈蓉蓉．中小银行金融市场业务之数字化转型路径探索［J］．中国货币市场，2022（11）：6－11.

［5］乔芳娥．金融市场案例测试机制：内容特征、运作程序与价值功能——兼论金融司法审判创新试验［J］．南方金融，2022（08）：90－100.

［6］姚爽，王艺晓，黄玮强．中国金融市场风险溢出非对称效应——基于TVP－VAR－DY模型的实证研究［J］．管理现代化，2022，42（04）：49－56.DOI：10.19634/j.cnki.11－1403/c.2022.04.008.

［7］郭奕男，季宇，李楠博．碳金融市场发展存在的问题及对策研究［J］．商业会计，2022（15）：68－70.

［8］陶冉．新冠疫情对全球金融市场的冲击及中国应对策略［J］．全国流通经济，2022（25）：140－143.DOI：10.16834/j.cnki.issn1009－5292.2022.25.035.

跋

金融市场是社会主义市场经济体制下的一个重要领域，所有家庭与企业都离不开商品市场，同样，也离不开金融市场。改革开放以来，我们经常谈论“货币战争”，谈论股市、房市，谈论财政政策与货币政策，谈论人民币利率与汇率，谈论金融风险，等等。有人欢乐，有人悲愤，口袋里的钱多钱少，决定着生活水准的高低，决定着企业的成败，这是一个非常现实的问题，谁也违避不了。

赵伟博士主编的《金融市场与金融机构》一书，通过分析金融市场和金融机构的运作机制，进而为以上的问题提供答案。金融市场和金融机构不但影响人们的日常生活，而且涉及大量的资金流动，涉及企业的利润、产品和服务的生产，甚至会影响到国家之间的经济财富。银行和其他金融机构通过把一部分人手中没有生产性用途的资金转移到另一部分有生产性用途的人手中，从而在提高经济的效率方面起到了重要的作用。金融市场和金融机构发生的一切事情都涉及国家的最高利益。

本书强调学习金融市场和金融机构通用的知识体系。这个体系使用一些通俗易懂的概念来帮助你组织独属于你的整体思维。这些基本概念包括分析金融市场的行为的基本供求理论、利润追求理论，以及基于交易成本和不对称信息研究金融结构的方法。

本书所应用的知识体系也为你提供理解金融市场和像利率和汇率这样的金融变量的变化趋势的工具。还提供了其他各种各样的应用材料，以演示如何利用书中所做的分析来解释很多现实情况。通过这些应用，学习起来会更贴切实际。

为了强化实用性，书中在各章结尾还设置了许多练习题，让你把你所学到的概念分析运用到现实中。一些案例分析，给你提供了复习和运用书中所提到的重要的金融概念和工具的机会。本书不仅可获得有实际意义的金融技能，还会对金融界争论的热点话题有更深入的认知。

赵伟博士具有丰富的上市公司、世界500强公司及主流金融公司高管实践经验，本书将金融市场和金融机构与社会主义市场经济融为一体，是一个很好的尝试。

丁俊发[①]

2023年8月20日

① 丁俊发，中国知名流通经济学家，国家内贸部原党组成员、总经济师，研究员，多个知名大学客座教授，享受国务院特殊津贴，中国流通改革开放40年终身成就奖获得者。

后　记

通过本门课程的学习，可掌握金融市场与金融机构的基本理论、基本知识和基本技能，掌握金融市场与金融机构各种运行机制，以及各金融市场主体的行为，并能够运用所学理论、知识和方法分析解决金融市场与金融机构的相关问题，达到专业培养目标的要求，为日后进一步学习、理论研究和实际工作奠定扎实的基础。

要发展好我国金融专业人才，必须明确我国金融专业人才发展的秉持的理念、使命和任务。主要涉及设计什么样的培养方案、编写什么样的教材、使用什么样的教学方法、如何开发学生创新性思维等问题。

教材编写是人才培养的基础，金融理论知识体系繁杂，金融文献浩如烟海，外延在不断拓展，内涵也在不断延伸，金融结构越来越复杂。编写出一套既适应社会需求，又适合经济类专业的本科生的一本教材，的确是一件很困难的事。在编写中，我们力图使教材包罗万象，逻辑体系严密，但要尽可能地区别于市面上大多数教材，与时俱进，追求“新知”，并且竭力体现近年内所发生的热点事件，以确保内容不过时、不老旧，以社会为根基，与时代相结合。突出相应领域的知识节点，凸显知识体系中的山峰，展现金融学研究领域的最新进展。同时，尽可能体现案例教学的特点。

本书作为由教师结合教学实际与任教经验编写的教材，希望可以改善本科生学习的环境，给学生提供一个又新又好的学习辅助。同时，希望给予广大学习奋斗中的莘莘学子一条前进的道路，打破许多教材为专项研究生教材难以被本科生吸收的窘境，为编写适宜本科生的大学教材开辟一条道路。

当然，这套教材能否体现这些特点，还要由实际的教学效果来验证。教材限于作者水平，错误疏漏之处在所难免，敬请批评指正！

在本教材编写的过程中得到了历届学生（井大 20 经济 1、2、3 班，22 经济 1、2 班等班级）的大力帮助和支持，教学相长中我也获益良多，特别是贾松霖同学、许丽花同学、谭雪婷同学、曹桂榜同学等给予了大力的支持和帮助，就不一一列举和感谢了。

本书强调通过一些基本的原理建立一个研究金融市场和金融机构的理论体系的分析方

法，同时强调理论分析和经验数据的结合。通过对金融市场与机构前沿的理论体系的梳理，分析理论在实务中的运用，再进行案例讨论，通过理论和实务融合，提高专业学位的教学与培养质量。

本书历时多年修改完成，是实践和理论结合努力的成果，尽管如此，难免有一些疏漏和错误之处。恳请读者批评指正。

赵伟　井冈山大学